学术中国文丛

学理日本

韩东育 著

广东高等教育出版社
Guangdong Higher Education Press
·广州·

图书在版编目（CIP）数据

学理日本/韩东育著. —广州：广东高等教育出版社，2022. 11
（学术中国文丛/张江，王兆胜主编）
ISBN 978 - 7 - 5361 - 7101 - 5

Ⅰ. ①学… Ⅱ. ①韩… Ⅲ. ①日本 - 历史 - 研究
Ⅳ. ①K313. 07

中国版本图书馆 CIP 数据核字（2021）第 174157 号

XUELI RIBEN
学理日本
韩东育 著

总 策 划 黄红丽
项目统筹 靳 辉
责任编辑 李树谋 于霄汉
装帧设计 陈智慧
责任技编 吴练武 罗运宏
责任校对 刘翠霞 张艳芳
营销总监 姚永清

出版发行 广东高等教育出版社
地址：广州市天河区林和西横路
邮政编码：510500 电话：（020）87554153 87551436
http://www.gdgjs.com.cn
印 刷 广东鹏腾宇文化创新有限公司
开 本 787 毫米 ×1 092 毫米 1/16
印 张 22. 5
字 数 324 千
版 次 2022 年 11 月第 1 版 2022 年 11 月第 1 次印刷
定 价 88. 00 元

总　　序

张　江

习近平总书记在哲学社会科学工作座谈会上的讲话指出，当代中国正经历着我国历史上最为广泛而深刻的社会变革，也正在进行着人类历史上最为宏大而独特的实践创新。这种前无古人的伟大实践，必将给理论创造、学术繁荣提供强大动力和广阔空间。这是一个需要理论而且一定能够产生理论的时代，这是一个需要思想而且一定能够产生思想的时代。

习近平总书记的重要论述是对思想理论发展规律的科学论断，也是对哲学社会科学工作者的殷切期望。当前中国处于近代以来最好的发展时期，世界处于百年未有之大变局，两者同步交织、相互激荡。一方面，当代中国比历史上任何时期都更接近中华民族伟大复兴的目标，比历史上任何时期都更有信心、有能力实现这个目标。另一方面，当代世界全球化潮流滚滚向前，逆全球化趋势暗流涌动，各种思潮相互激荡，各种文化相互交融，各种观念相互碰撞，多样性、差异性、复杂性、不确定性正在成为这个世界越来越突出的特征。

这样的时代条件，既为我们的哲学社会科学研究带来许多新问题和新挑战，也为思想理论的创新发展增添了强劲动能，开拓了宏阔空间。在这样的时代条件下，不断推进学科体系、学术体系、话语体系建设和创新，努力构建一个全方位、全领域、全要素的哲学社会科学体系，是坚持和发展中国特色社会主义的一项重要任务，也是当代哲学社会科学的重大使命。在中国特色社会主义进入新时代的今天，中国故事需要更好地被全世界所理解，中国经验需要更好地被现代社会科学所表达，中国学术也需要更好地被世界学术界所倾听。让世界了解“学术中的中国”“理论中的中国”“哲学社会科学中的中国”，构建哲学社会科学的“中国学派”，恰逢其时，大有可为。

理论的生命力在于创新。创新是哲学社会科学发展的永恒主题，也是社会发展、实践深化、历史前进对哲学社会科学的必然要求。学术创新离不开两样东西：一是必须立足源自于本土经验的学术传统和时代问题，二是必须牢牢把握世界学术发展的趋势和潮流。学术创新更要有批判精神，这是马克思主义最可贵的精神品质。不管是对传统的理论、范畴、体系，还是外来的概念、话语、方法，都要有分析、有鉴别、有汲取、有批判，不要盲目崇拜，不可生搬硬套。尤其是面对西方话语霸权，不应该满足于“为西方思想做注，向西方学术致敬”，更不应该“以西方的是非为是非，以西方的标准为标准”，必须立足于中华优秀传统文化，立足于中国特色社会主义建设的伟大实践，在世界视野中发现问题，在中国经验中思考问题，让思想理论更具中国特色、中国风格、中国气派。

“学术中国文丛”正是在这样的现实语境和文化背景中产生的。丛书希望通过对中国学术传统的资源挖掘与价值再发现，在构建“学术中的中国”方面有所作为，有所贡献。我们坚信，中华民族伟大复兴必将推动知识建构范式的革命，必将带来中国学派的诞生。“学术中国文丛”的历史使命就是要形成具有中国特色、解决中国问题的知识体系，并为人类发展提供中国智慧与中国方案。

“学术中国文丛”的出版，总体而言，具有开拓补白之功，它走的是“文化积累”与“学术建设”“学科建构”的路子，其理论价值与现实意义，主要体现在以下几个方面：

一是响应时代主题精神，契合国家文化战略。“学术中国文丛”关注一流专家学者，反映中华人民共和国成立以来国内学术研究最高成果，它的出版对推动中国当代学术文化的发展繁荣，加强中外学术对话，在世界学术体系传播中国声音，展现中国学派，提升中国学术的世界地位，推进中国文化“走出去”，具有重要意义。

二是承接优秀传统文化，增强民族文化自信。文丛植根于中华优秀传统文化，通过深入挖掘中华优秀传统文化蕴含的思想观念、人文精神、道德规范，按照新时代精神，去粗取精，去伪存真，赋予新的时代内涵，对推动中华优秀传统文化的创造性转化和创新性发展，增强民族文化自信具有重要意义。

三是加强学术积累传承，推进高校学科建设。文丛广泛覆盖文、史、哲、经等学科，通过荟萃不同学科学派的经典名作，全面展现中国现代学术体系发展过程，促进学术体系和话语体系创新，推进人才培育，催生学术经典，为各领域研究者提供基础性的经典范本。

总之，“学术中国文丛”的出版，是构建“理论中的中国”“学术中的中国”的一部分。中华民族伟大复兴为构建中国学派提供了丰厚的实践土壤，也提供了空前的历史性机遇。“学术中国文丛”的出版，正是将中华优秀传统文化当代化以及进行创造性转化的实践，是增进文化自信的有益尝试。

“学术中国文丛”具有权威性、经典性、时代性、中国性等特点。

一是在作者选取上坚持权威性。为了保证丛书的品质，作者一律选取国内各领域的顶尖学者，并且是资历深、水平高、广受认可、影响力大的作者，做到多中选好、好中选优、优中选精，从根本上保证丛书的高标准和权威性。

二是在内容组织上强调经典性。文丛的遴选标准首要是重视学术含量、学术价值，以学术史的眼光、经典性的标准，采用自选或精选的方法来确定图书内容。入选内容应当均为作者的开山之作、奠基之作、经典之作，必须站得住、立得稳，能成为学术标杆，能经得住历史考验，具有相当的文化积累意义和学术传承价值，在国内外具有较大影响。

三是在写作旨趣上契合时代性。在选材上，文丛优先考虑体现时代精神、富有宏大格局、与国家经济社会发展密切相关的研究成果。

以学术为出发点，以文化为立足点，以中国价值为落脚点，自觉承担起举旗帜、聚民心、育新人、兴文化、立形象的使命任务。换言之，就是要自觉关注时代主题、回应社会热点、着眼于国家战略、融入世界发展大势，不是单纯为学术而学术。

四是在关注焦点上体现中国性。文丛坚持立足中国、聚焦中国，把中国成就和中国经验等重大问题的历史经验和理论阐释作为重中之重，特别是关注反映当代中国经济、社会发展现状趋势经验的具有中国特色的学术成果，以便讲好中国故事，反映中国成就，传播中国声音，分享中国经验，展示中国形象。

“学术中国文丛”，值得期待。

2020 年 6 月 8 日

韩东育　男，1962年生。东北师范大学学士、硕士，东京大学博士、博士后。教育部"长江学者奖励计划"特聘教授（2008），国家"万人计划"哲学社会科学领军人才（2016），"文化名家"暨"四个一批"人才工程入选者（2016），国家社科基金项目评审委员会委员，国务院学位委员会学科评议组世界史组召集人，教育部高等学校教学指导委员会副主任委员，中国史学会副会长，中国历史研究院"韩东育工作室"首席专家，吉林省历史学会会长。研究领域为日本史、东亚思想史、东亚国际关系史。出版有《从"脱儒"到"脱亚"：日本近世以来"去中心化"之思想过程》《从"请封"到"自封"：日本中世以来"自中心化"之行动过程》《从"道理"到"物理"：日本近世以来"化道为术"之格致过程》等专著，发表论文百余篇，主持中外研究项目多项，论著先后获教育部第七、第八届高等学校科学研究优秀成果奖（人文社会科学）一等奖。

中国的学术平台上长期并列着两种“日本学”：一种是“中国的日本学”，一种是“在中国的日本学”。当学界普遍意识到研究者的“一国史”站位无法等同和替代研究对象本身时，某种超立场和跨国度的思考与观察，开始被赋予客观意义。这应该是一种反弹，对于“没有日本的日本学”和“只有日本的日本学”等极端研究状况的反弹。作为触媒，第三种日本学研究所引发的颠覆性冲动，至少已催生出读者眼前这本不乏学术野心的文集及其初探式新诠。它试图从历史观、国际观、战争观和哲学观的分类性综合视角，为日本及其所在的东亚世界恢复并抽取出接近事物本然的生态维度和基因原理。能这样做的前提应该是研究者经年求证的“全立场”目标并且大家已足够慷慨地接受了这一目标。不过，一个很快就可以被证实的感受是，对环日本国古今史事的全景式俯瞰和精要式萃取过程，对于作者和读者，都将是一场历尽艰辛又难以割舍的学术苦旅。

目 录

第一编 历史观

第二编 国际观

第三编　战争观

第四编　哲学观

第一编 历史观

丸山真男“原型论”考辨

“原型论”，又称“古层论”或“执拗低音”（basso ostinato 执着而持续的低音），是日本政治思想史家丸山真男（1914—1996）于 20 世纪 60 年代（一说 50 年代末）提出的学说。[①] 该论大意为：日本的思想史，是对外来思想的受容、修正和摄取史。不断摄取的外来文化，在日本人的精神结构内部形成了不同的层次，在新生层与古层之间相互作用的过程中，沉积于最下层者，被称为“原型”，包括“伦理意识的原型”“历史意识的原型”和“政治意识的原型”。[②] 70 年代，丸山开始用“古层”一词来代替“原型”，并进一步引入一个音乐术语——“执拗低音”，来譬况“原型”或“古层”。[③]

关于“原型论”问题的讨论，迄今有许多不同的看法。[④] 然而，

---

① 水林彪：《丸山古代思想史をめぐって》，《日本思想史学》2000 年第 32 号。

② 丸山真男：《丸山真男講義録》，東京大学出版会，1998，第 7 冊第 1 章第 2 節，第 4 冊第 1 章第 1 節。

③ 丸山真男：《原型・古層・執拗低音》，載《丸山真男集》第 12 巻，岩波書店，1996，第 149—153 頁。

④ 宮村治雄：《丸山真男『日本の思想』精読》，岩波書店（岩波現代文庫），2001；黒住真：《日本思想とその研究—中国認識をめぐって—》，《中国—社会と文化》1996 年第 11 号；拙稿：《丸山真男的“原型论”与“日本主义”》，《读书》2002 年第 10 期。需要说明的是，丸山是战后批判日本军国主义的一面旗帜，他试图从文化的根源处去寻找日本何以会走向战争的努力，也有目共睹。然而，丸山思想的复杂性在于，他在批判军国主义和深度反省天皇制弊端的同时，也把“去理学化”（乃至“去外来化”）作为他探寻日本文化所谓固有“执拗低音”的基本前提之一，这一点，在他通过解构朱子学在江户思想界之影响的过程中而搭建起来的“徂徕像”中，已有过经典性的表达（《日本政治思想史研究》）。丸山之所以要消解儒教和佛教所倡导的原理主义、道德主义和理想主义，并最终用“原型论”的思想模式来批判朱子学和佛老之学，原因亦在于此。

当人们顺着丸山所提示的方向试图做进一步的考察时，换言之，当需要将所谓“原型”“古层”或“执拗低音”落到某种可以信赖的史实凭依时，丸山的表述，除了概念的生产和逻辑的推衍外，却没能给出确实的历史依据。哪怕在被他反复强调的“历史意识的古层”中，亦鲜能看到类似的陈述。① 西嶋定生指出：“日本史并不像人们常常想的那样，是一个可以与其他历史相隔绝的独自完整的历史。它是在与大陆历史的密切关联中展开的历史，并且只有大陆的历史才是包括日本在内的‘东亚世界’的历史。”② 这无疑使丸山“对中国和亚洲关心”的阙失，显得十分冒险。可由于无论在“伦理意识的原型”“历史意识的原型”还是“政治意识的原型”面前，儒教和佛教所倡导的原理主义、道德主义和理想主义，最终都无法构成“原型论”赖以确立的前提价值和规范意义，于是，对于“原型论”中三个“原型”的确指内涵，就有了进一步求证的必要性。而“后丸山”工作的切入点，或许也正在于此。

一、“原型论”的逻辑展开与结构分析

正因为“原型论”假说，不乏有为日本思想和文化提取出“可以解答一切问题的方程”——“道”的理论目的，因此，丸山需要从“第一义”入手，通过“察今知古”的方式，去逆推某种意义上已经是预设的结论。这就使缜密无痕和时或跳跃的逻辑推理，在这项工作中被赋予了绝对意义。丸山所受到的理论训练，无疑使他具备了这一能力。

首先看“伦理意识的原型”。这一曾被丸山简约地抽象为“吉凶观与善恶观的重叠”的原型之一，体现了以下逻辑，即：在日本语中，表达现象背后看不见的力量即非日常力量的词汇，是“タマ”（灵或

① 丸山真男：《歴史認識の『古層』》，載《丸山真男集》第10卷，岩波書店，1996，第3—64頁。
② 西嶋定生：《中国古代国家と東アジア世界》第二篇，東京大学出版会，1983，第397頁。

魂）和“カミ”（神）。考察记纪等古代史料中究竟在怎样的意义上使用タマ和カミ时发现，カミ不仅仅代表了尊贵、善良和勇敢，也是邪恶、怪异和奇妙的存在。当在タマ和カミ的作用下发生非日常现象时，人们便通过咒术来镇抚タマ并远离之（拂或祓）。随着宗教意识的发展，咒术师从外在来祛除灾厄、引来福祉的观念“吉凶观”，逐渐转变为人的行为在顺逆神的秩序时可能会引来福祉或灾厄的观念“善恶观”。由于福祸降临的原因存在于人本身是否顺从神的秩序，于是便产生了罪的意识，行为的人格责任亦从此成为问题。反映于记纪中的古代日本宗教意识，正表现为吉凶观与善恶观的重叠。重要的是，两者共同的仪式，均为祓除（ハラヒ）和辟邪（キヨメ）。其思考方式内在化为精神层面者，便是清心赤心和秽心邪心。这些，已构成了“原型”行为上的根本价值基准。①

被丸山抽取为“推移”（或变迁，なりゆき）和“趋势”（或大势，いきほひ）的“历史意识的原型”,② 有时也被形容为“永恒的现时”（永遠の今）或“现时的永恒”（今の永遠）。③ 其逻辑可大致表述为：在日本人的观念中，“现时”，才是时间的本质存在方式。在这种发生于神话的原始哲学氛围里，离开“现时”或与“现时”有着本质对立的超越者，并不存在。问题是，这种现世中心主义，又决非固守于现世的某一点，而是在努力享受现世每一瞬间的同时，不安于这瞬间享受，从而不断地去迎接下一个瞬间。④ 正唯如此，日本人才养成了以下两大习惯，即“崇外不法古”和“尚幼不慕长”。其中，“崇外不法古”所体现的现世中心主义，使日本不可能将过去的规范主义绝对化。于是，在日本思想史中，人们看不到古来的理想国观念，亦无由发生中国式的复古主义和尚古主义，代之而来的却是存在于空间世界

① 丸山真男：《思考様式と世界像の『原型』》，載《丸山真男講義録》，東京大学出版会，1998，第7冊第1章第2節，第53—54、56頁。

② 丸山真男：《思考様式と世界像の『原型』》，載《丸山真男講義録》，東京大学出版会，1998，第7冊第1章第2節，第74頁。

③ 丸山真男：《歴史認識の『古層』》，載《丸山真男集》，第10巻，岩波書店，1996，第56頁。

④ 丸山真男：《歴史像と政治観》，載《丸山真男講義録》，東京大学出版会，1998，第4冊第1章第3節，第67—79頁。拙稿：《“仁”在日本近代史观中的非主流地位》，《历史研究》2005年第1期。

中的“模范国”。并且，这些被崇尚的对象，还常常因时代的变化而发生目标上的转移，诸如对中国和欧美的先后模仿过程等等，不一而足。而“尚幼不慕长”的习惯，亦体现在与中国传统的鲜明对比中，即：与中国孝道每每溯及祖先这一在本质上属于“过去面向”的规范性不同，在日本的“原型”中，“祖灵”是被作为“寓灵于子”并面向未来的生成发展能量来对待的。换言之，被神圣化的祖灵，只有在世代交替之际作为对“新的出发点”的祝福者，才可以被唤回世间。[①] 一个例子给丸山的理论做了很好的注脚：“每世国造疾而未死时，家督出在别社，续神火。而父死而子代为国造，其族不哭前国造，唯贺新国造。子不会父葬而无一日洁斋，自相续日吃鱼如常。盖以六十余代国造拟天穗日命永存而不死也。”[②] 这与中国古典《仪礼》和《礼记》中的“三年之丧”相比，可谓适相反对。为此，丸山还条陈以下数端，作为“原型”功能之佐证，即：（1）无观念论的实证主义；（2）发展思想的受容；（3）易于接受进化论。[③]

至于“政治意识的原型”，则首先表现为政治空间的封闭和狭小。丸山指出，日本神话几乎在开宗明义处便直接进入国土生成及其正统统治者的由来等叙事过程。由于这是对某一特定空间的政治表达，因此，日本的“天下”范围便与古代中国形成了明显的对比，即：大和国 = 天下。然而，这种非自然的神话系统之所以能成为日本政治意识的出发点，是因为非自然当中蕴藏着自然的因素：农业的生产和生活。某种意义上，它已关涉到日本“政治意识原型”的第二特征，即祭祀与行政在“政事”上的二元分立与矛盾统一。“政事”一词，在日本语中被写作“まつりごと”：既是“政事”，也是“祭事”。但是，在记纪神话中，却出现了祭政分离的早期倾向。由此而形成的“二重权

① 丸山真男：《思考様式と世界像の『原型』》，載《丸山真男講義録》，東京大学出版会，1998，第7冊第1章第2節，第83、88—89頁。

② 原文为汉文。参見林春斎：《出雲大社ノ社人談》，載《国史館目録》卷七之三八一，寛文七年六月二十日；丸山真男：《歴史認識の『古層』》，載《丸山真男集》第10卷，岩波書店，1996，第56頁。

③ 丸山真男：《歴史像と政治観》，載《丸山真男講義録》，東京大学出版会，1998，第4冊第1章第3節，第71—72頁。

力结构”，乃如“卑弥呼与男弟”“神功皇后与武内宿祢”“推古天皇与圣德太子”等政治关系格局，不一而足。丸山曾就字面的意义解释说，政事与祭事，是通过“まつる”＝“奉”（奉仕、服从）之中介才实现的链接。可当说到祭祀权力的掌握者何以会具有控制行政事务之力量等问题时，丸山动用了作为日本古代核心价值的农业对政治所具有的最终规定意义。该意义的逻辑流程可大体图示为：太阳神＝谷灵＝皇祖神＝天皇。具言之，天照大神在身为“太阳神”的同时，还因太阳栖息于五谷中故亦被视为“谷灵”。由于地上的“天皇”与太阳神形同连理，并且天皇祭祀天神和国神也就意味着祭祀了天照大神，因此，在天照系的谷灵信仰与其他族系的信仰彼此一致的情况下，在中国“天无二日，地无二主”的观念被转化成日本“天无二日，地无二皇”的政治理念中，太阳所自明的宇宙中心和至高无上本质，也就自然使天皇变成了地上的最高权力者。尽管上述“二重权力结构”在决定事务时并非呈显出“二元对立”格局，而是相偕运作，但由于“天皇并非宗教的绝对者而只是祭祀行为的统率者”，加之具体行政事务往往交由他人去处理，因此，在重大的政治问题发生时，天皇似乎不需要承担根本性责任。这意味着，在祭政高度一致的中国皇帝身上屡现迭出的责任追究问题甚至于被“革命”的命运，在日本天皇那里却很少发生。这恐怕也是“万世一系”的皇统只可在日本实现而在中国不能实现的重要原因之一。①

寻找“个性”，无疑是丸山“原型论”的立论前提。然而，神话故事所能体现出来的日本特有成分，几乎并不存在。原因之一是，渗透于传说中的大量内容，其实充满了中国道教的影响。而且，在日本的神话体系中，一直存在着两股相与竞争的来源说，即以“高天原（天上）—苇原中国（地上＝日本）—根国（地下）”为特征的“垂直结构”体系与以“佛教西方净土·蓬莱国—出云黄泉国·苇原中国”为特征的“水平结构”体系之间的争执。在他看来，“垂直结构”的

① 丸山真男：《丸山真男講義録》，東京大学出版会，1998，第7冊第1章第3節，第95—129頁。

要素一般与北方阿尔泰系神话相通，如“天孙降临”之神话等；而柳田国男所称之“海上之神”，则往往主张神圣之物来自远方的海上，“根国”也不过是远方海上的某地而已。丸山强调，这种“水平型”的传说，大体与东南亚和南太平洋诸岛之传说相共通。虽说无法从中找出日本的“特殊性”，但将“天地创造”“国土生产”和“当下最高统治者之先祖生产”连为一体，并将三者依“时间 = 历史”之序列次第展开的“垂直结构”，在世界神话史上却是屈指可数的独特现象。从这个意义上讲，日本反而体现了两种矛盾要素的统一，即外来文化的强势影响与“日本成分”的执着存续之间的结合。

丸山显然把日本既能接受外来又可坚守固有的原因，归功于大海的阻隔及由此而发生的距离作用，而这一点，与同中国山水相连的朝鲜，正好相反。他认为，称朝鲜为“儒教文化圈”之国度，固无疑义，但称日本也是圈内国家，却无论如何不能成立。即便在儒教最盛期的江户时代中叶，也发生了从正面强力反击儒教的学派。这种反击，从开始的“儒教修正主义”，到荷田春满、贺茂真渊“国学派”对“汉意”的排击等，概莫能外。而同样被称为“国学”，朝鲜的“国学”乃是中华“三代之道”，日本的“国学”却是能祛除儒教（“汉心”）和佛教（“佛心”）之外来思维模式的日本旧有传统。丸山曾形象地譬况朝鲜与日本的地理因素在面对外来文化时的迥异表现，即朝鲜是易于被滔天巨浪卷入核心文明圈的“洪水型”文化，而日本则是既不能被中心文明所吞并、又不可谓与之无缘的“滴水型”文化。正唯如此，日本才可以对应自身的自主性，并拥有调整改造外来文化的充分余地。然而，日本之所以能做到这一点，最终还应当归功于地理因素使它得以形成的文化“原型”。于是，曾分别与儒、佛相“习合”的“神道”，显然在日本“原型”的形塑过程中发挥了重要的作用：就中国文化而言，需要用它去消除附着于日本神话中的儒教、道教乃至诸子百家之全部古代中国观念和概念；而对于佛教，特别是经由中国传入的大乘佛教，亦可以用它来消除其间的全部外来成分。为此，努力提炼散在于《万叶集》《灵异记》等日本文献中的断片固有因素，就显得十分必要了。正是这些断片的因素，才能以执着的持续力量去改变外来思想并使之“日本化”，从而形成古来一贯的“日本精神”。出于避免可能会招致的“宿命论”批判，丸山还特此强调，“原型”并非一成不变，而是不易改变。①

丸山的“原型”素材，无疑被措置于记纪神话体系。为此，他不但十分钦佩本居宣长的《古事记注》，认为那是宣长留给后人的意义重大的“毕生心血”，而且还极其推尊其把包括未来在内的一切“历史之理”，全部凝缩于“神代”中的思想理论。该理论甚至在某种意义上还成为丸山下一步工作的出发点：“所谓记纪神话，特别是开宗明义处的从天地开辟到三贵子诞生等一系列神话，不单蕴藏着上古历史意识之素材，而且直到近代，其构想和记述方式，也一直执拗而持续地流淌于各种次第展开的历史意识的基底。”② 毫无疑问，记录于 8 世纪初期的“神代纪”，呈显的应该是无文字时代即史前史的日本上古思想痕迹。这意味着，经过丸山“消去法”处理过的记纪神话，其蒸馏所得，应该是没有文字形式的太古观念。丸山的工作或许不乏启示意义，然而其难处恰恰在于，对无文字观念的提炼，反而无法摆脱对文字记录的依赖。可由于其所依据的“素材”大多“寓言十九”，而他本人又对从神话背后钩沉事实即求取与历史“对应关系”的做法一向不以为然，③ 因此，丸山便只能在神话体系之外另创一套试图充当神话“旁白”的概念和观念。由于这项工作的难度可想而知，于是，丸山的工作势必要呈显出两个“走向”：其一，为了寻找日本的“个性”，他需要将解读对象主要措置于日本自身的“垂直型”神话体系，尽管叙述当中不乏与东亚各国和欧美世界的些许比较，但比较的目的是分析如何有利于对日本“个性”的凸显而不是相反。其二，由于在“原型”构建过程中需要根源性理论和哲学的有力支撑，而日本历史上又明显

① 丸山真男：《原型・古層・執拗低音》，載《丸山真男集》第 12 卷，岩波書店，1996，第 136—155 頁。

② 丸山真男：《歴史認識の『古層』》，載《丸山真男集》第 10 卷，岩波書店，1996，第 3—4 頁。

③ 丸山真男：《歴史認識の『古層』》，載《丸山真男集》第 10 卷，岩波書店，1996，第 5—6 頁。

缺乏这类成熟的理论和哲学，① 因此，虽说“原型”的素材可以采自日本，但“原型”的基础概念，又无法不采自域外，特别是中国的相应观念。

丸山“第一走向”可能成立的前提在于，综观世界各个地区，从“神代”到“人代”、从宇宙发生论到日本政治统系，如此一以贯之的叙事结构，堪称绝无仅有。这种极富人工色彩的神话体系，决定了丸山对日本神话来源的偏正取舍倾向。丸山的神话叙事之所以多瞩目于“垂直结构”的生成衍变，而每每舍去“水平结构”神话来源的做法，证明了这一点。然而对日本而言，无论是“高天原”和“天孙降临”的“垂直结构”，还是渡自大陆、半岛的“水平结构”，终究都无法摆脱神话故事的“由外而内”色彩。加之任何神话的核心部分都内藏有一定的历史原型和事实属性，于是，比起难以把握的“从天而降”叙事，人们更倾向于对日本历史实际来源的探赜和发掘。从事此类研究的学者，往往多重视神话系统中有案可稽的“水平结构”，并努力将工作的重点放在“垂直结构”与“水平结构”的交汇处。② 这意味着，日本与中国大陆和朝鲜半岛的史前关系，不但不可无视，反而需要正视。实际上，丸山本人起初也曾对日本神话中明显的意识形态倾向、一国封闭叙事和狭隘的共同体意识，持有否定看法。③ 但是，其“个性”逻辑的不可逆性，不但无法使丸山的批判意识一以贯之，相反，为了“个性”的强调，他只能搁置原本有价值的怀疑态度，而去做与渊源无涉却与推断有关的所谓创造性工作了。于是，他不但将记纪神

---

① 丸山真男：《歴史像と政治観》，載《丸山真男講義録》，東京大学出版会，1998，第4冊第1章第3節，第66—81頁。

② 林羅山：《神武天皇論》，載京都史蹟会編《林羅山文集》上巻，ぺりかん社，1979，第280、282頁；林羅山：《問対・太伯》，載京都史蹟会編《林羅山文集》上巻，ぺりかん社，1979，第408頁；大原利武：《山海経の倭と蓋國に就て》，《朝鮮》1933年一月号（第二百十二号）第115—132頁；木宫泰彦：《日華文化交流史》，冨山房，1955，第7—8頁；中田薫：《古代日韓航路考》，載《古代日韓交涉史断片考》，創文社，1956，第119—125頁；鳥越憲三郎：《女王卑弥呼の国》，中央公論新社，2002，第61、6—7、11—12、25—28、31—34頁；那波利貞：《我が神代に於ける中華大陸との関係擬説》，《史窓》1959年第15号。

③ 丸山真男：《政治的諸観念の『原型』》，載《丸山真男講義録》，東京大学出版会，1998，第7冊第1章第3節，第96—97頁。

话可能发生的事实来源基本切断，而且，在强调“大海阻隔”之惠的同时，还完全无视被水文考古学家反复证明了的日本海“左旋回流”事实；[①] 不但不去探究《山海经》裹挟于志怪当中的大量事实记录，[②] 甚至对记载于汉籍的“信史”内容，亦缺乏必要的关注。

丸山的“第二走向”，即在“原型论”特别是“政治意识原型”中相关支撑观念的借用问题上，往往表现出一定的任意性。首先，在征引中国观念时，一般不顾及古代中国思想本身和日本相关思想所固有的构成秩序和顺序，而对其进行较为随意的组合，如对“生”“成”“变”“化”“为”“产”“实”的任意解读和将《淮南子》《庄子》《孙子兵法》《韩非子》之“势”与日本武家之“势”所做的牵强对接等。[③] 不宁唯是，其对《易经》原理的征引，也只是截取其中有利于“古层论”的相关部分，而难以从中获得更加全面的支撑。例如，为了强调“古层”中的“不易改变”成分，丸山将成书于西汉末的《易纬·乾凿度》拿来，但只是摘出了“易者，易也，变易也，不易也”中的“不易”，藉以为沉淀于日本文化底层和深部的“执拗低音”。而对于“不易”范畴与《老子》和《中庸》本体论之间的内在逻辑关联及自身沉积过程，则明显缺乏更深入的追究。同时，由于在谈及日本历史发展变化趋势时丸山更多强调的是“自然之势”，因此，在对《易经》原理加以利用时，往往多偏重于“天之道”（阴阳）和“地之道”（柔刚），而不太顾及“三道”中不可或缺的“人之道”（仁义）。被丸山强调有加的“切离”现象，即唯“自然之势”是瞻的江户思想流派

① 水文考古学家经过长期调查后指出，日本海固有的“左旋回流”现象意味着，上古的日韩联络和中日交通问题，并非天方夜谭。这使以往倾向于否认《记》（《古事记》）《纪》（《日本书纪》）“神代卷”中大陆、半岛与出云、九州之间有海上交通的观点，受到质疑。有学者指出，仅就由日本海回流所形成的航路看，大陆人从极早的时候就应有三五结伴移居日本列岛者，中国文化亦极早便经由该航路波及日本。而且，《魏志·倭人传》所载之来日路线，因出自随卑弥呼使者回访“倭女王国”之魏使亲历，故而真实可信；而倭国使节赴魏之海陆交通线，也足堪证明上古中日间双向交流的可能性。参見木宫泰彦：《日華文化交流史》，冨山房，1955，第3—16頁。

② 在《历史意识的“古层”》这篇长文中，丸山只一处提及《山海经》，并且只是就“女娲氏造人说”稍作说明。参見丸山真男：《歴史認識の『古層』》，載《丸山真男集》第10卷，岩波書店，1996，第5頁。

③ 丸山真男：《歴史認識の『古層』》，載《丸山真男集》第10卷，岩波書店，1996，第11、39—41頁。

试图将“六经”中的《易经》与其他“五经”相分割等行为，从一个侧面证明了这一点。[①] 可是，当唯一堪任平衡天地“自然之势”之大责并能从中抽取出“变中不变”原理的“人之道”一旦缺位，事实上的“不易”，便只能是想象中物。这也是为什么“易”反而最终成为丸山“历史意识原型”核心旨意的逻辑原因。用他的话说就是“次第生成不断行进之势”（つぎつぎになりゆくいきほひ）。[②]

然而，尽管丸山为抽取“个性”有意切断了相关思想观念的史实来源，但他通过“原型”视角归纳出来的有别于中国现象的日本“个性”表征，却不失其“思想的事实”意义。这一“意义”，集中体现在其所谓“儒教的两极指向性”及其在日本人看来几近不可解的系列矛盾中。

第一，“天道”“天下”的普遍主义与“五伦”人际关系，特别是与“家”的特殊关系之间所表现出的两极指向性。具言之，在儒教伦理的人际关系特殊主义中，即便是“仁爱”，也从“家”和宗族（孝）的核心出发，强调“亲疏之别”。在由近及远的“差等之爱”思考下，墨子的“兼爱”被变成了异端。可另一方面，“天下思想”中又存在着无差别的“一君万民”式普遍主义。从政治思想的意义上讲，其中显然存在着德治主义标准（普遍主义侧面）与血统主义标准（特殊主义侧面）的矛盾。《中庸》第二十章“仁者人也，亲亲为大；义者宜也，尊贤为大”中的“仁”和“义”，便正是这两者之间的矛盾体现。当人们观察以上“两面价值”时不难发现，统治者的资格确认如果被措置于先天神圣的“家”的标准及其承继关系上，就会发生传统主义的世袭原理；而一旦被放在“德”所具有的“能力主义”逻辑上，其极致表现的“革命思想”则会随之而至。即便在儒教理想中的唐虞三代，亦未尝不然，即与唐虞的禅让不同，禹以后便转换成了世袭相续，并且当国王成为暴君时，还允许被“放伐”。这也是《孟子·万章上》

---

① 丸山真男：《歴史認識の『古層』》，載《丸山真男集》第10巻，岩波書店，1996，第46–49頁。
② 丸山真男：《歴史認識の『古層』》，載《丸山真男集》第10巻，岩波書店，1996，第45頁。

何以会讲“唐虞禅，夏后殷周继，其义一也”的原因。可问题是，禅让与世袭怎么可能会“其义一也”？这种逻辑是相互矛盾的。一贯坚持世袭原理的日本“国学运动”，所挑战的正是上述正统性根据上的自相矛盾。

第二，依“德”而治概念的两义性与“政教一致”观念的矛盾。一方面，作为统治者的属性，往往多强调有德者才能配享支配权。正如“修齐治平”所云，统治者只要“修身”，天下便自然而治。这意味着，政治最终可以被个人道德所消解。由于这与《老子》的“无为而治”思想几乎同义，于是乎，“约法三章”式的制度论也就自然受到轻视。然而从另一方面看，“德治”的基底是“仁政”。由于仁政要求在安顿民众经济生活的基础上，再对其施以礼乐教化，因此，这里的“德治”已变成了政策效果的问题。这就使德治问题同时包含了为政者内在的人格高下与为政者外在的政策效果之“两义性”标准。如果强调政策方面，那么礼乐等客观制度就成了统治的重点，于是，“无为而化”反而成为悖论。可如果在人格的侧面去追求至善，那么，正如徂徕学所称，这时的“修身”就成了为政者表现其统治效果的手段，唯此，他便一定要做出一副有德者的样子才行。重要的是，在以上两义性中，如果其中一方的要素与另一方之间失去平衡，并且失衡现象无限扩大，就会产生“大道废有仁义”这一老庄式的异端（对制度强调行为的反抗）和荀子与申韩的刑名法家异端（对修身与“无为而化”思想的反弹）。由于“无为而化”毕竟从人格主义发展而来，因此，江户时代思想家在关于统治机构的具体批判与改革提案中，便大体将强调的重点措置于“道＝规范”的客观化方向而不是相反。

第三，“君臣之义”中服从义务的绝对性与相对性之间的矛盾。一方面，“君臣之义”作为天地上下之秩序被绝对化（名分论），可另一方面，君臣间又需要通过“义”来结合。这就意味着，君臣关系体现了相对性与双边义务性的结合。正面讲叫“君君，臣臣”，而反过来说，就成了“君不君则臣不臣”。《孟子·离娄下》所谓“君视臣如犬马，臣视君如国人；君视臣如土芥，则臣视君如寇雠”云者，强调的也是这一相互性。而日本儒教传统的重点即统治的倾向，比起“君不君则臣不臣”之君臣结合理念，更强调“君不君则臣不可以不臣”这一建立于名分论基础上的绝对服从。当这种服从伦理变成了绝对命题，那么，自己所侍奉的君主一旦成为反道义的存在时臣子该如何对待，便成为一个严肃的问题。在中国，君不君则臣不臣，倘就相互间之规范而言，则可以“三谏而不听则逃之”。然而在日本，因臣下一开始就断绝了“离君而去”的念头，所以，由此而产生的人格内部紧张，就会使臣下不断向君主谏言，于是这种“紧张”就成为如何使君变为真君的忠诚行动的“发条”。它不是盲目的服从，因为建立在“死的觉悟”上的不断谏诤，已成为忠诚的核心。它构成了儒教伦理与武士固有性格化合后的一种行动模式。

第四，君臣关系与父子关系（忠和孝）孰先孰后（priority）的问题。“忠”和“孝”这一存在于君臣、父子间的道德，并不是一个自明的问题。至少在日本，关于二者孰先孰后的讨论，从未间断。君臣关系以“义”合，这是标准式的结合。但是，以父子为中轴的家庭关系，却并不符合这一标准，因为没有人可能对父亲进行选择。并且，原始儒教以来的基础道德（cardinal virtue），就是对家长恭顺的“孝”，它已成为全部道德的基轴。《论语·子路》中“父为子隐，子为父隐，直在其中矣”的说法表明，父子关系应该优越于所有其他人伦关系。这也是建立于亲疏关系基础上的儒教之爱所能产生的必然结果。于是，与对君主“三谏而不听则逃之”相反，子之于父，“三谏而不听，则号泣而随之”。这种两面性价值所造成的悖论在于，一方面“孝”的价值意味着比“忠”更重要，可同时又申明，在家庭中习得的“孝”，才是在社会上实现“忠”的第一步。那么，到底是“孝”比“忠”更重要呢，还是由“孝”达成“忠”？令人难得要领。[1]

综观丸山的“原型论”，无论是“伦理意识的原型”“历史意识的原型”，还是“政治意识的原型”，其全部推论和逻辑展开，似乎均归

---

① 丸山真男：《丸山真男講義録》，東京大学出版会，1998，第 7 冊第 2 章第 3 節，第 242—248 頁。

结为“革命”是否具有自明正当性这一根本问题。毋庸讳言，中国的“易姓革命”理论在日本的确遇到了难以逾越的事实关隘，而这种关隘的具体体现，便是所谓“万世一系”的日本国体。于是对于“革命”，荻生徂徕反对之，[①] 本居宣长批判之，[②] 福泽谕吉揶揄之，[③] 沟口雄三否定之，[④] 而丸山真男显然还进一步推出了更富于学理色彩的解释，即日本人之所以对“易姓革命”和“万世一系”同时并存的现象提出质疑，是因为中国人平行但对立的两种传统政治思维次第涌入日本后，给日本人带来了政治信仰上的混乱：“儒教思想在日本化之际所引发的甚大困难和抵抗，表现在这一民本的‘革命’思想和与之相关的王朝‘正统论’问题上。江户时代的‘国体论’，正是将兼容儒教的‘君臣之义’和有德者君主思想这两种意旨完全相反的观念间是否具有同一的可能性，即君臣名分的绝对不动性（以伯夷叔齐的故事为代表）与有德者君主思想（德治主义）之根本性归结的禅让放伐肯定论之间所存在着的矛盾，作为最大的 issue（争论点）来展开的。”[⑤] 他试图揭露儒教政治思维的“有害性”所由以产生的内在逻辑关系，认为“修身齐家治国平天下”这种“使道德与政治直接连通”的做法，“在使政治权力无界限地侵入精神领域的同时，正像儒教家族内部伦理所显示的那样，也产生了将伴随强制力的统治关系植入道德领域的倾向。于是，在最坏的情况下，权力的强制竟被粉饰以道德，反过来，（政治本身）亦夺走了道德的内在性，使之堕落为顺应（conformity）共同体或集团（利益）的道具”。[⑥]

---

① 荻生徂徠：《弁道》《弁名》，載《日本思想大系 36，荻生徂徠》，岩波書店，1973。

② 本居宣長：《直毘霊》，載野口武彦編注《宣長選集》，筑摩書房，1986。本居宣长还举例道，源氏与“人妻”私通、与“义母”幽会，这在儒家眼里的所谓“不义恶行”，实际上是一种“雅情”的表现，因此这并不影响对源氏作为统治者本身的政治评价。人性自然情感的流露、本然状态的显现，均不过是人情世态的真实展示而已，它与人的道德高下，不应有什么关涉。参见本居宣長：《源氏物語玉の小櫛》二の巻，載《本居宣長全集》第七巻，吉川弘文館，1927，第 515—518、529 頁。

③ 福泽谕吉：《文明论概略》，北京编译社译，商务印书馆，1997，第 2 页。

④ 沟口雄三：《中国民权思想的特色》，載《中国现代化论文集》，“中央研究院”近代史研究所，1991，第 346 页。

⑤ 丸山真男：《丸山真男講義録》，東京大学出版会，1988，第 7 冊第 2 章第 3 節，第 224 頁。

⑥ 丸山真男：《丸山真男講義録》，東京大学出版会，1988，第 7 冊第 2 章第 3 節，第 251 頁。

这意味着，丸山的日本“原型论”确立过程，大体应根源于两个坐标体系：一是自古以来日本有别于古代中国（主要是儒教文明）的基本特点；二是西学东渐以来日本疑似于近代欧美（主要是基督教文明）的相关特征。可进一步观察会发现，其根源性的逻辑及其展开过程，应该是西方在先，中国在后，即：近代西方的视角，首先帮助他从自身历史当中寻出日本与欧美价值的近似值，然后又带上这样的近似值反推出日本传统与中国传统之间自古应有的本质差异。于是，一个情绪隐微而学理充分的“脱亚入欧”论，事实上已通过另外一种表达手法被再度提起。毋庸讳言，丸山对黑格尔和福泽谕吉的积极呼应，的确揭示出日本与中国间大量而且是部分属实的差异，但由于西方过于清晰的“二分”原则不但不适用于中国，也并不完全适用于中世以降的日本社会实际，唯此，位处中世与近世交汇点的藤原惺窝等人及其所倡导的“三教合一”论，显然亦无法在上述框架中得到合理的安顿。而且，由于其问题意识的发生和模仿方向的设定从根本上讲并非来自日本，因此倘极而言之，让一个并非来自古代日本的“原型”获得真正的“日本古层”格位，无疑是困难的，也是有违事实和逻辑的。然而，丸山“二元对立”式的“原型”提炼行为，却不自觉地触及日本初涉外来政治和文化时所形成的单一思维和行动模式。这种模式往往追求事物的纯粹性与单极性。而且，除非经历过被摧毁、被混合和被重塑的复杂过程，否则，对第一记忆的过分是认、偏执追求和殊死捍卫行为，就会在行为者的思考方式和行为方式中沉积为难以改变的议事前提和文化框架，而这种前提和框架，或许才应该是真正意义上的“原型”“古层”或“执拗低音”。

作为对东亚的历史叙述，丸山本人未尝没萌生过从日本的自然历史过程中探讨自身“原型”的学术直觉。他说：“在大陆文明到来以前，日本就有了 something，并在此基础上接受了外来文化。”① 只是，这种把仿佛是日本“固有”的“something”与“大陆文明”截然相分

① 丸山真男：《丸山真男講義録》，東京大学出版会，1998，第 7 冊第 1 章第 1 節，第 19 頁。

甚至对立的前提设定，已不啻将日本“原型”可能存在的更为悠远的发生史人为地切断了。这对于理解丸山的事实陈述和理论构图中的许多特点，诸如他何以会刻意回避水文考古学家的日本海“左旋回流”结论，何以不去考察记纪神话中的“水平结构”暗示而直接导入日本自身的三种意识“古层”，以及其原本有道理的中日差异叙事为什么会以截断众流的方式直接转化成对儒教体系的否定与解构等问题，或许有所帮助。

二、“夏商古道”与“原型论”的事实关联

迄今为止的各种说法，诸如“泰伯后裔说”和“徐市东渡说”等，对解开日本文化的渊源之谜，曾不乏某种参考价值；4世纪末百济博士王仁携《论语》到日本后，特别是镰仓中叶朱子学传入并风行于江户时期等情况，还使人们倾向于认为日本也形成了与中国大陆和朝鲜半岛相通的儒教文化传统。[①] 但这里想强调的是，“大化改新”(645）以后，日本为什么会制作出充满自我表现力的神话系统，以及这一系统何以会给普通日本人带来恒久的笃信甚至迷信。这就使先后成书于712年和720年的日本史书《古事记》和《日本书纪》，特别是其中对日本开国初祖“神武天皇”的稚拙叙事，显得十分重要。就神话本身而言，叙事通篇模仿中国文化的痕迹可谓比比皆是，诸如所谓“天神五代”“地祇七代”和“人皇”，所谓镜、剑、玺三种神器等等，不一而足。而且，神武诏书中的“掩八纮而为宇”，乃出自《淮南子·墬形训》；而“八咫乌”的故事似乎也与《诗经·商颂》“天命玄鸟，降而生商”的思想不无关联。当然，日本史家将神武天皇即位年定于周代惠王十七年（前660）这种故意拉长开国年代的做法，自然会遭到中国学者的批评，认为那无非是为了炫耀其立国之久，并希图以对

① 井上哲次郎：《日本朱子学派之哲学》，冨山房，1905。

等国地位与中国相拮抗。① 正因为神武天皇的开国传说及其“神武东征”等问题有过多模仿中国的痕迹和人造成分，因此，“全属虚构”之类的否定意见，也曾成为日本学界的一种看法，诸如津田左右吉的精详论证等等，不一而足。② 然而，在充分肯定上述意见的同时，我们还不得不面对另外一重长期困扰学界的难题，即，神武天皇的种种传说何以会更多呈显出夏商的思维方式和行为特征？为什么“神”会遍布于日本社会文化的各个角落直至演变成日本国家意识形态——“神道教”？

在日本文化源自何处的问题上，“夏商古道”说，一直未能引起学界的足够重视。夏与殷，是《周易》所谓“天道”“地道”和“人道”将分而未分的历史阶段；而所谓“夏商古道”，则应指形成于夏商时期、以原始“天人合一”世界观为基础的生产方式、价值理念、政治原则和民风民俗。在日本，最早明确提出这一概念者，是江户时期古学派思想家荻生徂徕（1666—1728）：“吾邦之道，即夏商古道也。今儒者所传，独详周道。遽见其与周殊，而谓非中华圣人之道，亦不深思耳！自百家竞起，孟子好辩，而后学者不识三代圣人之古道，悲哉！”他强调，“夫配祖于天，以神道设教，刑政爵赏，降自庙社，三代皆尔”，“若夫吾邦之美，外此有在。何必傅会《论语》，妄作无稽之言乎”。③ 这里，时间的先后顺序中其实已隐含了明显的价值异同取向，即：“今儒者所传”的“周道”，与“吾邦之道”——“夏商古道”是不同的；而日本的文化之根，便自应在“夏商”而非其他。正因为“以神道设教”的制度亦来自“夏商”，于是才会有“三代皆尔”的一脉相传。④ 可是，“神道”的来源问题，毕竟构成了日本文化有无“自性”的重大问题。平石直昭指出，荻生徂徕的这一说法，与把神道

① 朱云影：《中国文化对日韩越的影响》，广西师范大学出版社，2007，第215—219页。
② 津田左右吉：《古事記及び日本書紀の研究：建国の事情と万世一系の思想》，毎日ワンズ，2012。
③ 荻生徂徕：《論語徵》戊（子罕），載《荻生徂徠全集》第四巻，みすず書房，1978，第27—28頁。
④ 荻生徂徕的相关思考，还散见于《论语徵》诸篇的解释文字中。参見荻生徂徠：《論語徵》乙、丙、丁，載《荻生徂徠全集》第三巻，みすず書房，1977，第124—126頁（八佾）、204頁（公冶長）、256—257頁（雍也）、291—301頁（述而）等。

的由来从中国大陆说改为本土自生说的本居宣长刚好相反。[①] 值得注意的是，近年来日本学者的相关研究结论，已逐渐与徂徕的说法呈显出某种非同步偶合现象。积七十年之功而专事甲骨文与金文研究工作的白川静教授，临终前曾在日本名刊《文艺春秋》上发表了一篇“特别寄稿”——《皇室：久远的东洋睿智》。在这篇堪谓“绝笔”的文稿中，白川氏用来日苦短的心情略显急迫地倾吐了他毕生的研究结论，即：“大和朝廷”与“殷”之间具有特别的渊源关系。全文分作“拥有神话体系的王权”“纹身与贝、玉文化”“异质王朝遭遇后的中国”“败战暴露的思想虚弱”和“泛神论世界观才是和平之原理”等几个部分，分别探讨了殷王朝与日本古代王朝之间绵长而深刻的关联，并对现代日本弃绝传统、自我灭顶且沦为美国婢女的实况，提出了严重警告。

白川氏的问题意识从神话入手。他认为，大和朝廷与殷一样，都拥有完整的神话体系。今日天皇即位时犹不可或缺的“大尝祭”仪礼之“真床覆衾”仪式，蕴含着将先帝的灵魂移诸衣裳，然后由新天皇来承绍的意味。然而，这种移“灵”入“衣”的仪礼，乃来源于与殷朝的共通信仰。“衣”字有“衣代”和“凭依”的意味，并且金文甲骨文的“丧”和“哀”字当中之所以均内藏有“衣”字，所表现的也正是丧葬行为对“灵”的保存和复活原意。重要的是，殷与古代日本最本质的共通点在于，两者都存在着神话系统。这里所说的神话，是一个试图说明世界的特殊体系。这种始于天地创造说、具有解释自然秩序和人间秩序的神话体系，是典型的古代王权神话体系。他认为，在中国，拥有表现世界整体之神话体系者，只有殷朝具备。而从王统的构成看，殷还与日本古代皇室十分逼肖。首先，妻族往往拥有非常强大的势力；其次，殷与大和朝廷均实行近亲婚制；再次，殷与日本古代皇室在建国方式上，也有许多类似的地方。[②]

---

① 平石直昭：《日本政治思想史》，放送大学教育振興会，1997，第114頁。

② 白川静：《皇室は遥かなる東洋の叡智：なぜ皇室は大切なのか、存続のみを論じるなかれ》，《文芸春秋》2005年第4期。

与荻生徂徕相比，白川氏的结论显然更重视历史遗留的层面，而少涉“文野”差别义愤或“国族”高下情绪。而且，虽说徂徕的“夏商古道”见解不乏天才性，但“古学派”尔来强烈的佛老排斥意识，却为嗣后唯我独尊的“神道国学派”登场，扫清了思想障碍。并且这两个学派的所谓“默契”，还给“宣长学”的“飞跃性发展”创造了条件。[①] 可在白川氏看来，昭和日本利用本居宣长的《直毘灵》思想所打造出来的“现人神”政治符号——天皇，事实上已给日本的思想世界带来了“停滞”。这从宣长的表述中已不难窥见：“在我国皇室，有一个直承古代的神话世界，既然神秘，就应该神秘地肯定之好了”。这种不问来源的肯定方式，构成了自出机杼的“神道”观；而切断来源的“皇国神道”一经确立，自我尊大意识也就在所难免。唯此，白川氏才特别强调，平安时期和江户时期的天皇家并不存在什么“现人神”，天皇家所展现的，原本应该是泛神论的多神教世界。而日本这种泛神论的多神教世界，事实上乃来源于远古的殷，并体现了殷商时代的东洋优秀特质。于是，把日本古来天皇制所具有的、以神社为圣域并认定山川森林各有神灵的极自然的情感视为不成熟之宗教，应该是有误的。事实上，正因为有泛神论的世界观，日本才顺利地接受了佛教和基督教；而并非一神教的传统，才构成了日本人的和平原理。从这个意义上说，至今仍对此有所保留的日本，在现代世界上已是硕果仅存而且弥足珍贵。它的象征应该是皇室，它显示了与其他文化间对话的不可或缺意义。

美国学者霍尔注意到：“从 2 世纪到 5 世纪，日本人民的社会结构、政治组织与宗教信仰，和当时大陆上类似的各方面的做法截然不同，这是很明显的。就是因为这个原因，大和时代早期人民的生活细节才尤为重要。在开初的几个世纪里，日本人民是在和中国联系很少的情况下，发展其政治体制及独特文化的。在此后的几个世纪里，尽管中国文化有强大的影响，大和国家制定的政治和社会组织形式的主

① 丸山真男：《日本政治思想史研究》，東京大学出版会，1952，第 164 頁。

要特点，相对说来，没有受影响。上层家族组织的氏的体制，尤其是以和事佬及祭司长统治上层家族集合体的大和王权的形式，直到现在还是日本政治的特点。”[①] 实际上，展示了“独特文化”的日本特征固然呈显于2—5 世纪，却并非形成于2—5 世纪。这意味着，尽管白川氏的上述观点有许多不周延的地方，诸如对“现人神”在天智与昭和之间臧否不一式的矛盾表述，以及多神教与一神教在天皇体系中的内在龃龉等等，但殷与古代日本之间的无数相似问题，却决非无根之论。白川氏通过甲骨文与日本古典两相对照等多重证据法所展开的文化考古工作，为人们破解中日之间的千古疑团，提供了相对可靠的文本依据。从这个意义上讲，无论是荻生徂徕还是白川静，也无论其阐释问题的出发点和动机如何，“殷商与日本”的问题，都无法不让人沉静下来并认真对待之。

大略言之，殷商时代已是中国历史上典型的农耕文明阶段。[②] 这一点，在时人的多神教指向及其对“天神”“地神”和“人神”之祭祀活动中，有着鲜明的体现。有学者指出：殷人眼里天神（上帝）的主要功能，首先是主宰气象，其次是支配年成；所祭地神，也主要是能使农耕生产风调雨顺的土地神（社神）、山神和川神；而人神（祖神）崇拜的目的就更加直接，即祭祀这些远世先公高祖神所祈求的事项多是与农业生产有关的，如“求禾于夒”“求年于岳”“求雨于上甲”等。[③] 而随处可见的“日神”崇拜行为，亦显然是农耕文明使然。重要的是，殷商时代与日本的绳文时代末叶有过近四百年的叠合期，而这段时间恰恰是为日本神话的创生提供了大量素材的所谓“神代期”。

日本崇尚多神教。据古典《延喜式》记载，日本曾有神社约计2 800 个，神的数量亦多达3 300 余尊。根据白川静的统计，今日日本的神社数量，竟达 80 000 处之多![④] 然而，在众多神祇中，太阳

① 约翰·惠特尼·霍尔：《日本：从史前到现代》，邓懿、周一良译，商务印书馆，1997，第29 页。

② 吕振羽：《殷周时代的中国社会》，不二书店，1936；岡崎文夫：《古代支那史要》，弘文堂，1944；白川静：《甲骨文と殷史》，载《白川静著作集》第4 卷，平凡社，2000；等等。

③ 常玉芝：《商代宗教祭祀》，中国社会科学出版社，2010，第537—547 页。

④ 白川静：《自然と神話》，载《文字講話》Ⅰ第五話，平凡社，2002，第252 頁。

神——“天照大神”，却是日本人心目中的至高神。值得注意的是，日本神话中一个“感日而生”的故事，无疑已将大陆与日本连为一体。《八幡愚童训》之“大隈正八幡宫缘起”称：“震旦国邻大王（亦称‘陈大王’——引者注）娘大比留女七岁时，有朝日之光射胸间，遂怀妊而生皇子。王臣以为怪，乃奉诸空船，浮向大海，拟以漂抵处为其所领。及船至日本镇西之大礒（亦作‘大隅’——引者注）岸，太子遂号为八幡，大礒岸亦命为八幡崎。”众所周知，“震旦”又作真旦、真丹、振旦、振丹、旃丹、指难、脂难，是印度佛经对中国的古老称谓。真弓常忠认为，这是关于来自大海对岸之神的古老叙事。在大比留女母神的故事中，人们找到了“大日孁贵”即“天照大神”和“天孙降临”神话的原型；而“日神”原型的更为实际的神格获取背景，则给日本带来“稻种”的“谷母”和“谷童”等事实。[①] 有学者甚至认为，“神子”的降临，原本就与“谷童”的诞生不可拆分。[②] 这种务实的解释，大概才反映了太阳神的部分功能。《尚书·尧典》谓：“尧乃命羲和，钦若昊天，历象日月星辰，敬授人时。”就是说，太阳神的工作，应该是稻作生活不可或缺的前提——历法的成立和使用。这表明，“羲和”原本并非“神”，后世对他的“神化”，当源自后人对原始部落“天官”功能的敬畏与崇拜。这种习惯，在后来的中国文化中得到传承，诸如《周本纪》中的“后稷”转化为“谷神”，《诗经》中的“田畯”转化为“农神”，《左传》中掌木火金水土之“五正”，后来亦分别化为句芒、祝融、蓐收、玄冥、后土等诸神，不一而足。

然而，如果神话中的“大日孁贵”即“天照大神”的原初形态果然来自上述“震旦国”传说背后的稻作叙事，那就意味着，日本古代的所谓太阳崇拜习俗，应来自大陆的农业民族。夏代的国王亦多以“日”（天干）命名，《尚书·汤誓》中百姓诅咒夏桀“时日曷丧，予及汝皆亡”的表述方式，从反面证明了这一点，而殷族也是大行太阳

---

① 真弓常忠：《祭祀と歴史と文化》，臨川書店，2002，第 189 頁。

② 三品彰英：《天ノ岩戸がくれの物語》，載《建国神話の諸問題》転引自《三品彰英論文集》第二卷，平凡社，1971。

祭祀的东夷族属。[①] 由于农业的生产和生活使上古的宗教祭祀活动无法脱离实际需要而独立运行，因此，亦如真弓常忠所指出的那样："日本的文化传统，形成于弥生时代或更早的绳文时代的稻作生产与生活。以稻作为根本的传统文化之核心表征，便是'新尝'仪礼。在'新尝'仪礼中，蕴含着日本全部道德的根源。无论是敬畏生命的祖先崇拜观念，还是后来由儒教德目所体现的各类道德，均发端于接受稻谷（生命之根）的'新尝'仪礼上，并以此为核，次第展开。由于这种国家的礼仪自古以来未尝发生过改变，因此，作为国民统合之象征的天皇，每年都必须在宫中举行'新尝祭'礼仪。尤其在天皇即位之初，作为'中心之中心'的'大尝祭'，亦自然成为实现上述统合的头等大礼。"[②] 白川静也强调："《神代纪》系谱中所见之诸神，不外是拥有具体神格的山川神和农谷神。"重要的是，这些仪礼，特别是天皇行"大尝祭"时所不可或缺的"真床覆衾"，在白川氏看来，实根源于殷的宗教信仰。[③]

这些情况表明，"有典有册"的殷商史，不但在中国传统文明中占据着不可或缺的重要地位，而且，其流风所及，还远达周边地区，成为具有超强渗透力和影响力的文明类型。按照白川静的说法，日本正是在殷文化的影响下，才形成了迄今不易改变的思考方式和行为方式的。这意味着，在上古中日交通未尝构成问题的情况下，日本除了自身的固有要素外，其"原型"形成过程中的殷文化系列影响，已成为无法绕行的关键点；而"原型论"一向阙如的根源性事实和逻辑根据，似乎也只能在真实的历史中找到相应的归宿。[④]

首先需要讨论的是日本"伦理意识原型"中的殷商要素问题。丸山真男曾将该原型简约地抽象为"吉凶观与善恶观的重叠"，并认为早期日本人"罪恶意识"和"人格责任"（善恶观）的产生，是因为他

---

① 郭沫若：《殷契粹编》，科学出版社，1965，第355页。

② 真弓常忠：《祭祀と歴史と文化》，臨川書店，2002，第221頁。

③ 白川静：《皇室は遥かなる東洋の叡智：なぜ皇室は大切なのか、存続のみを論じるなかれ》，《文芸春秋》2005年第4期。

④ 拙稿：《关于日本"古道"之夏商来源说》，《社会科学战线》2013年第9期。

们意识到了“福祸降临的原因存在于人本身是否顺从神的秩序”。然而，该论证的背后似乎隐藏着一个逻辑歧义问题，即：如果“福祸降临的原因存在于人本身是否顺从神的秩序”，那么，所谓“罪恶意识”和“人格责任”，就不应该是人性意义上的罪恶与责任，而是神性意义上的相应感觉。反之，如果“罪恶意识”和“人格责任”发生于违背了仁义礼智信和律令条例这些关乎人性善恶的道德法律体系下，那么，所谓罪恶和责任，就应该承受相应的道义谴责甚至刑法处治，可事实并非如此。由于丸山推论下的“善恶观”其实更符合巫术伦理意识而不是道德伦理意识，更不是法律正义意识，因此，从丸山的逻辑中，似乎只能推导出以下结论，即：一切交由神来处理，已成为早期日本人消除罪恶和责任的唯一可行途径。

在日本语中，“罪”与“咎”，指的是冒渎“神祇”后而造成的“污秽”或“不洁”。唯其污秽不洁，所以才需要清洗或祓禳。白川静指出，在通常情况下，罪，意味着某人的行动构成了对他人的伤害。于是，对待这种不法行为的正常方式，应该是犯罪者本人被课以相应的法律责任。但是，由于日本古代并没有这种法律概念，于是，时人只将其视为冒犯了神的禁忌并污秽了神的圣洁，并且，即便当时发生了后世所谓刑法问题，也并不意味着加害者需要对被害者给予补偿。这就使对事件的认识被消解于下面的逻辑中：肇事者本身是在不正常的状态下才冒犯了神的忌讳。唯此，只要“修禊”，就可以冲掉污秽不洁之物；而一旦污物通过“大祓”行为被河川或清水冲走，自己也就恢复了“正常”的状态并变成正常的人。这种想法的更进一步逻辑体现为：犯罪本身并不是人的本来应有行为，只因犯罪者身上有怪力附体，才使他闯下祸患。换言之，无论是“怪”还是“祸”，都是“邪恶之灵”附体作祟的结果，而不应该被归咎为肇事者本身的责任。结论是：人是不做恶事的，即便做了恶事，也不是当事人所为，而是附着于当事人身上之“恶灵”所为。这在今人看来相当明显的“无责任”意识及其行动，使刑法意义上的罪意识在上述逻辑中根本无法成立。然而，白川静发现，日本人的这种观念，其实与中国殷王朝的宗教指向十分逼肖。甲骨文中，对犯罪者的最后处理，往往是交给神，即成为神的徒隶、神的仆役，并通过这一方式来祓除罪秽；战争所获之俘虏——“臣”，亦本非人民或臣民之义，而是献给神的赎罪者。本居宣长在《古事记传》中称：刑法意味之刑罚，古之所无；刑罚云者，盖误犯神忌之谓，故每以祓禳清除污秽，以为偿神之手段。白川氏由是认为，这应当是东方式的或东亚意义上的、最为原始的“罪意识”体现。他还进一步注意到，“神社”一词最早出自《墨子·明鬼下》；而神社的形式，也是由中国经朝鲜半岛才传到日本的。[①] 就殷朝历史看，白川氏的观察并非没有根据。据《尚书·西伯勘黎》载，殷纣王在国祚倾颓之时，不思自身罪孽深重，反而大喊：“呜呼，我生不有命在天！”这或许出于纣王的真诚信仰亦未可知，但赎罪行为中的“神判”惯习，却形成了东亚早期的“责任外推模式”和与之连带的“无责任意识”。建立于如此逻辑上的“原型”，一定程度上固然反映了上古历史的真实性，但“原型”延续的可怕性，却也着实在日后东亚冲突中的日本身上周期性地发作，并造成了难以胜计的灾难。这里之所以单以日本为例来说明之，是因为当纣王喊出上面的话时，就已经遭到了祖伊的严厉谴责：“祖伊反曰：‘乃罪多参在上，乃能责命于天！殷之即丧，指乃功。不无戮于尔邦。’”表明殷代的“神判”惯习已开始朝“人判”方向发生转移。这在一定程度上还构成了周人以“德政”取代“神政”的政治基础，而日本却自始至终都没有发生过“殷周鼎革”式的明显变化。

其次需要讨论的是日本“历史意识原型”中的殷商要素问题。丸山曾把“势”解作“德”：“在《日本书纪》中，德的首次出现，是‘伊奘诺尊，功既至矣，德亦大矣，于是登天报命’”，“该‘德’，在《书纪私记》乙本中，被特别训解为‘以支保以’（いきほひ）。而且，《日本书纪》之‘德＝いきほひ（势）’的用法，绝不仅限于神代期。例如，《钦明纪》十六年二月条中滞留于日本的百济王子惠就曾说：

① 白川静：《原始法について》，載《文字講話》Ⅱ第九話，平凡社，2003，第152—171頁。

'依凭天皇之德，冀报考王之仇。若垂哀怜，多赐兵革，雪垢复仇，臣之愿也。'一般情况下，'天皇之德'被训解为'すめらみこといきほひ'，所以，倘从前后关系看《钦明纪》之'德'，就会发现，比起伦理的和规范的观念，该'德'的意味与'威'和'势'，已十分接近"。那么，这个与周代之"德"大相径庭的观念，在中国历史上又渊源自何处呢？白川静注意到，甲骨文中的"德"与作为地方治理手段的"省"，在形义上具有极大的关联性，即由眼目之咒力所构成的威压力量足以使对方屈服。[1]"德"这一与"势"极为相近的意味，到了周代亦有不同程度的孑遗。公元前一千多年的《大盂鼎》中，有"今我隹即刑禀于文王正德"一语。白川氏认为，这里的"正德"不是一般人所谓"正义之德"。由于"正"实际上是"征伐"之"征"，因此，"正德"的真义应该是"征伐之德"。[2] 丸山指出，当"德"的威势特征和《孙子》中"力学式运动能量"的"势"转化成时间范畴时，就变成了威压可以推动历史的"时势"="天下之大势"了。他承认，日本的职业战斗者武士，以及在日本史上发挥过划时代影响的武家政治，显然在日后的历史展开中步入了有别于东亚诸国的歧路。[3]

与"势"相连带，丸山所谓"次第生成不断行进之势"（つぎつぎになりゆくいきほひ），固不乏立足当下的意蕴，但更带有明显的未来价值取向。这意味着，该取向应当建立在有利于事态发展的谋划上而不是相反。其中，《孙子》的兵法无疑体现了最大的利害，所谓"兵者，死生之地，存亡之道"是也。唯其如此，"运筹帷幄"的"庙算"，就成了战事所赖以展开的必备前提。然而，"庙算"的内容尽管部分导入了周以来的"道德"和"人心"观念，但"庙算"的基本性格，却与如何谋求未来成功的殷商"卜算"文化一脉相承。这种文化，体现在商代的官员中，叫做巫、卜、祝、史；而在后来的哲学中，则被凝练为《易经》中的"象数之学"。由于这种看似迷信的预测手法

① 白川静：《漢字》Ⅰ，《白川静著作集》第1卷，平凡社，1999，第305頁。
② 白川静《漢字》Ⅲ，載《白川静著作集》第3卷，平凡社，2000，第64頁。
③ 丸山真男：《歷史認識の『古層』》，載《丸山真男集》第10卷，岩波書店，1996，第41—42頁。

其实充满了积极的未来指向意义，因此，比较起一成不变的“义理之学”，“卜算”似乎更富于活力和将来性。[①] 在这一延伸线上，丸山所谓日本人“尚幼不慕长”之习惯，其实更多体现了“不为往古肆志，惟以来日为心”的未来性。这就使殷商久历年所的惯习，不能不引人注目，即：“商人的周祭制度摒弃了远世的先公高祖，所祭祀的男性祖先由先公太甲开始，无论直系、旁系先王，甚至未及即位但已立为太子者均被祭祀”，“由此可以看到，商人对自己的祖先是重近世，轻远世”。[②] 而“祖灵往往是被作为‘寓灵于子’并面向未来的生成发展能量来对待的”，“血缘系谱的连续性，也是通过旧的死去与新的生成这一流脉才能得到体现”这一丸山曾经强调的现象，[③] 其实在白川静反复论述的新天皇即位大典——“大尝祭”之“真床覆衾”（真床袭衾）仪式中，早已有过最经典的传承和体现。而这一承自商周时期、在中国业已息影绝迹的古老仪礼，却完好地保留在日本的“皇室典范”中。[④]

最后需要讨论的是丸山“政治意识原型”中的殷商要素问题。丸山的相关分析虽不失对日认识上的洞见，但在“原型”面前贸然冠以“日本”字样，却略显无根。早年移居日本的大陆人和半岛人在日本海沿岸所采取的据岛防卫行动，无疑曾构成其政治空间得以封闭的重要因素。历史上的“邪马台国”，乃物部族所创下的日本古代王朝。鸟越宪三郎的研究结果显示，在“物部降临神话”中，“天物部”氏族共有“二十五部”。这些人来到日本后，曾作为海上防卫力量、本土防卫力量和故乡防卫力量，被分别布置于濑户内海的要冲地段、淡路岛明

---

① 拙著：《日本近世新法家研究》，中华书局，2003，第168—175页。

② 常玉芝：《商代宗教祭祀》，中国社会科学出版社，2010，第552页。

③ 丸山真男：《思考様式と世界像の『原型』》，載《丸山真男講義録》，東京大学出版会，1998，第7册第1章第2節，第88—89頁。

④ 白川静：《漢字》Ⅱ，載《白川静著作集》第2卷，平凡社，2000，第37—39、450頁；白川静：《金文と経典》，載《白川静著作集》第5卷，平凡社，2000，第388—394頁；白川静：《万葉集》，載《白川静著作集》第11卷，平凡社，2000，第70頁；白川静：《人体に関する文字》，載《文字講話》Ⅰ，平凡社，2002，第76—77頁；白川静：《人の一生》，載《文字講話》Ⅲ，平凡社，2003，第205頁；白川静：《声系について》，載《文字講話》Ⅳ，平凡社，2005，第206—209頁。

石海峡和鸣门海峡，以及北九州的远贺川流域和鞍手郡地带，对北九州沿海地区乃至内海一带的可能来犯之敌，形成了饶有效果的防护链。其中，在海上防卫系统的遗迹中，考古人员还从面向濑户内海的高地集落建筑遗址中，发现了数量庞大的石簇武器群；而在明石海峡与淡路岛一带，还有一座兵库县最大的前方后圆坟（全长194米）。这是一座拥有二重护卫河的石头墓，据说是大和朝廷为监视明石海峡给派遣于当地的明石国造所建的巨型古坟。[①] 这意味着，最早来自大海彼岸的部族，其上岛伊始，似乎已有意识地把可能会进一步涌入日本并与之争雄的外来势力，作为敌人来对待并加以防范。而这种行为，客观上已将携自大陆和半岛的文化、制度乃至风俗习惯在列岛内部封闭起来，并从此进入了一个使之自我发展和单色调完善的"自循环"过程。这就使作为物部王朝的邪马台国及其政权组织形式，成为一个值得认真关注的大问题。如前所述，女王卑弥呼的政权结构，曾明显表现出政教分治倾向，即祭祀权由卑弥呼掌握，而行政权则由其弟负责的"二重权力结构"。由于天然正统出身的祭祀权掌握者具有所有世俗权力均不可企及的神圣格位，并且掌祭者乃政治合法性与正当性的至高标准和公正化身，唯此，掌祭者反而不需要介入太多的日常俗务，因为那不但会有损于他（她）超然物外的神圣性和"役物而不役于物"的权威性，也会妨碍只有他（她）才具有的"见素抱朴，少私寡欲"的公正性。《魏志·倭人传》的记录还意味着，一旦行政行为发生了重大失误，行政权力者的罪过要远远大于祭祀权威者的责任——它使掌祭者最终变成了一个极少责任的存在。"事鬼道，能惑众"的卑弥呼之所以能做到不理俗务、深居简出，她死后继位男王之所以反而引发内部杀戮，某种意义上已诠释了所谓"二重权力结构"的真实逻辑。然而，当我们追踪上述政治理念的更早渊源时，民俗学家柳田国男曾提示大家，巫祝能"通鬼神之道"的说法，最早当来自于上古中国的"汉意"。[②]

---

① 鳥越憲三郎：《女王卑弥呼の国》，中央公論新社，2002，第165—195頁。

② 柳田国男：《神道私見》，載《柳田国男全集》第13冊，筑摩書房，1990，第603頁。

三、“夏商古道”与“原型论”的逻辑关涉

众所周知，殷代的国王，自始至终都牢牢地把持着对天神和地祇的宗教祭祀权。但与此同时，政务的主持者——行政主官，却一日未尝或缺。章炳麟指出：“天官冢宰，周袭殷制。”[①] 表明周制中的很多规定，亦源自商代。行政主官的权力十分大，极致时竟有足够的力量去放逐国王，如“伊尹放太甲”（《孟子·万章上》）等等，不一而足。正因为冢宰每每权高盖主，因此，殷朝的行政主官便开始了可以理解的变化，即“经历了一相制、双相制和三公制三个阶段”。行政主官权力过大所导致的权力拆分结果，稳定了国王的地位，以至于商纣王时，三公不过是一种象征性的位置，不仅没有实权，甚至连自身性命亦难以保全。在日本，行政主官权力过重时，甚至有弑杀天皇者，如苏我马子之于崇峻天皇等案例，不一而足。但是，由于日本天皇并未因此而以舍弃宗教权威的方式去夺取世俗权力，所以，弑君事件似乎并未危及天皇所拥有的掌祭者地位。相比之下，商王朝“三公”制度的逐步确立虽然加强了国王的世俗权力，但同时也削弱了国王的宗教权威，以至于商后期的国王都变成了权力高度集中的“一人”或“余一人”。正唯如此，商王也日益陷入权力和责任的泥淖而不能自拔，而这却给商朝带来了灭绝性的政治后果。实际上，直到帝辛之前，殷朝即便有过“中丁”以来的“九世之乱”，尚未尝出现王祚终焉的结局。换言之，在宗教权威和世俗权力相对平衡的400年中，殷商的政治格局基本上处于稳定状态，“万世一系”的最初体现者，似乎也不是日本，而是商朝。这一点，从历代商王只以天干为序的王位谱系上看得分明。就是说，既然“万世一系”，就不需要有姓氏。而历代商王亦恰好没有姓氏。白川静指出：“《左传》以氏称殷六族、七族者，实从周代称谓而来。开始时，那些氏名未必是殷人所自称者。依管见所及，卜辞中

---

① 章炳麟：《经学略说》，载《国学讲演录》，华东师范大学出版社，1995。

并没有以氏号称殷人的例子"，"我认为，殷并没有姓组织，殷之子姓，实际上是周王朝封建制确立后需要将所有种族纳入姓组织中来的时候，才被人从外在赋予的。……子应被视为对王族的称呼才对"，"这恐怕与殷并没有严密意义上的宗法制度有关"。① 然而，商王身上一经发生舍弃宗教权威而转向世俗权力的倾向，就必须要接受来自民众的行政责任追究和伦理道义弹劾。而且正如《史记·殷本纪》所载，武乙也果然对商王赖以建立权威的天神"卬而射之"。它助推了从"权威"到"权力"的转移，也埋下了由"道德"而"革命"的种子。于是，以周期性颠覆行动为标志的"革命"，便成为日后中国政治史上无可规避的宿命。而与"万世一系"适相对立的反面价值——"易姓革命"，之所以会遭到日本历代学者的恒久诟病，反而从另一个侧面证明了殷商往昔的神政体制对日本古代文化所构成的底色影响。白川静的研究为我们提供了这一影响何以会发生的地理线索：公元前 11 世纪前后，殷为周所逼，退至原来的根据地；由于当时的东方尚存有殷之残部，因此，其中一部分通过东北地区进入朝鲜，而另一部分则直接渡过渤海，来到了日本北九州地区。②

实际上，由于殷文化的主要特点只有相对于代之而起的周文化，才能获得鲜明的显现，因此，关注殷周差异的王国维当年的心血——《殷周制度论》，便具有了特殊的意义。③ 王国维所讲的殷周变异，我以为不外有三：其一，周之血统代替了殷之神统；其二，周之德政取代了殷之神政；其三，周之人为代替了殷之自然。这就意味着，对殷商事物的解读，恐怕从此要带上周人的观念和标准。而新的观念和标准，则集中体现在《尚书》的"牧誓""酒诰"和"召诰"篇中。在这些被视为殷朝"罪状"的条目中，首先遭到攻击的是女人地位过高和女权干政问题；其次是血亲人伦无视问题；再次是殷人酗酒问题；

① 白川静：《甲骨文と殷史》，載《白川静著作集》第 4 巻，平凡社，2000，第 331—332 頁。

② 白川静：《皇室は遥かなる東洋の叡智：なぜ皇室は大切なのか、存続のみを論じるなかれ》，《文芸春秋》2005 年第 4 期。

③ 王国维：《殷周制度论》，载《观堂集林》第 2 册，中华书局，1984，第 451—454 页。

最后是崇神不尚德问题，甚至夏朝的灭亡也被认为是“丧德”所致。在此基础上，太史公还在《史记·殷本纪》中加上一条最易引起公愤的酒色淫乱问题，藉以诠证“殷周鼎革”的合理性：“帝纣……以酒为池，悬肉为林，使男女倮相逐其间，为长夜之饮。”这些在后来几乎成为所有王朝崩解理由的一律式道德叙事，在原儒风气盛行的周文化氛围下或无不可，但在商朝，则或许是一种承自上古的民风民俗和自明生活方式亦未可知。白川静的解读显示，“所谓殷代是沉溺杯盏之酒乱国，唯此才失却天命云者，应该是周人的看法，这也是文献中盛传酒池肉林乃颓废文化的原因所在。然而，实际情况似并非如此。殷人在祭祀时，大概要用一夜工夫来以酒事神，而不可能把自己弄得酩酊大醉，只不过酒祭活动搞得有些频繁而已。祭祀时要求一定要设酒、奏乐并配以歌舞，这恐怕是遭致酒池肉林批判的原因。但是我认为，殷是极其简朴而庄严的古代王朝。这与以盾为氏族徽号（指‘周’字原意——引者注）且剽悍有余的周，是两码事”。[①] 其他如“天命玄鸟，降而生商”和“简狄吞卵而生契”这一异常直露的人神性事记录，在商朝人的历史叙事中，好像也未见有任何难为情的遮掩。从这个意义上讲，郭沫若的认识应该是符合实际的：“我相信这传说是生殖器的象征。鸟直到现在都是生殖器的别名，卵是睾丸的别名”，而上古时代的异性崇拜和男女交欢之事，“在初意本尊严，并无丝毫猥亵之意”。[②] 相比之下，《史记·周本纪》中周姜嫄“履巨人迹而生后稷”的故事，不但使原本寻常的男女性事被涂抹得十分抽象，后稷问世后被东丢西弃的一路遭遇，还隐约内藏着后人性观念的巨变——周人似乎已有了明确的非正常性事耻感情结。这种耻感，虽一度波及过整个东亚地区，但在大陆之外，它除了有助于增加人神关系的神秘感外，似未尝构成过足以颠覆那些地区古来神圣观念的道德力量。林罗山以他人询问方式所表达的以下不解，反而方便于人们对日本传统的理解：“然则女登

① 白川静：《思想について》，載《文字講話》Ⅲ，平凡社，2003，第275頁。

② 郭沫若：《甲骨文字研究及殷契余论》，载《郭沫若全集》（考古编）第一卷，科学出版社，2003，第17页。

感神龙生炎帝，刘媪遇交龙产高祖，及赤电大虹、玄鸟巨迹之祥，史氏之所记，儒先之所论，皆可废耶？”[①] 这是因为，《古事记》所谓“丹涂矢……突其美人之富登（女阴——引者注）”等记录，[②] 并不掩饰其赤裸的性事场面。这在民俗学家柳田国男的调查报告中，也有过完全一样的记录。[③]

事实是，即便在儒教文化一度盛行的江户时代，人们也很难看到那些与自然风俗不甚协调的理性和道德曾经在日本有过太多的渗透。津田左右吉指出：儒家思想是植根于中国社会特殊背景下的理论体系，它即便东传日本，也不过是流行于知识人层面的某种知识而已，对于日本的基层社会生活几乎未发挥过任何作用和影响。而且即使是知识人，也从未照搬过中国的政治制度、道德体系、思想形态和风俗习惯。儒家政治思想中最为重要的“革命说”，因根本不适合日本的实际状况而从来就没有得到过承认。虽说江户思想界的某些知识人对理学所带来的“合理主义”倾向能够表现出足够的尊重，但日本人的迷信习惯诸如占星术的盛行等，却没有因为这套理性知识系统的干预而有过任何收敛。实际情况是，儒教从来就没有在日本得到过实现，儒教的日本化纯系知识界的一种错觉。[④] 这种略显极端的阐述固非全无道理，但白川静的历史观察及其结论，似乎更接近事实的本真。在他看来，殷与周这两个有着异质文化的王朝的更迭，给后来的中国文化带来了足够大的影响。将周的德治主义理想化，并进一步做出思想提炼的，是儒教。在其后的两千余年时间里，儒教还持续不断地成为中国的统治思想。那么，这是否意味着承自殷代的神秘思想就从此断绝了呢？回答是否定的。由于全部由内在道德来管束的儒教，具有强烈的人类中心主义色彩，于是，一种批判的声音亦同时出现，即儒学所倡导者，不过是由人智制作出来的人为世界而已。这就是发起于老子和庄子的

---

① 林羅山·《神武天皇論》，載京都史蹟会編《林羅山文集》上巻，ぺりかん社，1979，第 282 頁。
② 太安万侶：《古事記·祝辞》，載《古事記》中巻，岩波書店，1958，第 160—162 頁。
③ 柳田国男：《神道私見》，載《柳田国男全集》第 13 冊，筑摩書房，1990，第 609 頁。
④ 津田左右吉：《まえがき》《緒言》《支那思想の概観》《日本人の生活と支那思想》，載《支那思想と日本》，岩波書店，1938。

“老庄思想”。老庄主张，原本的秩序存在于人智发生前的自然中。在自然世界中，人们往往把按神意行事的无为而治视为理想。这种观念，无疑来源于殷代的神政政治。也就是说，老庄思想乃是对殷王朝思想的复活。然而在日本，直到近代前，并没有经历过殷周革命般被异族征服的体验。正如“万世一系”所表现的那样，王统亦并未因此而发生过中断。其间，虽有豪族、贵族和武士等势力在国内争夺过统治权，但最终他们却未尝发生过世界观上的对立。① 白川氏的言下之意应该是：经由道家承继的殷商神政信仰，由于“万世一系”的原因而未尝在古代日本人的观念世界中发生过改变。尽管白川氏给老庄思想赋予殷代“神意”传承者身份之附会并不符合老庄的无神论本质，但从道家对“前规范道德”的大力提倡等理论倾向上看，白川氏的解读又透出了几分历史和逻辑的真实。需要提起注意的是，上述思想格斗的结果，不但没有使来自彼岸的殷商价值在后来的日本文化中遭到禁止，反而呈显出首尾连贯、一脉相承的风俗特征。而所谓日本文化的“原型”，最早乃脱胎于日本对大陆和朝鲜所设置的一道道“隔离墙”，即“物部族”尔来的“地政隔离墙”（包括“二十五部”的三种防护力量、“白村江之战”后的对马“金田城”、九州“太宰府”、蒙古来袭后的镰仓幕府防卫线）和《古事记》（712）、《日本书纪》（720）典志主导下的“价值隔离墙”。与此同时，中原文明格局的重大变化，特别是“殷周鼎革”以来新价值“型范”的反衬，也为日本“原型”色彩的日渐鲜明，提供了来自“他者”的对比。

但是，如果以为王国维笔下的殷周价值变化果真那般彻底，那就过于天真了。由于商周两种文化，都各自存在着目不见睫的盲点，因而事实上，入周后的殷民文化，变与不变者都有。商殷文化虽高，却缺乏稠密人际关系的相对完好的社会伦理体系；而周代虽有日后几成中国文化主干的礼乐宗法制度，但由于血缘组织的迟滞落后以及与之

① 白川静：《皇室は遥かなる東洋の叡智：なぜ皇室は大切なのか、存続のみを論じるなかれ》，《文芸春秋》2005年第4期。

相连带的王公所有制对工商文明的阻碍和抑制，使社会肌体中缺少了应有的生机和必要的灵活。殷民对周人道义的延纳和周人对殷民生产生活方式的保留和保护，也刚好暴露并互补了各自文化中的不足与优长。尤为重要的是，该过程还体系性地催生出新一轮中华文化的普世价值标准，即《古文尚书·大禹谟》所谓“人心惟危，道心惟微，惟精惟一，允执厥中”这一被后儒视为道统“十六字心传”的“中庸”观念。这意味着，统治如斯大王朝者，仅凭一种单色调的价值和标准，是没有可能的；而“殷周鼎革”后所发生的上述变化，对于正确解读丸山对儒教所做的“前提性批判”，无疑十分重要。某种意义上讲，“当然”和“所以然”，应该是造成丸山“原型论”中正反两方面冲突的根源。在尊重丸山的基本估计——“日本的思想史，是对外来思想的受容、修正和摄取史”的基础上，人们还应进一步注意其“原型论”的产生逻辑，即：不断摄取的外来文化，在日本人的精神结构内部，形成了新旧不同且相互作用的层次。其中，沉积于最下层者，才被称为“原型”。这意味着，如果夏商外来文化给日本带去的“第一记忆”，构成了日本的“原型”“古层”或“执拗低音”的舶来部分，那么，传统中国思想的日后变化，也曾以附着于“原型”之外的形式影响过日本“固有”的观念世界。但由于日后包括佛教在内的外来“新说”，总是以海纳百川的姿态次第涌入日本，而这些复杂思想所呈显的混合价值又很难与日本“固有”而“单一”的“传统”价值相吻合，于是，由不定期的“受容”与“清理”过程所呈显出来的起伏曲线，便构成了日本“原型”对待“自性”与处理“外来”时的基本反应频谱。也就是说，当“第一记忆”的“当然”价值一经被接受者奉若神明，原本亦娩出于这一体系当中的新价值，反而变成了“他者”；而对于“他者”形成过程之“所以然”的无视甚至抵触，便无法不导致“非此即彼”或“二者择一”式的冲突。这样，“自我”与“他者”虽可一时“习合”，却终不免“古层”隆起时的对决与分手；虽可以一时模糊与“相对他者”间的此疆彼界以共同抵御“绝对他者”，但绝对的“他者”一经消失，则相对的“他者”亦难免被次第驱逐的命运。朱子学在整个江户时代日本政治思想史上的起伏曲线，已形象地说明了这一点。[①] 体此，则“儒教思想之多义性和两极指向性（两面价值）”给江户学界和丸山本人所造成的思想困惑，诸如“仁与义”“孝与忠”“政教合一与政教分离”“天命的绝对性与革命的必然性”“未来指向与尊老敬老”等等，也就变成了“不成其为问题”的问题；而原本出自传统中国的“神道”思想[②]之所以会成为日本“原型”的核心要素而如今中土反无，似乎也不再是一个值得继续讨论的问题。某种意义上说，丸山真男在“原型”前面敢贸然标注“日本”二字，似乎只能归因于“礼失而藏诸野”的漫长岁月；而荻生徂徕（物茂卿）的“夏商古道”说和白川静的“殷商古制”论，却也为矫正日本学界的不少新说赋予了某种必要的稳妥。

（发表于《历史研究》2015 年第 1 期）

① 拙稿：《“道统”的自立愿望与朱子学在日本的际遇》，《中国社会科学》2006 年第 3 期。
② 《易·观卦·彖传》谓：“观天之神道，而四时不忒。圣人以神道设教，而天下服矣。”

“仁”在日本近代史观中的非主流地位

近代日本有一个与中国不同的史学传统，即历史评价标准的“重外而轻内”。换言之，对于历史事件和事件的当事人，日本史家不太喜欢用“善”和“恶”一类更多存在于人的内心的价值标准来评定和判断，而注重以外在因素——事发当时实际起作用的各类客观条件来分析、解释和评判。这种事实判断原则，与思想界的实学思索相表里，形成了迥异于中国的史学观念和史学风格。探讨这一问题，对于正确把握中日两国在历史认识上所存在的差异甚至对立，或有启发意义。

一、 对朱熹历史观的导入与驱逐

朱子学的“合理主义”，曾经给亟须秩序支持和思想支持的德川幕府（1603—1867）带来过近百年的安宁。如果说，幕府利用朱子学以取得思想支持的目的，主要设定在对天主教入主行为的阻止，那么，它在朱子学身上索取秩序支持的重点，则多半放在幕府政治所需要的正名分、明纲常的政治伦理上。随着政治控制的日渐深入，如何从人的内心来寻找消弭政治危机于未萌的道德观念，乃成为幕府里一批御用文士的工作重心。朱熹的《资治通鉴纲目》，就是在这种需要下被引进、被铺张的。

《资治通鉴纲目》，朱熹及弟子赵师渊撰，共59卷。该书以司马光

《资治通鉴》为蓝本，别作义例。“目”由师渊为之，而“纲”的部分则由朱熹自提其要，寓褒贬微义于其中，对司马光的《资治通鉴》做了大量史实上的善恶诠释和道德解说。该书进入日本伊始，即为江户时代朱子学者广为介绍。庆安四年（1651），有鹈饲錬斋（通称金平）训点的《通鉴纲目》和刻本《金平通鉴》刊行。在此前后，还有三宅氏（通称道乙）训点的《道乙通鉴》问世。[①] 早期朱子学者林罗山（1583—1657）与其子林鹅峰（1618—1680）受幕府之命而编修的《宽永诸家系图传》《本朝编年录》，以及由林鹅峰独自完成的《本朝通鉴》，几乎都有《通鉴纲目》的明显痕迹。林罗山在论清氏、赖朝、尊氏、信长、秀吉等武将的《七武余论序》中，就曾说：“垂其训而示诲，真有益也。”[②]

朱熹的历史观，形成于中国悠久的史学评价传统。中国传统史家，多长于历史叙事中的“惩恶劝善”，而“惩”与“劝”的根据，是道德仁义，即恒存于史家心中并可以转化为外在绳墨的标准。当私家修史之风盛行时，这一择向颇显突出。即便是官修，史官个人的优劣审视和判断，也通过各种方式渗入史书的各个角落。

日本人也极端重视历史，江户中期著名思想家荻生徂徕（1666—1728）说：“历史乃学问之极也。”[③] 然而，其重视的原则和偏向，却与中国有明显的差异。

首先，以事实记载为要中之要，并尽量避免人的主观价值判断。朱熹的《通鉴纲目》传到日本后，的确对江户时代的历史论著带来过一定的影响。它反映在早期朱子学者藤原惺窝和林罗山等人的著作中，也表现在后来为《大日本史》作“赞”的安积澹泊的《大日本史赞薮》中。然而，这种影响，至迟在林罗山之子林鹅峰所撰的《本朝通鉴》里，已开始大打折扣。他对《通鉴纲目》之道德价值追求的绝望，是因为内在道德把握与外在秉笔直书在操作过程中发生了剧烈的冲突。

---

① 赖惟勤：《解说》，载《中国古典文学大系・14・資治通鑒選》，平凡社，1970。
② 林羅山：《林羅山文集》卷二十五，ぺりかん社，1979。
③ 荻生徂徠：《徂徠先生答問書》上，載《荻生徂徠全集》第六巻，河出書房新社，1973，第 178 頁。

按照林鹅峰自己的讲法，是因为国朝之事，难于公言，难断正邪是非。纵行《春秋》《纲目》之笔法，又谁识我卓见哉！“是以今般书式，唯记事实可也。”①

其实，上述倾向决非林鹅峰一人的奇想突发。在整个江户时代，这几乎成了一种普遍的叙史风气。这种风气，甚至影响到历史撰述还要不要道德评价的“论赞”的问题。安积澹泊的《大日本史赞薮》，便曾受到过该风气的挑战。《大日本史》是一部汉文体日本国史，由水户藩主德川光国（1657—1725）延揽众史家，经过对日本古今的全方位调查和严格考证，历经 200 余年编撰而成。该书叙事范围起自神武天皇，迄于南北朝末后小松天皇，共 397 卷。在修史过程中，安积澹泊既是参与者，亦是组织者。由于受中国传统史观和朱子学的影响，澹泊几乎在每一篇篇末，都附议以论赞，藉人物之臧否，贻后世以道德史鉴。然而，这一在中国几为天经地义的做法，在日本却遇到了很大的阻力。由于这种阻力，最终使该“赞薮”未被通过，为众人决议以“削除”。高桥广备认为，无“论赞”则大日本史金瓯有阙云者，乃时俗之论也。纪传末附以论赞，始于司马迁之《史记》。此一家之私议也，与义公（德川光国——引者注）意下之大日本史颇相龃龉。且澹泊所作论赞文章，失之苛酷冗长，妄引中国历史暗合之例以炫其博识。若以为个人之史论随笔犹可，倘以此为史书之论赞，则不妥矣。附以论赞，非义公之本意，修史当“据事直书，劝惩自见”。论赞削除的最后决定，是武公（治纪）时代，即文化六年（1809）的事。面对武公的咨问，川口长孺、高桥广备、藤田幽谷等协议的结果，终于在二月十二日，决定删除论赞。②

实际上，澹泊本人在《赞薮》当中的议论，在我们看来，已经与中国传统史观之劝惩褒贬的道德把握相距甚远了。他发现，单纯明快的内在善恶论不足以解决“据实以书”的历史问题。尤其在历史发生

① 林春斎：《國史館目録》，宽文四年十月晦日條，転引自花見朔巳《本朝通鑑考》，載史学会創立 50 周年/史学会编《本邦史学史论丛》，冨山房，1939。

② 参见小倉芳彦：《解题》，載《日本思想大系 48・近世史論集》，岩波書店，1974，第 559—560 頁。

重大转折的时候，对历史人物做内在道德的理解和把握，往往显得空前地不得要领和无用。因此他主张，必须在历史论述中加进把握变数的概念，即“势”“机”和“权”，这样才有利于对历史变化真动因的探讨。在谈到平知盛拒绝了源义仲的和解要求而旋即灭亡时，他指出：“义仲方畏赖朝之图己，与之连横以敌赖朝，则事虽不成，未至覆亡如此之速。岂非失事机、而不通权变者耶？”① 对于对南朝竭尽忠节的新田义贞，澹泊虽誉以“义贞匡复之心，不少解驰，誓天地以为心，质鬼神而无疑”等最高道德赞美，但道德的高尚并没有使他战胜足利尊氏，却是事实。当谈到决定义贞败战的真正因素时，澹泊指出：“不幸势去，时不利，智勇俱困，继之以死。”② 这种轻视内在的历史态度，也使他能够自觉地将统治者内在的仁爱之心与政治操作原则本身做出明确的分离。据说，“延喜之治”中有这样一段“佳话”：一个凛冽彻骨的寒夜，国君脱去身上的衣服，想通过自身的寒冷体验来感受百姓的饥寒劳苦。对此，澹泊指出：“然世徒知寒夜脱御衣之为君德，而不知假辞色以求尽言之尤为盛德。此致治之本也。”③ 澹泊这一史观特征的极致表现，是“善”“恶”对峙时内在“善”对外在“恶”的充满无力感的描述，以及对事实本身的认可态度。在《新田义贞传赞》中，他写道：“赞曰：忠义之维持世教大矣。新田义贞以源家之胄，役于北条氏，一旦幡然改图，欲安王室，义旗所向，叶落冰离，何其易也！及与足利氏构难，攻城野战，互有胜负，而竟不免败衄，何其难也！盖由政刑日紊，人心思乱，尊氏乘之，逞其诈力也。……其子侄皆能枕戈尝胆，屡兴勤王之师，而卒归于摧残流亡。岂非天哉！至其高风完节，虽屈于当时，能伸于后世。天果不佑忠贤乎？观其与足利氏争雄，两家曲直赫赫在人耳目，虽愚夫愚妇，亦能知新田氏之为忠贤，

① 安積澹泊：《大日本史列伝贊藪》卷之三，《平清盛父子伝贊》，載《日本思想大系48・近世史論集》，岩波書店，1974，第287頁。

② 安積澹泊：《大日本史列伝贊藪》卷之三，《新田義貞伝贊》，載《日本思想大系48・近世史論集》，岩波書店，1974，第293頁。

③ 安積澹泊：《大日本史列伝贊藪》卷之一，《醍醐天皇紀贊》，載《日本思想大系48・近世史論集》，岩波書店，1974，第255页。

宁为此而不为彼。亦足使人辨邪正决取舍，而知向义矣。”[①] 日本当代史家松本三之介认为，这表明澹泊的史观最终还是回到了儒家的框架中。[②] 实际上，澹泊没有回归，至少没有完全回归。首先，他通过对实际事务与道德的“难”“易”对比，鲜明地揭示出内在理想与外在现实之间所存在着的巨大反差。就是说，“忠义”云者，善则善矣，讲起来也容易，但在实际操作中，却往往要败给不忠不义者。原因恐怕在于“人心思乱”。在这里，“人心”有时似并不像儒者所说的那样天然善或永恒善，当被道德指斥为“恶”的势力成了气候，就变成了“天意”。他的“岂非天哉”之感慨，盖缘此而发。可是这样一来，作为儒家理论信条的“天道福善祸淫”就变成了“天道福淫祸善”了。需要指出的是，澹泊史论中存在着其自身很难发现的矛盾，即“人心思乱”和“两家曲直赫赫在人耳目，虽愚夫愚妇，亦能知新田氏之为忠贤，宁为此而不为彼”这两种截然对立的判断。显然，前者是事实判断，而后者则是价值判断。当囿于《通鉴纲目》时，他的判断只能是后者；可一旦回到历史的现实，他又只好背离那预设的道德前提，而事实上又为人们演绎了一回“恶”为历史开辟道路的原理。从澹泊的整个叙述文脉上看，他的最高原则，似乎没有离开林鹅峰《本朝通鉴》的“唯记事实可也”之“据实而书”原则。

值得玩味的是，安积澹泊对内在道德的淡化处理，与荻生徂徕的影响，有着深刻的内在联系。澹泊与徂徕是同时代人。围绕澹泊的《大日本史》撰修问题，徂徕曾有过一些议论，诸如“贵藩修大日本史，亦足下所与裁”[③] 等。徂徕以排斥朱熹著称，这种排斥，亦明显表现在他对《通鉴纲目》的反对上。他在给学生开列必读书单时，还特地指出要读《资治通鉴》原作而不要为《通鉴纲目》的史观所左右。[④]

---

① 安積澹泊：《大日本史列伝賛藪》卷之三，載《日本思想大系 48・近世史論集》，岩波書店，1974，第 293 頁。

② 松本三之介：《近世における歴史叙述やとその思想》，載《日本思想大系 48・近世史論集》，岩波書店，1974，第 601 頁。

③ 荻生徂徠：《徂徠集・復安積澹泊》，載《日本思想大系 36・荻生徂徠》岩波書店，1973，第 539 頁。

④ 荻生徂徠：《經子史要覽》，載《荻生徂徠全集》第三卷，河出书房新社，1975。

为了强调历史观中的非主观主义倾向，徂徕主张，史书要多读那些记载历史事实的编年体和纪传体著作，即：论时事则编年，记一人终始则纪传。《通鉴纲目》之所以无须过目，是因为朱熹的笔法中先有一个想定的道德框架，经由这种框架的削足适履，历史已无古今之变，而仅余百世一定。[①] “后世儒者不识先王之道，乃逞其私智，以谓为善而去恶，扩天理而遏人欲也。此见一立，世非唐虞，人非圣人，必恶多而善少，则杀气塞天地矣。故通鉴（纲目）之于治国，性理之于修身，人与我皆不胜其苛刻焉。遂使世人谓儒者喜攻人，岂不悲哉！”[②]

历史上，澹泊与徂徕有过频繁的通信往来。徂徕的学问见解，诸如他对于“妇人之仁”（参见徂徕《太平策》）这一道德史观的极力反对态度，对澹泊的理论走向，构成了相当程度的震撼。澹泊说：（及得徂徕复书）仆始读之愕然，平心再读，乃服其“俊伟卓绝之论针砭瞽聋”“过于前论高一等矣。”[③] 森岛通夫说日本人道德清单中极少谈“仁”，[④] 这不一定十分准确。但是，说德目选择的背后有着相当深厚的哲学观和历史观做凭藉、做依托，却是不争的事实。

二、 历史观念中尚实的哲学传统

丸山真男认为，观念论，是日本思想传统中的一大弱项。它使日本人对有关规范的理想和作为历史的创造者与计划者之超越神等能够脱离时间制约的绝对者的构想，表现出一定的能力欠缺。这使得日本人的政治行动缺乏规范性制约，在政治手段的使用上，亦显得比较“自由”。于是，反道德和奇袭、谋略等行为受到称赞，而战略上的思考和长远目标的设定能力，却颇显薄弱。然而，在缺乏普遍主义观念论的日本人身上，倒也凸显出其他民族，特别是在中国人身上所少有

---

① 荻生徂徠：《經子史要覽》，載《荻生徂徠全集》第三卷，河出書房新社，1975。
② 荻生徂徠：《弁道》，《日本思想大系 36・荻生徂徠》，岩波書店，1973，第 203 頁。
③ 安積澹泊：《又復荻生徂徠書》，載《澹泊斎文集》卷八転引自国書刊行会編《続続群書類叢》第 13 册，平文社，1970，第 406—407 頁。
④ 森島通夫：《日本为什么成功》，四川人民出版社，1986 年。

的特点，即脱离观念论的实证主义、以现实为中心的进步观、传统习惯对进化论的开门延纳，以及对空想和理想主义的不自觉排斥等。由于观念论和形而上学对于时间的所谓自由构成和操作观念，即站在时间之外来操纵时间，进而干预历史本身的主体观念，在不长于如此思考的日本人身上不易产生，因此，历史认识过程中带有附加和随意色彩的主观主义和价值判断，便很少出现在日本的史书当中。[①] 如前揭文所示，丸山的总结，在日本的历史编纂学中，确实有为数众多的体现。日本最为著名的两部原典——《古事记》和《日本书纪》，固然受到过中国官方历史编纂学的影响，但它在众多中国史书体裁中，只选择了其中之一种——编年体。至于带有史家分析和道德评论的本纪、列传和论纂等纪传体编纂方法，却很少被采纳。而规范主义的惩恶扬善意识，在这里已显得极为稀薄。与此相应，作为历史编纂学的方法论，日本史家更强调的是实证主义和史料主义，甚至有时径将本来是通过史料来构成历史的实证方法，变成了抽掉构成历史之要素的单纯的“考证”。“让事实自身讲话”的惯习，至今仍广泛而完好地保存在日本的历史学界。这种编纂方法，有时固不免“森林”“树木”之诮，但对于历史学最为重要的真实性而言，比那种将事实与价值附加混杂在一处，使后人难辨真伪、莫衷一是的千篇一律的道德评价，则增加了许多可信度和历史感。

儒家以“仁”为本、以“心→性→天”的连通模式为特征的思想体系，融汇老子“先天先地，神鬼神帝”的“道”和朱熹“虽大地塌陷而犹存”的“理”，曾一度演变成规定和控制宇宙人间，然而却从不参与任何具体事务的绝对的存在。该“道理”，实际上已经成为“站在时间之外来操纵时间，进而干预历史本身”的“观念”，而尤为重要的是，由于理学的主调实基于孟子“发乎其心”的“善端”——仁义礼

---

① 丸山真男：《丸山真男講義録》第4册第1章第3節，東京大学出版会，1998。丸山的这一说法，作为对日本民族的思考与行为习惯的规律性捕捉，很具启发意义。但将其植入事先预设的“原型论”当中，却颇有宿命柄凿之嫌。参见拙稿：《丸山真男的“原型论”与“日本主义”》，《读书》2002年第10期。

智，因此，由“道”和“理”黏合而成的一整套观念体系，便不能不带有明显的“主观”色彩。它在具体的历史叙事中，亦自然会表现为该色彩的道德参与、价值判断和形而上分析。这一点，与日本的哲学氛围构成了很大的差异。

在日本人的观念当中，“现时”，才是时间的本质存在方式。就连神话，都是与现时密结在一起的具有现实意义的历史遗留。这里，“人”的舞台虽源于“神”的舞台，但神的意义的发生，却悉数存在于“天孙降临”后的人世。在这样一种原始哲学氛围里，离开“现时”或与“现时”有着本质对立的超越者，并不存在。换言之，在日本人的观念世界里，从来就没有存在过朱子学意义上的所谓“永恒”原理。在他们看来，只有“无穷”的生成发展，才是永恒，而永恒本身又与“现时处”在同一个时间维度中。所以，日本人的时空哲学，具有典型的“现世中心主义”特征。值得注意的是，这种现世主义，又决非那种固守于现世某一点的所谓“瞬间—永恒”主义，而是在努力享受现世每一瞬间的同时，不安于这瞬间享受，从而不断地去迎接下一个瞬间。然而，在这种不断前行的时间推移中，日本人又总是生息于对现世瞬间的肯定当中，并因此而赋予每一个前后相续的瞬间以合理的意义。① 所以，我们很少看到日本人对以往的历史进行全盘否定，也没有目睹过日本人同现行事物做势不两立的对决，亦罕见有谁对未来的进一步发展不充满渴望和憧憬。就像他们的语言被称作“黏着语”一样，“传统→现今→未来”三者间的彼此勾连和不可切离，已成为日本人思考问题时的一个模式。从这个意义上说，国际舆论当中的日本“保守”论，似乎缺少了如何看待日本人对“现今”和“未来”的实际把握态度这两个重要环节。当看到明治维新时期最具未来意义的启蒙思想家福泽谕吉反而在“国体”保护问题上表现出让人费解的真诚时，② 当目睹日本人用“作为”的方式来不断完善现世而不

① 丸山真男：《丸山真男講義録》，東京大学出版会，1998，第4册第1章第3節。
② 福泽谕吉：《文明论概略》，北京编译社译，商务印书馆，1997，第24页。

是在观念世界中指望某个遥不可及的真理来砸碎现世的务实态度和生活方式时，日本人的传统哲学观，也就呈露出了其自身的理论特色。它至少透露出这样一个有别于中国传统的明显特征，即：由于日本人心目中并不存在某种外在于现世的代表永恒真理并可以裁判现世的观念世界的“判官”，因此，观念本身对于历史的进化和社会的进步，也就无法构成真正的颠覆力量。事实上，日本社会的变化，哪怕是有如明治维新般剧烈的社会变化，从中也很少看到类似于中国历史上的“革命”行为，罕见在“伐无道”“诛无德”或“替天行道”理念驱使下的旨在荡涤和诛灭前朝所有合理与不合理现象的铁血暴力手段和由此而娩出的新旧分明格局。它给美国学者约翰·惠特尼·霍尔（John Whitney Hall）留下的印象是：“日本人民幸免于大革命。……结果日本就倾向于把换掉的制度放在一边、弃而不用，但很少把它扫除干净。艺术和建筑珍品，几百年都保存维修得很好，正如同某些家族和官职，虽然早已没有权力和影响，也要保留。毫无疑问，日本皇室是今天全世界皇家中统治最久的，因而连续的因素也经常反映到文化史上。”① 对日本的估计略显保守的罗素（Bertrand Russell）也发现，“日本历史的有趣特点之一，那就是同样一些力量和思想会延续好几个世纪”——“现在的日本与1867年明治维新的领袖们心中所设想的没有什么差别”，“自1867年以来，日本的变化相当惊人，但更惊人的是这种知识合乎生活上的巨大变化却没有使宗教、伦理观念有任何改变。然而，这些变化的趋向却与我们的期望相反。科学理应朝着理性主义的方向发展，而科学知识的传播却与崇拜天皇这一日本文化中最古老的特征同步增长”②。可见，在中国传统中被视为天经地义的“革命”规律，在日本历史上却碰到了一个说不通的“死角”。

---

① John Whitney Hall, *Japan: From Prehistory to Modern Times* (New York: Delacorte Press, 1970)，汉译本《日本：从史前到现代》，邓懿、周一良译，商务印书馆，1997，第5页。

② *The Problem of China* (London: George Allen & Unwin Ltd, 1922). 汉译本《中国问题》，秦悦译，学林出版社，1996，第67、76、77页。

三、“仁”与“革命”标准的歧义

霍尔的所谓“革命”，颇有几分中国传统意义上的革命形式加上西方经演变后的革命内涵的混合意味。正如有学者指出的那样：“（中国）所谓‘革命’的基本含义是改朝换代，以武力推翻前朝，包括了对旧皇族的杀戮……这是西方 revolution 的意义里所没有的。”[①] 理由是，源自拉丁文 revolvere 的 revolution，最初指的是天体周而复始的时空运动。但是，到 14—16 世纪前后，该词却由于与“起义”“暴动”和“叛乱”等诸词词根相同而开始转生出政治性的含义。近代的“英国革命”和“法国大革命”使“革命”含义发生重大转变的特征在于，以往的“周而复始”观念中，已衍生出“奇特的唯新是求的情结”。它几乎成为某个阶段代表不可抗拒的历史发展方向的标示。[②] 显然，中国历史上的革命，应属于马克斯·韦伯所称之“传统主义的革命”，而西方由 revolvere 演化而来的并对中国近现代社会产生过重大影响的 revolution，当属于“近代自然法革命”或“民权主义革命”。其间差别，已不可同日而语。然而，日本历史的独自特征表现为：当公元 10 世纪中叶日本社会几乎恢复到“大化改新”前状态的时候，以往大宝法典中的政府机制虽日显多余，“可是，日本人从未把这个机制废除”；8 世纪以来朝廷贵族和大寺院垄断权力的不复存在，以及封建主义的政治权威和土地管理新制度的出现这些被历史学家称为 12 世纪日本史上的两件大事，其“变化的发生”亦“很有特点”，即“缓慢而不为人所注意。没有明显的转折点，也没有什么斗争。连给 12 世纪抹黑的民间骚动和战事，在当时也好像没有什么重要性”；而进入战国后的日本，尽管封建主义化已全面展开，“不过，这种变化的进程并不十分猛烈。天皇和将军仍然作为残余皇权的象征留在京都，虽然他们的政治权力已完全

① 陈建华：《现代中国革命话语之源》，《二十一世纪》1997 年 6 月号。

② Hannah Arendt, *On Revolution* (New York: The Viking Press, 1965), p. 21. 转引自陈建华《现代中国革命话语之源》，《二十一世纪》1997 年第 40 期，第 83—96 页。

被剥夺。……老的权威结构仍然存在，以保持些许合法性”，“无论统一的国家这个概念如何变化，它仍然未被损伤。‘国家’没有分裂，皇权的传统地盘依然屹立”；甚至连“尊王攘夷”和“大政奉还”浪潮，也没有导致德川幕府与京都皇室之间的直接暴力冲突，“土佐备忘录”只是要求将军退位，让给一个在天皇领导下的大名会议，“将军的政治权力归还天皇，但是德川的家长仍有他的土地，作为最有权力的人，还可以继续任宰相”，唯此，1867 年 11 月，末代将军德川庆喜便接受了这个倡议，他的辞职带来了一个幕府名义下的“皇室改革”；于是，“日本人的政治‘革命’，几乎说不上是什么革命，因为它只是在武士阶级这一老的掌权集团中进行，并且是以忠心和政治价值的连续性为依托的”；所以在战后日本的学者中最普遍的说法是，维新运动是代表武士阶级重新巩固的运动，“也就是说这是一场走向政治绝对主义的反革命运动”，霍尔于是认为，“很明显，这又是把日本历史放在一个不合适的欧洲模子中来考察”。①

然而，霍尔在强调日本历史不适合欧洲模式的同时，却认为“他们创造出的某种社会制度和政府类型，反而令人吃惊地和西方类似”，“这也许是为什么在东亚人民当中日本人最有条件去接受西方影响”的原因所在；这里，霍尔所能找到的日本人有别于东亚、特别是中国的地方，主要是制度上的“根本不同”，即“日本人并不是简单地推出一个中国文化的小型翻版”。② 这表明霍尔眼里的日本制度和传统，非西方却与西方类似，像中国却与中国迥异。看上去霍尔的表述略显矛盾，可这种勾勒倒的确酷肖日本的实情。日本与西方的区别不在本文的讨论范围之内，然而关于日本人是如何做到与中国“和而不同”的观念背景，霍尔毕竟缺乏实质的了解。实际上，这一观念背景在相当程度上形成于日本固有的哲学观以及日本人对舶自中国的“道德”史观的

---

① John Whitney Hall, Japan: from prehistory to Modern Times (New York: Delacorte Press, 1970). 汉泽本《日本：从史前到现代》，邓懿、周一良译，商务印书馆，1997，第 52、59、99、188、201、204 页。

② John Whitney Hall, Japan: from prehistory to Modern Times (New York: Delacorte Press, 1970). 汉泽本《日本：从史前到现代》，邓懿、周一良译，商务印书馆，1997，第 5 页。

抵制与解构。

应该说，对“政治价值连续性”的坚守不移，是日本历史观的本质特征之一。与此形成对比的是，中国传统史观倾向于将超政治价值的道德价值视为最高存在。道德价值的特点乃如福泽谕吉所言：“道德问题自古以来就是固定不变的。……所以道德后来一直没有改进，上古的道德和今天的道德，在性质上并没有变化。”① 由于道德价值是个不变的东西，因此，它的“连续”便常常表现为无须连续的连续；亦由于政治价值是一个不断变化的存在，因此，它的价值则必须在变化而连续的“连续性”上加以把握才行。从这个意义上讲，前者是逻辑的，而后者是历史的；前者是推论的，而后者是事实的；前者是应然的，而后者是必然的。本来，中国先圣的所谓“道”，是治道，是礼乐制度的因时损益和具有鲜明沿革继承性与可操作性的政治原则。由于该道“是更数千岁数十圣人尽其心力智巧以成之，岂一圣人一生之力所能为哉”② 的原则，用梁启超的话说就是：“凡天下一事之成就，必经数日千年数百千万人之智慧能力而始成也。积众生之智慧能力久之，而圣人出焉，圣人出而众生之智慧能力又增长焉。”③ 因此，它不可能是形而上的虚谈，而只能是务实的政治实践方式。但是，另外一种声音也不是没有市场，而且随着时间的推移，其波及面反而愈来愈大。由于子思曾在《中庸》里讲过“天命之谓性，率性之谓道，修道之谓教”等话语，孟子又在《尽心》篇中径谓仁义“根于心”“根于性”，而且宋儒对“中庸所谓率性之谓道是也”（《四书集注·孟子集注》）这一经典思孟理论的肯定承绍和坚信不疑，于是，荻生徂徕的发现便让人难以反驳：“以道属诸人人，而不属诸圣人。其究必至于以礼乐刑政为粗迹焉。”④该说法的逻辑内涵是：外在的“礼乐刑政之道”一旦变为“粗迹”，也就意味着内在的“仁义礼智之道”开始转趋“精微”并将位处要津。事实上，宋儒的工作，也的确使“精微之道”在中国

① 福泽谕吉：《文明论概略》，北京编译社译，商务印书馆，1997，第18—82页。
②④ 荻生徂徕：《弁名》上，載《日本思想大系36·荻生徂徠》，岩波書店，1973，第210頁。
③ 梁启超：《读〈春秋〉界说》，载《梁启超哲学思想论文集》，北京大学出版社，1984，第27页。

中世后期的政治话语中跃居主位。然而该道德体系所容易引发的疑问是：其核心观念所赖以存立的根据和标准是具体的还是模糊的？是切实可行的还是不切实际的？因为在很多日本学者看来，作为“恻隐之心”的“仁”和所谓“人之正路”的“义”，说到底，只能是一种没法切实把握的感觉；而“仁者爱人”的说教，却将决不允许“爱情”介入的冷彻的政治运营过程赋予了某种关爱温情的假象。当有人将这种感觉和假象武断地规定为臧否政治的唯一原则时，孟子的如下表述便极易成为思维懒惰并喜欢盲从者的价值取向和是非标准，即：“贼仁者谓之贼，贼义者谓之残。残贼之人，谓之一夫。闻诛一夫纣矣，未闻弑君也。”（《孟子·梁惠王下》）而这一点，在日本学者看来，也正是构筑于孟子的中国传统中“易姓革命”和“禅让放伐”思想之所从来。就是说，孟子是将“革命”的理由和根据措置于统治者是否有违“仁义”这一原则的基础上的。换言之，政治的好与坏，从根本上讲乃直接决定于君主本身的道德高下，而君主一旦在道德上被认为出了问题，那么杀死国君和杀掉匹夫这两种行为之间，也就不应该还有什么原则上的差别可以计较。

一定意义上说，使中国的“易姓革命”理论遇到难以逾越的事实关隘的，是日本的国体。沟口雄三说：“两者之间横亘着难以逾越的两国传统之差异，即一方是根植于中国易姓革命思想的传统；另一方则是根植于日本万世一系的天皇观这一历史事实。”[①] 由于这一事实的难以摇撼，而且事实证明传统的日本学者大多倾向于国体保护主义，加上如丸山真男所说的日本人在观念论上每每表现出一定的能力欠缺——特别是由此而养成的日本知识人从不相信观念本身会产生政治颠覆力量的思维惯习，因此，日本的传统史观，特别是这一史观的集中体现者——江户中后期的历史学家和思想家，不是出于对天皇制的泥守动机而反讥中国的国体有缺陷，就是就学理本身对儒家的革命思

① 沟口雄三：《中国民权思想的特色》，载《中国现代化论文集》，“中央研究院”近代史研究所，1991，第 346 页。

想提出摧毁性的理论质疑。而这种反讥和质疑所由以发生的具体原因，在他们看来是在中国平行但对立的两种传统政治思维次第涌入日本后给日本人带来了政治信仰混乱。福泽谕吉的看法是："汉学家和皇学家之间……基本的分歧在于：汉学家赞成汤武放伐，而皇学家则主张万世一系。"[①] 丸山真男也进一步分析说："儒教思想在日本化之际所引发的甚大困难和抵抗，表现在这一民本的'革命'思想和与之相关的王朝'正统论'问题上。江户时代的'国体论'，正是将兼容儒教的'君臣之义'和有德者君主思想这两种意旨完全相反的观念间是否具有同一的可能性，即君臣名分的绝对不动性（以伯夷叔齐的故事为代表）与有德者君主思想（德治主义）之根本性归结的禅让放伐肯定论之间所存在着的矛盾，作为最大的issue（争论点）而展开的。"[②] 由于在这场争论中扮演过重要角色的"皇国神道"论，带有褊狭的民族主义和蒙昧主义色彩，因此，对于中国的研究者来说，比起这种极端式论调，倒是关注那些剖析儒家自身矛盾时所涉及的某些客观而理性的成分，显得更有意义。

"仁"，历来是一个功能性概念而不是实证性概念。按照儒家"德治主义"的观点，"不仁"就是"不德"，不德的统治者或者不行"仁政"而行暴虐的君主，便成为"反天命"的存在，由于是"反天命"的存在，因此，对他或他们实行"革命"和"放伐"，也就是天经地义的事了。可是，由于"仁"本身已经是一个歧义迭出的概念，再加上它的依托者"心""性""天""民"又是一系列不能确指的对象——事实上也无法确指，因此，有关"易姓革命"和"禅让放伐"的事实根据问题，便一直成为令日本江户思想界虽煞费苦心然而百思不解的天字号难题。具言之，即：统治者的仁义与否和有德无德，究竟由谁来判定？革命合法性的依据到底何在？

日本的国学者本居宣长（1730—1801）即提出过这样的质疑：如

① 福泽谕吉：《文明论概略》，北京编译社译，商务印书馆，1997，第2页。
② 丸山真男：《丸山真男講義録》第7册，東京大学出版会，1998，第224頁。

果将君主有德无德的判定权交给“人民”，那么，人民的多元性岂不是要导致“无政府”结局？因而事实上，所谓“德治主义”，最终不过是对权力充满野心者使自己篡夺权力的观念和行为取得合理化解释的意识形态而已，即这不过是为夺权者提供的某种正当的理论根据罢了：“抑天命云者，实彼国（指中国——引者注）古时弑君篡国之圣人欲逃遁己责而为之托言耳”，故彼“圣人”者，“唯为贼而遂之者也”（《直毗灵》）。孟子之所以认为应该对“独夫民贼”实行“革命”“放伐”，其理由中的核心根据，是“一夫”们“残贼”了作为“仁”之根本的“善”的本质——这一被孟子认为是国君所必备的先天和恒定不可变的属性。然而本居宣长认为，善与恶，本来就是一对具有多元性标准的相对化概念。“此亦如儒者之道以为善，而佛教之道以为恶；佛教之道以为善，而儒者之道以为恶者类也。”唯此，以善恶论为“治国平天下”之道者，显然是有问题的。甚至对文学作品本身，亦决不应以“惩恶劝善”之先入的政治目的论来鉴赏之和评价之。因此他认为，源氏与“人妻”通奸、与“义母”幽会，这在儒家眼里的所谓“不义恶行”，实际上是一种“雅情”的表现，因为这并不影响对源氏作为统治者本身的政治评价。自然情感的流露和本然状态的显现，均不过是人情世态的真实展示而已，它与人的道德高下，不应有什么关涉（《源氏物语・玉小栉》）。

宣长的上述观点，其实与流行于江户时代中后期的古学派思想家荻生徂徕的某些看法是有相当的共同处的。在徂徕看来，作为“圣人之道”体现者的“圣人”，其本身并不是儒家所谓道德完美意义上的人格指代，而是把如何成为最高统治者当成实现自身最高价值的唯一目标的诸如尧舜禹汤文武周公等一班人物。儒家强调的道德也并不是他们优入圣域过程中的真实目的所在，他们百折不挠的价值取向，是如何成为“余一人”，因为除此之外，实际上也并不存在实现“安天下之道”的真正途径和方法。而“孟子道性善，言必称尧舜”云者、“善恶”依心而定和“仁”作为私德的不可靠特点等，则早已被徂徕学派批判得体无完肤了（参见《辨道》《辨名》）。宣长所谓“弑君篡国之圣人”云者，其实不过是试图剥去后世儒者凭想当然而加诸最高统治者身上之道德外衣的义愤之词而已。然而，儒家“革命”“放伐”论所反映出来的所谓“政治思维的有害性”，却引起了后来日本学者的高度重视。丸山真男揭露了这一“有害性”所由以产生的内在逻辑关系。他认为，“修身齐家治国平天下”这种“使道德与政治直接连通”的做法，“在使政治权力无界限地侵入精神领域的同时，正像儒教家族内部伦理所显示的那样，也产生了将伴随强制力的统治关系植入道德领域的倾向。于是，在最坏的情况下，权力的强制竟被粉饰以道德，反过来，（政治本身）亦夺走了道德的内在性，使之堕落为顺应（conformity）共同体或集团（利益）的道具。有关判断亲心慈善式统治和以亲子关系为模板的社会关系的思考方式，究竟使儒教主义这一江户时代的‘通念’产生了怎样的病理现象等问题，已经在《劝学篇》中受到了福泽（谕吉）的明确批判”[①]。

一些西方的研究者，也充分注意到日本人鲜谈“仁义”，特别是很少以“不仁”为由起而实行暴力“革命”这一历史观特征。例如鲁思·本尼迪克特（Ruth Benedict）就曾经讲过，在中国儒家伦理系统中居核心位置的“仁”，在日本却从未被接受过。[②] 这话稍显武断，因为近世之初日本的朱子学者林罗山在为德川家康的霸主地位寻找“仁德者居天下”的合理化依据时，曾一度提及孟子的革命放伐论，并主张视其为“权道”——权变之计可也。这其实与朱熹的某些言论是很接近的，只是他附加了一个条件，即革命行为事发当时，在上的君主一定要暴虐如桀纣，而在下的革命者则一定要有德如汤武，否则便犯了“弑逆之大罪”。[③] 但尽管如此，日本大部分学者的论调，是与之相反的。日本阳明学之祖中江藤树（1608—1648）反对之（《翁问答》），古学派之祖山鹿素行（1622—1685）亦复如此（《谪居童问》《山鹿随

① 丸山真男：《丸山真男講義録》第7册，東京大学出版会，1998，第251頁。

② Ruth Benedict, *The Chrysanthemum and Sword* (Boston: Houghton Mifflin Company, 1946). 汉译本《菊与刀》，吕万和、熊达云、王智新译，商务印书馆，1990，第82—84、132页。

③ 林羅山：《对幕府問》，載《日本思想大系28·藤原惺窩·林羅山》岩波書店，1975，第207頁。

笔》)。至于山崎暗斋（1618—1682），则公开反对孟子的“放伐”说(《汤武论》)，而浅见絅斋（1652—1711），则径将汤武指斥为“杀主之罪人”(《劄录》)。就连敢于正面赞美“易姓革命”论的极少数者之一——佐藤直方（1650—1719），亦无法不迎合世人，而以“叛逆人”的字样来譬况汤武的行为（《中国论集》）。至于素以孟子信徒著称的吉田松阴（1830—1859），虽频繁使用“革命”一词（《讲孟劄记》），[①] 但该词的内涵已与孟子所倡者完全不同。因为摒弃了孟子“汤武放伐”说的松阴，其所提倡的“革命”，实际上已成为“改革”与“维新”的先声和同义语。[②]

这里便涉及从近代日本“逆输入”的“革命”一词，其确指含义究竟是什么的问题。列文森指出：“只要‘革命’（Ko-ming）一词在字面上的儒家意义是它所具有的唯一意义，那它就不可能在日本的语汇中有任何正常的位置。但是，当近代日本在向外国的学习过程中，从接受中国的影响转向接受西方的影响，并增加自己的词汇以包含西方的思想时，‘革命’（Ko-ming）这一具有强烈的政治突变意味的复合词，便被赋予了西方意义上的革命（Revolution）的涵义”。[③] 曾一度亡命日本的梁启超说过这样一段话：“日人今语及庆应明治之交无不指为革命时代，语及尊王讨幕废藩置县诸举动无不指为革命事业，语及藤田东湖、吉田松阴、西乡南洲诸先辈，无不指为革命人物”。[④] 这一发现的意义在于，梁启超对日本“革命”一词的感受，“其实已脱离了以

① 中江藤樹：《日本思想大系 29・中江藤樹》，岩波書店，1974；山鹿素行：《日本思想大系 32・山鹿素行》，岩波書店，1970 年；山崎闇斎：《日本思想大系 31・山崎闇斎学派》，岩波書店，1980 年；吉田松陰：《講孟劄記》，講談社学術文庫，1980。

② 郭连友：《日本における孟子受容と吉田松陰の『革命思想』》，載源了圆、严绍璗编《日中文化交流丛书第 3 卷・思想》，大修館，1995。实际上，从“五霸者，三王之罪人也”等思想看，孟子在倡导“易姓革命”的同时也主张“礼乐征伐自天子出”(《孟子・告子下》)。这与强调“惩恶劝善”的朱熹也不乏“主在正统”观念的表述（《朱子语类》卷一〇五）之间，存在明显的历史继承性。然而如上所述，丸山真男所谓“儒教思想在日本化之际所引发的甚人困难和抵抗”，也刚好表现在这两种对立观点所形成的巨大紧张中。“万世一系”的国体要求，是日本人在“革命”和“改良”间进行取舍的权威依据之一。这也是朱元璋排斥革命的《孟子节文》无法给中国带来日本式的效果的重要原因。

③ Joseph Richmond Levenson, *Confucian China and Its Modern Fate* (Berkeley: University of California Press, 1958). 汉译本《儒教中国及其现代命运》，郑大华、任菁译，中国社会科学出版社，2000，第 253 页。

④ 梁启超：《释革》，《新民丛报》1902 年 2 月第 22 号。

暴力手段改朝换代的中国传统‘革命’的语境，而带有强烈的日本色彩，并与西方和平演进的革命意义相融合”，因为“在他们眼中，明治维新是以英国式革命为楷模的，因此他们称之为‘维新革命’”。[①] 孙中山等辛亥志士也曾受到过日本“革命”观念的影响，他们坦言：“我们从前的心理，以为要做皇帝才叫革命”。[②] 然而，孙文革命观的矛盾处，也刚好表现于其夹在中日美之间而最终偏向于中国传统的文化感觉中。丸山真男指出，由于统治源于天命的正统性背后，横亘着与天地秩序永远保持同心圆关系的传统而正统的五伦秩序，因此，辛亥革命共和政体的树立，便无法从儒教革命思想当中引申出内在性，而只能借助林肯的理念并依据“三民主义”这一新的意识形态——显然，辛亥革命当时的革命观，已经带上了“西洋”和“东洋”的明显痕迹。但是，孙中山1924年在日本神户所发表的演说，尽管对于日本在未来国际关系中可能出现的危险走向观察极富敏锐性和前瞻性，但演说的出发点和语境根据，却依然无法脱却中国传统的“义利之辨”和“王霸之争”：日本民族在摄取欧美霸道文化的同时，也具有亚洲王道文化的传统。今后的日本对于世界文化，是做西洋霸道的鹰犬呢，还是做东洋王道的干城？这一点，是日本国民应该考虑的问题。[③]

孙中山的“王霸”论，基本上反映了近代中国高层对日本历史文化的了解程度。由于这种善良的规劝并没有能够阻止日本在“二战”中对中国的再度进犯，因此，对于日本人历史观的形成过程，尤其是定型期的江户时代的了解，便具有了至关重要的意义。因为潜藏于“义利之辨”和“王霸之争”背后的历史观背景，是江户思想界对思孟程朱“仁”学的次位安置甚至取缔。

① 陈建华：《现代中国革命话语之源》《二十一世纪》1997年第40期，第83—96页。
② 陈锡祺：《孙中山年谱长编》，中华书局，1991，第102页。
③ 丸山真男：《丸山真男講義録》第7册，東京大学出版会，1998，第223、227頁。

四、 江户时代的价值取向与历史观

一般认为，日本历史观之所以呈现以上特征，是因为日本国独特的“万世一系”国体使然。沟口雄三如是说（如前揭文），王家骅所谓17世纪中叶以来日本儒学者之所以大都放弃了“有德者王”思想并反对孟子的“放伐”说，“是由于‘神国’思想和天皇万世一系的‘国体’观的流行”① 等观点，亦大体循此脉络而来。应该说，江户时期思想家在反对“易姓革命”论和“禅让放伐”说时，国体问题的确起到了重要的作用。但是，后世研究者在瞩目这一点的同时，把一个意义绝不亚于国体论的重要背景忽略掉了，即江户时代的经济特征、价值取向及由此而引发的历史观念的深刻变革。

近世以来，“町”“町人”（工商业者）的大规模涌现和商贸关系的迅猛发展，使日本形成了带有自生特质的早期资本主义气象。这一气象，集中表现在江户时期，特别是17世纪后半叶到18世纪初期的元禄时代。町人明确的利益主义和务实主义②、对自由人性的强烈渴望③和对华贵与美的倾心追求④等观念和行为，不仅波及农民，连武士亦受到了极大的感染。这种近乎彻底的商业价值，被丸山真男称作“市民精神”。⑤

问题在于，作为江户时代主体社会经济形态——自然经济之边缘存在的町人，其所作所为，每每被驱逐于来自朱子学的传统伦理体系之外。由于中国传统的思孟哲学在这之前已被朱子学新儒家理论体系

---

① 王家骅：《儒家思想与日本文化》，浙江人民出版社，1995，第201页。

② 石田梅嚴：《都鄙問答》卷之二，載《日本古典文学大系97·近世思想家文集》，岩波書店，1966；西川如见：《町人囊》卷一，載《日本思想大系59·近世町人思想》，岩波書店，1975年，第88頁；石井良助等編《武家諸法度》《大名宛》《旗本宛》，載《書寛御触保集成》，岩波書店，1934年，第11、580、581頁；石井紫郎：《浅野吉良非喧嘩論》，載《日本思想大系27·近世武家思想》，岩波書店，1974年，第385頁；等等。

③ 井原西鹤著，松田修校注《好色一代男》，新潮社，1982；諏訪春雄：《近松世話浄琉璃研究》，笠間書院，1974；等等。

④ 高橋鐵：《浮世絵——その秘められた一面》はじめに，河出書房新社，1991。

⑤ 丸山真男：《丸山真男講義録》第1册，東京大学出版会，1998，第158頁。

裹挟至日本，因此，作为“心”“性”“天”之混合物的“理”及其学说——理学，除了将“气”作为附庸性添置外，从根本的意义上讲，并没有离开思孟哲学太远。日本学者认为，朱子学的道德永恒性与其说是从作为先天的本然之性和内在于人心的宇宙终极原理——“理”中得来，还不如说根源于思孟的“心性论”，更为准确。[①] 朱子学的“理”对江户初期的社会稳定、“士农工商”的秩序安置和农业社会自然法则意义上的人伦安排，曾经发挥过作用。可是，当“町人”的登场打破了固有的“四民”秩序时，丧失了社会稳定性的现实社会，便无法再要求只有在稳定时才能发挥秩序作用的自然法还能做到“以不变应万变”。正如丸山真男所说：“用自然法则给社会秩序提供基础，一方面具有稳定社会的作用，但另一方面也要以社会的一定程度的稳定性为前提”。[②] 社会不稳定的现实，在江户思想界引起了巨大的震荡。人们不但开始正视它的存在，而且开始在历史认识上掀起了一股深刻的道德反思浪潮。这一点，较集中地反映在徂徕学派的历史观当中。

荻生徂徕发现，当时所发生的一切变化，都未能离开“人情”的本质。“人情之所感”，在人之好恶，在趋利避害，在“争于机利”——这也是古今不易、永远无法改变的事实，[③] 所以，欲了解“古之人情”，就必须要“切近世”；欲了解“先王之道”，就必须谙熟“当世之治”。徂徕这种经验主义的“学问观 = 历史辩证法”本身，已与朱子学“悬一定之权衡，以历诋百世，亦易易焉耳。是直己而不问其世”的理学史观，划开了严格的界线。徂徕眼中的宋儒之“一定权衡”及其后果表现为“后儒……仁义道德之说盛而道益不明”。在严词责难宋儒“仁义”说“乃何以史为”的同时，也明确地推出了他“鉴古”“唯物”且“唯今”的历史观。[④]

“人情论”视角，使徂徕窥破孟子“禅让放伐”道德史观的庐山

---

① 近代日本思想史研究会：《近代日本思想史》第一卷，马采译，商务印书馆，1983，第6页；島田虔次：《朱子学と陽明学》，岩波書店，1967，第1章第4節。

② 丸山真男：《日本政治思想史研究》，東京大学出版会，1998，第208頁。

③ 拙稿：《徂徕学派与法家的“人情论”》，《日本学刊》2002年第5期。

④ 荻生徂徕：《学则》，載《日本思想大系36·荻生徂徕》，岩波書店，1973，第257頁。

真面目成为可能。他说："孟子论圣人，行一不义杀一不辜，得天下不为也。是其所以不取武成也。虽然，血流漂卤，不可谓无此事。而孟子但言理而已，则雄辩之归哉。大抵儒者语汤武之师，一如宋襄之为焉。……蝮蛇蜇手，壮士解腕，何论腕无辜。故后世言王道之兵者迂耳。……屑屑之论，精则精矣，如大何?"[①] 徂徕在通过"人情论"意义上的"政治价值连续性"超越了"万世一系"意义上的"政治价值连续性"的同时，也揶揄并批判了"孟—朱"一系虚幻的道德史观所导致的反事实主义倾向。他的结论显然是"学理"的，即：由于人类的历史与现实生活是对同一个连续时空的各个阶段的不同展示，所以，只有正确地把握其间的纽带关系，才能超越自他古今的差异，从而使连续的历史不至因道德臧否而丧失其本质意义。

考虑到"人情"的时代性，太宰春台（1680—1747）则明确提出了著名的"知时论"。他认为，"凡论治道，以知时为最要也"。[②] 易道"三大纲"之第一要点，就是"明时"，就是"分别现今为何时"。唯此，"倘与时龃龉"，"纵尧舜三王之道"，亦"断不可行"。[③] 他之所以认为"孟轲说人主以三代之治"和"开口述唐虞三代之德"为"不知时"，是因为"三王"本人所行者，也并不是什么"仁德之政"，而是"行大事者，时有所不恤"。[④] 这也是他得出"大仁不仁"[⑤] 论的事实依据。这里，王道"德""义"意义上的德治主义，已开始为霸道"力""利"意义上的法制主义所取代。尾藤正英指出："比起普遍的原理，他（指春台）优先进行的，当然是现实主义的思考"，"为了实现富国强兵，他主张的是不择手段的权力政治"。[⑥] 表明孟子的"仁"，在春台的历史观中已经没有地位。

比较而言，荻生徂徕再传弟子海保青陵（1755—1817）对"仁"

---

① 荻生徂徠：《蘐园七筆》，《荻生徂徠全集》第一卷，河出書房新社，1973，第550頁。
② 太宰春台：《經濟録》卷之一，載《日本思想大系37·徂徠学派》，岩波書店，1972，第20頁。
③ 太宰春台：《經濟録》卷之十，載《日本思想大系37·徂徠学派》，岩波書店，1972，第37頁。
④ 太宰春台：《斥非附录·孟子论下》，載《日本思想大系37·徂徠学派》，岩波書店，第418—419頁。
⑤ 太宰春台：《产语》卷上《乐施》，載《日本經濟大典》第9卷，明治文献，1967，第718頁。
⑥ 尾藤正英：《解説：太宰春台の人と思想》，載《日本思想大系37·徂徠学派》，岩波書店，1972，第514頁。

的贬抑，则更加彻底。他认为，“一味而仁即一味不仁也。所谓仁而已矣，所谓无不仁云者，绝无其事也。仁即不仁者，信乎不谬也”。[①] 对“仁”的贬抑，意味着“智”的抬头。重要的是，“仁”与“智”的对立，其实与“王霸之争”直接相连。青陵指出“汲他国货财来自国者，霸道也，智之株式也；物多出于自国之土者，王道也，仁之株式也”，[②] 反映了流行于当时的“霸道＝智”和“王道＝仁”这一“王—霸”关系的基本模式。不宁唯是，海保青陵还明确将“霸道”赋予了政治上的“治世论”特质（《稽古谈》卷之一）。这种舆论，使孟子“救无道”时每每打出的“放伐革命”论，失去了前提和根据，因此青陵认为，身逢“治世”而“移汤武之事于今日，可谓大谬也”。[③]

对孟子的非议和诘难，是存在于江户中后期的普遍现象。连对孟子重视有加的伊藤仁斋（1627—1705），亦充分认识到了其思想的不合时宜。[④] 这表明，中国传统史观意义上的“易姓革命”论和“禅让放伐”说在日本之所以不通其道，除了中日两国在国体问题上存在着重大差异外，在江户时代，其世态演变及由此而引发的对道德史观的深刻反省运动，当发挥着更实际和更直接的作用。就是说，在日本尤其是江户中后期100多年的时间里，由于利益原则对道德原则、务实主义对务虚理论的驱逐和取缔，“仁”的地位已迅速衰落，思想理论界对“仁”的自觉批判和次位安置，更使“有德者王”的反面——“有智者霸”的观念沉积成为日本人历史观中相当稳定的思考模式。在这个模式中，立足于仁义道德的“易姓革命”论和“禅让放伐”说是没有地位的。需要指出的是，在孙中山为日本人指点迷津时，上述思考模式已在日本人的内心深处驻足了至少100年。

① 海保青陵：《老子国字解》，《海保青陵全集》，八千代出版株式会社，1976，第820—821頁。
② 海保青陵：《稽古談》卷之四，《海保青陵全集》，八千代出版株式会社，1976，第69頁。
③ 海保青陵：《稽古談》卷之四，《海保青陵全集》，八千代出版株式会社，1976，第88頁。
④ 伊藤东斋：《古学先生文集》，載《日本思想大系33·伊藤仁斎·伊藤東涯》，岩波書店，1971，第282頁。

五、 余论

“仁”之所以在日本近代史观中被降诸次位，除了“万世一系”的国体论因素外，近世以来日本社会激烈的基础变化显然发挥了更直接的作用。丧失了思孟程朱思想所赖以立足的自然人伦——“五伦”之基础的江户日本，其历史观念已无法凭借自然经济条件下的道德要求来继续获得功利主义的支持。丸山真男指出：孟子的“放伐革命”思想，既称不上对“人民”的高举，也与体制变革无关。事实上，“清除反传统体制（五伦）的暴君即为天意”的思想，才是孟子理论的本旨所在。因为在天命统治的正统性背后，“横亘着与天地秩序永远保持同心圆关系的传统而具有正统意义的五伦秩序”。[①] 丸山观点的逻辑意义在于，江户时代旨在瘫痪“五伦”关系的发达的商业伦理，已历史性地铲除了孟子革命论可能发生的土壤和条件。在道德主义式微退隐、功利主义全面登场的情况下，即便没有“万世一系”的“皇国”史观起作用，恐怕也不会有人再拿不合时宜的革命论去大做文章了。

这也可以用来解释何以大名，特别是那四个最强大的大名（萨、长、土、肥）通力合作的结果，竟是取消他们自身的地位，而同样是天皇，为什么只有明治天皇才可以在最大的范围内名实相符并成为真正强有力君主的主要原因。[②] 明治维新，是日本继大化改新后所进行的又一次政治结构的改革和权力的再分配而没有革命。一般的日本人和他们自己的解释都说是出于对天皇的忠诚。但是霍尔认为，“我们如果接受了这个答案，以为它足够圆满，那就过于天真了。更可能的是压力和诱因都有，正像7世纪那样”。事实是，废藩的步骤是缓慢的，而且开始时也不明确。每个步骤都是先从中央获得兵力做准备，所以每

① 丸山真男：《丸山真男講義録》第7册，東京大学出版会，1998，第223頁。

② 有学者指出，“在明治维新之前，天皇根本得不到任何尊重”。罗素认为，这“尽管是事实，但对于只知道20世纪的日本人来说，几乎难以置信”，“反对天皇在今天成为不可思议的事情”。参见罗素：《中国问题》，秦悦译，学林出版社，1996，第81—82页。

个步骤也就越来越难以抗拒。与此同时，给大名们的交换条件也并不难于接受，没有断头台等待着他们。相反，这些被废黜的大名，在豁免公务负担的同时，还享受优厚的财政安排。就连末代将军德川庆喜也享受着舒适的待遇，1903 年还成为公爵。于是，列强环伺所带来的国家危机感和并不剧烈的政治变动，已足以使丧失了国家支撑能力的德川幕府顺从天皇的"大政奉还"和"废藩置县"令成为可能，而这也刚好给少数有志于重建日本的人提供了条件。[①] 显然，孟氏捍卫"五伦"体制的核心概念——"仁"和"仁"的不平则鸣形式——"革命"，不管其用来攻击的对象是天皇还是幕府，在这里，都无法派上用场。

日本近代史观对"仁"的次位安置，决不意味着普通日本人在日常生活中不讲仁爱，而且这种仁爱与本文所谈的"仁"也无法简单地等同视之。日本历史观的这一特征，集中地表现在面临重大历史政治问题时日本人对事实与想象的轻重选择和功利对待上。[②] 从这个意义上讲，日本"万世一系"皇统局面的形成，固然有其独自的文化传统在起作用，但该局面背后"力"的制衡和"利"的制约所发挥的实际效用，也只能使"仁义道德"论成为上述史观的对立项而位处下风。这后一点，对于日本近代史观的认识，也许更具有本质意义。

（发表于《历史研究》2005 年第 1 期）

① 约翰·惠特尼·霍尔：《日本：从史前到现代》，邓懿、周一良译，商务印书馆，1997，第 209 页。
② 拙稿：《徂徕学与日本早期近代化的思想启蒙》，《历史研究》2002 年第 5 期。

德川幕府后期日本财政改革的正当性悖论

长期以来，人们多熟知明治近代在东亚地区的率先登场和一路凯歌，却不太关注日本在发生如此巨变前的无可奈何与走投无路。从这个意义上讲，幕府末年的“天保改革”，反而成为明治更生的最后一个推手。这场由幕府执导的藩政改革剧目，发生在江户后期。改革直接导火索为“天保饥馑”下的大盐平八郎造反（1837），他号召农民杀死“没有心肝的官吏和生活豪奢的富商，这些人都是在穷人饿饭的情况下自己发财的”；但从更根本的意义上讲，乃根源于财政窘迫、农业荒怠、诸藩内争、外船逼至以及公武暗斗等动摇幕府统治基础的内忧外患事件，并且“这种惊慌的原因，来自内部的（要）甚于外部”。[①] 幕府为维护体制，从“大御所”（指退任将军）德川家齐死去后的天保十二年（1841）起，在老中水野忠邦（1794—1851）的主持下，进行了旨在重建幕藩财政经济以恢复幕府权威的重大改革。改革发布了以物价下调为目的的“株仲间”（指工商业者行会组织）“问屋”（指批发商）解散令和对大阪町人的“御用金”（指御用商人向幕府及诸藩临时缴纳的赋金）课赋令，并次第展开以幕领农村的刷新为中心的“御料所”（指诸大名直辖地）改革，以确保年贡增收和以流通水路为

① 约翰·惠特尼·霍尔：《日本：从史前到现代》，邓懿、周一良译，商务印书馆，1997，第178、180页。

目的的“印旛沼”开拓等行动。天保十四年（1843），由水野内阁下达的将江户、大阪周边私领土地编入幕领的“上知令”，因关涉到诸藩大名的切身利益而失效，水野下台，改革失败。

一个如此速兴速灭的改革运动，自然会成为当时舆论和嗣后物议的焦点。于是，赞赏者有之，谩骂者有之，谓功过各半者有之，谓三七开分者亦有之，致使改革本身被处理成德川三百年历史上最难以公断的非常政治事件。

一、 天保改革的出台背景、 内容与评价

经济繁荣，无疑是任一政府都积极追求的兴盛指标，但繁荣起来的经济尤其是商品经济是否一定会反哺其赖以生长的制度母体，却常常是个未知数。17 世纪以来，确立于农业基础上的德川封建体制，其经济繁荣与否的最显著标志，居然不是农业，而是在“士农工商”差等序列中一直被视为农业副产品和补充成分的工商业及其对“四民”序列的翻转程度。原本，江户幕府创建者德川家康的统治原则，是无论如何使“百姓之财不可有余，亦不可不足”，并认为这才是“治事之道”。[①] 尽管该说法在后来的演绎中已讹变为“所收年贡税额要做到让百姓死不了也活不成”等家康治民逸话，[②] 但这却在某种程度上道出了幕府政治的统治术数。然而，至迟到元禄时期（1688—1703），都市里新兴的工商业者已普遍活跃起来，并直接带来了被后世称作“元禄文化”的市井华靡和繁荣。其中，有一夜暴富的经营者，更有奢侈度远凌大名之上的商人。由于商业文化从来都具有瘫痪其他价值的颠覆力量，且此风流行之快“速于置邮而传命”，于是便使一向满足于自给自足之低水平循环的家康式幕藩经济和财政结构无法不发生被动式变化。

在早期幕府的财政来源中，除直辖地的租税收入外，尚有来自矿

① 本多正信：《本佐録》，載瀧本誠一編《日本経済叢書》卷一，日本経済叢書刊行会，1914，第 19 頁。
② 《昇平夜話附録》，載瀧本誠一編《続日本経済叢書》卷二，日本経済叢書刊行会，1923，第 238 頁。

山的金银收入和垄断贸易所得，所以，总体上日子还算过得去。可不久，由于佐渡矿山金银产出量的锐减，加之锁国政策所造成的贸易利额赤字也越发明显，特别是重建被“明历大火”烧毁的江户城耗损了大量费用，于是，万般无奈之余，幕府只好尝试把手伸向民间，并把这当成了域内敛财的唯一出路。元禄八年（1695），五代将军德川纲吉（1646—1709）根据荻原重秀的建议，通过超经济强制的政治权力发布了金银货币改铸令。其大量发行劣质金银货币的目的，在于将货币差额充作幕府的收入。有学者指出：“这种货币改恶行为，是延至幕府末期的被统治者所频繁利用的财政弥合手段的第一次尝试。这对于德川封建制的解体过程而言，具有历史意义。”[1] 该手段的出台，虽然一时缓解了幕府的财政紧张，但货币价格的低下，也同时带来了物价的上涨。这不但给普通百姓造成了严重的损失，也使下层武士变得更加困窘。其后，试图改变这种现状的正德期大佬新井白石（1657—1725），虽终止了元禄期放任的经济政策，但是，由他所改铸的优质货币，与市场的流通实态相乖违，结果，反而招致了经济的停滞和混乱。

事实上，后来幕府通过激进的“享保改革”和“田沼改革”所卷入的，就根本而言，仍是围绕“利”而展开的“商富”和“国益”之争。而特别需要关注的，则是享保改革期实施的政策和人们相关反应中所潜藏的意义。

“与民争利”的超经济强制性质，使学理深邃的法律条文的制定和出台，变得十分迫切。考虑到以往法律的学理不足和影响力低下，八代将军德川吉宗（1684—1751），乃动用大批学者，专门研究日本古代及中国的法典，对法令的编纂可谓尽心竭力。因应各个阶层的各类“法度”的形成，标志着幕府所谓“依法治国”的基础已初具雏形。这种局面一经形成，就使与之相反的规定很难出台；即便出台，也难以实施。武士阶层，是幕府统治的政治基础。然而，在奢靡风气的诱惑下，武士们的享乐和面子，把他们引入了负债累累的经济困境。于

---

① 丸山真男：《日本政治思想史研究》，東京大学出版会，1998，第 122 頁。

是，武士与商人间的纠纷和案件诉讼，便不断因金钱借贷问题而频频爆发。许多债台高筑的武士利用他们的社会地位开始对债权人抵账、赖账，直至将欠款一笔勾销。武士的无赖行为几乎是全国性的，它给商界带来的损失也是空前的。据享保十三年（1728）三井高房的《町人考见录》记载，从七八十年前（庆安、承应、明历期）起至二十年前（宝永期），仅仅向京都商人借款不还而导致对方破产的大名，就遍布尾张、纪伊、加贺、仙台、岛津、细川、浅野、锅岛、黑田、鸟取、毛利、南部、井伊、酒井、奥平、森、户田、立花等十八藩之地，[①] 说明幕藩支配阶层与工商界的利益争执，不可谓小。为了接受上述教训，债权阶层的大阪商人们，开始组织起来，由原来单纯的贷付者，变成了各地大名“大阪米藏”的“藏元”（又名“仓元”，是负责米市场的出纳管理设施），进而获取了米交易的主动权。町人的“藏元”最早出现在宽文期，至元禄期，已普遍存在。这样，大名融资的特权被逐渐褫夺，主财源藏米的管理权和操作权也已被鸿池、住友等大阪巨商所把持。然而，武士毕竟是幕府存在的根基，它的衰微，代表了政治的不稳。由于诉讼案中债务纠葛激增，加之武士赖账现象已经相当普遍，于是幕府便在享保四年（1719）发布了一条新法令，这就是“相对济令”。法令规定，今后，凡关乎债权人与债务人之间的借贷诉讼，政府部门一概不予受理，而由借贷当事人自己商定解决。由于商人早已形成了自我保护的能力，因此，该令出台伊始，就立即招致他们的激烈反对。一位著名的浪人山下幸内，在他的申诉书中，强烈地控诉了“相对济令”所造成的金融停滞和町人困惑等恶劣影响，情实意切，是非立见。在舆论一致的反对声中，“相对济令”不得不草草收场，不果而终。[②] 由此看来，在法律日趋绵密的当时，“当事人自己商定解决”这种“私”的行为，已不再具有公信力，而町人本身也已经形成了左右政府决策的重要力量。

---

① 三井高房：《町人考見録》，載《日本思想体系 59・近世町人思想》，岩波書店，1975。

② 松本四郎等：《元禄・享保期の政治と社会》，有斐閣，1980；辻達也：《解説：〈政談〉の社会的背景》，載《日本思想大系 36・荻生徂徠》，岩波書店，1973。

田沼意次（1719—1788）在继承享保改革“优长”的基础上，进一步打破常规，公布了几乎让城乡商人大喜过望的开发令。首先，在市场经济方面，田沼通过政府政策，灵活地安排和掌握地区生产，并将这些生产与都市的发展需要相结合，以此实现流通渠道的圆润畅通。田沼通过工商界自发形成的“株仲间”和“会所”（指交易所），掌握了城乡商人，并试图通过他们的积极活动打通和编织流通网络。其次，在贸易范围上，田沼主张依照商业等产业部门所蓄积的财力，积极推进海外贸易。这种几乎危及幕府锁国体制之基本国策的大胆方案，是迄今从未见过的。最后，在人才的征用方面，田沼不取身份和等级制标准，唯才是举，对那些具有优秀才能却未必出身武士的人才进行全新的评价和选拔。[①] 后来，田沼改革因故中止。中止的表面原因，似乎来自饥馑和骚乱；但更深层的原因，却是自然经济对货币经济的抵抗和立足于自然经济基础上的幕藩体制的掣肘。代之而起的由松平定信（1758—1829）主持的“宽政改革”，自然成为这种二元经济体制下所无法避免的政治反应。

与田沼的开发政策相比，松平所采行的手法是维护传统体制和紧缩政策。就经济政策而言，松平一方面通过“旧里归农令”等政策致力于农村的复兴，另一方面颁布“弃捐令”，对日趋穷困的将军家臣团实行紧急救援。该令规定，要减轻旗本（指一万石以下可直接谒见将军的武士）、御家人（指旗本以外侍奉将军的幕臣）从“札差”（指行高利贷之中介商人）借得的多额欠款的返还义务。这一暂时的救济措施，却给札差带来了总额达百万两以上的损失。结果，武家金融业因此而停顿，事态反而不可收拾。为此，幕府在贷付给札差二万两的同时，又不得不出资万两新设贷金会所，以为札差的金融机关。而为了将军家臣团的生计，也不得不通过“贷官所”，用大量的幕府公款借贷给旗本等地位高贵者。[②] 然而，借贷给旗本们的资金是不可能返还的，

① 大石慎三郎：《田沼意次の時代》，岩波書店，1991。
② 松平定信：《宇下人言》，岩波書店，1969。

最终只能转嫁到旗本辖地的农民和商人身上。这种由政府一方通过输血的方式来维持不以破产为耻的将军家臣团生计的做法，虽可奏效一时，但代价却是惨重的，因为它逆向刺激了商品经济的疯长，也导致了农业经济的长期不振甚至停滞。

需要特别注意的是松平颁布的“旧里归农令”。该令规定，为了确保农村的劳动力，农民不得到别国（藩国），尤其是到江户打工赚钱。施政的结果是，幕府的年贡收入由宽政初年的一百三十万石台，增长到末年的一百五十万石台。表面看上去，农村好像一时间得到了安定。但农村日渐发达的商品经济，则带来了土地买卖现象的蔓延和失控。

作为应对饥馑之措施，土地买卖自宽永二十年（1643）起，一直被禁止。禁令虽然在日后继续实行，但触禁而受罚者，却是寥寥无几。更多的时候，人们用土地作为偿债时的抵押物而行事实上的买卖。有识者指出，这实际已无异于对禁令的废止。荻生徂徕认为：“百姓田地纷纷出金购置者，合商卖之理也。夫不可卖云者，甚牵强也。牵强之法一俟得立，则或以让渡为名，或以为借金之抵押，种种伪饰，率由此起。奉行长官虽知其中诈伪，却以未坏法令名目而默许之。其终也无异于教民作伪也审矣。”[①] 就是说，在货币经济的笼罩下，没有更多剩余产品可供交易的农民，为获取必要的生活资金，便只能去出卖其唯一所有的土地了。唯此，屡遭禁忌的结果，只能迫使人们在改换名目上做文章。禁令在事实上本来已成空壳，但一味要存在下去，势必使农民蒙受更大的损失。这种状况，并没有因为享保六年（1721）四月幕府禁止买卖令的再度强化而有所收敛，相反，倒激起了农民规模不小的暴动。于是，两年零四个月后（享保八年八月），该禁令由幕府正式撤回。但这已无异于官方容忍了地主与商业高利贷资本的结合事实。[②]

农业伦理，是支撑以农业生产为主导的江户政治的道德基础。正

---

① 荻生徂徠：《政談》卷之四，載《日本思想大系 36・荻生徂徠》，岩波書店，1973，第 436 頁。
② 辻達也：《解説：〈政談〉の社会的背景》，載《日本思想大系 36・荻生徂徠》，岩波書店，1973。

唯如此，松平才在推行“旧里归农令”的同时，开始努力强化传统意识形态及其道德规范。宽政（1789—1800）二年五月二十四日，松平定信对大学头林信敬发布如下旨意：朱子学乃庆长以来代代“信用”之“正学”，其“学风维持”，乃林家代代之使命。然近世多有倡“种种新奇之说”以破“风俗”者。其门人之内亦多有“非学术纯正之物”，甚者有图谋“圣堂取缔”之狂徒。宜责令柴野彦助（栗山）和冈田清助（寒泉），与门人共商讨，“相禁异学”，以树“正学讲究”之人才为用心——这便是所谓“宽政异学之禁”的“示谕”要点。就是说，在“圣堂”等儒教学问场地，要禁绝朱子学以外的所有讲义。荻生徂徕的学术及弟子太宰春台的理论，亦被作为禁绝对象而横遭排斥。[①] 而且，享保改革和田沼改革时被徂徕再传弟子海保青陵猛烈批判过的儒教道德,[②] 亦在松平定信的导向下被广泛复辟。在笃信朱子学精神主义的松平定信看来，不要说风俗的颓废，就连武士的贫乏和商人的富有，归根结底都是因为道德出了问题。所以他天真地以为，只要明确和加强儒家的政治伦理，武士、农民和商人间立场的相违和紧张关系的消除就是可能的。他之所以命全国的奉行和代官在“町”和“村”中选拔和表彰有“孝行”和“忠义”之行者，也都基于上述判断。在记载善行的《孝行录》中，可以看到年少者是如何稼穑劳作、惨淡经营，子孙们是如何伺候年迈多病的父母，以及“奉公人”又是如何为毫无血缘关系的主人拼命工作和竭尽忠诚等大量事例。[③] 然而，对这种所谓“根本”的儒家伦理的提倡，“反向证明了当时的都市和农村几乎整个陷入没落和解体的危机之中”。[④]

当松平定信辞掉“老中”一职后，幕府的权力转移到推行经济宽松政策的十一代将军德川家齐的手中。这种局面，即使在家齐成为“大御所”后甚至直到死前，依然如故。自德川家齐继任以来，经“文

① 小島康敬：《徂徠学と反徂徠》（増補版），ぺりかん社，1994，第 10 章。
② 平石直昭：《海保青陵の思想像》，《思想》1980 年第 677 号。
③ 松平定信：《宇下人言》，岩波書店，1969。
④ 大口勇次郎等：《日本の近世》，放送大学教育振興会，1998，第 161—162 頁。

化”（1804—1818）、“文政”（1818—1830）近五十年的经营，幕府出现了所谓“家齐治世”。这个时代的重要标志，是政治的开放、享乐和营利风潮的进一步升级。在这样宽松的氛围中，商人的活动日趋活跃，“株仲间”及其职能部门“问屋”亦迅速普及。同时，更迎来了以大多数市民为对象的庶民文化和町人文化的繁荣和发展。以“化政时代”为核心的江户后期文化，衬托着江户的繁荣和兴盛，充满诱惑的都市生活，弥漫着都市人的激情与活力，史学界因之而称其为“化政文化”。然而，这种气象的出现，相当程度上乃源于对松平改革下的精神束缚以及扭曲人性的反自然主义的背反。由于人们的社会生活被反复多次地笼罩在人为的安排和秩序中而变得了无生气，于是，人，尤其是町人，包括部分文化人阶层被压抑的本能和真性情，在发散着讽刺意味的文艺作品和爱欲强烈的世俗生活中，得到了逆反式的宣泄。不过，这种繁荣的景象，却刚好与铸币业的混乱和债务者旗本、御家人等武士阶层的赤贫相并存。它直接导致了身份制度的崩溃，也使幕藩体制开始露出下世的光景。当天保大饥馑引起了“大盐平八郎之乱”时，当鸦片战争中清朝的败北和西洋有军事支持的商船不断前来“叩关”时，幕府倏忽间意识到了自身所面临的危笃。结果，家齐刚刚死去（天保十二年，1841），幕府的大政就落入了十二代将军德川家庆（1793—1853）和“老中”水野忠邦的手里。由水野所主导的以财政经济的重建和恢复幕府权威为目的的紧缩式改革，就这样再度拉开了帷幕。

水野忠邦首先发出“俭约令”及相关处罚条例，用以禁止生活奢侈、消费失度和穿戴华丽者。有统计显示，“幕府的经济政策，特别是货币贬值，早已对拿固定薪水的人的经济地位造成损害。1819 年到 1837 年有过 19 次贬值，其总数是巨大的，其利润足占幕府年支出的三分之一到一半，而通货膨胀的压力是严重的。武士的生活已经困难，这时又加上物价飞涨，大多数武士都是低薪，他们不得不‘自动’减薪以缓解领地的财政困难”。[①] 它对应了这样的生活实况：“近年，衣食住诸事，奢侈过度，亟当质素节俭。其新建房舍规模、宅邸格局、破损修复等，均当如此。与身份不匹之华美暨面积阔绰之家屋，实属无用，修复自不待言，纵新建房舍，亦当铭记合乎身份否”，“町中勿论，诸国所在街区亦各有规制。然自去岁（天保十三年，1842）以来，虽屡申法令，犹有弛怠难禁者……甚者有外表质素、而内里豪华之行，可谓奢侈、僭上之至也。兹以今岁六月为限，凡先代所建舍邸，须从速改造。至若别墅及面积阔绰不合身份者，当去其奢华，损其有余，否则尽行拆毁”。[②] 实际上，“俭约令”所禁者，远不止于以上奢华事项。在文艺界，除神道讲释、心学、军事讲谈、昔噺（昔话，指说书等传统曲艺）这“四业”外，其余一律取缔；[③] 在学术和意识形态领域，除儒书、佛书、神书、医书、歌书、忠孝、贞节及儿女劝善外，蛮书（除却历书、医书、天文学的兰学著述）、异教、妄说等，亦一律取缔；[④] 而在风俗领域，其所行法规似尤其严厉。除“好色本”和“人情本”遭到禁止外，[⑤] 对所谓“有碍风俗”的净琉璃、三味线、女师匠、发结床（指美发店）、歌舞伎、游女、女艺者、草纸春画等，[⑥] 也一律实行严厉的打击和取缔。至于更细微处，“俭约令”还规定歌舞伎演员走在大街上必须以编笠遮面，[⑦] 要求禁止高价茶点和高价菜肴的出售，[⑧] 甚至连参加葬礼法事的人数也做出了严格的规定——至多4～5人。[⑨] 在决定幕政基础的经济领域，为了抑制商卖活动、安定农业生产和应付饥馑，水野忠邦和松平定信一样，发布了“廻国”“劝农”“归农”“归乡”等人员遣返令，严禁农民外出谋生，对流入江户打工

① 约翰·惠特尼·霍尔：《日本：从史前到现代》，邓懿、周一良译，商务印书馆，1997，第178页。
② 石井良助等編：《幕末御触書集成》第四卷，岩波書店，1993，第397—411頁；石井良助等編：《幕末御触書集成》第五卷，岩波書店，1994，第231頁。
③ 石井良助等編：《幕末御触書集成》第五卷，岩波書店，1994，第232、234、235頁。
④ 同上書，第297、299頁。
⑤ 同上書，第299、301頁。
⑥ 同上書，第224、227、229—230、298頁。
⑦ 同上書，第223頁。
⑧ 石井良助等編：《幕末御触書集成》第四卷，岩波書店，第397、398、400頁。
⑨ 石井良助等編：《幕末御触書集成》第五卷，岩波書店，第228頁。

的贫民（出稼者）采取强制返乡措施。[1] 由于物价上涨被水野忠邦归因于“株仲间”对商品流通的独占而使自由竞争无法进行，所以，他下令解散这一组织，继而认可那些程度未及“株仲间”的商人和农村成长起来的在乡商人与新兴商人的自由贸易活动。在此基础上，幕府又强行下调各种商品的价格，[2] 致使当时所盛行的能够促进商贸发展的西南雄藩“藩营专卖制”遭到禁止。与此同时，幕府开始向“三都”——京都、江户、大阪的商人，苛取高额的“御用金”。

水野忠邦的改革措施，无疑带来了许多事与愿违的后果。然而，正如篇首所示，关于天保改革的当否问题，一直言人人殊，向无定谳。起初曾嫌恶水野忠邦、而后为水野人格所动且投身于改革激流的羽仓简堂（外记），在送给水野的祭文中这样写道：“公精忠纯一，敢为不顾。痛禁奢靡，大开言路。士盈于朝，货溢于库。殴诛邦蠡，刷清内蠹。宪纲一振，臣庶皆度。凡其作为，君子攸慕，小人攸恶。”[3] 胜海舟亦谓：“（水野越前守阁老）虽欲承享保宽政之遗志，然以奢侈游堕之俗太久，人人复各怀私意，怨其不便，视改革如王安石之新法而众口铄金，终至逼其下野。又闻，人怨阁老者，实因大城十里四方上地（即上知）之事也。众人纷纷，岂能解其真意？所谓燕雀安知鸿鹄之志者是也。（阁老）当时之所为，颇过苛酷，其猛烈如迅雷不及掩耳者，总期一扫数十年宽宥苟且之积弊也。惜乎未克久位，竟至半途而废，殊可叹也！”[4] 与之形成对比的是，始终追随水野且被舆论恶评为“水野三羽鸟”之一的后藤三右卫门，竟通过对另一只“恶鸟”鸟居忠耀的内部告发，倾吐了他对水野改革的否定意见：鸟居为求媚于越公，“自御府内（江户）之青楼、戏场始，并茶屋、船宿、割烹业、男女发屋、俳优、妓女、轿夫、木匠诸工种及御府外之各类生计者，俱施以苛酷之政令并次第摧毁之，致使其难以糊口”，“至于町人河岸附近之

① 石井良助等编：《幕末御触書集成》第二卷，岩波書店，1992，第328—330、333—335、340—341、344—345頁。
② 石井良助等编：《幕末御触書集成》第一卷，岩波書店，1992，第20頁。
③ 羽倉信一郎编：《簡堂遺文》，吉川弘文館，1933。
④ 海舟全集刊行会编：《開国起原》下卷，载《海舟全集》第二卷，改造社，1928，第208頁。

家居，一并取缔，地租、房费等诸般物价，皆任意下调，致令奔竞于生计之人民，频生恼恨。不宁唯是，问屋（批发）、株式（股份）诸行业亦纷纷溃散，商贾之用屡遭侵害。尤复频用间谍，些许小过即搜查刑罚，生产者被迫失业，而倾家荡产、妻离子散者，其数难计”，其“同僚者勿论，至于宰相阁老之身份者，亦难免于贬黜”。他甚至不乏诅咒色彩地预言：“出乎尔者，返乎尔者也。又，积善之家必有余庆，积不善之家必有余殃；又，福祸无门，唯人自召，善恶之报，如影随形；又，利人者天必福之，贼人者天必祸之；又，天道好还之戒语，皆所谓阴德必有阳报之理也”，且“越之范蠡，汉之张良，其疏忽，尚有走兽尽、良狗烹之教训，况其亦为大夫韩信之所忧耶！所谓盛者必衰之理难遁因果之流转也亦速也”。[①] 天保改革，是政治家的努力与社会趋势的交互争斗。其结果，以政治家的失败而告终。关于失败的理由，说法虽杂陈不一，但其中最重要的原因，乃在于改革之核心人物水野忠邦没有发挥好政治设施的优长；而没能发挥出该优长的更重要原因，则在于其用人有误。可是，假设水野是宽政改革的成功者松平定信，改革就一定会成功吗？这恐怕是一个永远都难以求得正解的问题。可如果说，改革期间或改革失败之初人们对水野其人其事有如此认识，或可差强人意；已经历过明治维新的剧烈社会变革和大正休整期的日本，却依然弥漫着如此观点和相关假设，则于古于今，似乎均显得有些匪夷所思。

二、 复杂的改革事态及其正当性悖论

从元禄的宽松到正德的紧缩，从享保的宽松到宽政的再度紧缩，从化政的宽松到天保的重复紧缩，有两条明显对立的主线一直起伏贯穿于幕府中后期政策变化之始终，即：

---

① 海舟全集刊行会編：《開国起原》下卷，載《海舟全集》第二卷，改造社，1928，第182—186頁。

宽松：元禄（荻原）→享保（田沼）→化政（家齐）

↕　　↕　　↕

紧缩：正德（新井）→宽政（松平）→天保（水野）

在这组两两相对的改革链条中，每一个宽松阶段都要承续前几个阶段的宽松政策，而每一次紧缩又少有例外地不对俭约政治呼朋引类。它给人的直观印象是，在有的阶段，宽松是正确的；而在另一个阶段，俭约是正确的。由于每个不同阶段政策的实施，几乎都建立于对前一阶段的否定基础上，因此，通过每期拨乱反正的过程，人们还可以推导出如下认识，即：如果说宽松是正确的，那么紧缩便是错误的；可如果紧缩是正确的，那么宽松就有了深刻反思的必要。问题是，无论是宽松还是紧缩，都是同一政治体制内部的政策调整行为，因此，每个时期出台的不同政策，既能集中反映出该阶段的正当性诉求，也会物极必反地累积起对其正当性的否定因素。而且如实而言，天保改革之所以会以上述局面激烈登场并草草收场，还因为水野忠邦遭遇了一个前所未有的危局。这其中有空间性的，也有时间性的；有一国域内的，也有万邦国际的。这意味着，在讨论天保改革之前，水野所面临的幕府困局及幕政语境下改革所具有的正当性问题，须首先引起研究者的特殊关注。所谓"没有发挥好政治设施的优长"和"用人有误"等似是而非的看法，显然还不足以解释天保改革中政治家的清正理想、政治智慧、倾心投入和无人以失败为乐事等常识性问题。

如前所述，当时还是东亚第一强国的清朝尚无法抵御的西方列强，其开拓海外市场甚至武装殖民的野望，并不会为与中国社会相逼肖的日本开出任何意义上的同情性豁免。[①] 林子平（1738—1793）对北部沙

① 副岛种臣指出："一千八百四十二年［天保三年（当为天保十三年——引者注）］八月二十九日，英清两国订定南京约章，开支那门户。自是，列国渐倾意注目于日本。"参见副岛种臣：《明治之外交》，载大隈重信撰《日本开国五十年史》上册，上海社会科学院出版社，2007，第118页。

俄的警觉[①]和德川齐昭（1800—1860）对海外情报的全面收集与防范，[②]意味着“异国船”以各种名义的频频来扰，早已给幕府带去了恐慌，而于今为烈。“攘夷”的迫在眉睫，要求开府以来一直代表日本行使外交权力的德川幕府，只有凝聚域内的人力、物力、财力，并在此基础上强基固本，才庶几可以在迟早到来的列强威逼下，求得独立和生存。可当执政者反观日本自身时，则情况不但不容乐观，甚至还危笃不堪。先是“四民”序位的本末颠倒，使幕府赖以确立的“旗本”（武士）和“百姓”（农民）等人事基础已发生根本性动摇。士、农抛弃早年的淳朴耐劳和坚毅尚武品质，在工商界唯利是图价值和奢靡豪华风气的引诱下，或离开土地，或耽于享乐，而城里纸醉金迷和歌舞升平的背后，是农事废弃、大名文弱以及随之而来的幕府根基垮塌。与此相关，随着幕政的整体不振，质疑德川政权还有没有能力在新的世界大势面前继续担当国家大任的舆论，开始由微至显；而请出蛰居久矣的皇室来挽救颓势的所谓“尊王”鼓动，亦逐渐由想法变成行动。有过天皇身边工作体验的水野忠邦，之所以与德川齐昭既合作又戒备，西南强藩不断示人以“自立”的举动之所以让水野如坐针毡，已为人们动态地诠释了幕府所面临的不妙实况。

这意味着，水野的改革纲领，也只能措置于如何有效地挽救几成朽木的旗本、几乎废弃的农业和几近解体的幕政等内部事项上来。就是说，幕藩政治的空前危机，无疑为天保语境下的改革赋予了可以理解的正当性。水野通过长期观察发现，荼毒了世道人心的痼疾，是几番宽松政策所带来的足以败坏世风的享乐、奢靡和腐败，以及为这一系列堕落行为提供行业支持和物质条件的商业市场。而这一由市场所导致的贫富不均和两极分化等“不平”事实，还进一步给水野“俭约

① 長田権次郎（偶得）：《林子平》，載《德川三百年史》第五門，裳華房，1903，第867—871頁。

② 烈公朱批：《天保辰亥子丑》之一《伊祇利须风说》，载德川真木监修，徐兴庆主编：《日本德川博物馆藏品录Ⅲ·水户藩内外关系文献释解》，上海古籍出版社·日本德川博物馆，2015，第122—125页。

令”及一系列取缔政策的出台，赋予了道德上的正义性——为他所采取的“毕其功于一役”的霹雳手段，提供了儒家理念上的价值支撑。它暗示，水野若想顺利地推行其幕府振兴策，他本人还需要以一个具有“忠公”人格的道德者的面貌出现才行。

水野的猛药投注方式是立体性和全方位的。然而，水野能被任命为“改革挂”（指改革主持者），无疑与家齐后任家庆对他的信任和支持，密不可分。实际上，家庆对于其父晚年一任世道奢靡和自我放纵的生活状态，早已心生不满，他本人虽已在天保七年（1836）承继了将军大位，但苦于父亲的“大御所”地位和实际影响力，也只好忍看世风日下而不敢作为。与此同时，已是“本丸老中”的水野忠邦，于天保八年（1837）还被家庆拔擢为“御胜手挂”（类财政大臣），并在天保十年（1839）被加赠了一万石俸禄。这两位在内忧外患压力下迅速走到一起的君臣，尽管当时尚无力量主导实际政治，但关于如何改变现状的思考和准备，却早已了然于胸。这样才能理解，何以天保十二年（1941）闰正月三十日“大御所”刚刚死去，天保改革便马上出台了几乎是不假思索的一揽子整改方案。人们看到，为整顿吏治以恢复纯良的政风，水野竟毫不迟疑地先把家齐时代（亦称“化政时代”）放任纵容的贪腐大佬们一个个拉将出来，并钉在耻辱柱上。臭名昭著的“三权臣”，即林肥后守、水野美浓守和美浓部筑前守，是家齐时代最具有代表性的恶棍式人物。其中，水野美浓守还是前将军家齐宠妃的侄子。作为旗本中的最高级官员，此人不唯不思进取，反而凭裙带关系长期奢靡无度，作威作福，使人敢怒而不敢言。正唯如此，水野的果断处置，不但赢得了世人的一片叫好声，人们似乎还从中嗅出了某种失落久矣的清廉气息。① 不宁唯是，一直怙恃前将军恩宠而贪腐至极的中野石翁及将军后宫（大奥）中长期桀犬吠尧的“女中”（女佣）们，也一并遭到处罚，令人心为之一振。这里的石翁，原为中野播磨

① 福［地］源一郎（版权页上“地”字误写作“池”）：《水野閣老》，一二三館，1895。

守，石翁是他出家隐居时的法号。史载，此人曾是“大御所”经常咨询和依赖的人物，他的府邸也是权贵大佬们日夜厮守和麇集的场所。有如此显赫的地位，其家业之大、敛财之手段，自然无人能敌，亦几乎无人尽知。据载，举凡浅草、本所、深川筋、龟井户、押上、麻布、目黑、大塚、巢鸭、日暮里、谷中、根津、吉原等江户之地，几乎都有他的美宅别馆。至于红粉翠黛、楚姬赵妾，则更是让人眼花缭乱，目不暇接，虽野外山林亦不异于驿路都会。而且有些精致的奢靡细节，还几乎让人无法相信。作为“美食家”，石翁在餐饮上的讲究，总能做到食不厌精，脍不厌细。如此种种，已被周围人惊呼为巨奢。有人感叹说，即便是因奢靡而招致过镰仓灭门之祸的北条高时及其“九献九种”，都会在这些品目面前望洋兴叹，频发小巫大巫之慨！然而最可恶者，乃在于中野石翁竟敢以出家隐居为名，而仍行花天酒地之实。所幸天道公明，天保十二年辛丑（1841）四月十六日，水野忠邦下令一举灭却了如此贼臣和奸徒并没收其赃物，上起元老下逮小役，被遣散或转岗退役者多达几千人。百姓感慨道：多亏有了水野，否则若听任这帮“混蛋”（原文为“马鹿”）再横行下去，则“改革世变”云者，真不知从何谈起。[①] 给改革者送去了一份由衷的赞美。

在疾视和手刃那些大贪巨腐的同时，水野对农民则给予了不小的同情甚至关爱。他和他的同僚见农民背井离乡，为商人和高利贷者榨取和盘剥，既哀其“不幸”，也怨其“愚昧”。[②] 他们了解农民离开土地的原因（收入微薄、水灾旱魃、借贷负债），可青壮年进城打工，也同时导致了留守老弱无力耕稼、万顷良田废为“荒地”、农家结构面临解体、幕府经济亦难乎为继的恶果。为此，水野在积极劝农归里、努力耕作的同时，也从政府的角度出台了许多“宽大仁慈”的扶贫政策，诸如将原来要求借贷农民必须在第十一个年头纳赋还贷（粮食费、种

---

① 喜多村香城：《五月雨草紙》，載栗本鋤雲輯《匏菴十種》，報知社，1892，第247—249頁。
② 石井良助等編：《幕末御触書集成》第二卷，岩波書店，1992，第378－379頁。

子费、农具费）的规定，推迟到第二十五个年头等等，不一而足。[①]

然而，以往的“教训”显示，对士与农的整顿和恢复情况如何，相当程度上乃取决于改革者能否对那些把士、农引入“歧途”的娱乐界和风俗业，实施严厉的打击。这就直接导致了前面所列举的一条条市井风俗取缔令和一组组有碍风化职业者的次第消失。改革者很清楚，下级武士和各级官吏品行堕落的重要原因，是享乐引诱和欲望耽溺使然。那些“奉公人”及其他公务人员猥相成趣、狎妓成风且屡禁不止，风俗窝点吉原、冈场所、游女屋、料理茶屋、水茶屋之类的游乐设施及酌取女、茶汲女、隐卖女等人员倘不被解决和消灭，大概所有的道德提倡都是徒劳的。天保十三年（1842）三月十八日所发布的“取缔令”，针对的就是这一问题。[②] 与此同时，憨实的农民因不断在东海道、中山道、日光道中、奥州路、甲州路这“五海道”驿站与歇脚处接受风俗服务并陶醉于狂言、相扑、净琉璃、歌舞妓，竟使农事废而浮浪生，正路绝而古风息，水野所担心的农家离散、不复稼穑的情景，俨然已成现实。天保十二年（1841）九月十七日、十一月六日、十二月十八日、十二月廿八日，天保十三年（1842）八月廿日以及天保十四年（1843）七月十三日所公布的“取缔令”和“御触书”，显然是针对这一类情况而发的。[③]

可当如此取缔措施仍然收效有限，并且水野一班人认为真正吸吮士、农膏血，败坏社会风气和解构幕藩经济的最大背后推手其实是富甲天下的垄断商人时，其对商界整肃的力度便无法不超出人们的想象。事实上，在发生近代化变革以前，这也是近世日本政要汲取历代紧缩政策执行不严的教训而发动的最后一次也是最大规模的整饬运动。这意味着，水野的手段只能体现为对以往紧缩政策的总动员而别无选择。一个公开的秘密是，进入德川中期以来，日本社会经济生活的真正操

---

① 石井良助等編：《幕末御触書集成》第二卷，岩波書店，1992，第328、370頁。
② 石井良助等編：《幕末御触書集成》第五卷，岩波書店，1994，第272—273頁。
③ 石井良助等編：《幕末御触書集成》第五卷，岩波書店，1994，第274—275、323—325頁。

盘者是商界。对他们来说，风俗营业只不过是其利润攫取方式之一而已，而能够支撑其市井产业的最根本经济来源，则是官商勾结下的偷税漏税和市场独揽下的利益垄断。由于商贸经济的长期发展已经使许多武士退化为寄生阶层，而他们的城市生活又对工商界的财富构成了十足的依赖，因此，随着工商业者所开拓的商品流通渠道的不断扩张，德川幕府开始不得不承认町人们长期以来编织而成的商贸网络机构，即幕府和诸藩所允准的工商业者同业组织——“株仲间”。正是通过这种类似于“行会”的组织机构，幕府和诸藩可以从中获得从业者不敢不缴纳的“冥加金”这一与后世“政治献金”相逼肖的利益份额，并逐渐演化为固定上缴的所得税。当然，这同时也就等于官方默许了经营者对市场的垄断权或曰独占权。当时，作为“株仲间”之职能体现的“问屋”——批发商组织，江户已有十组，而大阪则多达二十四组。然而，行业垄断所造成的物价飞涨，不但使士、农和幕藩几乎难以支撑，“株仲间”及其代表“菱垣”“樽”等“廻船问屋”竟然还迟纳或者不能足额缴纳“冥加金”，这促使水野痛下决心，于天保十二年（1841）十二月一举解散了包括“菱垣”和“樽”在内的江户“元十组问屋”及其他中介组织，当然，也只好于翌年（1842）二月部分“御免”了“株仲间”的“冥加金”。水野敢如此出手，是因为在他看来，取缔全部“问屋”、各种“组合”和大小“株札”，不但可以缓解物价上涨，还可以通过对垄断势力的摧毁，取消中间盘剥层，把商业贸易的自主权重新交还给民间，让那些“微商”从此可在供求两端之间做直通式贸易。[①]

然而殊不知，这一过大的举动，也同时断送了长期以来所形成的虽有不轨却还算井然的商贸秩序。它不但给曾经的营业者造成了极大的困扰，使幕藩失去了“冥加金”的贴补，也使个体商贩反而因失去组织而变得茫然若失，无所适从。至于武士的处境，似乎就更加悲惨。

---

① 石井良助等編：《幕末御触書集成》第五巻，岩波書店，1994，第6—8頁。

如前所述，他们向工商业人士借钱挥霍进而堕为债务人的窘况，曾逼使幕府出台过有失武家体面的“弃捐令”。1789 年，老中松平定信通过宽政改革发令，规定五年前“旗本”和“御家人”从“札差”那里所借债务不再偿还，而五年来所欠，也只能减息还付。1843 年，水野忠邦再度出此法令，“札差”所出的贷款从此受到严厉限制，而无此贷款或贷款减额，却反而使不会生产而只会消费的武士日陷无告，苦不堪言。在这种情况下，走投无路的水野在开拓“印旛沼”以确保水路流通和年贡额度的同时，竟出台了一个旨在扩大税源的更大胆的法令——把敛财对象对准诸藩大名等自家人的“上知令”。天保十四年（1843）七月、八月和闰九月，水野次第宣布，将江户、大阪城周边约 10 里方圆（一说周边 5 里方圆）的“飞地”划为江户幕府直辖领地，并将替换之封土转至别处。因与土地统合有关，故该法令又被称作“上地令”。[①] 这里所凸显出来的问题，是江户“十组问屋”被解散和“冥加金”大量减免后幕府直辖领地“御料所”已无力承受幕政开支等重大难题。而且按照水野的说法，“御料所”这些“公领地”，历来瘠地多而肥地少，可诸大名的“私领地”却瘠地少而肥地多。按照幕府的规定，百石领地即须缴租三十五石。可长期以来被私领扩张吞噬的那些原本与私领区域不相毗邻、散在他处且面积可观的所谓“飞地”，却并没有被纳入到租税上缴的对象中来。不仅是江户、大阪的私领周边，即便是各大名、旗本私领的周边，亦大量存在着免税飞地。然而，一个可以逆料的结局是，水野此举，必将广泛伤及幕藩体制内部的豪门权贵并招致他们的反弹，诸如令出后阳奉阴违的土井利位等等，不一而足。

天保改革无疑以失败而告终。首先，为解救旗本等人的窘困生活而再度出台的“弃捐令”，使经济领域发生了前所未有的震荡；严厉而远离人情的生活、风俗管制，使世人的不满情绪亦日益高涨。其次，

① 石井良助等編：《幕末御触書集成》第五卷，岩波書店，1994，第 308—310 頁。

幕府为控制商品流通而出台的“株仲间解散令”，反而使商品流通日趋恶化，结果，十年后的1851年又不得不恢复之。最后，如上所示，天保十四年（1843）出台的，旨在将江户、大阪周围的私人领地编入幕领的“上知令”，由于触动了有关大名和旗本的私人利益，遂招致了激烈的反对。而事情走到这一步，已不啻在宣告改革本身及水野的政治生命将同时完结。如此局面，一般还被视为封建制已行至末路的重要标志。①

可是，当我们梳理了天保改革的整个过程和前因后果后发现，上述评价，其实多半是倒着看出来的结论。由于评价者是拿后来的标准去逆向审视这段历史，于是，评价者的不在场，就决定了同样不在现场者在接受上述评价时批判能力的缺位甚至丧失。或许，通过某种“正当性悖论”的维度去重新认识这场改革所内藏的自我缠斗机制，庶几可接近历史的本来面目。

第一个正当性悖论，我以为当存在于幕藩体制本身。对以农业立国的日本而言，士农工商“四民”在封建体制内部的排序，是符合各阶层在国家事务当中的角色分工或曰本末属性的，所谓“农以固其本，士以强其基，工以足其用，商以融其资”是也。这意味着，“四民”体制之所以能得到长期维持，只是因为士农工商在幕藩社会中其实一个也不可或缺，所以关键不在于“四民”体制出现了什么问题，而在于如何才能保证“四民”之间的次序不悖、比例稳定和来自于制度调适下的四者间的平衡。泷本诚一在解读《本佐录》时称，后世学者把“百姓之财不可有余，亦不可不足”这一德川创业以来的政策误读为诛求是认，而且该见解还讹变为让后世至为恐惧的学术渊源。② 然而，就事实本身而言，这应该是德川家康说出的一句符合体制要求的大实话。这样才能理解，为什么当事情的发展有违这一要求时幕府便不得不反

① 岡田章雄等編：《日本の歴史9・ゆらぐ封建制》第8章《水野忠邦の幕政改革》，読売新聞社，1959。

② 瀧本誠一編：《本佐録》解題，載《日本経済叢書》卷一，日本経済叢書刊行会，1914，第2頁。

复进行所谓紧缩式改革；也才能理解，工商阶层何以会不可避免地要被动重复其盛衰曲线。也正是在“均平”的经济价值论和“平衡”的政治学原理之博弈中，任何有违这一制度原则的贫富不均和导致如此局面的骄奢贪腐与享乐糜烂现象，首先就不为一般大众所认可。这也有助于我们理解，何以水野拿巨贪大贾开刀时会赢得大多数人的普遍赞誉甚至歌功颂德。换言之，天保改革所以能迅速出台和所向披靡的正当性，亦刚好措置于幕藩经济社会的结构需求——当然，这里面有经济的，也有心理的。然而，虽说“重农抑商”是全部农业社会的共有特点，但工商业在繁荣社会经济和提高生活质量上所能发挥的作用，却是士、农阶层所力不能及的。而且工商业界经过长期摸索和实践而创造出来的有利于商贸发展和民生繁荣的行业组织和一整套规程，事实上也便利了大众的生产生活和致富意愿。这就给“抑商”政策的“正当性”带来了一个难以回避的悖论。另一个不可无视的事实是，随着商品经济的不断发展和渗透，幕藩体制中士和农的成分早已不再单纯。人们向往美好生活的愿望本身并不违背人情的固有天性，而且他们的生活也早已对工商界构成了十足的依赖，所以，当介乎士、农与工商之间的新阶层逐渐扩大并成为一股不可小觑的中间力量时，政府对工商业简单粗暴且不乏超经济强制色彩的过度打压行为，便不光会引起单纯的工商业者的反弹，同时也引发占人员成分更大比例的中间层的反对。实际上，即便水野想通过解散“株仲间”和“问屋”等手段给“小农”和“微商”提供直买直卖的条件，可这种几乎停留在以物易物阶段的原始买卖，他们反而不会做了。与此同时，本来旨在维护幕府最根本利益的“上知令”，却并没有唤起习惯于利益角逐的诸藩大名们“皮之不存，毛将焉附”之类的命运连带感和同心同德。这样才能解释，“株仲间解散令”为什么在十年后要被恢复，而“上知令”的出台何以会构成水野下台的直接触媒。

然而，这种一统即死、一放就乱的政策效果，从根本上讲，已反映出幕藩体制不知变通和吸纳吞吐能力的有限甚至极限。原本，商贸市场所带来的经济繁荣并不是坏事，可是，当从土地上游离出来的劳动力只能靠满足人们原欲的糜烂行当来维持生计时，特别当这些不仅吞噬了农家有限资金并且足以腐蚀官民灵魂的行当又不为儒家伦理道德所允许时，那些无法不堕为酌取女、茶汲女、隐卖女、歌舞妓之各色人等，便随时会被视为社会上的多余存在而横遭取缔，并瞬间变成无业游民和隐蔽的腐蚀力量。而当“无商不奸”和“为富不仁”的儒家经济原理给支配层带去对奢靡腐败现象必须从根本上铲除等相应暗示时，那些同时也在给社会经济生活带来活力的工商业阶层，就很难逃脱被镇压的命运了。这意味着，如果保护士、农的紧缩政策和鼓励商贸的宽松政策在幕藩体制下同时具有其正当性的话，那么，一到某个节点就一定要重演一出这两种政策的对决闹剧，便只能证明以上全部正当性悖论，均存在并发生于幕藩体制的内在装置中。除非出现一个更具有吞吐力和包容力的新的社会安顿结构，否则改革者便无法在固化的框架内去做出框架本身所不允许的令全社会满意的政绩。从这个意义上说，水野忠邦的正当性是制度本身所带来的，而他的非正当性，也来源于该制度本身。

可是，就在天保改革的过程中，水野其实曾面对过一个或许会打破幕政恶性循环的可能出口，但囿于体制上的原因，这种可能性最终也只能被水野处理成新的，亦即本文所要讨论的第二个正当性悖论——对闭关政策的继续坚守。1633 年以来德川幕府对外施行的“锁国令”，是日本政要因应中国的“海禁”政策而采取的对应举措，也是幕府的政治封闭意识、外贸垄断意志和人身依附需求的综合体现。尽管如此，长崎、对马、松前、萨摩等地仍保留了几个对外交流的据点，特别是长崎，至少还发挥了幕府允许范围内的互通有无功能。① 在能够基本维持国内生产生活之一般需求的意义上，幕藩体制下的政策法规似未尝失去能继续维持其有效性的正当性前提，四民的分工尚属有序，

① 荒野泰典:《『近世日本と東アジア』序:「鎖国」論から「海禁・華夷秩序」論へ》，載《近世日本と东ジア》，東京大学出版会，1988。

学者们也仍然可以运用古老的知识体系来解释当下发生的问题，并给出安顿人心的理由和根据。然而，作为长崎口岸贸易对象的中国与荷兰，固与日本保持着相对稳定的交流关系，但交流所引发的贸易和思想摩擦、制度摩擦，亦所在多有。为安全起见，中、荷商人即便上岸，不是被限定在“唐人屋敷”（中国人聚居点）中以便其看管，就是被集中在“オランダ坂”（荷兰坡）和“出岛”（为荷兰人特造的人工岛）上受到监视。幕府的做法，显然既想掌握贸易主动权，[①] 也要严防可动摇其官方意识形态的外来观念，以及通过某些强硬措施来保障其所谓的“国家安全”。[②] 由于这并不能彻底禁绝外力的渗透，因此，将葡萄牙和西班牙（南蛮）等天主教势力取而代之的荷兰，虽然在公开场合避忌“切支丹”在日本所引发的“南蛮”教训，但在对日贸易的同时，[③] 也往往以所谓“兰学”之学术交流而隐蔽地裹进了各类西方价值，其实物即便在“御三家”之一的水户藩中，亦不乏所见。[④] 这意味着，天保改革中所发生的下列事件，更多体现的是江户政要的担心和焦虑。因为他们坚持认为，长期以来特别是鸦片战争后裹挟着商贸、思想、政治、军事等混合成分的外来势力，将会给日本带来意想

---

① 如从“勘合贸易”朝“信牌贸易”的转变。参見山脇悌二郎：《長崎の唐人貿易》，吉川弘文館，1964，第 155—160 頁；宮崎道生：《新井白石の研究（増訂版）》，吉川弘文館，1984，第 192—193 頁。

② 日本与西方的文化接触，肇始于“切支丹”（天主教）的传入。因为由葡萄牙和西班牙传来的这一套“南蛮”价值体系与日本固有的治国思想格格不入并引发了日本的骚动，于是才有了日本取缔并镇压国内信众的“踩踏耶稣像”（踏絵）等事件。参见佐藤昌介：《解説：洋学の思想的特質と封建批判論》，載《日本思想大系 64・洋学》上，岩波書店，1976，第 609 頁。

③ 大槻玄沢称：“和蘭人通我邦，乃古所未見……在同州長崎港賜与商館，貿易交通，則始于寛永十八年辛巳之年（1641）。”参見大槻志识：《蘭学階梯》卷上《通商》，載《日本思想大系 64・洋学》上，岩波書店，1976，第 331 頁。

④ 2014 年夏，笔者在参加水户德川博物馆旧藏资料调查工作中发现，“彰考馆”内存有一个天主教遗物箱，内容琳琅满目，均与天主教弥撒有关，诸如神父所用司祭祭服、襟垂带、腕帛、莳时绘圣饼柜、天主教义本等等，不一而足。此外，还有《吉利支丹物语》《吉利支丹始末》《耶稣征伐记》《契利斯都记序》《吉利斯丹目录略图》等图籍。其中，《目录略图》中包括本尊佛龛（基督磔柱像）、基督教服、子安观音像（隐性教徒礼拜所用圣母像）、蛮书等。目录完成于宽政十二年（1800）六月二十九日，且留有“立原甚五郎識”之落款。这些物什在德川幕府严禁天主教的情况下竟能一直由水户德川家保存至今，表明即便在“御三家”内部，也未能成为西方宗教的绝对禁区。这也是明治三年（1870）秋，英国外交官萨道义（Sir Ernest Mason Satow）见到这些遗物后十分惊叹的原因。参见德川真木监修，徐兴庆主编：《日本德川博物馆藏品录Ⅲ・水户藩内外关系文献释解》，上海古籍出版社，2015，第 4、112 页。

不到的灾难。

然而，这却是一个无法阻挡的趋势。文政年间（1818—1829），俄国、英国、美国诸国促日开埠的商船纷至沓来；不满足于锁国状态下与世隔绝的许多日本人，也偷偷与外商做起了“密贸易”（指不法商贸）。与此同时，西方各类先进文化的涌入，也引发了日本知识界强烈的对外憧憬。在这种情况下，由“渗透”与“外通”两股力量所导致的“内外勾连”局面，竟一度促成了文政七年（1824）“高桥意见书”的出台——广置炮台以御异国船舶。原本，高桥作左卫门是当时幕府中拥有较丰富兰学和域外知识的幕僚之一。他对日本周围环境和世界大势亦不乏清醒认识，即：（1）当下有俄国、英国和美国这三股外来势力正朝日本压来；（2）所谓外国势力，并不单指外国的渔船和商船，更有外国本身；（3）日本内地之人心已不安于锁国旧态，与外商做“密贸易”者已层出不穷，其终也难以防范；（4）职是之故，除开国外已别无良策。有如此见识却主张武力御外，高桥的做法，已典型地诠释了幕府意志与天下大势之间的时代错简及由这一错简所带来的一系列难堪。人们于是看到，他御敌于国门之外的“意见书”虽大得幕府芳心，且催生了官方颁布于文政八年（1825）二月的“异国船打拂令”（外船驱逐令）：今后除阿兰陀（荷兰）船外，凡英国、南蛮等散布邪教之西洋船只及乘异国船来日者，应不问缘由，一律驱逐。[①] 但高桥的外在建议与内心倾向所导致的人格分裂，最终也只能给他本人带去可以逆料的灾难。文政六年（1823）来日本荷兰商馆服务，后被誉为给日本维新开国带来最初气象的德国医学家希博尔德［Philipp Franz von Siebold（シーボルト），1796—1866］，文政九年（1826）因涉嫌密携日本禁运品出国而遭到幕府查禁。因为所携禁运品当中就有与之过从甚密者高桥作左卫门所提供的有关日本及周边区域的舆地图籍，高桥于是被捕，并因死于狱中。

---

① 高柳眞三等編：《異国船並漂着船等之部》，載《御触書天保集成》，岩波書店，1941，第 858—859 頁。

经此事件后，幕府对洋人的防范日趋严格，对与洋人接触或思想上倾向于西洋者，亦警觉尤甚。后来的天保政策还进一步显示，以往尚属单纯的经贸问题，开始被意识形态化；而意识形态控制，也开始朝政治惩治方向急转直下。天保八年（1837）六月二十八日，美国商船“莫理逊号”以送还日本漂流民的名义来到离江户湾约三十海里的浦贺港。同船来航者，还有日后（嘉永三年，1853）为海军提督佩里（Matthew Calbraith Peny，1794—1858）担任翻译的卫三畏（Samuel Wells Williams，1812—1884）等人。考虑到日本民众的感情因素，船上并未配备任何武器，却带来了浑天仪、望远镜、晴雨计、美国货币、学术出版物、历史书籍以及美国第一任总统华盛顿的肖像等。船上的医生还携带不少药品和完整的医疗器械，称可以免费为日本患者提供治疗云云。然而，同船赍来的其他大宗商品也同时表明，掩藏于送还日本漂流民之名目背后的，却是如何既能躲开与长崎荷兰商人的贸易摩擦，又能在江户谋求一新的通商口岸等真实目的，尽管其谋求方式是和平的。“莫理逊号”驶来后，曾通过与岸上相关人员的联络，告知了美国的非殖民、不侵略等对外政策，苦口婆心，不一而足。但是，商船万没想到的是，等待他们的，竟然是围堵炮击和无端驱逐。“莫理逊号”无奈之下只好转航鹿儿岛，再遭抵御后，终悻悻归航澳门。按规定，荷兰商馆有义务对日本所发生的西洋事情进行记录、整理和上交。所以，“莫理逊号”撤走后，荷兰人便将拟好的“风闻书”呈与长崎奉行，长崎奉行再转呈给幕府。但此时已进入天保九年（1838），且记录者还误将美国商船讹作英船。后来，“风闻书”所记内容被走漏，再加上转述者复将“莫理逊”船名误解作与清朝和英国均过从甚密的实力派人物“莫理逊”，这才有兰学者和洋学者高野长英与渡边华山等撰文著书，开始猛烈抨击幕府的“异国船打拂令”。他们认为，幕府的驱赶行为不唯“不义”，且此举还与国际商贸通则大相悖谬，故强烈要求幕府立即取缔颟顸无知的强硬外交政策。由于时任“胜手挂”的水野越前守（水野忠邦）是上述“打拂令”的积极捍卫者，水野内阁于是乎认定，高野长英的《梦物语》和渡边华山的《鴃舌小说》与《慎机论》等，俱属妖言惑众，谤议幕政，遂将长英下狱，折磨致死；华山虽一时逃逸，也于天保十二年（1841）被捕后自尽。①

无论是“莫理逊”其船还是“莫理逊”其人，这一对外驱逐事件，在兰学、洋学者间和当时的知识界，均引起了轩然大波，甚至连尊奉朱子学的林家门人，亦忍无可忍，难以置之度外。著名儒者松崎慊堂（1771—1844），竟以七十岁之高龄，不计安危，挺身而出，为华山鸣冤叫屈。他认为，华山不但学识拔群，为人正派，其为国家安危而针砭时弊，又何罪之有？且所谓“诽谤朝政”云者，不唯汉唐明清之所无，即便春秋战乱年间，子产犹且“不毁乡校”，率尔致罪，岂圣人之世所当为耶?！但自从幕府决计将思想问题政治化的那一刻起，类似的呼号就已经于事无补了。后来，水野内阁对外来洋船虽渐取缓和之策，但直到开国临近时，“打拂令”的执行者，仍不乏其人。文久二年（1862），萨摩藩岛津久光一行自江户途经横滨生麦村时，被英国骑马者冲撞，久光不忿，手刃了四个英国人，是所谓“生麦事件”。翌年（1863），英国东海舰队来鹿儿岛寻仇，萨摩藩士奋起抵抗，遂爆发了所谓的“萨英战争”。但因藩力有限，日方旋即屈服并讲和。这无疑是发生于“异国船打拂令”延伸线上的极端事件。他们显然不承认“黑船”来航后美国与幕府所签订的开港协定，并且萨摩藩士还曾与水户藩士一道杀死了与美国签署通商条约的幕府大佬井伊直弼。

三井物产的创立者和第一任总裁益田孝（1848—1938）在追忆幕府锁国实况时指出：“德川幕府之执锁国政策，许荷兰及清国之船舶，以长崎一港允其物货之上岸及装积。然制禁甚多，范围极狭，未足称贸易。制度已如是，即令开港，亦多不能见贸易之进步而收其利益（幕府情势明证之）。幕府把持锁国主义，禁国人之制造大船，或交通于海外。其私交通者，不仅视为违法，又加以叛逆之罪。此观念深浸

---

① 桃李園主人述、川上恒茂画：《近世立志傳：渡邊華山》第四の齣、第五の齣、第六の齣、第八の齣，積善館本店，1908，第24—57頁。

润于民人之心，故开港之初为贸易之先驱者，往往遭遇可怖之危险”，“锁国政策恃封建制度而全其效用。大小三百余藩，各成独立小国，尽力阻其民人之移住，物货之流通，或禁米谷（主食料）之输出境外。于是甲地则仓有余谷，乙地则途有饿殍，而不能使有无相通焉。三百诸藩互行其锁国政策，而其所集成之日本向外国更行其锁国政策，此可谓二重锁国。当是时，农、工、商民图财富增殖者不徒苦于苛税，苟由勤勉以高其生活程度，则视为逾分之骄奢，而官收没其财产。民人交互之贷借有时被官吏干涉而蹂躏其债权，或恣定其价格以抹杀商家利权。各种商、工之业皆被限制。大小商贾各一定其员数，付以特殊之利权。自由竞争之途殆见杜绝。如此国中产业，且不可望其进步，况对外之贸易乎！”① 其“二重锁国论”意味着，无论幕藩语境下的政治改革有着怎样的正当性意义，在新的代表时代潮流的国际大势面前，其僵硬的体制、苛酷的钳制和只靠多穿衣服来适应外在气候的想法和做法，都无法实现自我救治的悲愿，更遑论国势更生。由于此番正当性悖论已给日本社会造成了经济生活和政治生态的普遍窒息，因此，倘无国内事务的更猛烈突围和世界大势的强有力介入，日本将有可能彻底丧失其再生功能和自我保护能力，而且事实证明，除了穷于应对外，气脉微弱的幕藩政治，其实已经丧失了这一功能和能力。

三、 内部突围与外部催迫的偕动

宽松与紧缩政策的频繁交替和出尔反尔，给幕藩政治的公信力和权威带来了严重的损伤。“今日是而明日非”的是非不定状态和由此而引发的理论混乱，早已让江户民众无所适从。不宁唯是，那些一朝放任即奢靡腐败、板起面孔则万物肃杀的两极奔突老套以及忽左忽右但总是有理的伪饰说辞，还给日本上下造成了听觉、视觉上的厌倦和疲

① 益田孝：《外国贸易》，载大隈重信撰《日本开国五十年史》下册，上海社会科学院出版社，2007，第 1152—1153 页。

劳。这意味着，不要说有的改革政策本来有误，即便是正当的，似乎也很难再取信于民。幕政框架的无可奈何和旧瓶新酒的循环无端，激酿起人们对能给社会以真正安顿的全新思想话语、全新政治理论和全新经济体制的渴求暗流，也不可阻遏地激发了社会各阶层对幕藩体制的质疑、批判乃至于脱昧行动。

这种情况之所以首先发生在思想、政治层面，缘于学界和政界在对待内外事务态度上的悄然变化。幕府当时存在着两大对立的学术思想派别：一个是汉学者流的保守思想派别，该派疾视泰西新说，目兰学为敌人；另一个则是在海外日新大势刺激下从锁国梦中逐渐惊醒的进步者流，诸如兰学、洋学等学派不一。后来被幕末明治期政治家和军事家胜海舟誉为“开启日本兵制改革之先河”的著名兰学者和兵学家高岛秋帆（1798—1866），目睹鸦片战争中清朝败阵于英国火炮之现实，乃发愤研发，为增强幕府军力殚精竭虑。可是，素憎西洋之学的酷吏阁僚鸟居忠耀，却妄称清朝并非败于英国火炮，其战争失利，只能归因于升平既久和武备废弛。他还进一步强调说，西洋诸国之俗，与礼义之国迥异。英人只谋厚利，好勇斗狠，英国之炮术，又安及“和汉之智略”？且兰学者流，素喜猎奇。若习染既久，则不唯火炮，恐行军布阵之法以至平日教习风俗，亦将悉遵西法，弊害实不可谓少。况火炮一经发明，诸藩武士将竞相传习，实为幕府之大不利也！针对鸟居的说辞，高岛秋帆的高足江川英龙（1801—1855）指出，“和汉之智略”云者，究其实不过“空论”而已。纸上空言不及实战结果，验之清军之败绩也尤然。且铁炮火器，传于外国，儒道、佛道，亦传于外国。若以实用言之，则同为外物，又何必厚此薄彼，画牢自限？苟利国家，当取舍随便是也！经过这场辩论，幕府暂决定让高岛组织人员试验。当时，随高岛习炮术者，已遍及江户、长崎、伊豆、周防、萨摩、总州、水户、肥前、远州、参州、上野、备中、越前等地，高岛一呼，自然应者云集。然而，试验虽获成功，但幕府官员在向上汇报时，却以高岛指挥队伍进退时使用荷兰语为由，百般污蔑之。见幕府狐疑，江川乃再度反驳说：若嫌忌异国言语，则唐土文字，岂非异国言语！且今日日本语中，举凡天竺、琉球、朝鲜、荷兰、南蛮、虾夷诸语均杂糅其间，仅以原生日本语汇与国人交流，又安可达意？故虽为异国言语，习染既久，则自成本国语矣。愚以为，唐音也好，兰语也罢，倘便于军士指挥，又孰往而非和语！这里特别值得关注的，是江川在反驳异议时频频使用的“苟利国家，取舍随便”的问题对待方法和实务主义态度。这种方法和态度，其实已为日本学界和政界冲破幕府牢限并与世界接轨，提供了一种哲学。这种哲学，既反映出日本混合文化的需求特质和灵活度，也构成了日本的幸运。正是在这个契合舆情的哲学面前，也是在日趋紧张的内部纷争中，鸟居忠耀纵百般罗织罪名甚至利用威权将高岛无罪囚禁，最终却无法对其量刑。史载，佩里来航后，高岛秋帆曾一度被指定为“讲武所炮术师范”。[①]

不宁唯是，发生在天保改革前后的对内失控现象，还体现在对外经贸领域。那些敢于冲破幕府禁令、绕过官方指定据点并首次把日本与俄、美等海外市场连接起来的民间商人，于是乎登场。在幕末德川史中，有一位国内巨商和海上船王，仿佛身着了一件隐身服，幕领藩属，履若平地，万里波涛，任其驰骋。当幕府发现他的国内“私网点”和海外“密贸易”而将其“缉拿归案”时，由此人所编织的国内和国际贸易网络及迫使幕府不得不顺应内外大势的新局面已然形成。这个人物就是日后被明治政府誉为“海外贸易先觉者”的钱屋五兵卫（1773—1852）。五兵卫出生于加贺藩的宫腰（今金泽市金石町）。家族世代经营通货兑换业务，俗称“钱屋”。海运业最早为其父所创，在日本国内市场一体化的形成期，他继承了父业，经营范围逐渐拓展。此前十五年的奉公生涯，还为他日后的独立经营，积累了大量的航海秘策，以至宽政十一年（1799）时年仅二十九岁的五兵卫率船赴松前所做的米谷干鲱交易，竟首战告捷。其精密而果断的商业智慧，首先为

① 佐藤昌介：《洋学史の研究》，中央公論社，1980。

他在国内市场的布点工作创造了条件。据统计，其最盛时，曾在全国三十四处设有代理店，可承载千石以上重量的商船亦拥有二十余艘。[①]然而，这对五兵卫来说，充其量不过是其发展更大规模商贸事业的一个准备而已。松前、函馆既入彀中后，他想到了更北的地方，想到了鄂霍次克海和桦太（萨哈林地区），也想到了海参崴（符拉迪沃斯托克）和黑龙江近海沿岸。在与俄国人悄然进行“密贸易”的同时，复将视线南移，在“高丽海峡”和“支那海”一带，开始了与英国、法国和美国等国商人直接通商的航程。五兵卫的知识背景（后述）和贸易实践行为，决定了他不可能是那种小富即安或饱暖即淫的小农式商人。他将东西南北的商贸所得，转换成进一步扩大贸易范围和规模的资本形态。除了其所营建的遍布日本六十余州的代理店外，他还到鲜有人关注的三宅岛、八丈岛乃至于竹岛、松岛等所谓“无人岛”水域建造大船，以增加海外竞争实力。仔细观察可发现，五兵卫无论对内对外，均有一套不同凡俗的生意经。在日本国内，他所经营的织物、砂糖、纸张、药品等货物之所以能陈列于三十四家代理店且日趋繁盛，显然与下列做法有关，即：对士人高价出售；对农、工则低价发卖；甚至于对贫贱之人，可径送以高价药品而不收分文。如此不乏慈悲的经营策略，赢得了民众的好感和热评，“义侠”令名的获得，已足堪证明。与此同时，在与外商进行“密贸易”时，除非天候原因，都始终能坚守诺言，相约既成，他日必到。在相当长的时间内，海上特别是北太平洋海域的运输霸权之所以能悉归五兵卫掌握，可谓良有以也。在幕府严格限定对外贸易口岸和贸易对象国的背景下，五兵卫敢冒国家大禁而与海外数国进行“密贸易”的行动，自非常人所能比拟，当然，海上市场的巨大贸易额，也无法不让他铤而走险。天保三年（1832），五兵卫的商船遭遇海上飓风，一行人漂至距北美亚利桑那港东面约五里的地方后，被美国人救起。在美逗留期间，他亲眼目睹了

① 高瀬保：《銭屋五兵衛考》，載日本歴史学会編《日本歴史》通巻252号，吉川弘文館，1969，第44—66頁。

美国社会殷实富裕的生活实况，也仔细观察了美国的制造业和言语风俗，于是乃断然削发蓄髭，并认真考虑如何才能与这样的国家进行海外贸易等计划。不久，他搭乘美国便船，于天保三年（1832）十一月返回伊豆的下田。因在美期间即与美商密结了海上贸易约定，遂于翌年（1833）五月二日亲乘“太平丸”并装积了大量提灯、伞具、竹杖、赤合羽（桐油纸制斗篷）、扇子、团扇等日本货物，对内佯称赴三宅岛，而实则密航至美国，并完成了第一次由日本主动上门的日美贸易。对此，美国人对五兵卫所给予的评价，堪称罕见，认为这是自西洋人哥伦布发现美洲新大陆以来胆敢以一叶扁舟横渡太平洋并抵达美国的第一人，并且还是来自“锁国”之邦日本的一介商人！该事件在美国引起的轰动是空前的，因为亚利桑那港的巨商大贾，不但十分钦佩五兵卫的勇气和胆量，还纷纷与之商讨通商的下一步计划。临别前，美国人还强调五兵卫此举的重大意义，并希望日本能作为东亚文明的先行者，来开拓与列国间的贸易事业。而此时的五兵卫显然十分感慨，他告诉美国人，日本自二百三十年前德川将军开府以来，其政治中心世居江户，国内三百诸侯，参觐交代，威服远方，朝鲜、琉球年年朝贡，荷兰亦于二百五十年前获贸易许可，但仅限于长崎一港。那里虽有商船出入，然幕府自握商权，不许国民自由贸易。近代英、俄两国商船，来乞互市，幕府不准。倘私自与外国人通商，将恐以破“密贸易”之大禁罪名而横遭处罚。他还说，他既已犯幕府之法禁，若不幸东窗事发，便只能以一死相对。由此看来，日美两国想实现国际贸易谈何容易，二十年后殆有可能也亦未可知。于是，他将随员“他三郎”留下，自己则与其他随员归国。他三郎时年二十六岁，被托付给美国人后，乃更名为“弗雷德尔斯顿”。弘化二年和三年（1845—1846），当美国使节前来浦贺请求互市时，他三郎即弗雷德尔斯顿，俨然已变成了美方之随员和通译。[①] 日本方面虽仍拒开埠，但作为佩里来航的前

---

① 国府犀東：《錢屋五兵衛》，載長田権次郎編《德川三百年史》第五門，裳華房，1903，第1005—1024頁。

奏，五兵卫的这一安排，显然非普通商人和谋略所能及也。事实上，美国人的这次来航，距离佩里舰队的来访（1853），也只剩下七八年的时间；而天保四年（1833）五兵卫所做的“二十年”后开国预言，却无法不令人称奇。

如前所述，益田孝所谓“二重锁国论”，固然给日本统一市场的形成制造了障碍，但倘若各藩内部有相对开明的政策并且藩主有远见通达的眼光，则幕府之于诸藩的政令不畅或地方保护主义的足够强大，倒反而是件好事。五兵卫的商贸事业能有以上发展，某种意义上也反映了加贺藩的经济需求与五兵卫经营能力之间所形成的默契。换言之，五兵卫几乎从一开始就拥有的御用色彩，无疑与加贺藩对他的经济依存度有关。这种特权地位的获得，还因为在藩主看来，五兵卫的内外经营包括海外军火贸易活动，不但能为加贺藩带来巨大的经济实惠，其超凡的经营眼光和粜籴平准能力，亦足以为藩营经济赋予一个调配缓急的安全阀。天保七年（1836），五兵卫被前田家拜为“御用金用达方”，即负责藩内金融管理事业的官职。这一不啻今日“国立银行”总裁的职位，意味着五兵卫已成为加贺藩经济命脉的主要掌控者。强大的经济实力和娴熟的通货操控能力，使五兵卫在货币集散、银票发兑、公债募集等方面均表现出常人所不及的才干。而且事实上，即便在国内，其普惠范围亦已越过加、越、能三州，而施及更广远的地区。就在五兵卫被藩主拔擢为“御用金用达方”的天保七年（1836），日本发生了空前的“天保大饥馑”；而第二年（1837），则爆发了“大盐平八郎叛乱”及其他民变。在现代社会，倘某国发生农业凶歉，当自有邻国或国际组织前来救援。但在幕藩锁国的当时，这一可能首先就不存在。然而，这也刚好使五兵卫的平准能力再度获得凸显。他一方面将船舶遣诸四方，把别处有所盈余的米谷运往不足之地；另一方面利用金融手段，对米价腾贵和银价暴跌的混乱市场进行了经济杠杆上的干预。这些措施，不但有效地保证了金融信用，还使加、越、能三州没有像关西、畿内和关东等地那样凶险环布，从而相对平静地度过了那场浩劫。天保八年（1837），五兵卫还进一步被加贺藩擢为“御手船御用主附”（指海运总管）。至此，钱屋的所有船舶，均开始佩有加贺藩的徽章。[①]

钱屋五兵卫的海内外活动及其金融管理手法，应该是日本开国前幕藩体制下最接近近代经营模式的商贸典范了。这其中固有其个人的经商天分，但在观念的层面上，却更多反映了日本社会对困境的摆脱冲动和契合了这种摆脱需要的兰学在日本的实践效果。据载，幕末著名兰学者本多利明（1743—1820），自文化六年（1809）起，曾经在加贺藩讲学授徒达一年半之久。教授的内容包括数学、天文、历学，而以通商和航海为主。他强调“自然治道”的经世论，认为：若想万民富庶，须先国产增殖；若要国产增殖，则需他国之利；若求他国之利，则须海外贸易。其学术理路亦体现为如下脉络，即：若要涉洋渡海，须懂天文地理；欲知天文地理，须先通晓数理。他还明确指出，当下君主已不可再靠贡租生计，内外贸易，当成为他的真正依存。[②] 在本多利明的加贺弟子中，有一位日后成为五兵卫导师和顾问的人物——大野弁吉（1801—1970）。大野兰学造诣精深，不仅是物理学家、化学家、器械学家，还是航海家中的佼佼者。通过大野的训练，五兵卫对舆地形势、列国现状、海洋通道、潮流变化等，均了然于胸。作为本多利明的再传弟子，五兵卫深得两代先师的真髓，其博大之心胸、深邃之目光、豪迈之气象，自非一般商贩所能比拟，但这同时也决定了锁国体制下他的必然终局。嘉永四年（1851），五兵卫因“河北泻新开工程”之“投毒”诬陷，被没收财产，断绝家名，并于嘉永五年（1852）十一月二十一日，以八十岁高龄屈死于狱中。五兵卫的死，距

① 若林喜三郎：《新版・銭屋五兵衛》第4章《銭五の活躍とその本質》，北国出版社，1982；国府犀東：《銭屋五兵衛》，載長田権次郎編《徳川三百年史》第五門，裳華房，1903，第1025—1029頁。

② 塚谷晃弘：《解説：江戸後期における経世家の二つの型—本田利明と海保青陵の場合—》，載《日本思想大系44・本田利明・海保青陵》，岩波書店，1970，第447、456頁。

佩里来航的嘉永六年（1853）六月三日，仅剩下半年多一点的时间。[①]天保改革失败后的嘉永年间，幕府虽然在那些直接妨害大众生活的政策上有所收敛（诸如对“株仲间解散令”的取消），但取缔民间私自对外经商的锁国禁令和财政紧缩政策不但未见松动，反而越发严厉。有学者于是指出，五兵卫的真正死因，实来自幕府对这位漏网巨商“密贸易”的察觉和旋即而来的整肃与追究。在这种情况下，那些曾饱受五兵卫恩惠的加贺藩官员，怯于幕府的淫威并出于自保的需要，只好将其所“犯”之新旧“罪状”夸张性供出；而且随着奥村荣实（1792—1843）这位一直给五兵卫以最大支持的藩政实力派人物的突然死去，其敌对势力“黑羽织党”（指藩政改革派），也带着报复之心开始走到前台。[②]

佩里来航后的日本丕变，使后人在追忆“黎明前”倒下的五兵卫时，总是十分感慨。有学者叹道：“五兵卫死后不到数年，我邦的锁国孤立制度便在世界大势面前轰然倒塌。如果说，王政维新、开国通商等重大国是赖以确立的原动力缘于佩里的到来，那么，佩里到来的原因，则始于五兵卫的海上通商行动。从这个意义上讲，在我邦国是得以切实确立的渊源上，五兵卫之力可谓大有与焉。而且，作为五兵卫商贸重点的开国通商和海上进取，不但已成为我国百代之国是，亦已转化为我国民之指针。若五兵卫地下有知且能目睹其死后时局之巨变，当面露莞尔，含笑九泉矣！”[③] 后来的日本人显然十分感谢佩里的行动，他们不仅在横须贺建立了佩里公园，还在当年美国黑船登陆的地方树立了一座纪念碑，上面刻有日本首相、大勋位侯爵伊藤博文（1841—1909）亲笔手书的十六个大字——“北米合众国水师提督伯理上陆纪念碑”。与此同时，他们也未尝忘记钱屋五兵卫在开国事业中所做的冒

① 国府犀東：《銭屋五兵衛》，載長田権次郎編《徳川三百年史》第五門，裳華房，1903，第1007—1014、1041—1064頁。

② 若林喜三郎：《新版・銭屋五兵衛》第5章《銭五の没落とその史的背景》，北国出版社，1982；鏑木勢岐：《銭屋五衛門の研究》，銭屋彰顕会，1957。

③ 国府犀東：《銭屋五兵衛》，載長田権次郎編：《徳川三百年史》第五門，裳華房，1903，第1063頁。

死努力——除了明治政府将他誉为“海外贸易先觉者”外，因“投毒”诬陷而被勒令停工的“河北潟新开工程”，也于昭和二十八年（1953）最终完成。[①]

四、余论

“莫理逊号”事件发酵十六年，直到“黑船”压来才使日本结束“锁国”。这一事实意味着，开国后的日本人无论怎样去赞美《神奈川条约》（1854，又称《日美亲善条约》），都无法抹去这个国家初入近代时的“剖腹产”印痕。这就使霍尔的问题变得重要：“该如何全面地评价这个国家的状况呢？像有些史学家说的，日本和外界隔离太久，技术上落后、经济上衰退、刻板地执行过时的政治制度而显得病态吗？如果1854年不是美国的佩里敲开了日本的大门，使这个国家不情愿地接受西方挑战，那会是什么情况？日本能否继续走它自己的路，甚至于在政治上重新振作起来？或是逐渐地缓缓衰亡或者是陷于内战？”他承认“这些问题是没有最后答案的”，“但无论如何，也不能设想1800年以后日本能完全自主地前进而不理会外部世界”。[②] 如果说天保改革中的政策，部分地解决了“大盐平八郎起义”的经济要求并让人民在整肃贪腐奢靡行动中体验到了快意和满足，那么这类政策就等于回应了社会本身的某些正当性诉求，也证明了以下判断的可信性，即：“虽说导致幕府败局的转折点在天保中期”，“并且旧有统治机构也在继续执政的能力上开始被问鼎，但领主权力应对这一状况的可能性基础，并没有完全丧失。其中，仍保留着所谓明君、学者协作下的‘仁政’

① 若林喜三郎：《新版・銭屋五兵衛》むすび《銭五財閥崩壊後の展望》，北国出版社，1982。关于与钱屋五兵卫相关的纪念物，至少有石川县河北郡内滩町的“钱屋五兵卫句碑”和北海道礼文郡礼文町的“钱屋五兵卫贸易之地”纪念碑。

② 约翰・惠特尼・霍尔：《日本：从史前到现代》，邓懿、周一良译，商务印书馆，1997，第178页。

施展余地”。①

可尽管如此，其矫枉过正的肃杀手段和将一切事务统统政治化的老套做法，除了让人们的生活陷入沉寂和萧条外，并没有实现提振社会经济进而强化幕府权威的当初预期。幕府此刻最需要做的，或许不是挥霍产能的奢靡式消费，也不是让产能枯竭而不再消费。前者使过剩的商业资本无法用以扩大再生产，而后者则干脆就消灭了商业资本的发生渠道和来源。这意味着，放任也好，紧缩也罢，这种左右跳荡的行为似乎都缺乏稳健的顶层设计，即如何使商业资本转化为产业资本，再通过扩大市场和增加收入的政策，从根本上消除财政危机并解决社会各阶层的安顿问题。正因为缺乏这一设计，因此，无论是“宽松”所带来的“放任”，还是“紧缩”所导致的“萧条”，施政者都无法不给人造成只能在有限范围内凭感觉来调整自身行为的疲于应对印象。就是说，幕府上层在调适这部越发复杂的社会机器的过程中，已严重缺乏缜密而非粗放、应时而非保守、整体而非局部的理论思考。古典经济学创始人亚当·斯密（Adam Smith，1723—1790）完成于1773—1776年间的《国富论》（《国民财富的性质和原因的研究》）及相关理论，其实已说破了许多日本幕藩经济社会的理论盲点。斯密认为，“在一个政治修明的社会里，造成普及到最下层人民的那种普遍富裕情况的，是各行各业的产量由于分工而大增”；然而，“分工起因于交换能力，分工的程度，因此总要受交换能力大小的限制。市场要是过小，那就不能鼓励人们终生专务一业”。他意识到，“有些业务，哪怕是最普通的业务，也只能在大都市经营”，甚至在条件允许的情况下更应该在海上进行：“水运开拓了比陆运所开拓的广大得多的市场，所以从来各种产业的分工改良，自然而然地都开始于沿海沿河一带”，“水运有这么大的便利，所以工艺和产业的改良，都自然发轫在水运便利的地方”。由于这一理论问题是任何经济社会都普遍会遇到的问题，

① 塚谷晃弘：《解説：江戸後期における経世家の二つの型—本田利明と海保青陵の場合》，載《日本思想大系44·本田利明·海保青陵》，岩波書店，1970，第422頁。

而不单为西方所独有，加之斯密所在之工厂手工业向机械大工业过渡期的英国社会与近一个世纪后的日本状况已有几分逼肖，所以，斯密所谓“这种倾向（指分工）为人类所共有，亦为人类所特有”等说法，其实还为人们揭示出对市场经济深感恐慌者的无知依据：“自由市场”的隐蔽规律和价值原理显示，自由市场表面上看似混乱且毫无约束，可实际上却由一双被称为“看不见的手”（invisible hand，无形之手）所指引。正是这双手，才引导市场生产出正确的产品数量和种类。市场的出现基于人的本性，斯密认为人的动机都是自私而贪婪的，自由市场的竞争将能利用人的这一本性来降低价格，提供更多产品和服务进而造福整个社会。从这个意义上讲，“分工一经完全确立，一个人自己劳动的生产物，便只能满足自己欲望的极小部分。他的大部分欲望，须用自己消费不了的剩余劳动生产物，交换自己所需要的别人劳动生产物的剩余部分来满足。于是，一切人都要依赖交换而生活，或者说，在一定程度上，一切人都成为商人，而社会本身，严格地说，也成为商业社会”。至于在“商业社会”中从事交换活动的人，斯密则根据不同的劳动性质将其分为两种：“有一种劳动，加在物上，能增加物的价值；另一种劳动，却不能够。前者因可生产价值，可称为生产性劳动，后者可称为非生产性劳动。”他还列举了分工需求下的“非生产性劳动”职业：“在这一类中，当然包含着各种职业，有些是很尊贵很重要的，有些却可说是最不重要的。前者如牧师、律师、医师、文人；后者如演员、歌手、舞蹈家。在这一类劳动中，即使是最低级的，亦有若干价值，支配这种劳动价值的原则，就是支配所有其他劳动价值的原则”，但“生产物的数量无论怎么大，绝不是无穷的，而是有限的。因此，用以维持非生产性人手的部分愈大，用以维持生产性人手的部分必愈小”，反之亦然。正因为如此，斯密很强调“节俭”的意义，认为能否“戒奢”，已成为决定“资本”可否增值的大问题：“资本增加，由于节俭；资本减少，由于奢侈与妄为。一个人节省了多少收入，就增加了多少资本”。他甚至断言：“资本增加的直接原因，是节俭，不是勤劳。”[①] 不过，斯密也对商人保持足够的戒心，认为一旦有垄断形成，“自由市场”的正常发育就会受到重大影响。这意味着，政府部门顺应规律的适时调控，也就不再是可有可无的措施。

当我们反观天保改革的相关举措时不难发现，“俭约”本身，在任何社会形态中，无疑都具有正当性和合理性。所以，问题的关键不在于此，而在于水野想通过行政命令强降物价以增加幕府收入的同时，却违背了俭约与资本增殖之间的上述关系。不宁唯是，其取缔“株仲间”“问屋”这些在今天看来等于消灭全部资本积累途经的措施，不但有违“士农”与“工商”已经逐渐接近并开始相互依赖的事实，还使增加幕府收入的想法只能变得南辕北辙，甚至为了幕府的最高利益，最终还无法不对幕府核心支持力量的诸藩大名下手（上知令）。由于天保改革不啻断绝了天下的财路，因此，失去民间资本支持的许多社会行业——主要是“非生产性劳动”职业者的开支负担，便无法不压向并无能力解决他们生计的幕府，这成为幕府必须解散或消灭那些“即使是最低级的，亦有若干价值”的社会从业人员及其职业的一大原因。可这些手段除了能获得道德上的一时赞美外，其摧毁既有社会分工行为所带来的真正苦涩，恐怕也只有幕府自己才最为清楚。换言之，商业垄断固然可怕，但失去自由市场前提的政治垄断，则尤其可怕。

然而，这并不表明日本知识界就没有观察到并试图破解幕府困境者。其实，无论是传统学术还是兰学、洋学，学者们几乎都同时注意到了扩大市场、增加就业以强化社会吞吐能力的重要性，并且还几乎殊途同归地找到了试图使幕府再振雄风的出路。前述之本多利明等兰学者及其学术团体自不待言，并非兰学者出身的海保青陵（1755—1817），竟也从儒学谱系的实学一脉中寻出了改造幕藩国家的途径和方法。他认为，贫穷不是政治。他的著作《稽古谈》《善中谈》《洪范谈》《枢密谈》《本富谈》《天王谈》《燮理谈》《经济话》和《老子国

① 亚当·斯密：《国民财富的性质和原因的研究》上卷，郭大力、王亚南译，商务印书馆，2011，第9—19、312—319页。

字解》等，均大力提倡富民政策，强烈呼吁“藩营专卖制”，并热切地期待日本“统一市场”的形成。他首肯法家的“人情好利”说，认为法家因“人情”而治之的富国战略，对日本的当下实具有重大的借鉴意义。值得注意的，还有如何对待德川意识形态的朱子学问题。这已被他聚焦在对“仁”和“智”二者必居其一的选择上。他认为：“桑弘羊之计策，惊人之智也。”之所以这样讲，是因为这个“智”不但能使自身巨富，还能使国家资产大规模地增值（《稽古谈》卷之一）。他甚至呼吁：“智者，为富国而宜置娼妓!”[①] 虽言之剀切，慌不择路，却也忠心可鉴。然而，虽然面对的问题大体相当，但海保青陵的思想在幕府的处境，却无法与亚当·斯密在英国和欧洲世界的影响力相比肩。《国富论》初版的 1776 年，英国商业和产业的发展还在很大程度上受着残余封建制度的限制和束缚。但“此书出版以后，不但对于英国资本主义的发展，直接产生了重大的促进作用，而且对世界资本主义的发展来说，恐怕也没有其他一部资产阶级的经济学著作，曾产生那么广泛的影响”，以致“恩格斯和列宁都把古典经济学，把亚当·斯密和李嘉图的劳动价值与剩余价值理论看作是马克思主义政治经济学的来源”。[②] 相比之下，海保青陵甚至包括本多利明在内，却除了漂泊游历、成为“终身浪人”并“忍教授之饥寒”外，至多也只能影响一些地方的商人和民众，其作用则远未得到应有的发挥。[③] 至于兰学者涉川六藏为保自身地位而反诬兰学为“邪教”并建议取缔兰学等做法，便更是匪夷所思。这意味着，将如此内外趋势做出相反解读并拼命防范之的幕藩体制，显然已构成了天保改革过程中最高层级的“正当性悖论”。

---

① 海保青陵：《経済話（抄）》，載《日本思想大系 44·本田利明·海保青陵》，岩波書店，1970，第 406 頁；拙著：《日本近世新法家研究》第六章《海保青陵与“日本近世新法家”的完成》，中华书局，2003。

② 王亚南：《改订译本序言》，载亚当·斯密《国民财富的性质和原因的研究》上卷，郭大力、王亚南译，商务印书馆，2011。

③ 塚谷晃弘：《解説：江戸後期における経世家の二つの型—本田利明と海保青陵の場合—》，載《日本思想大系 44·本田利明·海保青陵》，岩波書店，1935，第 448、488 頁。

值得注意的还有以下现象，即只有在幕藩体制下才会发生的现象。天保改革整肃贪腐、取缔奢靡和没收官员不法资财等正义行动，曾引起过众庶百姓的倾情讴歌。可讴歌者旋即发现，那些整顿所得，除了悉入幕府财政外，并没有给他们的生计带去任何实际的好处；而幕府取缔正常商业行为的政策，却让他们很快感受到了自身生活的不便和困扰。因此，当万众一心的反腐风潮刮过后，当幕府的改革不过是出于政治私心的本质日益暴露后，民众的失望开始转化为不合作与不配合。于是，伊始对贪腐现象的万民追讨，就变成了官弁安排下的暗中刺探和授意告密，致使这场改革的参与者后藤三右卫门亦不免长叹："今频遣告密之徒，竟至角落无遗，使人人危苦不堪"；[①] 对于那些抵触"上知令"并被幕府视为"反对党"的诸藩大名，鸟居忠耀则派出大量侦探明察暗访，罗织罪名，试图一网打尽。然而更可怕的是，当改革迫于上下压力逐渐露出失败的光景时，不要说"反对党"们乘势反击，那些当年曾誓言为幕府大业不惜玉碎的改革者们，为了自保，竟也迅速反目，并开始彼此构陷和自相残杀。

当我们追忆改革失败的原因时，大概谁也不会想到，水野的垮台竟会肇端于家庆将军平素喜爱的"一道小菜"。天保十四年（1843）四月，水野为表达对将军的忠诚，将三世（一说八世）将军以来几成废典的日光社（供奉德川家康灵位处）参拜大礼重新启动。对其巨额开支，在俭约之风甚嚣尘上的当时，其实是有微词的（德川齐昭即明确反对之）。参拜期间，家庆突然想起一道美味叫"嫩姜芽"（指初春萌芽的姜菜），可当地农民说，自幕府下达"俭约令"后，这种菜已禁止种植，伏乞将军忍耐。家庆闻之，面露不快道：怎么连这个也被禁止？随从者中，本来就有不少对改革表示不满的人，但一直以来都以为水野事事请示将军，将军也事事为他撑腰，遂敢怒不敢言。今日见此场景，"奸人辈"始知水野在将军那里亦有欺瞒，遂乘势离间，并暗中联

① 海舟全集刊行会编：《開国起原》下卷，载《海舟全集》第二卷，改造社，1928，第181頁。

合反对“上知令”的纪州大名和将军后宫“大奥”，开始发难。[①] 关于“嫩姜”等蔬菜禁绝令，水野曾于天保十三年（1842）四月八日和五月八日颁布过两次。既为幕府的公开政令，将军又如何不知？然而，知而佯装不知，表明将军已经意识到水野改革特别是“上知令”的下达开始危及幕藩内部的危险性。水野见情况不妙，乃考虑让“上知令”对“御三家”之一的纪州藩实行“例外”，以缓解改革所造成的内部紧张。可如上所述，曾利用“上知令”排除了大量异己，当然也因此替水野蒙受大量诟病的鸟居忠耀，闻讯后本立晓自己遭遇在即的替罪羊处境，却反而极力捍卫“上知令”的重大意义，并怂恿水野顶住压力，坚决反对纪州例外说，称倘使幕府关系最亲近的“御三家”享此特权，则与公然宣誓“天下为私”又有何区别?！这种佯为力挺而实属推责、佯表忠心而实为自保的老辣手段，无疑把水野忠邦推向了绝境。这时，隐蔽颇深的“上知令”反对势力乘势集体发难，而将军居然也乐得顺水推舟，水野于是乎下野，鸟居当然亦无法幸免。史载，鸟居忠耀少时浪荡，恒出没于秦楼楚馆，及陟身高位且为水野之股肱心腹后，乃正襟严毅，俨若君子然。水野下台后，时人梁川星岩（1789—1858）曾题诗叹惋道：“欲挽纷奢归一俭，十年相业鬓成霜。可怜管蔡流言日，无复抚筝桓野王。”水野忠邦所享有的身后令名，应该是属实的。但即便他有再大的能力和再强烈的许国精神，在充满了正当性悖论的时代背景下，大概也只能与幕藩体制同归于尽而别无选择。

（发表于《中国社会科学》2018 年第 1 期）

① 栗本鋤雲：《嫩薑僵權》，載《匏菴十種》，報知社，1892，第 170—171 頁。

第二编

国际观

关于前近代东亚体系中的伦理问题

前近代东亚体系，[1] 一般被表述为“华夷秩序”“朝贡体系”“册封体制”“中国文化圈”或“朝贡贸易体系”。半个多世纪以来，相关

① 所谓“前近代”，学术界有着不尽一致的看法。有学者从欧洲城市史的角度出发，认为“大多数关于城市发展的社会科学研究在论及19世纪工业化之前的城市时，都称其为‘前近代’（pre-modern）城市。这是一个简单化的方法，即将工业革命之前社会生活所有方面都看成是前近代，在前近代社会城市也必然是前近代的”，但是这种说法却无法回避下面的观点：“罗兹曼经过研究后指出，成熟的城市体系是一种‘前近代的’成果，而不是工业时代的产物。”［王挺之：《城市化与现代化的理论思考——论欧洲城市化与现代化的进程》，《四川大学学报（哲学社会科学版）》2006年第6期］在分断中国历史阶段时有日本学者主张：“我之所谓封建后期，在思想史上应占有作为近代的胚芽期或胞胎期的位置。从这一点来说，把封建后期作为进入近代的准备阶段而称之为前近代期也是可以的，这就是本书之所以用它作为标题的缘故。”（沟口雄三：《中国前近代思想的演变》，索介然等译，中华书局，1997，第43页）就是说，沟口所谓“前近代”，主要是指明清两代。与此不同，中国学界既有将“秦汉到明清”直接命名为“前近代时期”者（张国刚：《论“唐宋变革”的时代特征》，《江汉论坛》2006年第3期），亦有把“前近代”的时空指代拓展到东亚全境者——“事实上，把文化的视野进一步扩大来看，则理学不仅是11世纪以后主导中国的思想体系，而且是前近代东亚各国占主导地位或有重要影响的思想体系。”（陈来：《东亚儒学九论》序言，生活·读书·新知三联书店，2008）上述意见无疑各有其道理，但分歧的产生，我以为盖出于两大原因。一是指标问题，即究竟应该以什么为标志来确定“前近代”的性质。单纯以“工业化”来分断前后，恐怕只能构成阶段性概念所赖以确立的必要条件而不是充分条件。二是范围问题，即“前近代”究竟是“一国”特征还是“区域”现象。如果是前者，那么逸出“一国”空间的同类事物就得不到正确的解释；如果是后者，则相近价值在某一区域中的通行便具有了不容忽视的意义。本文所谓“前近代东亚体系”，是指在近代“民族国家”理念和“条约体系”东渐前通行于中国大陆、朝鲜半岛和日本等地的区域关系网络。该体系建立在“中华”核心价值的基础上，时间自汉至清，空间涵盖东亚。但由于约定俗成的原因，本文在讨论中将根据论证重点的不同而活用以往的相关称谓，如“华夷秩序”等等，不一而足。

研究已取得了丰厚的业绩。[①] 就研究内容看，问题一般被分为政治（宗藩）、经济（朝贡）和文化（华夷）三个领域。其中，不光是政治和经济，文化问题也逐渐被功利化的解读所取代。这种以国家利益为出发点的研究范式，固然为人们清晰地把握区域关系特征提供了相当的便利，也使以往停留于表面的议论变得意义有限，但如实而言，这种清晰和便利的剪裁者，却是传统概念包裹下的近现代价值和标准。正因为如此，当我们在研究中经常遇到功利性诠释所无法解读的大量史实例外，而这些例外的存在又总是关涉到伦理属性时，近现代国际关系框架所难以涵盖的前近代东亚特有现象，便容易引起研究者的特别关注。

这意味着，在充分肯定利益观察维度所具有的研究价值时，我们还应注意到伦理要素在前近代东亚体系中的重要意义。这里的伦理，主要指规定前近代东亚各国间关系的伦常规范和道德原则。由于这种准自然的规范和原则常常表现为忠孝之义和朋友之道，因此，许多按照功利性框架难以讲通的大小事件，反而能在伦理的层面上获得进一步的理解。这对于清除相关研究中的理论盲点，克服西方近现代逻辑所常常发生的弊端——倒叙、武断和生硬分割，当有补益。

---

① John King Fairbank, *The United States and China* (Cambridge: Harvard University Press, 1948); *Trade and Diplomacy* on the China Coast: The Opening of the Treaty Ports 1842—1854 (Cambridge: Harvard University Press, 1953); The Chinese World Order: Traditonal China's Foreign Relations (Cambridge: Harvard University Press, 1968)；张存武：《清韩宗藩贸易：1637—1894》，“中央研究院”近代史研究所，1978；朱云影：《中国文化对日韩越的影响》，广西师范大学出版社，2007；西嶋定生：《中国古代国家と東アシア世界》，東京大学出版会，1983；《日本歷史の國際環境》，東京大学出版会，1985；塚本学：《近世再考：地方の視点から》，日本エディタースクール出版部，1986；荒野泰典：《近世日本と東アジア》，東京大学出版会，1988；濱下武志：《近代中国の國際的契機：朝貢貿易システムと近代アジア》，東京大学出版会，1990；《朝貢システムと近代アジア》，岩波書店，1997；丸山真男：《忠誠と反逆》，築摩書店，1992；邊土名朝有：《琉球の朝貢貿易》，校倉書房，1998；李云泉：《朝贡制度史论》，新华出版社，2004；孙卫国：《大明旗号与小中华意识：朝鲜王朝尊周思明问题研究》，商务印书馆，2007；韩升：《东亚世界形成史论》，复旦大学出版社，2009；林学忠：《从万国公法到公法外交》，上海古籍出版社，2009；马丁·雅克：《当中国统治世界：中国的崛起和西方世界的衰落》，张莉等译，中信出版社，2010；等等。

一、 先行研究的洞察力与局限性

日本学者西嶋定生，习惯将前近代东亚体系称作“册封体制”。他认为，册封体制本身，最早是中国王朝的国内秩序，即以皇帝作为顶点和由这个顶点与贵族、官僚之间所形成的君臣关系秩序。因此，中国王朝与周边国家之间所形成的册封体制，体现的乃是这种国内秩序的外部延伸。中国王朝对于有册封关系的周边国家之所以要求臣服和礼敬，原因即在于此。然而，册封体制的形成及其推移，不应只理解为其固有逻辑的自我展开。周边诸国要求中国王朝的册封，既有通过册封来确立其统治者的国内权威需要，也不乏有利于各国间争斗的利益动机。对于中国王朝来说，也是如此，即：与周边诸国册封关系的设定，不仅有利于中国国内皇帝权威的确立，而且对居于册封体制外围的化外之国，也显示了中国王朝的权威。公元665年10月，唐高宗率突厥、于阗、波斯、天竺国、乌苌、昆仑、倭国、新罗、百济、高句丽等诸藩酋长和使者从长安出发，并于次年（乾封元年，666）正月与诸州的都督、刺史一道封禅于泰山的行动，便内含有这样的功能。这场“古来帝王之封禅未有若斯之盛者”的隆重仪式，在向上天禀告平定百济、恢复宇内秩序的同时，也向朝贡的诸藩国显示了自身的实力。①

韩国学者郑容和也在相关论述中分析了李氏朝鲜王朝在“华夷秩序”当中的“真实”生存状态。他认为，虽然“华夷秩序”是以礼为基础的上下不平等的国际秩序为其前提条件的国际关系体系，但朝鲜作为新王朝，需要调整与中国、日本等国的关系，其中的核心当然是与中国的关系。郑教授进一步分析了“朝鲜王朝创建者们”的“一种意志”，即：在朝鲜建设所谓的“东周”，目的是建立一个仅次于中原“大中华”的“小中华”。这意味着，朝鲜要通过与中国的同质化而凸

① 西嶋定生：《中国古代国家と東アジア世界》，東京大学出版会，1983，第462、449頁。

显与其他周边国家的差距，从而提高朝鲜在东亚文明共同体内的地位。他们甚至认为只有在某种程度上属于所谓文明的国家才能对中国例行朝贡。郑教授于是得出以下结论：朝鲜不是因为中国的强制被迫参与到朝贡体系之中，而是为了国家利益的最大化，主动而积极地利用了朝贡关系。而且，其国家利益的核心不是经济利益，而是政治利益；它希望通过与“强大国”中国的政治联合，确保国家安全，也需要借“天子”的权威，来获得政权的正统性并提高支配效率。朝贡体系虽然以儒家思想为根据的中国中心文化论——“华夷秩序论”为基础，但其实际运行却不能忽视背景中的中国政治军事力量。特别是被称为最“典型的”朝贡关系的“朝—中”关系，其思想理念上的原因大于政治军事方面原因的观点理应得到修正。并且朝贡体系虽然是以中国为中心的国际秩序，但其维持并非依靠中国单方面的强制或施惠，还包括周边各国的利害关系及其共同努力。因此，朝贡体系不仅要从中国的观点考察，而且有必要通过周边各国的视角来加以立体地考察。[①]

以上两种具有代表性的观点似乎都在强调，前近代东亚体系应该是出于各自需求的“相互利用”的产物。其最终目的，亦无非是使置身于该结构中的各国如何实现自身利益的最大化。为了强调这一点，许多细节问题，还常常成为论者喜欢援引的佐证。倭国女王卑弥呼与魏的“急接近”，无疑是一个典型的例证。由于魏蜀吴三国政权均将恢复中原一统作为自身的行动目标，而每个割据政权又都认为自己才是正统的中原皇帝，因此，如何把一统时代程度不等地进入过中原影响范围内的外族地区划入自己一方，就成为各国可以理解的想法。他们欣然接受周边政权的朝贡，使诸国分别得到册封和赏赐，也显然符合这一动机。而且依照通说，由于当时朝鲜半岛南部诸韩势力强大，因此，魏王朝只有通过对倭的礼遇才可以达到使倭从背后牵制半岛势力的目的。[②] 就邪马台国方面看，相关记载显然也符合卑弥呼的切实需

① 郑容和：《从周边视角来看朝贡关系：朝鲜王朝对朝贡体系的认识和利用》，《国际政治研究》2006 年第 1 期。

② 西嶋定生：《中国古代国家と東アジア世界》，東京大学出版会，1983，第 410、491 頁。

求。该记载显示，卑弥呼遣使赴魏时，更多表达的是狗奴国袭扰邪马台国所带来的恐惧，并寻求庇护；而魏的告谕则明示，庇护当然可以，但前提是双方之间需要建立封贡关系。① 然而，西嶋教授这两种看似顺理成章的说法，却很快被他本人的考证结论所推翻，即：魏王朝与诸韩国之间发生摩擦、平叛以及带方太守弓尊战死诸端，都是发生在卑弥呼被册封为亲魏倭王之后，即魏正始六年（245）以后的事。唯此，魏、倭接近，便无法构成牵制半岛说的理由和根据；而倭向魏王朝报告与狗奴国之间的纷争，则发生在卑弥呼被册封为亲魏倭王之后，因此，这也无法构成册封亲魏倭王的原因。至于西嶋教授所给出的“亲魏倭王之册封理由”（三大点），用他本人的话说，也“全不出推测的范围”。②

郑容和教授的长篇论文，“批判了对东亚朝贡体系的基本观点，即‘中国中心主义’‘欧洲中心主义’和‘日本中心主义’，还考察了与中国建立最为‘典型的’朝贡关系的朝鲜是如何认识和利用此关系的”。由于作者的“去中心化”意志十分坚定，因此，在谈及朝鲜如何获得安全保障问题时，通常喜欢强调朝鲜的主动性一面而排斥明清的所谓“施惠”；当讲到朝鲜面临灭亡时，却又以看似自责的笔法来归咎于清朝：“在近代，没能自己克服前近代朝贡体制的朝鲜，惹起了作为邻居的‘朝贡体制’的代表势力和‘条约体制’的代表势力的冲突，只能自食其果。”在这个问题上，“甲申政变”（1884）主导者的部分言论，显然在左右着郑教授的看法，即“中国不再是能维持朝鲜安保的国家，因此，也就不能再成为朝贡事大的对象”（见前揭文）。③

客观上讲，这种透过现象而直取本质的叙事手法，无疑展示了研究者异于庸常的深邃洞察力。其通彻而动态的视角，还为人们清晰地把握前近代东亚体系的某些特征，提供了一面超越表象的镜鉴，这也

① 据《三国志·魏书·东夷·倭》载，狗奴国乃公元3世纪邪马台国的敌对国，国王为男性，称卑弥弓呼。
② 西嶋定生：《中国古代国家と東アジア世界》，東京大学出版会，1983，第491—494頁。
③ 郑容和：《从周边视角来看朝贡关系：朝鲜王朝对朝贡体系的认识和利用》，《国际政治研究》2006年第1期。

是相关研究成果能够在学界引起一定反响的主要原因。但是，这种事无大小、均一断于“相互利用”的作业，却不失为“纯功利”视域下的问题观察手段。它有明快的优长，也容易带来壅滞；它勾勒出的真实具有某种可信性，但过于真实的表白却容易走向失真的另一个极端。西嶋教授常常用“哺育”一词来形容日本文明的生长环境——“中华文化圈”的功能和意义，① 表明他本人似乎已意识到构成这一行为的双边或多边关系其实很难用纯功利的视角去观察和分析等问题；而郑教授所谓近代朝鲜在“积极参与条约体制”以谋求独立的同时，“听说日本有征韩论等侵略朝鲜的可能性，又主张以朝鲜是中国的‘属邦’的名义来阻止日本的侵略”云者，也在不自觉间道出了前近代东亚区域关系的另一面——伦理所发挥过的重要作用。这样或许可以解释，为什么西嶋教授在强调利害关系的同时，会谴责近代日本有违东亚秩序的悖伦行为：“日本可谓东亚世界生下的‘鬼子’，这个鬼子通过咬破自己母胎的行为和促使东亚世界解体的行动，才变成了近代世界的一员”；② 也才好理解郑教授的下列表述：“在朝贡体制中，中国通过周边国家的朝贡所体现的服从，来确认并满足中华的威信和自尊心，并没有直接支配的意图”“壬辰倭乱时，明朝想册封丰臣秀吉为日本国王，却遭到朝鲜君臣的激烈反对，理由是日本是悖伦国”。③ 这些无意当中流露出来的真实情况，似乎同时昭示出单纯功利论的双重“失真”——古代中国的对外政策和行动完全被视为“利用”群小的观点所能带来的第一重失真与周边国对华的所作所为全部裹挟着功利目的的说法可能会带来的另一重失真。

---

① 西嶋定生：《中国古代国家と東アジア世界》，東京大学出版会，1983，緒言及第 586 頁。

② 西嶋定生：《中国古代国家と東アジア世界》，東京大学出版会，1983，第 667 頁。

③ 郑容和：《从周边视角来看朝贡关系：朝鲜王朝对朝贡体系的认识和利用》，《国际政治研究》2006 年第 1 期。

二、 前近代东亚秩序的伦理指向

晚清总理衙门在回答日使森有礼的“属国”诘问[①]时所讲的一段话，道出了历代中原王朝与藩属国之间的真实关系：“修其贡献，奉我正朔，朝鲜之于中国应尽之分也；收其钱粮，齐其政令，朝鲜之所自为也，此属邦之实也。纾其难，解其纷，期其安全，中国之于朝鲜自任之事也，此待属邦之实也。不肯强以所难，不忍漠视其急，不独今日中国如是，伊古以来所以待属国皆如是也。”[②] 这里，“修其贡献”是象征，“奉我正朔”是形式，可“纾其难，解其纷，期其安全”却构成了中原王朝实实在在的责任。至于“不肯强以所难，不忍漠视其急”云者，还明显透露出宗主国对藩属国的恻隐之心、不忍之心，一言以蔽之曰仁爱之心。这是事实，而横亘于事实背后的关系属性，却是典型的伦理关系。值得注意的是，中原王朝对藩属国“予多取少”“厚往薄来”的淡泊功利态度，反而有力地加强了彼此间的这一关系。在许多关键时刻，伦理意义上的双边互动对事态的影响十分巨大，极致时可以维护或改变东亚格局。这意味着，仅仅用功利的眼光来审视前近代东亚体系，是无法完全取得区域关系问题的正解的。在这一点上，以国家体制为边界来划分“天子”和“皇帝”的管辖范围说，或

---

① 总理衙门：“查朝鲜为中国属固，隶即属也。既云属国，自不得云不隶中国……朝鲜实中国所属之邦之一，无人不知……合照修好条规所属邦土不相侵越之意，彼此同守。”森有礼：“贵王大臣所以引条规所属邦土不相侵越之意者，盖就将来我国与朝鲜交涉，凡有该国政府及其人民向我所为之事，即由贵国自任其责之谓也。若谓不能自任其责，虽云属国，徒空名耳。”总理衙门：“朝鲜为中国属国，中外共知，属国有属国之分际，古今所同。朝鲜实中国之邦之一，即中国之自任也，岂得谓属国为空名？岂得谓于条约无所关系？”森有礼：“其所自任者果何事实……其不空名之实似亦不曾见。”……李鸿章：“高丽奉正朔，如何不是属国？”森有礼：“各国都说高丽不过朝贡受册，不收其钱粮，不管他政事，所以不算属国。”李鸿章：“高丽属国几千年，何人不知？和约上所说所属邦土，土字指中国各直省，此是内地，为内属，征钱粮管政事；邦字指高丽诸国，此是外藩，为外属，钱粮政事向归本国经理，历来如此，不始自本朝，如何说不算属国？”（《总署覆日使声明朝鲜为我属国照会》《日使覆总署朝鲜虽中国属邦徒系空名照会》《附日使致总署声明朝鲜不能承认为中国属邦照会》《照录李鸿章与森有礼问答节略》，载王彦威辑《清季外交史料》卷4，及兹府关东甸七号，1932，第35页；卷5，第2—3页；卷5，第6页。）

② 《附总署覆日使声明朝鲜系中国属邦照会》，载王彦威辑《清季外交史料》卷5，及兹府关东甸七号，1932，第3页。

许能给人以某种启示。它源于郑玄的一个较为细致的观察——《礼记·曲礼下》："君天下曰天子。"郑玄注："今汉于蛮夷称天子，于王侯称皇帝。"西嶋学派虽亦赞同此说，但话语背景显然与郑玄有异。[①]

前近代东亚体系得以建立，一定意义上与中原王朝和周边之间的亲缘或准亲缘传说，不无关联。它集中于殷箕子和周泰伯分别对朝鲜和日本的缔造故事，而这两位缔造者又均与中原王朝有过"册封"关系。

伏胜（前260—前161）的《尚书大传》，最早记录了"武王封箕子"的故事："武王胜殷，继公子禄父，释箕子之囚。箕子不忍周之释，走之朝鲜。武王闻之，因以朝鲜封之。箕子既受周之封，不得无臣礼，故于十三祀来朝。"[②] 司马迁称，周武王曾向箕子问殷亡之原因，箕子作《洪范》以遗之，"于是武王乃封箕子于朝鲜，而不臣也。其后箕子朝周，过故殷墟"。[③] 箕子虽然"不臣"而"不得无臣礼"，且"于十三祀来朝"者，是因为他接受了周武王的册封。后来，大部分朝鲜史家均对此深信不疑，如权近的《东国史略》、郑麟趾的《高丽史·地理志》等等，不一而足。李氏朝鲜王朝曾不无骄傲地说："吾东方自箕子以来，教化大行，男有烈士之风，女有贞正之俗，史称小中华。"[④] 部分统治层甚至直认朝鲜原本就是中国的一部分，他们的工作不过是中国的"代理"而已："我国自箕子受封之后，历代皆视为内服。汉时置四郡，唐增置扶余郡。至于大明，以八道郡县，皆隶于辽东。衣冠文物，一从华制，委国王御宝以治事，如有率解中国漂流之民，则天子颁赏于地方官，其实中国之地，使我国治之。"[⑤] 重要的是，箕子不单为朝鲜缔造了早期的国家，更给朝鲜人民带去了与中原文明同质化的伦理关系，而这种关系，还使中原王朝与朝鲜之间的交往原则，逐

---

① 西嶋定生：《中国古代国家と東アジア世界》，東京大学出版会，1983，第78、82、88、89頁。平勢隆郎：《战国时代的天下与其下的中国、夏等特别领域》，载甘怀真编《东亚历史上的天下与中国概念》，台大出版中心，2009。

② 陈寿祺辑校：《尚书大传》卷二，载《清经解续编》卷355，上海书店，1988，第2册，第410页。

③ 《史记·宋微子世家》，中华书局，1959，第1620页。

④ 《成宗実録》卷20，載《李朝実録》第15冊，学習院大学東洋文化研究所，1958，第237頁。

⑤ 《宣祖実録》卷41，載《李朝実録》第27冊，学習院大学東洋文化研究所，1961，第615頁。

渐被赋予了共同尊奉的价值：

> 箕子率中国五千人，入朝鲜，其诗书礼乐医巫阴阳卜筮之流，百工技艺，皆从而往焉。既至朝鲜，言语不通，译而知之，教以诗书。使其知中国礼乐之制，父子君臣之道，五常之礼，教以八条。崇信义，笃儒术，酿成中国之风，教以勿尚兵斗，以德服强暴。邻国皆慕其义而相亲之，衣冠制度，悉同乎中国。故曰：诗书礼乐之邦，仁义之国也，而箕子始之，岂不信哉！①

无论箕子朝鲜的往事有多大程度的史实根据，但由此而带来的双边呼应，特别是中华伦理关系的有效落实，却是朝鲜史上的不争事实。李朝太宗十四年（1419）九月，朝鲜正式确定了箕子祀典；而世宗十年（1428）四月，还命卞季良特制了箕子庙碑。

在日本，“华夷”观念也早已深入人心。以“中国”“夏廷”与“汉阙”自况者，不独有偶。其见于正史者，当始于奈良时代。藤原广嗣在天平十二年（740）八月上圣武天皇的表文中，即有“北狄虾夷……野性难驯。往古已来，中国有圣则后服，朝堂有变则先叛”字样；② 而淳和天皇天长元年（824）十二月公卿表文中，则有“万国旁戾，肃朝觐于夏廷；百蛮会同，仰膏泽于汉阙”等抒情文章。③ 日本人对中原的亲近感，与历史上的“泰伯初祖”传说，不可谓没有关系。《通典》据魏人鱼豢所撰《魏略》，注有“倭人自谓泰伯之后”等字样。房玄龄、李延寿据此称：“倭人在带方东南大海中，依山岛为国。地多山林，无良田，食海物。旧有百余小国相接，至魏时，有三十国通好。户有七万。男子无大小，悉黥面纹身。自谓太伯之后。又言上古使诣中国，皆自称大夫。昔夏少康之子封于会稽，断发纹身以避蛟

---

① 崔溥：《东国通鉴论·箕子朝鲜》，载韩国民族文化推进会编《韩国文集丛刊16·锦南集》（卷一），景仁文化社，1973，第375—376页。

② 《列伝44·藤原広嗣》，載《大日本史》卷117，本所区新小梅町壱番地侯爵徳川家蔵版，1900，第14冊，第3頁。

③ 《本紀第24·淳和天皇》，載《大日本史》卷24，本所区新小梅町壱番地侯爵徳川家蔵版，1900，第3冊，第3頁。

龙之害，今倭人好沈没取鱼，亦纹身以厌水禽。”[①] 日本的类似记载，最早出现于历应元年（1338）。这一年，有僧曰中岩圆月者，在修《日本记》时曾以吴泰伯为国祖，谓日本历代均为泰伯之子孙。[②] 此外，徐福渡日说及其“入日本建国”说，也不失为中日之间充满暖意的传闻。[③] 于是，在回顾日本和朝鲜的源起时，日本江户史家林春胜曾写过这样一段话：“就想泰伯至德而基我王迹，箕子有仁以开彼（指朝鲜）土地，均是先圣之所称也，共曰东方君子国者，不亦宜乎！中华姑舍是，六合之内，守纲常之道，仰文物之化，未闻如本国及朝鲜者，岂非泰伯箕子之遗风哉！”[④]

以上说法的可信度，固然有待于史家做出进一步的考证，但中原王朝自始至终都十分珍视这些传说，却是事实。一个可以理解的原因是，这种建构于拟亲缘基础上的伦理关系，已为“天→天子→天下”逻辑的伸展和维护，赋予了种族和文化优越论之外的准自然的道理和依据。西嶋教授曾将中原王朝维持册封关系的思想，分为“中华思想”和“王化思想”。他认为，所谓东亚世界，是以中国王朝为核心的“国际政治机构”，实现这一机构的政治手段虽然是册封和朝贡，但其根柢处却是中华思想这一基盘。“中华思想”又被称为“华夷思想”，是辨别中华与夷狄之差别的思想。通过这种差别的思想先去辨别中国与周边诸国，而区别后的新的结合，便形成了东亚世界。用来实现这种结合的思想，乃所谓“王化思想”。贯穿于这种差别与结合的价值基准，是“礼”的有无和“礼”的传播。这种东亚世界的逻辑，通过儒教思想而被体系化，而尤为重要的是，它还被自觉意识为王化这一君主的德行问题。在王化推广范围之广狭与君主德行之厚薄被等质化的情况

---

① 《晋书·东夷·倭人》，中华书局，1974，第2535—2536页。

② 近藤瓶成等：《日本名僧傳》（復刻版），載《改定史籍集覧》第九冊，臨川書店，1984。

③ 《史记·秦始皇本纪》《史记·淮南王传》《后汉书·东夷传》《隋书·倭国传》以及日本著作《今昔物语》《神皇正统记》《本朝通纪》等。华人学者卫挺生甚至认为，神武天皇就是徐福。（卫挺生：《日本神武开国考：徐福入日本建国考》，香港商务印书馆，1950）参见朱云影：《中国文化对日韩越的影响》，广西师范大学出版社，2007，第222—228页。

④ 林鹅峰：《东国通鉴序》，转引自朱云影《中国文化对日朝越的影响》，广西师范大学出版社，2007，第214页。

下，对于周边国家的王化程度，也就成为与君主国内权威相关联的问题。在这一意义上，华夷思想与王化思想往往被视为儒教式政治思想的基轴。[①] 然而，这种把东亚世界完全定位为“政治机构”、将东亚关系悉数定性为“政治关系”的理论，却不啻将维系这种关系的一切方法，统统变成了手段。从这种观察中，除了工具性价值外，人们已很难寻出体系本身所固有的目的性价值。即便具有某种伦理属性的“礼”,[②] 在这种预设下也频繁被解读为中原王朝为达到某种目的而频频利用的“程序”和“借口”；而“礼”的伦理价值一旦被抽掉或者功利化，东亚就只能是伦理缺位的利益关系体系，而一切以利害为转移的关系体系的长久维持，事实上是鲜存可能的。可是，东亚体系存在了两千余年（一说四千余年）的事实表明，体系得以维护，除了政治上的作用外，还有着重要的伦理支撑。而这种支撑，恰恰构成了连接“中华思想”与“王化思想”的纽带。反过来说，倘周边各国与中原王朝之间没有伦理上的关联，所谓“中华思想”和“王化思想”，就永远是只能属于中原自己的思想，而不可能成为东亚邻国欣欣然而从之的共通价值。因而在某种意义上，伦理的认可，甚至可以被视为其他关系能否建立的前提条件。这意味着，东亚伦理问题，已成为讨论前近代东亚体系时所无法绕行的一大关键。它至少可条陈为以下两端。

首先需要关注的，是前近代东亚世界中是否存在过以“春秋国际公法”为原型的区域关系体系问题。美国长老会传教士丁韪良（W. A. P. Martin，1827—1916），是《万国公法》的译者，也是近代以来最早研究中国传统国际交往原则的学者。他曾试图在诸多方面证明，中国古代已有类似西方国际法的规则，尽管没有成体系的理论，但中国文化中仍有着可以和西方法秩序对话的基础。同时，中国古代既然已具备国际法，是“真的”（true），又是“自己的”（mine），那么，

---

① 西嶋定生：《中国古代国家と東アジア世界》，東京大学出版会，1983，第645頁。

② 如孔子曾说：“人而不仁如礼何？人而不仁如乐何？”（《论语·八佾》）。

中国就应该接受和遵守现代西方的国际法。[①] 尽管我们明白丁韪良的实际用意，但无法否认，丁氏所做的工作，事实上已给古中华的制度文明部分地恢复了某种符合实际的历史地位。1868 年 10 月丁韪良发表于美国远东学会上的一次演讲，表明他对中国文化的倾心和对欧洲人的批判并非一定出于礼貌上的敷衍和叵测用心。[②] 有学者指出："正如丁韪良在《汉学菁华》的前言中所指出的那样，关于国际法的基本观念最早萌芽于古代中国的春秋战国时代这一理论是他具有原创性的发现。关于这一点，恐怕没有人会提出质疑，因为在这一领域他已经是公认的权威。"[③] 一向蔑视夷狄的中华士大夫之所以会对《万国公法》表示接受，用丁韪良的话说就是"中国人在心理上准备欣然承认"，[④] 还从另一个侧面反映出丁氏为中国"春秋国际公法"赋予历史法理地位的做法，曾经给中国传统带来了某种程度的尊重。华人国际法专家洪钧培和陈顾远的工作，无疑又在此基础上向纵深推进了一步。[⑤]

其次，有关前近代东亚伦理关系的基本原则问题，不可被忽视或无视。

不管丁韪良如何认为中国人遵守《万国公法》的行为"不是在服从任何别人，而只是在服从他们自己"之类的说教有着怎样的合理性，衍生于《威斯特伐利亚和约》的"国际关系体系"优越于所谓"古代中国国际法"的"华夷秩序体系"，总体还是他在比附式论证当中最想表达的本意。唯此，"条约体系"与"朝贡体系"的差异，就不单单被视为条款规则上的差异，更是先进与落后、文明与野蛮的差异。如前所述，森有礼在围绕"属邦"概念的解释标准问题时所表现出的一系列刁难和理直气壮态度，反映的便是"条约体系"的规则和立场，而运用这一规则的目的，亦刚好是如何破除清与朝鲜之间在他看来是

① 林学忠：《从万国公法到公法外交》，上海古籍出版社，2009，第 60 页。
② 丁韪良：《中国的觉醒》，载《汉学菁华》，沈弘等译，世界图书出版公司，2009。
③ 沈弘等：《汉学菁华译后记》，载丁韪良《汉学菁华》，沈弘等译，世界图书出版公司，2009。
④ 田涛：《国际法输入与晚清中国》，济南出版社，2001，第 50 页。
⑤ 洪钧培：《春秋国际公法》，台北中华书局，1970；陈顾远：《中国国际法溯源》，台北商务印书馆，1957。

没有意义的伦理关系。当然，这种关系的破除，对于近代早期的中国来说是十分困难的；而两千多年的亲缘式交往，也无疑加大了这一困难。一个曾经有过的事实是，“春秋国际公法”，既赋予了大国以亲缘之心待人的仁厚襟怀，也对事大自处者充满了现实主义的理解；既给“宗藩”关系提供了一体化的纽带，也为二者之间赋予了必要的张力；既不允许哪个国家恃强凌弱、毁人宗庙，也取消了任何国家阻止他人“变夷为夏”的权力；既未降低中华价值的应有高度，又为“慕化向义”者开辟了广阔的通道。可以说，这些相反相成事项的有机结合，为前近代东亚体系的伦理规则奠定了底色和基础。有学者指出：中国“对待临边的番邦，其间道义关系，多少仍保存着春秋时代的精神。制度形式虽然演变得复杂，而维持这种形式的，却一直为礼部所主持。虽然没有发展出外交部，却也没有转变为殖民部”。[①]

如前所述，中原王朝在履行“交邻之道”的问题上，总是赋予周边各国以伦理和拟亲缘关系。历史上，人们习惯于把汉光武帝赐予“汉委奴国王”金印的事件视为有史以来中日关系的最早证明，但这并不意味着“汉—倭”封贡关系就已经缔结。理由是：当时的日本还没有被编入汉王朝的外臣行列。[②] 这种关系的建立，最早当始于卑弥呼。卑弥呼是公元3世纪前后日本邪马台国女王，曾统治三十余国。她执政时，中原正值“三国鼎立”阶段。据《三国志·魏书·东夷传·倭》记载，魏明帝景初三年（239），她曾通过带方郡与魏政权谋求接近，并遣使赴洛阳朝贡。朝贡的结果是，不但其本人受赐以“亲魏倭王”称号和金印紫绶，所遣使节难升米和副使牛利亦分别被封为率善中郎将、率善校尉并获赐银印青绶。而且，魏同时还赐予了卑弥呼一百枚铜镜等。记载的确凿性，后来已被出土文物逐一证明。[③] 然而，魏室庇护邪马台的一个重要前提，是二者之间通过封贡程序而缔结的伦

① 王尔敏：《中国近代思想史论》，华世出版社，1977，第210页。
② 栗原朋信：《漢の内臣・外臣と客臣》，載《秦漢史の研究》，吉川弘文館，1986。
③ 其中，刻有“景初三年”纪年铭文的神兽镜，出土于今日本国大阪府和泉市的黄金塚古坟以及岛根县加茂町的神原神社古坟；刻有“景初四年”铭文的盘龙镜，则出土于京都府福知山市广峰15号墓中。

理关系或拟亲缘关系。这从魏室赐给卑弥呼的诏书中不难窥见——其一则曰“汝之忠孝，我甚哀汝”；其二则曰“其绥抚种人，勉为孝顺”。这种将“魏—邪”之间譬作父子君臣关系即忠孝关系的表述，体现了魏室对邪马台国是何等的关切与爱护。① 日本在以后的对华交往中固然叛服不定，但千百年来所形成的亲汉仇胡情结，却不时有深刻的表现。当元朝以中华正统自居，前后六次通问日本并试图重建东亚关系体系时，遇到的便是这一情结和由此而带来的一系列拒绝。朱云影在谈到日本人坚决抵抗元朝入侵之原因时，认为有以下两点需要引起注意：其一，由于日本有亲汉仇胡的传统思想，所以始终不愿与蒙古修好。这种“亲南疏北”的观念，乃考察日元关系时所必须注意的要件。其二，由于日宋关系异常密切，所以日本人与宋朝人同仇。以至于当元军南下后，“日本知大宋失国”，竟“举国茹素”！② 这恐怕也是大陆发生“明清鼎革”事件后，来日“乞师”者请求援助时的依据：他们不是说“大元之世攻日本曾四五度，鞑靼为日本之仇，甚有端绪”③“彼鞑靼者何哉？文字不解，礼节无辨，人而禽兽，叛服无常”，就是言必称：“贵国于我，地虽辽绝，称徐福裔，是非华人孙乎”。④ 日本学者浦廉一注意到，在“明清革命”前后两个消息来源（指中国大陆和朝鲜半岛）的反复刺激下，日本开始“视满洲为夷狄，并称其为鞑靼、奴儿部、鞑虏、奴酋等，对之轻蔑嫌忌之念日强，而对不断蒙其侵攻的半岛和明朝均寄予深刻的同情。这些，在明清革命前后，已成为弥漫我朝野上下的风潮”⑤。虽说日本的“复明”襄赞行动最终未果，但下面的冲动却不独有偶：“鹤芝遣人至撒斯玛，诉中国丧乱，愿假一旅，以齐之存卫、秦之存楚故事望之。将军慨然，约明年四月发兵三万，一切战舰、军资、器械，自取其国之余财，足以供大兵中

① 《三国志·魏书·东夷传·倭》，中华书局，1959，第857页。
② 朱云影：《中国文化对日韩越的影响》，广西师范大学出版社，2007，第261页。
③ 林春勝、林信篤編：《鄭芝龍請援兵》，載《華夷変態》上册，東洋文庫，1958，第19頁。
④ 林春勝、林信篤編：《鄭彩寄書二篇》，載《華夷変態》上册，東洋文庫，1958，第26頁。
⑤ 浦廉一：《華夷変態解題——唐船風説書の研究》，載林春勝、林信篤編《華夷変態》上冊，東洋文庫，1958，第22—23頁。

华数年之用。自长崎岛至东京三千余里，驰道、桥梁、驿递、公馆，重为修辑，以待中国使臣之至”；又，萨摩王闻知冯京第忠烈之心，拟出兵相救并决意“致中国洪武钱数十万”；等等。[①] 这种伦理上的连带感，直到近代亦有所显现，在表述上，则不是“同文”，就是“同种”。[②] 当然，日本发动侵华战争时，也大倡“同文同种”论，但众所周知，那已不过是为达到侵华目的而采用的手段而已，因为按照西嶋教授的说法，这时的日本，已变成了“咬破自己母胎”的“鬼子”。

相比之下，朝鲜与中原王朝的关系，则不止于亲缘伦理，而且是血肉相连；不仅山水同脉，而且生死攸关。这一点，在最具典型意义的“宗藩”关系阶段——明清时期，尤其如此。有惩于以往的教训，明太祖朱元璋在历史上第一次以一个负责任的大国形象，对东亚乃至东南亚与中原王朝有着不等亲缘关联的各国做出了庄严的承诺，这就是著名的“十五不征之国”约定：

> 四方诸夷皆限山隔海，僻在一隅，得其地不足以供给，得其民不足以使命。若其不自揣量，来扰我边，则彼为不祥。彼既不为中国患，而我兴兵轻伐，亦不祥也。吾恐后世子孙倚中国富强，贪一时战功，无故兴兵，致伤人命，切记不可。但胡戎（指蒙古）与西北边境互相密迩，累世战争，必选将练兵，时谨备之。今将不征诸夷国各开列于后：
>
> 东北：朝鲜国；正东偏北：日本国（原注：虽朝实诈，暗通奸臣胡惟庸谋为不轨，故绝之）；正南偏东：大琉球国、小琉球；西南：安南国、真腊国、暹罗国、占城国、苏门答剌国；西洋国：爪哇国、湓亨国、白花国、三弗齐国、渤尼

---

① 黄宗羲：《行朝录》卷八《日本乞师》，载《黄宗羲全集》第二册，浙江古籍出版社，1986，第180—182页。

② 如日本“兴亚会”创始人之一曾根俊虎的“同文同教”说和清朝驻日书记官黄遵宪的“同种说”等等，不一而足。（曾根啸云辑、王韬删纂：《法越交兵纪·五七位勋五等曾根俊虎先生自序》，载沈云龙编《近代中国史料丛刊》第62辑，文海出版社，1971；黄遵宪：《日本杂事》，载王锡祺《小方壶斋舆地丛钞》第十帙第四册，1891年铅印本）。

国、西洋琐里（指印度）。[1]

这无疑是一个和平主义的约定。它的出台，给区域秩序的稳定与和谐提供了一个规范和公约；这也是一个赋予各国，尤其是明朝自身以责任意识的约定，它要求学会克制，彼此照应。然而，朱元璋的不同，在于他对“交邻之道”中的“理想”与“现实”关系所做的顺序易位，并且这显然是一个实事求是的易位。由于实力与实利的权衡有助于大家接受和平的道理，于是，对周边国而言，区域和平就应该成为政治力学规约下的必由之路；假设周边国均渴望和平，而最有条件和能力去打破和平局面的明朝，便首先需要学会自我克制，而不可无故兴兵，恃强凌弱。在这一构图中，前者是利害的，后者则是道德的；前者的实力主义突进一旦被克服，后者的伦理主义价值便自然获得凸显。“得其地不足以供给”等说法表明，中原王朝对藩属国的功利之心是淡泊的；[2] 而伦理关系的维护，在这里显然已被赋予了更为根本的价值。人们注意到，在以上约定中，第一个不可兴兵的对象，就是朝鲜。尽管中朝之间在政治、经济上有着清楚的领域界定，但“唇齿相依”的地缘与伦理关系，使明清时期的半岛政策与其说是“不征”，不如说是“保护”。重要的是，这种保护还经常超越利害，以致明清两朝为了保全朝鲜，竟不惜以国运相赌。结果如众所周知，明清在“壬辰倭乱”（1592）和“甲午战争”（1894）中的出兵援救，已分别成为两个王朝先后终结的触媒。

李朝汉学家朴趾源是这样追忆明朝往事的：“我东服事皇明二百余年，忠诚剀挚，虽称属国，无异内服。万历壬辰倭敌之乱，神宗皇帝提天下之兵以救之，东民之踵顶毛发，莫非再造之恩也。”“崇祯丙子清兵之来也，烈皇帝闻我东被兵，急命总兵陈洪范调各镇舟师以赴援。洪范奏官兵出海，而山东巡抚颜继祖奏属国失守，江华已破。帝以继祖不能协图匡救，下诏切责之。当是时，天子内不能救福、楚、襄、

---

① 《皇明祖训》，载张德信、毛佩琦主编《洪武御制全书》，黄山书社，1995，第390页。

② 如明太祖“索岁贡以试其诚伪，非以此为富也”，明宣宗“土物效诚而已”，等等。参见《明史·外国一·朝鲜》，中华书局，1974，第8282、8285页。

唐之急，而外切属国之扰，其救焚拯溺之意，有加于骨肉之邦也。及四海值天崩地坼之运，薙天下之发而尽胡之，一隅海东虽免斯耻，其为中国复仇刷耻之心，岂可一日而忘之哉！”① 而朝鲜方面的报恩反应，不但令人动容，其建立在“春秋大一统”观念下的伦理亲缘意识，更足以引人深思：

> 上（指李朝肃宗）既于今三月设坛后苑亲祭毅宗皇帝，必欲为神皇立庙以致隆……李畬奏曰：“神宗皇帝立庙之教，实是旷绝千古之盛节，群下孰不感动！……论者或以为诸侯祭天子，于礼为僭，以常道言之则然矣，然臣意则与此有异。昔汉韦玄成之言曰：“父不祭于支庶之家，王不祭于下土诸侯。”其分固截然，而礼本有经有变，要之本乎人情，合于天，则若嫡子有故，不得祭父，则支庶代行于其家，亦是人情之所不容已也。天子太庙既不血食，而一隅偏邦独有没世不忘之诚，追思而祭之，亦何异于以支庶代祭其父乎？但其所以祭之，必须专尊致严，无一毫苟且未安之端，然后可以尽其诚敬。而虽若踰分，不为罪也。不然，则岂不尤为不敢乎！今若举东方为大明之区域，而立天子之庙，则岂不盛哉！”……上曰：“神宗皇帝再造藩邦之恩，万世不可忘也！”②

而在关键时刻，朝鲜人甚至以性命为代价，虽肝脑涂地而不惜：“皇明崇祯十一年，我国将李时英率兵五千入建州。清人劫时英为前行，与明都督祖大寿战于松山。士兵皆精炮，祖军多歼。下令军中虏头一颗，予银五十两；鲜人一级，予银百两。士兵李士龙，星州人也。独炮义不入丸，凡三发，无伤，欲以明本国之心也。清人觉之，遂斩士龙以徇，祖军望见皆大哭。大寿乃大书旗上曰‘朝鲜义士李士龙’，

---

① 朴趾源：《驲汛随笔》，载《热河日记》，上海书店出版社，1997，第61页。

② 《肅宗実録》卷40，載《李朝実録》第40冊，学習院大学東洋文化研究所，1964，第584—585頁。

以风时英军。今星州玉川上有忠烈祠，即士龙俎豆之所。”①

清与李氏朝鲜王朝的关系虽然在“明清鼎革”之际一度遭遇困难，但随着清廷对明朝文化的全面继承且有过之而无不及（如《古今图书集成》和《四库全书》的修纂等），两国交往乃日趋密切，加之清朝在朝鲜问题上实行了大量豁免和宽容政策，所以，清对朝鲜的关爱甚至超过了明朝。与此相应，朝鲜亦一改早期的仇清心态，事清也若明，其恭顺忠诚，竟不减当年。当然，正如朱云影所说：“最后，清室也和明室一样，为了保护朝鲜，不惜赌国运与日本一战，结果不幸失败。在朝鲜被日本合并的次年，清朝也亡了。”② 有关清朝与朝鲜偕亡一事，固有不同的解读，但中国对朝鲜“不忍漠视其急”的伦理亲情因素，却无论如何不能被置之度外。马建忠出使朝鲜时所作的日记，反映了清朝君臣的真实心态：“初九日晨，登明雪楼闲眺。见栋宇间木刻栉列，皆从前皇华莅止时留题篇什。其诗多道国家绥靖藩封之意与朝鲜服事上国之忱，想见其国之君长累世恭顺。宜一旦有事，朝廷不忍以度外置也。”③

郑容和教授在谈到朝鲜通过册封使政权正统性获得认证的意图时强调，朝鲜的这一意图，有时会被中国利用。例如明代“（朝鲜）非恃中国之宠数，则无以令其臣民”以及清代“皆由其国弱臣强，若非我朝护持，不知几经篡窃”等记载，不一而足。其实，这似乎不应成为明朝对待朝鲜的主流舆论，倒反映了朝鲜对明朝的利用特征。与此同时，郑教授在述及“壬辰倭乱”中明朝军队的表现时，还曾引述过这样的民间舆论：“明军来到朝鲜，并不作战，而是倒行逆施，给韩民族带来了不亚于倭兵的灾难，被当作是民族的敌人”；“明军的长期驻守造成民弊丛生，民众对明军的仇恨不亚于对日本的仇恨”；等等。④ 援

① 朴趾源：《玉匣夜话》，载《热河日记》，上海书店出版社，1997，第 365 页。

② 朱云影：《中国文化对日韩越的影响》，广西师范大学出版社，2007，第 274—275 页。

③ 马建忠：《东行初录》，载《适可斋纪言纪行》卷 4，转引自沈云龙主编《近代中国史料丛刊》第 16 辑，文海出版社，1968，第 361—362 页。

④ 郑容和：《从周边视角来看朝贡关系：朝鲜王朝对朝贡体系的认识和利用》，《国际政治研究》2006 年第 1 期。

朝战争中究竟有无个别军人的违纪现象，尚待考证，但这种说法与中朝间深厚的伦理情谊相比，则无论如何也不会占据主流。如果不是这样，已经转事清朝并成为清藩属国的李氏朝鲜，其不顾清朝的忌讳甚至甘冒速祸危险而犹奉明朝先君的做法,[①] 就无从得到解释了。起初，当清朝为之不快时，李朝仁祖的回复，也许更能代表“壬辰倭乱”时明军行动的意义：“小邦僻在海隅，惟事诗书，不事兵革，以弱服强，以小事大，乃理之常，岂敢与大国相较哉！徒以世受皇明厚恩，名分素定，曾在壬辰之难，小邦朝夕且亡，神宗皇帝动天下之兵，拯济生灵于水火之中，小邦之人，至今铭镂心骨，宁获过于大国，不忍负皇明。此无他，其树恩厚而感人深也。”[②] 由此看来，郑教授的巷议引证似乎有些以偏概全。倒是郑文用澄清“误解”的方式所提出的如下问题，反而值得关注，即“朝贡”曾使“朝鲜王朝承受”了“屈辱”(见前揭文)。

这意味着，一定要把千百年来相濡以沫、血脉相连的两个政治实体像外科医生做切割手术一样硬性割断，则如同冷冰冰的法律无法解释温情仁厚的道德那样，有相当的非历史性和不近人情处。除非不想切实了解东亚区域关系的真相，否则，对历史和情感因素的尊重，就应该成为观察和解决该问题时不可或缺的前提。这也是用近现代国际关系理论来处理前近代东亚区域关系时的大忌所在。日本学者平野聪相对客观地分析了这一现象，他说：“建立在近代国际法基础上的秩序，对于通过某一特定国家和地区与皇帝关系之浓淡而建立起来的‘朝贡国 = 属国’立场，没有给予些许宽容。（在近代国际法看来）尽管通过各种形式对皇帝进行定期朝贡，可如果这种行为已不是按照皇帝的意旨而是根据自己的判断来行事，并且同其他外国的关系也能够进行自律式处理，便可以判断，这个国家已是独立国而不再是什么属

① 史载，明室虽亡，朝鲜仍追怀不已。如李肃宗于禁苑筑“大报坛”，祀明太祖、神宗、毅宗三帝；李正祖敕撰《尊周汇编》，以表尊明之诚；甚至与清朝缔结宗藩关系后，朝鲜对国内仍用明崇祯年号达百年之久。参见朱云影：《中国文化对日韩越的影响》，广西师范大学出版社，2007，第 274 页。

② 《仁祖実録》卷 34，載《李朝実録》第 35 冊，学習院大学東洋文化研究所，1962，第 203—204 頁。

国。如对清朝朝贡的同时也向日本派遣通信使的朝鲜，即可以被视为‘自主之国＝独立国家’，甚至还可以被引申为与清朝对等的国家。如此，则‘天下’的立场便会立现危笃。何况那些已被放置不顾的‘化外’地区，因其为无主之地，就更容易在不知不觉间被他国据为己有……环绕东支那海的‘东亚国际关系’框架，便正是从这种紧张中起步的；而近现代主权国家体系的冷酷逻辑，也正是被组合和形成于前近代华夷思想所累积下来的不信任和误解的基础之上。”① 作为欧法在东亚实践的急先锋，森有礼对李鸿章的前述反驳目的，无非是如何掩埋东亚传统的伦理关系。只是，掩埋并不等于没有，相反，日本通过明治炮舰才终于切断的清韩纽带，反而昭示了伦理在东亚区域关系中曾经有过的强韧存在。即便时至今日，其余韵亦不可谓全无遗响。②

三、东亚“两极”的出现与伦理体系的解体

与朝鲜不同，在前近代东亚体系中，日本与中原政权之间，一般多呈显为若即若离的状态。这种情形的产生，源于日本朝贡行为的时断时续和提早终止。称“时断时续”，是因为从邪马台国女王卑弥呼对魏的朝贡（3 世纪）到“倭五王”对南朝的朝贡（5 世纪），再从足利义满到足利义教（15—16 世纪）对明朝的朝贡，中日封贡史上总是在间歇式地出现空白。仅从 6 世纪以降到明永乐帝 1403 年册封日本国王源道义即足利义满为日本国王，中国与日本之间的君臣关系就旷绝了 900 年；称“提早终止”，是因为从室町幕府（1336—1573）时期的 1551 年起，日本便再未回到过“宗藩”关系体系中，而成为试图与中国政权分庭抗礼的独立政治实体。此后，从 16 世纪中叶到整个德川时代，日本出于经贸利益考虑，虽多次尝试与明朝恢复以往封贡形式下的“勘合贸易”，但由于日式“华夷秩序”的不断扩张和欲与明清对

① 平野聡：《大清帝国と中華の混迷》，講談社，2007，第 260—261 頁。
② 马丁·雅克：《当中国统治世界：中国的崛起和西方世界的衰落》，张莉等译，中信出版社，2010，第 333 页。

等的意识十分强烈，致使其行动与目的之间，总是南辕北辙。[①] 这种状况，一直持续到标志东亚“朝贡体系”完全终结的“甲午战争”（1894）。仅仅从1551年到1894年这一个时段，日本脱离“朝贡体系”就长达343年。若加上卑弥呼以来的断续时间，日本游离于体系之外的时间，总计达1 500年左右。我们常说的中日交流“蜜月期”——留学僧与留学生、遣隋使与遣唐使大量来华的隋朝和唐朝，反而是中日间并无“封贡”关系的时代。并且从菅原道真（845—903）终止派遣最后一批遣唐使（894）到北宋的整整100年时间，双方竟几乎音信断绝；而整整1 000年后，日本则与中国发生了“甲午战争”（1894）。然而，以上这组时间及其所发生的事件，对日本来说，意义不可谓小。当中日之间围绕朝鲜半岛的几次大规模冲突发生后，日本已成为东亚地区唯一可与大陆政权进行公开抗衡的国家。从这个意义上讲，称传统的东亚区域关系体系开始从“一极卓立”向“两极对立”局面转移，盖非过言。

朝鲜的“累世恭顺”，凸显了日本的“桀骜不驯”。在中日交往史上，除了卑弥呼和足利义满时期外，日本给中国历代王朝的印象，多半如此。其中，最为刺目的动向往往体现在连接双边关系的纽带问题上。这个动向是：功利大于伦理，并最终取代伦理。

“倭五王”的名分强要之举，较早露出了这一端倪。南北朝时期，日本的五个国王先后向东晋和刘宋政权朝贡，这便是史上所谓“倭五王”（赞、珍、济、兴、武）。从413年（东晋义熙九年）到502年（梁武帝天监元年）的90年间，“倭五王”共遣使朝贡了十三回。其遣使记录为：

> 倭国在高丽东南大海中，世修贡职。高祖永初二年，诏曰：“倭赞万里修贡，远诚宜甄，可赐除授。”太祖元嘉二年，

① 拙稿：《关于“武士道”死亡价值观的文化检视》，《历史研究》2008年第3期；拙著：《“华夷”理念的非对称变化与晚明对日“乞师”》，载《从“脱儒”到“脱亚”：日本近世以来“去中心化”之思想过程》，台大出版中心，2009。

> 赞又遣司马曹达奉表献方物。赞死，弟珍立，遣使贡献。自称使持节、都督倭百济新罗任那秦韩慕韩六国诸军事、安东大将军、倭国王。表求除正，诏除安东将军、倭国王。珍又求除正倭隋等十三人平西、征虏、冠军、辅国将军号，诏并听。二十年，倭国王济遣使奉献，复以为安东将军、倭国王。二十八年，加使持节、都督倭新罗任那加罗秦韩慕韩六国诸军事，安东将军如故。并除所上二十三人军、郡。济死，世子兴遣使贡献。世祖大明六年，诏曰："倭王世子兴，奕世载忠，作藩外海，禀化宁静，恭修贡职。新嗣边业，宜授爵号，可安东将军、倭国王。"兴死，弟武立，自称使持节、都督倭百济新罗任那加罗秦韩慕韩七国诸军事、安东大将军、倭国王。……诏除武使持节、都督倭新罗任那加罗秦韩慕韩六国诸军事、安东大将军、倭王。①

文中的倭国王、六国、七国，是上述交涉中的关键。西嶋教授认为，这不过是通过自携官爵称号的方式来谋求宋王朝追封的举动。尽管都督"七国"的要求最终未能获准，但倭国通过向中国王朝的毛遂自荐式官爵索求行动，不但确立了在国内的统治权威，也使其在南部朝鲜的统治得以在中国王朝的秩序体制中确定下来，并试图在这种权威的基础上确保其统治的正当性。这意味着，中国王朝与日本之间，从此也与高句丽和百济有了同样的地位，而以中国王朝为核心的政治体制亦于是乎确立。但后来，随着新罗的崛起及随之而来的日本在朝鲜半岛势力的萎缩（562 年的任那灭亡标志着日本在半岛势力的彻底消失），日本便不再向南朝朝贡并终止联络，直到派遣遣隋使时为止。关于上一个世纪还不断向南朝遣使贡献、并毛遂自荐地邀取中国王朝官爵的日本，何以进入 6 世纪后便音信全无的原因，西嶋教授的解释是："从中国王朝接受官爵并加入其秩序体制本身，已因继体·钦明朝的内

① 《宋书·夷蛮·倭国》，中华书局 19，74，第 2394—2396 页。

乱和朝鲜半岛形势的变化而失去了现实的意义。”①

所谓“现实的意义”，大概无外乎“现实的利益”。在《宋书·倭国传》中，除了一句“封国偏远，作藩于外”的客套辞令外，其余皆为武功的自我炫耀和吞并八荒心迹的公开袒露。可以设想，假若宋顺帝答应将百济划入倭王武的支配范围内，日本还会弃南朝而走吗？这种立竿见影的利益反应表明，日本政治实体在介入“册封体制”时，除了形式上的“藩属”应承外，伦理关系一般不被纳入考虑范围之列。即便有之，也鲜有恒常而持久的体现和落实。足利义满死后，其子足利义持忽然拒绝称臣纳贡，原因据说就在于永乐协定限制太严而不能满足日本的贸易需求。足利义教之所以又恢复朝贡贸易，是因为明室放宽了限制，由原来的“十年一贡，人止二百，船止二艘”，改为“人毋过三百，船毋过三艘”。② 后来的日本学者，多对义满的朝贡行为鄙薄有加，但事实显然并非如此简单。一如美国的日本史研究者霍尔所注意到的，在“勘合贸易”中，日方贸易的收入是巨大的。虽然根据1404年的朝贡协议中方只要求每10年派一次贸易使团，但1404到1409年间记载的却有六次之多。霍尔于是认为，贸易的巨大收益，使斡旋于足利朝和明朝之间的僧侣，事实上也为足利将军“缓和了尊严问题”。③ “勘合贸易”恢复后，纵明室宽禁不断，日人亦犹嫌不足：“倭人贪利，贡物外所携私物增十倍，例当给直（值）。礼官言：‘宣德间所贡硫黄、苏木、刀扇、漆器之属，估时直给钱钞，或折支布帛，为数无多，然已大获利。今若仍旧制，当给钱二十一万三千，银价如之。宜大减其直，给银三万四千七百有奇。’从之。使臣不悦，请如旧制。诏增钱万，犹以为少，求增赐物。诏增布帛千五百，终怏怏去。”尽管如此，明室仍以大度为怀，甚至面对日人在中国行凶等极端事件，亦能宽待有加：“景泰四年入贡，至临清，掠居民货。有指挥往诘，殴

---

① 西嶋定生：《中国古代国家と東アジア世界》，東京大学出版会，1983，第421—422、425頁。

② 《明史·外国传·日本》，中华书局，1974。

③ 约翰·惠特尼·霍尔：《日本：从史前到现代》，商务印书馆，1997，第96—97页。

几死。所司请执治，帝恐失远人心，不许。”[①] 值得注意的是，当君臣关系册封（伦理）与朝贡贸易协定（利益）之间需要二者择一时，日方的反应还充满了戏剧性。丰臣秀吉制造“壬辰倭乱”的直接原因，据说是日本想恢复“朝贡”贸易而朝鲜人却未将其旨意转达给明朝。然而，“朝贡”的前提是“册封”。当明朝经谈判同意册封丰臣秀吉为“日本国王”时，秀吉的反应反而是断然拒绝，理由是：明室只许“封”而不许“贡”。[②] 无独有偶，1610 年（庆长十五年），德川初代将军家康，曾令臣下本多正纯向明朝福建总督修书求取“勘合符”，意欲恢复 1551 年解体的“勘合贸易”。结果，未见明朝答复。史载，家康闻之甚怒，竟一度命令岛津氏出兵征明，虽计划未果，但在日本诸大名之间，“征明”舆论一时间甚嚣尘上。[③]

室町幕府以来，特别是德川幕府时代，是日本主动与中国绝缘的集中期。首先，它切断了中日之间的亲缘伦理关系。前述中岩圆月在修《日本记》时曾以吴泰伯为国祖，谓日本历代均为泰伯之子孙。可是不久，该说即引起很大的风波，以至朝议令焚其书不传于世，圆月本人亦遭到处治。《日本名僧传》记其事云：中岩尝撰《日本记》，有朝议不行也。……后醍醐烧《日本记》。[④] 对此，林罗山在《问对·泰伯》篇中亦表现出极大的不快：“闻太伯可谓至德，则仲尼之语也。后世执简者，以本邦为其苗裔，俗所称东海姬氏国之类，何其诞哉！本邦元是灵神之国也，何故妄取彼而为祖乎？尝有一沙门修《日本记》，以太伯为我祖神者。时天子怒其背朝仪，遂火其书。”[⑤] 有趣的是，林罗山对“泰伯”为日本“初祖”说法的强烈反应，几乎在德川光圀身上毫厘不爽地重现了一回：“幕府尝命弘文院学士林恕修本朝通鉴。既

---

① 《明史·外国传·日本》，中华书局，1974，第 8347 页。

② 辻善之助：《豊臣秀吉の支那朝鮮征伐の原因》，載《海外交通史話》（增訂），内外書籍株式会社，1930，第 393—394 頁。明朝禁止日本朝贡，缘于对胡惟庸事件的余悸。参见《明史·外国传·日本》，中华书局，1974。

③ 辻善之助：《徳川家光の支那侵略の雄図と国姓爺》，載《海外交通史話》（增訂），内外書籍株式会社，1930，第 650—651 頁。

④ 近藤瓶城編：《日本名僧傳》，載《新加通記類》第二册，近藤活版所，1901。

⑤ 林羅山：《林羅山文集》（上）第三十六卷，ぺりかん社，1979，第 408 頁。

成，将刊之。时光圀诣江户，阅其书，至以吴太伯为皇国始祖，骇然曰：‘此说异邦附会妄出，我正史所无。昔后醍醐帝时一妖僧唱此说，而诏焚其书。方今文明之世，如斯怪异，岂容存于世！宜命削之。’遂停其刊。”[①] 当然，有关徐福的记忆，在这种氛围中也只能化为碎片。与此相反，在这个问题上，中国人却始终念兹在兹，一往情深。黄遵宪在《日本杂事》中写道：

> 今日本人实与我同种，彼土相传本如此。宽文作《日本通鉴》，以谓周吴泰伯后。源光国驳之曰：“谓泰伯后，是以我为附庸国也”，遂削之。至赖襄作《日本政纪》，并秦人徐福来亦屏而不书，是皆儒者拘虚之见。夫源氏谓有所不知，阙疑可也。明明记载，即祖宗出于微贱，亦非臣子所得妄写，况圣贤裔乎！[②]

直到甲午战前，郑观应也依然对日本抱有美好的想象：“窃思日本与中国原属一家，最善合中国以御西人。”[③] 表明在后来的岁月中，中日之间已出现了历史记忆上的明显不对称。

为了进一步切断这种亲缘，那些历史上曾与中原政权有过封贡关系的日本政要，则不是被妖魔化，就是见斥为异类。熊袭本位于邪马台国的南部，在日向、大隅和肥后之间。[④] 然而，国学集大成者本居宣长（1730—1801），为了掩去古代日本朝贡中原的事实，在《驭戎概言》一书中，竟因邪马台国女王卑弥呼首先朝贡魏室，乃武断邪马台为九州异族熊袭，并诬卑弥呼为熊袭族的酋长。于是一倡百和，不但鹤峰戊申所著《袭国僭伪考》拒绝承认邪马台女王为正统，菅政友的《汉籍倭人考》和吉田东武的《日韩古史断》，亦均以邪马台为异族国家。[⑤] 即便在“勘合贸易”中大赚了一笔的足利义满，在这个问题上

① 朱舜水：《大日本人名辞书·德川光国》，载《朱舜水集》下册，中华书局，1981，第802页。
② 黄遵宪：《日本杂事》，載王锡祺《小方壶斋舆地丛钞》第十帙第四册，1891年铅印本。
③ 夏东元编：《边防二》，载《郑观应集》上册，上海人民出版社，1982，第779页。
④ 白柳秀湖：《新体二千六百年史》，東亜堂書房，1916。
⑤ 朱云影：《中国文化对日韩越的影响》，广西师范大学出版社，2007，第187页。

也未能幸免。白柳秀湖称："到了足利义满，竟对明称臣，受其册封，恬不为耻。此种关系如加深究，不管历史表面有无透露，藤原政权的背后也好，平氏的背后也好，源氏的背后也好，北条氏的背后也好，以至足利氏的背后也好，无一不是仰承以中国本土为根据，囊括东亚各国的封建经济集团的主盟势力的鼻息，受其支持，靠其援助。"[①] 辻善之助甚至认为，足利义满的被册封及其"勘合贸易"，完全是屈于中国压力的投降之举。义满本人因国格的丧失，已使本次日明往来成为日本史上的"国辱外交"。[②] 这一点，显然有助于我们对以下现象的理解。1715 年 3 月初，在新井白石（1657—1725）的建议下，幕府施行了"正德新例"。新例规定，今后来日的中国船主，必须手持日方交付的"信牌"（即渡航许可证或曰长崎通商照票）方可来航。新例出台的背景固然与防止日本金银外流、保持进出口贸易平衡等因素有关，但 1717 年 5 月康熙皇帝按照日方指示接受"信牌"制度的行动，却被日本看作是一个历史性的变化。[③] 栗田元次提醒人们要特别注意以"信牌"来限制"唐船"来航数量这一日本举措的重大意义。他认为，尽管形式有异，但在性质上，"信牌"制度与室町时代的"勘合符"制度是共通的。与室町时代相比，"信牌"的出现并迫使清国接受，意味着在礼乐形式上清、日地位的主客逆转。而能做到把"支那"实施于入贡国一方的勘合式制度反用于"支那"的，就是白石。"虽不能说白石的贸易统制就意味着支那从此成为我国的入贡国，但他（能够对中国）施行与入贡国制度相逼肖的通商形式，却堪称是空前绝后的成功"。在发扬国威问题上，栗田还对幕府的强硬态度给予了高度评价，认为这是日本对外交涉史上极为罕见，却是成功的对外强硬举措！[④] 日本显然把经济上的问题政治化了。

其次，日本不仅人为切断了与中国间的伦理亲缘关系，还将这一

---

① 白柳秀湖：《日支交涉史話》，実業之日本社，1939，第 250 頁、第 262 頁。

② 辻善之助：《懐良親王の対外硬と足利義満の国辱外交》，載《海外交通史話》（増訂），第 305—312 頁。

③ 山脇悌二郎：《長崎の唐人貿易》，吉川弘文館，1964，第 155—160 頁。

④ 宮崎道生：《新井白石の研究》（増訂版），吉川弘文館，1984，第 192—193 頁。

做法直接移用到“朝贡体系”内的其他国家身上。其过程显示，这种行动从隐蔽到显在，时间不可谓短。前述倭王武的上表（升明二年）中，口气已经不小：“封国偏远，作藩于外，自昔祖祢，躬擐甲胄，跋涉山川，不遑宁处。东征毛人五十五国，西服众夷六十六国，渡平海北九十五国，王道融泰，廓土遐畿。”① 这里的所谓“毛人”，指的是虾夷；“众夷”，说的是熊袭；而“海北”云者，便是朝鲜——这一点，已在考古学上得到了部分证明。② 由此而形成的以倭为中心的关系网络，应被视为日式“华夷秩序”体系的最早雏形。到了唐代，日本已不时以“中国”自称，并形成了范围广大然而不乏想象的日式“宗藩”体系：“夫太宰府者，西极之大壤，中国之领袖也……大唐、高丽、新罗、百济、任那等，悉托此境，乃得入朝，或缘贡献之事，或怀归化之心，可谓诸藩之辐辏，中外之关门者也。”③ 1610年本多正纯以德川将军口吻托付明朝商人周性如转给福建总督的信函，说得就更加清楚：

日本国臣本多上野介藤原正纯，奉旨呈书

福建道总督军务督察院御史所

……日本国主源家康，一统阖国，抚育诸岛，左右文武，经纬纲常，遵往古之遗法，……其化之所及，朝鲜入贡，琉球称臣，安南、交趾、占城、暹罗、吕宋、西洋、柬埔寨等蛮夷之君长酋帅，各无不上书输賨。由是益慕中华，而求和平之意，无忘于怀。今兹应天府周性如者，适来于五岛，乃诣上国，困及此事，不亦幸乎？明岁福建商舶来我邦，期以长崎港为凑泊之处，随彼商主之意，交易有无，开大哄市，岂非二国之利乎？所期在是耳，比其来也，亦承大明天子之旨，以赐勘合之符，则必我邦遣使船，以来秋之番风，而西其帆者何疑哉！乃符来而我只遣大使船一只而已，明其

① 《宋书·夷蛮·倭国》，中华书局，1974，第2395页。
② 耿铁华：《好太王碑一千五百八十年祭》，中国社会科学出版社，2003，第249、253—254页。
③ 《日本文德天皇実録》卷四，載新訂增補《国史大系》第1部，吉川弘文館，1953，第36頁。

信也。……

岁舍庚戌季冬十六日　　御印

书简至少体现了六重意思：（1）家康已统一全国；（2）以朝鲜、琉球为主的周边诸国已告归顺，故请求日明和平；（3）告知周性如来日一事；（4）招请福建商船来长崎贸易；（5）具体写明欲求得明朝皇帝的“勘合符”并派遣一只使船前往修好；（6）落款处为家康朱印。[①]这表明，书简虽然形式上为正纯递与福建总督，但实际上是家康交给明朝皇帝的文书。从文脉上看，德川政权的日明讲和目的，是日明贸易再开以及如何实现对明贸易的垄断。这里的“勘合符”只具有渡航许可证功能，明朝皇帝的“册封”显然未能构成日本对明讲和的议事前提。日方的这种态度，特别是“朝鲜入贡，琉球称臣，安南、交趾、占城、暹罗、吕宋、西洋、柬埔寨等蛮夷之君长酋帅，各无不上书输宾”云者，已不啻在向明朝示威，告诉明朝它也拥有了一个“华夷秩序”体系这一“事实”，并且这一事实还与朱元璋“十五不征之国”的范围已基本同构。这种阳与之善而阴抗之的外交口气，显然无法取得明朝的真正信任。[②] 实际上，明朝无法从中看到德川幕府的诚意，却可以感知其叵测居心。《皇明实录》万历四十年（1612）十一月壬寅条大学士叶向言道：“臣闻，琉球已为倭并（指万历三十七年，即1609年的岛津征琉）。其来贡者，半系倭人所贡，盔甲等亦系倭物。盖欲假此窥伺中国，心甚叵测。”叶向言的话，如实地反映了明朝末年中国人对日本的提防心理。

初看上去，日式“华夷秩序”的“中心—周边”结构与中国的世界秩序十分逼肖，但实际上，日本已抽掉了该秩序得以长久维系的重要纽带——伦理关系，取而代之的原则，显然是功利主义的。用他们

---

① 東京大学史料編纂所編：《大日本史料》第十二編之七，東京大学出版会，1999；荒野泰典：《近世日本と東アジア》第二部第一章，東京大学出版会，1988，第178—179頁。

② 以心崇伝：《異国日記》，東京大学史料編纂所蔵写本；荒野泰典：《近世日本と東アジア》第二部第一章，東京大学出版会，1988，第180頁。

自己的话说，就是："夫以夷狄攻夷狄，中国（日本自称）之利也。"[1]这就使如何挑拨并切断各朝贡国与明清之间的关系与伦理亲缘，成为日本不断为之努力的重要目标。

朝鲜在这一过程中的角色变化，无疑具有代表性。日本欲将朝鲜半岛纳入自身势力范围的想法，堪称久矣。公元5世纪，倭王曾经在朝鲜半岛的"任那"地区行使都督权。直到6世纪中叶，由于大和国内部的分裂，日本的势力才不得不撤离半岛。后来，圣德太子曾先后两次远征朝鲜试图再取任那，却终老未果。为了与大陆争夺势力范围，633年，日本、百济联军与唐、新罗联军大战于朝鲜半岛西南部的白村江。结果百济被灭，日本军队败还。16世纪末，丰臣秀吉再度侵攻朝鲜，甚至放言要顺势吞并明朝，攻取印度。结果当然以败北告终。"壬辰倭乱"给半岛和明朝所造成的灾难和损失，曾让朝鲜人恨入骨髓，认为那是典型的"悖伦"行径。"上曰：设使以外国言之，中国父母也，我国与日本同是外国也，如子也。以言其父母之于子，则我国孝子也，日本贼子也。"宣祖是在谴责丰臣秀吉对朝鲜和明朝发起的军事进攻时说出这番话的。[2] 丰臣秀吉丧失理智的蛮干行为，倒让后来的德川幕府学会了如何达到目的的手段和方法。本来，日朝关系自足利义满（1358—1408）以来，一直是交邻即对等关系。但是，日本却从未放弃将朝鲜变为"一等下"（即"下一等"），丰臣秀吉的朝鲜侵略行动及后来的日朝讲和经过，又进一步强化了这一效果。与此相对，朝鲜也把日本作为"羁縻"的对象，措置于"一等下"的位置。双方的龃龉，在朝鲜国王使的定位和国书形式等方面表现得至为明显。一个偶然的事件，反映了某种必然。1630年的"国书改窜"事件（柳川一件），使日朝外交体制的调整开始依日本方面的主张行事，幕府也因此开始通盘思考以往对朝鲜的定位问题。这样，朝鲜通信使作为"入贡"

---

① 《新訂增補日本三代実録》卷三十四，吉川弘文館，1934，第434頁。

② 《宣祖実録》卷37，載《李朝実録》第27冊，学習院大学東洋文化研究所，1961，第522頁。

或与之有微妙接近关系的使节，从此被固定下来。[①②] 其后，日本便千方百计地在称谓、礼数、聘享等诸多方面动用心机，俾朝鲜逐步向己靠拢，变成附庸。明清鼎革后，幕府决定在对马藩递给朝鲜的外交文书上，废止以往使用的明朝年号，改用日本年号；同时要求朝鲜国王在给德川将军的国书上，要换掉以往的“日本国王”，采用“日本国大君”称号（将军在致朝鲜国王国书时的自署，则按惯例仍写作“日本国源某”）。这样一来，朝鲜国王和德川将军就成了对等关系；因将军以上还有天皇，所以，幕藩国家整体也就置身于朝鲜之上了。后来，朝鲜通信使在京都的住所便被移诸天皇不易见到的地方，以防止因通信使一行的非礼而有损天皇的权威。[③] 由于朝鲜和日本在中华“朝贡体系”当中处于同等地位，因此，日式体系中朝鲜地位的变化，便直接连带着日本与中国之间关系性质的变化。新井白石的“敌礼”图式将这种关系表现为：“将军—朝鲜国王”的对等与“天皇—中国皇帝”的对等。这一图式，后来被明治维新政府继承下来并在现实当中实现了当初的设计。[④] 日本迫使朝鲜归属自己的早期过程，呈显出这样一个逻辑关联。首先，日本自德川幕府建立伊始，即绝对不用明朝年号，遑论清朝——试图以此表现出与奉行“事大主义”的朝鲜在对华问题上的独立风格。[⑤] 其次，它不允许朝鲜再奉明朝正朔，使用明朝年号——日本对朝鲜“思明衷情”的公开干预，不仅宣告了日本对亡明同情的终结，更反映出其欲将朝鲜与大陆间亲缘纽带关系彻底斩断的内在焦虑。最后，进一步逼迫朝鲜尊它为“大君”——试图通过在朝鲜之间人为建立的高下关系将朝鲜硬性纳入日式“华夷秩序”中来。荒野泰典指出：“大君”称呼，只用于对朝关系。其目的有三：（1）不接受明朝册封（日本国王）；（2）不愿与朝鲜对等；（3）脱离

---

① 荒野泰典：《近世日本と東アジア》第一部第一章，東京大学出版会，1988，第9、10頁。
② 荒野泰典：《近世日本と東アジア》第二部第一章，東京大学出版会，1988，第162—213頁。
③ 荒野泰典：《近世日本と東アジア》第一部第二章，東京大学出版会，1988，第57頁。
④ 荒野泰典：《近世日本と東アジア》第一部第一章，東京大学出版会，1988，第12—13頁。
⑤ 《朝鮮信使記録》，東京大学史料編纂所蔵写本；荒野泰典：《近世日本と東アジア》第一部第一章，東京大学出版会，1988，第11—12頁；朴趾源：《热河日记》，上海书店出版社，1997，第146页。

明中心日朝关系体系。[1] 1636 年 8 月，朝鲜国王任命了通信使；10 月，通信使一行从釜山浦出发。日本学者普遍认为，这标志着德川政权建立以来首次正式以通信使名义实现了朝鲜国王使节的来朝愿望。[2]

琉球亦复如此。这个明朝以来与中国有着 500 年朝贡史的藩国，明清鼎革后，一方面为日本所控制，另一方面又希望把更大的安全感寄托给清王朝。这种被日本学者称作“首鼠两端”的外交态度，[3] 固然出于某种不得已，但明清特别是清朝对琉球只满足于朝贡手续的履行这一礼乐关系原则，与日本不间断地对之采取军事与建制手段，从而一步步将琉球划入自身势力范围内等行政做法相比，显然要迂远得多。当然，日本的某些做法，也显得过于猥琐。据载，康熙九年（1670），与清朝恢复“朝贡”关系后的琉球，在向清朝进贡时，船队却遭到了占据台湾的郑经手下萧启的袭扰。康熙十二年（1673），入贡船队再度遭到萧启的炮击。[4] 这里面是否有日本人从中怂恿尚不得而知，但在琉球朝贡船海上被击、船员被打杀和囚禁以及贡物遭劫等事件上，琉球虽状告至萨摩守，萨摩守虽上告至江户，结果，却是郑氏打击“贡虏船”的理由占了上风：“奉本藩主令旨，日本与本国通好，彼此如同一家。与琉球不同，日国之民即如吾民……其琉球贡虏船在虏地，吾师自攻虏船，孰辨为琉球之船？琉球并无一船来通一书来说，而兴词投告，以致日国兜留我银，有伤邻谊，过自在彼。”[5] 在这种内外挤压的情况下，日本对琉球的控制变得得心应手，逐步地，琉球派遣庆贺使（将军交替时）和谢恩使（琉球国王袭封时）来江户觐见这

① 荒野泰典：《近世日本と東アジア》第二部第一章，東京大学出版会，1988，第 162、213 頁。“王之字，自古与高丽书者所不书也。高丽者，乃日本所谓戎国也，故日本之王与高丽之王，向无书之往来。”参見以心崇伝：《異国日記》，東京大学史料編纂所蔵写本；荒野泰典：《近世日本と東アジア》第二部第一章，東京大学出版会，1988，第 212 頁。

② 荒野泰典：《近世日本と東アジア》第二部第一章，東京大学出版会，1988，第 215 頁。林鹅峰称：“朝鲜来贡者，我国之盛事也。”参見林鹅峰：《朝鮮来往本集序》，載《鵞峰林学士文集》，転引自日野龍夫編《近世儒家文集集成》第 12 巻，ぺりかん社，1997，第 324 頁。

③ 石原道博：《明末清初日本乞師の研究》，冨山房，1945，第 165 頁。

④ 林春勝、林信篤編：《従琉球国大清へ貢納之船帰帆仕往還之様子申上候覚》，載《華夷変態》上冊，東洋文庫，1958，第 89—90 頁。

⑤ 林春勝、林信篤編：《楊英書》，載《華夷変態》上冊，東洋文庫，1958，第 72—73 頁。

一“上江户”（朝贡）行为，开始渐成定制；琉球对中国的朝贡，在实质上也已大不如对日的相应关系。而且，为了显示“日本之御威光”，琉球国王在每度接受中国册封之前，往往要被强求先“上江户”。[①] 荒野泰典在分析日明未能恢复封贡关系的问题时认为，对于日本的国际地位而言，这似乎有利无害。他指出，日明邦交恢复努力的失败带来了以下后果：第一，日本不得不放弃以明的存在为前提的国际秩序构想；第二，迄今为止从属于对明外交的日朝、日琉关系开始被赋予了自主的意味，这些关系分别从明朝“独立”出来，从而被归入以日本为中心的“华夷主义”关系中。[②]

朝鲜和琉球双边朝贡的局面显示，在当时的东亚地区，中日两极构造，已具雏形。这种情况，随着近代以来西方“条约体系”的介入和日本的巧妙利用，还使下列结果的发生，变得难以逆转。1872 年，明治政府将琉球设为“藩”。由于“琉球藩”本身是一个可以歧义理解的行政区域指代——既可以被视为日本本土诸藩之一，也可以被解释为与中国两属的外藩。日本见此举发生后中国无特别反应，遂于 1875 年派兵进驻琉球，武力阻止琉球国王继续朝贡中国，逼其对日单方面效忠。1879 年，日本政府乃进一步颁布了“废藩置县”令，命琉球为“冲绳县”。这一“立”一“废”的巧妙设计，使以往形式上的两属王国琉球宣告灭亡。朝美、朝英《修好通商条约》签订的 1882 年，出使协调此事的中方代表马建忠，除了通过条约末尾处“年月均以汉文填写，朝鲜开国若干年即中国光绪某年月日字样”等形式来满足宗主国的些许尊严外，所余者，则不是刻意关注朝鲜是否还对宗主国保持一份属国应有的谦卑礼节，就是用历史上曾有过的“朝鲜服事上国之忱”和“累世恭顺”等辉煌聊以自慰了。14 年后（1896）的一个标志性事件是，徐载弼率领“独立协会”会员捣毁了迎接中国使臣的“迎恩门”，并代之以“独立门”。同年，建年号为“建阳”。1897

① 宮城栄昌:《琉球使者の江戸上り》，第一書房，1982，第 11—29 頁。
② 荒野泰典:《近世日本と東アジア》第一部第一章，東京大学出版会，1988，第 9 頁。

年，根据权在衡的上疏，始称国王为“皇帝”，定国号为“大韩”。然而，仅3年后，朝鲜便被日本所吞并。可是，如果不了解日本的连续性行动轨迹，就不好理解吞并朝鲜后的明治天皇后来为什么一定要按照当年中国皇帝的做法对朝鲜皇帝“册封”一回。① 至此，不但通行于东亚世界的伦理关系被完全祛除，千百年来的“华夷秩序”亦彻底解体。尽管在上述过程中明清的做法可以被今人视为不通世界潮流的迂阔，甚至让日本人掩面窃笑，但若将中方的反应放回到前近代区域世界体系当中去观察，那么，中国所做的一切，几乎均不曾违背东亚伦理关系的基本规定。《礼记·王制》对藩属国的交往政策是：“修其教而不易其俗，齐其政而不易其宜。”《春秋·谷梁传》对藩属国的维护理念是：“礼：诸侯无外归（私属他国）之义，外归，非正也。”《大戴礼记·王言》对悖伦者的处理原则是：“明主之所征，必道之所废者也。”并且，在前近代，这些规定其实也是东亚各国长期遵奉的共同原则，而不止中方如此。

四、余论

前近代东亚关系体系，生成于中原政权的发生逻辑与相关规则。这种逻辑和规则曾经帮助古代中国依靠核心族属完成疆域拓展，建立了由近及远的联盟式管理秩序，并且在后来的东亚伸展中占据了绝对的优势。② 然而，它同时也给被纳入这一秩序中来的异姓氏族或边地政权带去了文明道德上的“劣等感”，且反讽地提供了仿造“自民族中心

---

① 明治天皇的册封诏书写道，“朕、天壌無窮の丕基を弘して、国家非常の礼数を備えんと欲し、前韓国皇　帝を冊して王となし、昌德宮李王と称し……ここに有衆に宣示し、もって殊典を昭らかにす。御名御玺　明治四十三年八月二十九日　内阁総理大臣、宫田大臣副署”。参見《李王家優遇に関する詔書》，載《大阪每日》明治四十三年，転引自《明治ニュース事典》第八卷（明治四十一——四十五年），每日コミュニケーションズ，1986年第628頁。

② 马丁·雅克指出：“中国和所有从属国之间的巨大差距是朝贡体系的一个基本特征，是这种体系长期特有的稳定性的根本原因。……换句话说，以朝贡体系为依托，国家间被拉大的差距培育出了潜在的稳定性。”参见马丁·雅克：《当中国统治世界：中国的崛起和西方世界的衰落》，张莉等译，中信出版社，2010，第297页。

主义”的“模板”。这意味着，“华夷秩序”既是促进东亚共同或相近价值体系的形成、实现文明播化这一伟大目标之必经程序，也为秩序所及的时间和空间布设了一个培育异己力量的理念框架。朱云影指出：“日本之所以得以建立并巩固天皇中心的统一国家，可说完全由于中国正统思想的影响。”他甚至称，这一类局面的出现，还是发起于中国的“启蒙运动的结果”。[①] 于是，这也似乎给东亚地区恩怨关系的形成赋予了足够充分的理由。一如日本学者卫藤沈吉的“爱憎症候群”命题所谈到的那样，由于日本人对中国有着“周边少数民族的复合心理”情感，因此便产生了以下症状：他们心中存在着中心、边缘优劣关系之倾向法则——在对中心文化怀有憧憬之心的同时，还抱有对中心文化的抗衡与轻蔑意识等一体两面的感情。这便是所谓的“爱憎症候群”。[②] 佐佐木卫教授进一步指出：“要论说东亚的形成，则决不可否定‘中华’的存在，而我们可以推量出，韩国人的东亚观其实也有共同的‘周边少数民族的复合心理’以及‘爱憎症候群’的情感。正因为‘周边少数民族的复合心理’‘爱憎症候群’，而使得依附在日中、韩中、日韩的他者理解（或者可说误解），应运而生。”[③]

但是，如果研究者不能设法回到那个特定的时空，而唯以今天的标准来观察当年的问题，又无法全面认识和了解前近代东亚世界的内部合理意义。人们喜欢将“华夷秩序”中的“中华”与“夷狄”、“天朝”与“王国”、“册封”与“朝贡”，视为构成这种差别意识的典型称谓和关系内核。然而，正如学者们所公认的那样，“华夷秩序”的形成，不单是中原王朝的一厢情愿，也反映了秩序所及地区的自愿和自觉，因此，秩序本身似乎存在着今人不易理解的历史合理性。如果说，现代国家满是“平等”，华夷时代满是“温情”的讲法不免言过其实，那么，全面观察“宗藩”双方的权利义务关系，或许才能触及“华夷

---

① 朱云影：《中国文化对日韩越的影响》，广西师范大学出版社，2007，第179页。

② 衛藤瀋吉：《文化摩擦とは?》《愛憎症候群について》，載《国際関係と文化》，転自引《衛藤瀋吉著作集6·国際政治研究》，東方書店，2004，第217—255頁。

③ 佐佐木卫：《东亚的全球化：族群与国族主义的交错》，载徐兴庆等《东亚文化交流：空间·疆界·迁移》，台大出版中心，2008，第7页。

秩序”的另一面真实。近代以来，出于“民族国家”的需要，独立于上述体系的东亚各国政权，多喜欢强调“事大主义”对本国尊严的损伤。然而，事实的另一面是，“事大”的条件是“字小”，“薄来”的前提是“厚往”，“尊周”的目的是“自尊”。差别意识未尝构成问题，是因为“文野”之别确有催人向上的正面提升意义；而差别意识之所以会构成问题，是因为完成了与中华同质化过程的周边国家却依然被贬斥为“夷狄”。也许只有到了“成见”上的差别掩盖了“事实”上的差别这一阶段，早期民族主义才不可避免地被激发，“去中心化”的浪潮才会在“华夷”圈内部全面涌动。这一点，在日本江户时代中后期有过明显的反映，在朝鲜也有过程度不等的体现。[①] 由于这深刻地反映了“华夷秩序”下的体制问题，因此，当一个新的强大的文明实体出现在东亚世界时，晚清有识者开始接受新的支配关系理念，并通过将自身相对化的行为，积极朝平等的国家观方向转化。康有为说：“（今日中国）在大地中为五十余国之一，非复大一统之治也。外之邦交，内之民法，皆当与人通之。”“古者以所见闻之中国四夷为大地尽于此矣，今者地圆尽出，而向所称之中国四夷乃仅亚洲之一隅，大地八十分之一耳。”[②]《万国公法》在晚清受到欢迎的场面，[③] 亦适足证明清朝的开明官绅，已经在观念上发生了巨变，在行动上亦已付诸实践，以至于因过于相信“欧法”，反而被利用“欧法”者玩弄于股掌之间：“倭人以朝鲜毫不干己之事，违约进兵，是其目无公法，在各国已共闻共见，何以并无一国谓其为非？可见公法之说，虽有其名，原无公论。而我则一举一动唯恐逾之，以致逾公法者日骄，守公法者日误。此我天下臣民所不解也。”[④] “日人狡狯成性，其与我交，朝令而夕更，口气未干旋即背盟，何尝存一信字于其间！其畏泰西诸国也，如虎谄媚

---

① 拙著：《从“脱儒”到“脱亚”：日本近世以来“去中心化”之思想过程》，台大出版中心，2009，第1章至第3章及散论。

② 康有为：《日本书目志》，载《康有为全集》，中国人民大学出版社，2007，第3集，第357页；康有为：《大同书》，载《康有为全集》第7集，中国人民大学出版社，2007，第118页。

③ 田涛：《国际法输入与晚清中国》，济南出版社，2011，第48—58页。

④ 《中日甲午战争档案》，载中国近代史数据丛刊续编《中日战争（2）》，中华书局，1989，第440页。

之唯恐不至；其于我中国也，若玩之于股掌之上……日人先侵我台湾，后灭我琉球，而我中国悉留不问，羁縻迁就至于今日。日人于此早有以窥我之微矣。"①这意味着，以中国为核心的前近代东亚区域关系体系，在当时的背景下，已不可能再受到任何实质性的尊重；而既以"华夷秩序"设牢自限、不知变通，又因"条约体系"作茧自缚、恐越雷池的清廷做法，最终也只能导致国家外交行为的跋前踬后和进退失据。然而，这却反映了历史的真实。这要求我们在客观地审视这段历史时，既要充分尊重民族自决和国家平等的近现代意义，也需要给历史上的各个阶段之间赋予某种平等意识。换言之，在我们强调近代国际法的法理地位的同时，也应该给前近代的区域关系规则赋予相应的法理地位。否则，我们既不能真正了解与近现代"国际法"有着巨大差异的东亚区域关系原理，也无法正确地解读不完全符合"民族国家"理念的现代中国及与之相关的东亚地区。或许，一个相对超然的视角，更有助于我们对东亚伦理关系问题的再认识："我们是在和这样一个国家打交道，它既是民族国家又是大洲国家，换句话说，既是民族的又是国际的，因而必须同时按照民族国家和国家多样性的规则来治理。"②

（发表于《历史研究》2010年第6期）

---

① 《英国外交文件》（上），载《申报》1894年7月10日，转引自中国近代史资料丛刊续编《中日战争（11）》，中华书局，1996，第242页。

② 马丁·雅克：《当中国统治世界：中国的崛起和西方世界的衰落》，张莉等译，中信出版社，2010，第336页。

朱舜水在日活动新考

朱舜水（1600—1682），名之瑜，字鲁屿，号舜水，谥文恭，浙江余姚人。明亡后，以明室复兴为职志，海外经营多年。曾多次赴日“乞师”，并最终于1659年“归化”日本。根据《舜水先生行实》《安南供役纪事》《南疆逸史》《明遗民所知传》《海东逸史》《致张定西侯书》等著述可知，明清鼎革时，朱舜水主要以舟山为中心，出入于日本与安南之间，共计十五载。其往来穿梭的目的，大体出于：（1）躲开朝廷征辟；（2）经营外邦，而资恢复之势；（3）赴日为王翊借恢复之兵；（4）以遂蹈海全节之志。对此，石原道博还专门勾勒出一幅朱舜水“澥外经营”路线图。[①]《海东逸史》称：“按《余姚县志》，京第乞师与朱之瑜偕，京第先归，之瑜遂留。《南疆绎史》《鲒埼亭集》诸书并不著之瑜名。日本人冈千仞来徵乞师事，则祇知之瑜、不知京第，盖之瑜留故也。”[②] 冈千仞的反应表明，在日本几乎是家喻户晓的朱舜水，在中国反而鲜为人知；中国有关朱舜水的记载，也不如日本具体和翔实。引人瞩目的是，有关朱舜水的认识和评价，中日之间竟向无龃龉，极少存在差别。而且从人们的纪念文字看，日本方面的评价，

---

① 石原道博：《明末清初日本乞師の研究》，冨山房，1945，第194—198、416—417頁。

② 翁洲老民：《冯京第传》，载《海东逸史》卷八，浙江古籍出版社，1985，第40页。

甚至比中国还要更高、更完美。[①] 木宫泰彦感慨说：“来居日本之明清人”，“对于日本文化有最大影响者，为明代遗臣朱舜水”，“宽文五年德川光国迎为宾师，兴起水户学风，开修史之运，并建筑圣堂以垂模范。木下顺庵、林凤冈、山鹿素行等当代多数学者，直接间接无不蒙其感化”。[②] 梁启超还进一步指出：“舜水不特是德川朝的恩人，也是日本维新致强最有力的导师。”[③] 木宫泰彦的“宾师”说和梁启超的“导师”论，暗示了朱舜水的复杂性。这种复杂性，常常表现在其主观动机与客观效果似乎没有关联然而实际上关联甚深，诸多作为看似白云出岫却仿佛深藏安排等行事特征上。至于《郑成功赠归化舜水书》中朱舜水的“归化”身份，[④] 及其赫然名列其间的《明末归化人年表》，[⑤] 无疑又给该人物的解读工作，平添了新一重迷惘。

一、 朱舜水的“仇夷”情结与日本“变夷为华”舆论

毋庸讳言，安东守约、安积澹泊、水户光国这些德川期显赫人物对避难亡命的朱舜水所做的超常规接纳和安顿，使他的晚年生涯充满了传奇色彩和令人感动的片断。在德川幕府严令“锁国”、禁止外国人定居日本的时期，朱舜水不仅能做到止留不归，而且备受礼遇，并被德川光国延为“宾师”、尊为“硕儒”、奉若“圣贤”[⑥] ——这一连串的破例安排，与那些也想隐栖列岛然最终悻悻而返的其他中国人（如张非文）相比，形成了鲜明的对照。[⑦] 关于朱氏何以能在异域获此殊荣的问题，其日本门生的解释可归纳为：一是朱舜水在日期间有着高尚

---

① 关于中日两国各界对朱舜水的评价，参见稲葉君山编：《朱舜水全集》，文会堂書店，1912 年；朱谦之整理：《朱舜水集》上下册，中华书局，1981；等等。

② 木宫泰彦：《中日交通史》，三人行出版社，1974，第 393 页。

③ 梁启超：《中国近三百年学术史》，东方出版社，1996，第 94 页。

④ 有关该函真伪，有所争议。参见林復斎编：《通航一覧》第五，国書刊行会，1913，第 406 頁。

⑤ 辻善之助：《明末帰化人の影響》，載《海外交通史話》（増訂），内外書籍株式会社，1930，第 660—663 頁。

⑥ 朱舜水：《与孙男毓仁书》，载朱谦之整理《朱舜水集》上册，中华书局，1981，第 48 页；朱舜水：《与陈尊之书》，载朱谦之整理《朱舜水集》上册，中华书局，1981，第 43 页。

⑦ 今関天彭：《日本流寓の明末諸士》，載《近代支那の学芸》，民友社，1931，第 428 頁。

的人格气节和德行操守，[①] 二是朱氏拥有一般中国士大夫所不具备的技术实践能力。[②] 然而，日本对朱氏的欣赏和敬服标准中，除了东亚地区共有的道义指标外，我以为还有朱舜水身上的特异性，即超常的民族气节表现和入木三分的自我反省精神。朱舜水来日伊始能与日本友人和门生高度契合，一方面取决于朱氏身上人见人敬的一般性崇高品格，另一方面则刚好因朱氏身上拥有日本人迫切需要的学识这两大特异性。这意味着，与其说“对日本学术文化发展贡献最大的莫过于余姚四乡贤之一的朱舜水”，[③] 不如说“明清鼎革”之际日本人最想了解中国大陆的变化实况，以及只有通过这种了解才能帮助日本进行新的自我定位时，刚好遇到了朱舜水这般人物。日本政界、学界接踵而来的一连串“惊喜”表明，[④] 德川日本，特别是水户学一系，适时地铺展了朱舜水思想中有利于日本发展的部分，而且随着时代的日趋晚近，朱舜水身上所表现出来的特异性，也就更多地成为日本学者和政治家的兴奋中心。就是说，后来日本对朱舜水人格的敬重，已经由朱氏赴日初期“一般性”与“特异性”人格难分彼此的混沌状态，清晰地转变为对“特异性”的独目专注。令人饶有兴味的是，朱舜水本人的工作重心，在他东渡后23年（一说22年）间，其实也已迅速发生了与后来日本上述变化极相类似的自我调整。在这一调整中，朱舜水已明显将自己的工作由“短线”变为“长线”，朱氏“灵柩的生命”“比满清还长”的轶事，极富象征性地暗示了这一转变。[⑤]

朱舜水“超常的民族气节”，在日本有过淋漓尽致的表现。这里的“民族”，显然是指以中原汉族政权为代表的汉民族。在他的表述中，

---

① 今井弘济、安积觉：《舜水先生行实》，载朱谦之整理《朱舜水集》下册，中华书局，1981，第624页；朱舜水：《答小宅生顺书十九首》之一，载朱谦之整理《朱舜水集》上册，中华书局，1981，第311页。

② 今井弘济、安积澹泊：《舜水先生行实》，载朱谦之整理《朱舜水集》下册，中华书局，1981，第619—620页。

③ 王水照：《舜水风范，长留东瀛》，载林俊宏《朱舜水在日本的活动及其贡献研究》绪论，秀威资讯科技股份有限公司，2004。

④ 朱谦之整理：《朱舜水集》下册，中华书局，1981，附录二至附录四，第731—799页。

⑤ 今井弘济、安积觉：《舜水先生行实》，载朱谦之整理《朱舜水集》下册，第619页；梁启超：《朱舜水先生年谱》附录，载朱谦之整理《朱舜水集》下册，中华书局，1981，第729页。

清朝入主中原，不啻把人类最有价值的东西给毁灭了，因此它足以被视为由“野蛮人”登台上演的一场人间悲剧。重要的是，在这场悲剧中，以往由中原汉人与这些“野蛮人”所构成的“华夷”关系秩序，从此主客易位，内外颠倒。除了“扬州十日”“嘉定三屠”这些外在的血腥事件外，统治层族属集团的更迭，还给坚守“华夷秩序”的汉族士大夫，造成了深重的精神内伤——以上这些，都反映了相当的历史真实与文化真实。大陆汉族政权所代表的中原文明，早已给周边国家和地区的历史与文化带去过深刻的影响，朝鲜半岛和日本哪怕与大陆有所摩擦，也无法否认在“衣冠唐制度，诗书汉文章”氛围的长期浸润下彼此间所形成的相近甚至逼肖的文化价值意识和伦理行为准则。有学者指出，近世早期日本人的“通念”，每每在西川如见的《华夷通商考》中得到反映，即：凡是进入中国和日本、通行汉字与礼仪的“汉字圈”诸国，就是所谓“中华”，否则就是“外夷”。当初，江户知识分子在华夷观念的理解倾向上，似乎文化意识要超过国家意识。它的必要前提，是首先承认中国文化所具有的标准意义，然后去论证这些优秀的文化成分在日本亦已有之。在此基础上，能够通达日中的“华 = 礼仪和文字”世界开始被设定，那些没有进入这一“世界”者，便当然地被看成了“蛮夷”。① 这种说法不乏一定道理，但后来发生于日本的很多反例——“国家意识”逐渐超过甚至颠覆了“文化意识”等现象表明，“华夷观念”的内涵在后来的江户日本不是没有变化，而是变化甚巨。当人们去认真寻找这一变化的显在化时间时会发现，明朝遗臣与日本朝野的遭遇，显然构成了重大的转机。朱舜水的作用，亦恰好发挥于这样一个大背景下。

朱舜水给日本友人和门生最早也最直观的冲击，是他激烈到几乎难以自持的“民族”情结和“仇夷”心态。这一特点，几乎贯穿于他在日生涯的始终。唯此，他几乎把“复明”的希望悉数寄托给了日本；

① 塚本学：《江戸時代における『夷』観念について》，載《近世再考：地方の視点から》，日本エディタースクール出版部，1986，第 86 頁。

亦唯其如此，朱舜水在有关明清鼎革的叙事中，几乎无一例外地将清政权妖魔化，把满人变成毁人宗庙、掘人祖坟的极恶象征。至于他本人，则每自比于鲁仲连、申包胥，以示犬马恋主之诚和杀敌雪耻之志。他哀毁骨立的悲情，[①] 严重地感染了他所接触过的日本人。[②] 在这种特别的氛围中，日本人仿佛与朱舜水一道感受了“夷狄”入关后中原文明的毁灭过程，体察到了“华夷变态”给东亚所带来的空前文化灾难，自然，也引发了日本人不小的同情和同仇敌忾情绪。毫无疑问，朱舜水的现身说法，比此前日本人道听途说的“中国事情”要深切明确得多。历史上中日间相近的文化价值，加上朱舜水声泪俱下的倾诉，使“清朝夷狄”“中国不再”等舆论，一时间在日本迅速弥漫开来。舜水的友人、门生写下的很多文字，几乎都出自于这个自明的前提。诸如“远避胡尘来海东，凛然节出鲁连雄”[③] “衣冠慕古，未曾变夷”[④] “明之遗民，避难乘槎”“箪瓢乐贫，韬光晦迹，德必有邻”[⑤] 等等，不一而足。如此，则朱舜水周边的日本人，不但对朱氏报以深切的同情、理解并愿意施以帮助，重要的是，他们还通过朱氏宾至如归的感觉和对日本的倾情赞美中，兀地增加了从未有过的自信。朱舜水为日本人“松绑”的例子，在安东省庵身上有过突出的表现。当谈及明末士人以“道学”害国时，舜水对安东氏说：“是以中国问学真种子几乎绝息……贤契慨然有志于此，真千古一人，此孔、孟、程、朱之灵之所钟，岂以华夷、近晚为限？幸惟极力精进，以卒斯业，万勿为时俗异端所挠也。”[⑥] 当闻知水户藩要兴建学校的消息而一些日本友人反而滋

---

① 朱舜水：《中原阳九述略·灭虏之策》，载朱谦之整理《朱舜水集》上册，中华书局，1981，第13页。

② 今井弘济、安积觉：《舜水先生行实》，载朱谦之整理《朱舜水集》下册，中华书局，1981，第617页；安积觉：《明故征君文恭先生碑阴》，载朱谦之整理《朱舜水集》下册《附录一》，中华书局，1981，第631页。

③ 安东守约：《悼朱先生文》，载朱谦之整理《朱舜水集》下册，中华书局，1981，第735页。

④ 今井弘济、安积觉：《舜水先生行实》，载朱谦之整理《朱舜水集》下册，中华书局，1981，第623页。

⑤ 德川光国：《祭明故征君文恭朱先生文》，载朱谦之整理《朱舜水集》下册，中华书局，1981，第731页。

⑥ 朱舜水：《答安东守约书三十首》之三，载朱谦之整理《朱舜水集》上册，中华书局，1981，第174页。

生某种自惭形秽的情绪时，他还给对方以现身说法式的鼓励：

> 若以贵国为褊小，为东夷，谦让不遑，则大不然。……至若以风物礼仪为歉者，则建学立师，乃所以习长幼上下之礼，申孝悌之义，忠君爱国而移风易俗也。何歉焉？惟期锐志举行之。仆生于越而贯于吴，周之东夷也，摈而不与中国之会盟也。断发文身，侏离椎结，以御蛟龙魑魅者也。仆荒陋不足数，然自汉以来，文物轨章何如者？今日之吴与越，则天下不敢望其项背矣。……顾在作人者何如耳，岂以地哉？①

在如此鼓励下所产生的自信中，日本不但认为自己已从“东夷”身份中解脱出来，也满怀真诚地以为北畠亲房《神皇正统记》中的“君子不死之国”业已变成“现实”。朱舜水友人木下贞干（1621—1698）说：“适会中原沦胥，备尝外域艰险。幼安避地，枋得誓天。夷虏君不君，乘桴向东方君子之化；帛肉老其老，赐杖祝南极老人之祥。”② 显然，朱舜水在日期间的不臣“胡虏”言行，不但暗合了日本人的“忠义”道德标准，更帮助了日本人从“夷狄”身份中解放出来，而后者对日本学界的影响，堪称巨大。

日本在明清鼎革，特别是在逢遇朱舜水之前，对来自中国古典和现实关系中的“东夷”称谓，一直抱有抵触情绪。它不像朝鲜那样，对历史上有利于当地繁荣的“变夷为夏”事实，能给予客观的对待，③而是尽可能地给“夷”本身赋予“华夷”理念之外的有利于日本体面的解释。尽管这些解释在中国古典中并非全无所本，但经由日本人解释后的“夷”，至少都呈现出对文化差别、礼仪高下内涵的明显否定倾向，甚至还在这种否定中找出某种自我肯定和自大的根据。④ 极端时，这种“自大”还表现在与“中华”分庭抗礼的对抗态度上。被许多日

① 朱舜水：《答加藤明友书二首》之一，载朱谦之整理《朱舜水集》上册，中华书局，1981，第74页。
② 木下贞干：《与朱舜水启》，载朱谦之整理《朱舜水集》下册，中华书局，1981，第780页。
③ 朴趾源：《忘羊录》，载《热河日记》，上海书店出版社，1997，第213页。
④ 北畠親房：《神皇正統記》，載《日本古典文学大系87·神皇正統記·增镜》，岩波書店，1965。

本史家赞颂有加的“征西将军”怀良亲王，在修书明朝时，其桀骜不逊之态，已跃然纸上。不过毕竟这时的日本，至少还承认自己的“夷狄”身份，甚至在行文中亦有称“臣”处。[①] 然而，明清鼎革后清政权给周边带去的“夷狄”印象，却为日本摆脱“东夷”身份，提供了前所未有的机遇。一个从文字诠释到公开否定的过程，遂由此展开。[②] 这种亟欲摆脱“东夷”枷锁的焦虑心情得以产生的极重要前提，便是明清鼎革以及伴随着这场鼎革亡命来日者的言行——一种在中日之间对以往“华夷体系”进行颠覆性叙述的宣教。塚本学的说法是：“对十七世纪后半叶的儒家来说，已经具备了激励这一感觉的外部条件。那就是被视为‘中原乃华变于夷之态也’的明清变革和动乱。残存于华南地区、事实上已经灭亡了的明帝国余部，即主张存续大明社稷一党，在正保二至三年（1645—1646）寄给幕府的求援信上，写有‘日本大国，人皆尚义’的字样；在呈给‘正京皇帝’（天皇）的书简中，则书有‘太伯仲雍之事并秦时千人来候’等文字。更进一步，还有庆安二年（1649）同样称明帝室之后的鲁王求援事件。在其上呈给幕府的求援书上，陈明了将日本视为徐福之子孙，而把大唐与源共同作为知书达礼之国，并倡议共同向与‘禽兽同然’且‘不知礼仪，不习文字’的‘鞑靼’即清帝国宣战等旨趣。”在这种情绪中，“夷狄”本身的内容究竟如何已不再重要，重要的是如何想办法去否定它。塚本认为，“明末亡命客”在这一过程中显然发挥了不难想象的作用。[③] 然而，无论是说者还是听者，都不会相信仅凭外人的简单期许和自家的随意自诩就可以轻易颠覆掉久历年所的“华夷体系”等说教。日本人深谙这一道理，朱舜水亦复如此。从后来日本思想界的嬗变趋势看，朱舜水的下一步工作对日本的整体改变显然更具有根本性意义。这取

① 《明史·外国传·日本》，《中华书局》，1974。

② 熊沢蕃山：《孝経外伝或問》，載《蕃山全集》第3巻，蕃山全集刊行会，1940，第140頁；《大学或問》，載《日本思想大系30·熊沢蕃山》，岩波書店，1971年，第425—427頁；伊藤仁斎著、佐藤正範校：《論語古義》，六盟館，1909；荻生徂徠：《論語徵》戊，載《荻生徂徠全集》第四巻，みすず書房，1978，第27—28頁。

③ 塚本学：《江戸時代における『夷』観念について》，載《近世再考：地方の視点から》，日本エディタースクール出版部，1986，第81—82頁。

决于他对短期内“复明”大业深感绝望后而产生的“新希望”，这个新希望对准的依然是日本。在“仆深有望于贵国”[①] 的超常热情下，他逐渐修正了来日伊始时急迫的“恢复”心态，而变为在异国土地上的“十年生聚，十年教训”。

二、 朱舜水的理学辩难与日本 “古学”

面对“明清鼎革”这一空前巨大的兴亡教训，后世曾做过无数的反省。在中国大陆的相关著述中，计六奇完成于康熙十四年（1675）的《明季北略》，乃较早公论这一话题者。[②] 同一年，《华夷变态》中也载入了自称“明遗民林上珍”者所撰之《清朝有国论》一则。[③] 然而，日本人所见关于明朝灭亡原因的最早也最有深度的分析，是宽文元年（1661）六月朱舜水应安东省庵“中原致乱之由及逆虏之兵势”之询而撰写的《中原阳九述略》一文。由于这篇早于计六奇和林上珍的叙述久达 14 年的文字，成文于他止留长崎后的第三年，更由于朱舜水将其写好后交与安东省庵收藏，意在“他日采逸事于外邦，庶备史官野乘耳”，[④] 因此，不但江户幕府不知之，连水户藩国显然也是后来才得一见。《华夷变态》中没收载该文，也证明了这一点。然而，朱舜水文中的有关思想，后来却在水户学派里牢牢地扎下了根。由于在“灭虏之策”一节中朱舜水几乎把“复明”的希望悉数寄托给了日本，而一直给朱氏悲愿以积极声援的水户学给后来的日本带来了足够大的变化，并且日本的变化又直接波及了中国，因此，有学者指出，朱舜水将《中原阳九述略》交给安东氏收藏，“可谓用意良深”；而按照梁启超和周作人的说法，《中原阳九述略》还曾在清末民初一度成为宣传

---

① 朱舜水：《答小宅生顺问六十一条》，载朱谦之整理《朱舜水集》上册，中华书局，1981，第 411 页。
② 计六奇：《明季北略》卷二十三，商务印书馆，1958，第 515 页。
③ 林上珍：《清朝有国論》，載林春勝、林信篤編《華夷変態》上冊，東洋文庫，1958，第 112—114 頁。
④ 朱舜水：《中原阳九述略》，载朱谦之整理《朱舜水集》上册，中华书局，1981，第 13 页。

革命的教材。[1]

如前所述，朱舜水于日本表现出的特异性，除了“超常的民族气节”外，还有“入木三分的自我反省”。在他看来，清军南下，固然使中原蒙羞，终至夷狄灭夏，但是，倘非腐心之木，则清人再强大，亦断无摧枯拉朽之功——他显然已把明亡的原因更多地指向了明朝自身，指向了“物必自毁然后人毁之”这一无法逆转的逻辑必然，并认为这才是真正的“致虏之由”。[2] 就是说，清朝能如此迅捷地取明而代之，更多是利用了明朝政府的腐败和因此而发生的民心叛离。[3] 当小宅生顺问及“中国何以遽沦于虏”时，朱舜水的回答也同样是“失其民也”。其“一有变故，遂至土崩瓦解”，完全是平素“居官者不知治理，惟知掊克”所致。在这种情况下，哪怕大明的军事装备再好，有再多的“鸟铳高手”和“铁砲”，一旦“民心既背”，则“坚甲利兵，适足为盗资耳”![4] 朱舜水不但理性上深谙时弊，行动上亦极力避此乱政，竟至多次蒙召而不就。据统计，朱舜水封官而不拜者，凡十二次。[5] 当安东省庵问“老师征辟不就，其义如何”时，朱舜水的回答，亦多半是“奸佞当途”，不愿“同流合污”云云。[6] 然而，“十七年刺骨之深仇”，[7] 使他对明清鼎革的思索，远比他人要深刻得多。他开始关注明朝的学术问题，发现明朝疾患的病根，实在于与政治无法分离，并且极大地左右了政治运行轨迹的当朝学术。他说：

> 缙绅贪戾，陵迟国祚，岂非学问心术之所坏哉？故其《四书》《五经》之所讲说者，非新奇不足骇俗，非割裂不足

① 林俊宏：《朱舜水在日本的活动及其贡献研究》，秀威资讯科技股份有限公司，1995，第42页；梁启超：《中国近三百年学术史》，东方出版社，1996，第96页。
② 朱舜水：《中原阳九述略·致虏之由》，载朱谦之整理《朱舜水集》上册，中华书局，1981，第1页。
③ 朱舜水：《中原阳九述略·灭虏之策》，载朱谦之整理《朱舜水集》上册，中华书局，1981，第11—12页。
④ 朱舜水：《答小宅生顺书十九首》之三，载朱谦之整理《朱舜水集》上册，中华书局，1981，第314页。
⑤ 朱舜水：《答源光国问先世缘由履历》，载朱谦之整理《朱舜水集》上册，中华书局，1981，第352页。
⑥ 朱舜水：《答安东守约问八条》，载朱谦之整理《朱舜水集》上册，中华书局，第370—371页。
⑦ 朱舜水：《中原阳九述略·灭虏之策》，载朱谦之整理《朱舜水集》上册，中华书局，1981，第11页。

> 投时，均非圣贤正义。彼原无意于修身、齐家、治国、平天下也。至若注脚之解，已见别幅。即嘉、隆、万历年间，聚徒讲学，各创书院，名为道学，分门别户，各是其师。圣贤精一之旨未闻，而玄黄水火之战日烦。高者求胜于德性良知，下者徒袭夫峨冠广袖，优孟抵掌，世以为笑。[①]

当得知如此弊害，日人亦有所知时，朱舜水则感慨尤甚："一日翁语余曰：'中国之逆乱，既萌天启（指明熹宗）之始矣。'时预国政有理学之党，有文章之党，日日相轧相诋，争权不已。继之以连年之凶荒，故闯贼作逆，鞑虏夺位，皆是奸逆之臣为之祸根矣。"[②]

由此，朱舜水的学派归属和来源问题，开始有了不一的说法甚至误解。邵念鲁在《明遗民所知录》中称：舜水之学，重在"阐良知之教"。[③] 近人也说："舜水先生亡命日本，传王学于彼邦。"[④] 可由于朱舜水在许多场合都从不忌惮对阳明学进行学术批判，而阳明学又惯常将朱子学目为敌人，因此，学界便难免生出舜水之学盖朱子学的猜测。安东省庵与朱舜水接触未深时曾经说过："以朱老师来，为程朱负笈航海，就弟子之列。"[⑤] 对这两种极端式说法的折中，产生了后来的"中间说"。石原道博认为，"如果先说结论，那么朱舜水的学问……应当被视为介乎朱子学和阳明学之间的实学。其学风，规避空论而重视对根本道理的探求"，"舜水的学问，是介乎朱子学和阳明学之间的实学。朱子学乃所谓重经验的归纳法式的学问，而阳明学正好相反，是所谓重直观的演绎法之学问。这两者被舜水把握为'尊德性'和'道问学'"。[⑥] 笔者实地凭吊时注意到，立于东京大学农学部院内正门左手处"朱舜水先生终焉之地"纪念碑旁侧的说明文字，在谈到朱氏的学

---

① 朱舜水：《答安东守约书二十首》之二，载朱谦之整理《朱舜水集》上册，中华书局，1981，第174页。

② 人见竹洞：《舜水墨谈》，载徐兴庆编《朱舜水集补遗》，学生书局，1992，第249页。

③ 邵念鲁：《明遗民所知录》传十七《朱之瑜》，载朱谦之整理《朱舜水集》下册，中华书局，1981，第640页。

④ 朱谦之：《朱舜水集前言》，载朱谦之整理《朱舜水集》上册，中华书局，1981。

⑤ 徐兴庆编：《朱舜水集补遗》，学生书局，1992，第120页。

⑥ 石原道博：《朱舜水》，吉川弘文館，1989，第183、185—186、198頁。

派属性时，讲法与石原道博所言完全相同。

舜水之学中虽不乏朱子学和阳明学的各自成分，但究其实，却既非朱子学，亦非阳明学。[①] 如果一定要说朱舜水的思想折中了朱子学与阳明学，那么，它所汲取的则是两家学说中后来几乎均被偏废了的“格物致知”精神和“事上磨炼”价值，而不是“理在气先”与“心外无物”的禅机玄理。而且，还有一个更重要的思想背景显然被朱舜水研究者们严重地忽略了，即朱舜水判断理学、心学的最终标准究竟为何的大问题。

毋庸讳言，朱舜水对朱子学当中的合理部分，从来都是予以肯定的。但是，“宋儒之学可为也，宋儒之习气不可师也”。[②] 这个“习气”，可直译为今天的“学风”。宋儒的不良学风，朱舜水认为首先表现在其学问探究过程中无限烦琐、绵密、复杂有加然而脱离实际的理论游戏上：“若欲穷尽事事物物之理，而后致知以及治国平天下，则人寿几何，河清难俟。故不若随时格物致知，犹为近之。”[③] 事实上，朱子的这一方法，几乎就是引发王阳明学术造反的关键所在。[④] 与此相连带，朱舜水观察下的朱子学，还有另外一重危害深重的不良学风，即“俗儒虚张架势，空驰高远”等脱离实际的宏大叙事和空论。他十分警惕朱子学弊端的东来会使日本人无法辨识何为真儒，并认为那样的误导者简直就是“罪人”，[⑤] 所以来日本后，为了避免人们对他容易产生的“朱子学派”误解，他甚至把家族人对朱熹的姓氏攀附斥为无聊，以此来表明自己对空疏玄虚之学的敬远态度。[⑥]

---

① 安积觉：《答荻徂徕书》，载朱谦之整理《朱舜水集》下册，中华书局，1981，第 768 页；朱舜水：《与安东守约书二十五首》之十，载朱谦之整理《朱舜水集》上册，中华书局，1981，第 190 页；朱舜水：《答加藤明友问八条》，载朱谦之整理《朱舜水集》上册，中华书局，1981，第 382 页；朱舜水：《答安东守约书二十五首》之十九，载朱谦之整理《朱舜水集》上册，中华书局，1981，第 166—167 页；朱舜水：《答某书》，载朱谦之整理《朱舜水集》上册，中华书局，1981，第 112 页。

② 朱舜水：《答加藤明友问八条》，载朱谦之整理《朱舜水集》上册，中华书局，1981，第 382 页。

③ 朱舜水：《答野节问》，载朱谦之整理《朱舜水集》上册，中华书局，1981，第 386 页。

④ 王阳明：《传习录》下，载《王阳明全集》卷三，第 120 页；钱穆：《中国近三百年学术史》上册，商务印书馆，1997，第 8 页。

⑤ 朱舜水：《答奥村庸礼书十二首》之十一，载朱谦之整理《朱舜水集》上册，中华书局，1981，第 274—275 页。

⑥ 朱舜水：《答源光国问十一条》之六，载朱谦之整理《朱舜水集》上册，中华书局，1981，第 348 页。

朱舜水对朱子学入木三分的批判，在玄虚不实之弊上，很多都适用于阳明学。值得注意的是，他对阳明学的抨击，程度上还远远超过对朱子学的非难。他首先否认自己与王阳明同乡而居的往事会在学术上给他带来影响的任何可能性，他甚至认为王阳明压根就不应该在事功之后还搞什么讲学和建立什么学派，因为王氏终为所累者，也恰恰是他苦心经营却被世人咒为“伪学”的“心学”。[①] 朱舜水固不掩阳明之美，但对其学术的虚幻不实处尤其是王学后人的佛门倾向，却坦言反感，认为王学末流确已堕为“异端”。[②]

朱舜水的“实理实学”体系，既建立于他对宋明理学“心性命理”空论的批判基础上，也部分恢复于程朱陆王曾经有过的“实学事功”成分中。之所以称为“部分”，是因为通过朱舜水的自我思想描述和学术旨趣，人们还能从中发现学界迄今少有论及的、决定他学理走向的更根本的远近思想渊源。其中的“远”，为“圣人之道”；[③] 而“近”者，乃所谓“浙东学派”。[④] 而一个更加重要的暗示是，“圣人之道”与“浙东学派”之间的中介者，已多少被“浙学”初祖陈亮所说破，即后来在德川幕府扮演过极重要角色的荀子。[⑤] 如此而谓宋儒之学在朱舜水的学术体系中占有主导地位，显然严重有违事实。因为他至少认为，被朱熹所否定了的“霸道”代表汉武帝，才是使“圣人之学”得以传承下来的关键性人物：“若非汉武，则圣人之学久已灭绝矣，岂宋儒所能开辟也！”[⑥] 其对“圣人之道”的赞颂和对宋明理学务虚本质的批判，在给日本人灌输了实学思维的同时，也给日本学界脱离和否定中国官方意识形态——理学，开启了学术先河。日本近世史

---

① 朱舜水：《答佐野回翁书》，载朱谦之整理《朱舜水集》上册，第85页；汤寿潜：《舜水遗书序》，载朱谦之整理《朱舜水集》下册，中华书局，1981，第798页。

② 朱舜水：《答安东守约问》，载朱谦之整理《朱舜水集》上册，中华书局，1981，第396—397页。

③ 朱舜水：《答小宅生顺问六十一条》，载朱谦之整理《朱舜水集》上册，中华书局，1981，第406页；朱舜水：《颜子像赞》，载朱谦之整理《朱舜水集》下册，中华书局，1981，第561页。

④ 朱舜水：《答奥村庸礼书十二首》之十一，载朱谦之整理《朱舜水集》上册，中华书局，第274页。又，朱舜水：《答野节问》，载朱谦之整理《朱舜水集》上册，中华书局，第386页。

⑤ 陈亮：《又甲辰秋书》，载《陈亮集》卷28，中华书局，1974；拙著：《道学的病理》第一章，商务印书馆，2007。

⑥ 朱舜水：《答小宅生顺问六十一条》，载朱谦之整理《朱舜水集》上册，中华书局，1981，第412页。

上意义重大的“古学”，于是乎登场。

古学派，是对江户时代反对朱子学和阳明学、主张不依赖宋明儒注释而直接研究中国古典经书之学派的总称。该学派始于山鹿素行的“圣学”，继之以伊藤仁斋的“古义学”，集大成于荻生徂徕的“古文辞学”。三者间风格不同但宗旨接近，历来被日本学界称为江户日本最富于“独创性”的学说体系。只是，当认真观察催生“日本古学”的部分由绪时，朱舜水的影迹不但再度显现，而且几乎成了探讨日本古学问题时难以绕行的重要关节点。

朱舜水学术的“古学”特质，最早由其弟子安积澹泊所明言：“盖明末学者竞为尖新纤巧，心术既坏，风俗颓靡。世方以灵通为宗，斫丧淳朴，以祸社稷，而先生独为古学；世方以八股为工，缘饰制义，以邀利禄，而先生独为古文。圆枘方凿，而先生毅然不顾，自信笃而自期远，不为流俗之所汩。”[①] 又：“文恭先生研究古学，视科场为儿戏。薄海鼠辫，而独峨衣冠。”[②] 《舜水先生行实》在追溯舜水的学术来历时，亦说过他曾师从“礼部尚书吴鐘峦研究古学，特明诗、书”，[③] 等等。这些都至少表明了这样一个逻辑关系，即朱舜水能“独为古学”“古文”，其中至为关键的原因，是：道学华而不实的玄机妙理，已成为“斫丧淳朴，以祸社稷”的祸国殃民之术！其更为具体的批判对象，也在安积澹泊写给荻生徂徕的书信中说得很清楚，即“文恭务为古学，不甚尊信宋儒，议论往往有不合者。载在文集，可征也”，并表示自己“当时童蒙，不能知其古学为何等事，至今为憾”。[④] 言下之意，童蒙时代所不甚了了的“古学”，今日终于悟彻，大有欣喜过望之慨。他曾把自己所见所知的舜水“古学”特征概括如下：

> 先生天资豪迈，不以循行数墨为学，而以开物成务，经

---

① 安积觉：《朱舜水先生文集后序》，载朱谦之整理《朱舜水集》下册，中华书局，1981，第786—787页。

② 安积觉：《舜水朱氏谈绮序》，载朱谦之整理《朱舜水集》下册，中华书局，1981，第794页。

③ 朱谦之整理：《朱舜水集》下册，中华书局，1981，第612页。

④ 原念斎：《先哲叢談》，有朋堂書店，1937，第273頁。

> 邦弘化为学；大而礼乐刑政之详，小而制度文物之备，靡不讲究淹贯。而其教人，未尝高谈性命，凭虚鹜究，惟以孝悌忠信，诱掖奖励。其所雅言，不离乎民生日用彝伦之间。本乎诚而主乎敬，发于言而征于行。涵育陶熏，叠叠不倦，务欲成就人才，以为邦家之用。而以君义臣忠，父慈子孝，夫和妇顺，兄友弟恭，而朋友敬信，为天下之至文。……本之四书、六经，而佐之以左、国、子、史，意之所到，不期文而自文。如化工之随物赋形，布帛菽粟之不可一日而废。[①]

澹泊还在《舜水先生行实》中记录了舜水自己的务实名言："为学之道，外修其名者，无益也。必须身体力行，方为有得。故子贡天资颖悟，不得与圣道之传，无他，华而不实也。"[②] 对此，德川光国曾一语道破朱舜水"古学"的真髓，即：舜水之学，乃"纯然经济之学问"。[③]

朱舜水与山鹿素行，从年龄上看，前者长于后者22岁，早卒于后者3年，属于同时代人殆无疑问。但是，两人究竟在学术上有过何种程度的接触和联系，却是学界一直不甚清楚的问题。林俊宏根据山鹿素行的学术历程，认为"二人主张的古学思想有相同之处，但是，彼此思想互动的可能性，时间上并不吻合"，因为素行"是41至45岁期间（1662—1666），提倡周公、孔子思想，注重古学的。后来55岁（1676）被赦免，从赤穗到江户（今东京）时，才与朱舜水认识交往"[④]。但井上哲次郎却主张："山鹿素行抱一家之见，主古学。所谓古学，在朱舜水学说中多少也有。可见在山鹿氏学派系统中，不能说与朱舜水全然无关。"他甚至讲道："称（义公）与安积澹泊、安东省庵和山鹿素行这四人为舜水的门人似亦无妨。"当然他也承认，"这并

---

① 安积觉：《朱舜水先生文集后序》，载朱谦之整理《朱舜水集》下册，中华书局，1981，第786页。
② 今井弘济、安积觉：《舜水先生行实》，载朱谦之整理《朱舜水集》下册，中华书局，1981，第624页。
③ 朱谦之：《朱舜水集前言》，载朱谦之整理《朱舜水集》上册，中华书局，1981,。
④ 林俊宏：《朱舜水在日本的活动及其贡献研究》，秀威资讯科技股份有限公司，1995，第176页。

不等于说山鹿素行是一个就学于朱舜水并承绍了舜水学说的人物”，“与其他纯粹的舜水门人相比，素行真正的不同处，是他通过各种提问的方式向舜水学习过”。[①] 说两人思想不存在互动的可能性，显然有些绝对；但一味称素行属于舜水的“门人”，亦不尽符合事实。相对接近真实的说法应该是：朱舜水从1665至1682年一直住在江户，而山鹿素行自1675年被赦到1685年去世之间也在江户，两个人在江户应该有7年的交叉期，这使人有充分的理由相信，他们在时间和空间上有过学术交往的可能性。从朱舜水专为山鹿素行所撰写的一篇韵文可以推知，朱舜水不但在为人上敬佩素行，而且在学术上亦有过甚深的相知。[②] 然而毋庸讳言，作为“古学”本旨特征之一的“顺守周孔之道”“尽废宋儒注脚”等主张，素行早在宽文五年（1665）所刊行的《圣教要录》一书中，已经有过清楚的表述。[③] 但该作刊出后第二年遭禁，素行本人亦被发配到了赤穗地方。

山鹿素行的遭遇，显然是因为他没有处理好抨击官方意识形态朱子学与“皇统至尊”之间的关系。然而，反映水户学一贯精神的江户后期学者、水户彰考馆总裁藤田幽谷的《正名论》，却至为委婉但不失原则地道出了幕府与天皇间错综复杂的关系，使权力与权威、政治与道义、可变与不变、霸道与王道、力与德、实与名等等对立项，在这种极尽巧妙的解说中均获得了某种程度的通融。它把在中国只能被解释为“挟天子以令诸侯”的“霸主—天子”关系，改造成了层层相敬、上下相保、各安其分、名正言顺的和谐修睦关系。[④] 而至为重要的是，这里面其实凸显了水户学派的宗旨——“大义名分”思想，而这一思想恰恰是水户学一贯最具象征性的结晶——《大日本史》之始终的灵魂。后藤新平所谓朱舜水“一篇楠公之题赞，烛大义，阐王道，

① 井上哲次郎：《朱舜水の事蹟及び学説》，载《日本朱子学派之哲学》付録の六，冨山房，1905，第812、817—818页。

② 朱舜水：《子敬箴：为山鹿素行轩作》，载朱谦之整理《朱舜水集》下册，中华书局，1981，第578页。

③ 山鹿素行：《聖教要録小序》，載《日本思想大系32・山鹿素行》，岩波書店，1970，第340頁。

④ 藤田幽谷：《正名論》，載《日本思想大系53・水戶学》，岩波書店，1973，第370—371頁。

使东海之日月有光于千载，岂不亦贤乎”的赞誉，[1] 表明朱舜水在《大日本史》“三大特笔”之一——“奉南朝为正统”、将“大义名分”灌注于史书编纂全过程的问题上，几乎发挥了根本性的作用。作为“御三家”之一的水户藩，看似无心而实则有意地在这两种左右逢源的解释中间寻找到了一个“安全阀”——在竭力精炼、提纯幕府带有“古学”倾向的实务主义的同时，还躲开了无谓的争执和冲突，在无数个对立项中，寻得了某种朦胧的平衡。至此可以推知，这种兼顾了历史和现实的撰史理念，给遇赦后的素行带来某种改变，应当是属实的。据《山鹿素行略年谱》记载，1683 年 3 月，素行与水户藩儒官今井小四郎，曾就《大日本史》编纂问题，进行过认真的切磋和探讨。[2] 今井小四郎即今井弘济，是朱舜水的高足之一，曾在舜水门下学习十八载，不但深得老师之实学真传，更与舜水结下了十分深厚的友谊，以致舜水去世后今井竟在家中设位致祭。1667 年，今井入彰考馆，任《大日本史》监修。后来，他还与安积澹泊一道，共同撰写了翔实记录朱舜水生平风貌的《舜水先生行实》。素行与今井的“急接近”，反映了两者间同气相求的迫切心情。因为素行从流放地回到江户后，已改撰哲学著作（《原源发机》，1678 年；《原源发机谚解》，1678 年至 1682 年之间），而且在哲学著作中，除了“古学”意识在与朱舜水的相激相荡中更加明确和醇熟外，他已经很少言及《山鹿语类》《圣教要录》和《中朝事实》中对幕府大加刺激的话。这表明一定程度上，他与水户学已形成了积极的互补关系：被注入古学理念的《大日本史》叙事，开始有了古学意义上的历史哲学。[3]

朱舜水与伊藤仁斋的“古学”，亦有相当的共通处。然而，当说到仁斋与舜水在“古学”思想上是否发生过联系等问题时，日本自古以来的舆论都尽量采取了否定或回避的态度。伊藤仁斋弟子林景范即称：

---

① 后藤新平：《朱舜水全集序》，载朱谦之整理《朱舜水集》下册，中华书局，1981，第 796 页。
② 中山広司：《山鹿素行略年譜》，載《山鹿素行の研究》，神道史学会，1988，第 325 頁。
③ 中山広司：《素行の晩年》，載《山鹿素行の研究》第 7 章，神道史学会，1988。

“先师古学先生，不由师传。”[①] 井上哲次郎针对太宰春台始言。后来在日本久为流传的仁斋父子“古学”出自明朝学者吴廷翰一说，在综合其他学者反对意见的基础上，给予了彻底否定；[②] 吉川幸次郎亦明确断言，仁斋的“古学”，乃是“全无师承，苦心孤诣”的学说。[③] 至于朱舜水与伊藤仁斋之学术关系，井上只用“学问文章，日本翘楚”这句舜水对仁斋的赞美，便草草结束了事。[④] 然而，这无法解释“仁斋—舜水”间的纠葛，[⑤] 也无法解释以下学者的研究结论。石田一良根据安东守约与朱舜水的书信数次提到伊藤氏的内容认为，伊藤维桢的思想形成过程与朱舜水应该有密切关系。日后仁斋在其诸著作中，往往使用与朱舜水相同的语词并表现着相同的思想。这一点应引起充分的重视。[⑥]

安积澹泊盛赞朱舜水“本之四书、六经，而佐之以左、国、子、史”等古典研习特点，令人瞩目。因为在澹泊与荻生徂徕的通信以及徂徕的其他论述中，都表现出徂徕对“六经”《资治通鉴》和“左、国、子、史”的明显偏好[⑦]以及对宋明理学的极端厌恶。[⑧] 关于徂徕的“古学”思想何以能与朱舜水有如此多相似点的问题，林俊宏的分析可供参考。他指出：“由于安积觉参与水户藩主德川光国所创设史局编修史书多年，也担任第三届彰考馆总裁，在当时儒学界，颇具声名，因此，各地修书请益者，络绎不绝，而荻生自不例外。他从安积觉的复函中得到朱舜水古学思想某种程度的启发，是可以肯定的。同时，德川光国具名编辑的《朱舜水先生文集》28 卷，已于正德五年（1715）

---

① 林景範：《童子問》跋，載《日本古典文学大系 97・近世思想家文集》，岩波書店，1966，第 260 頁；《童子問》卷之下 48 章，載《日本古典文学大系 97・近世思想家文集》，岩波書店，1966，第257 頁。

② 井上哲次郎：《伊藤仁斎》，載《日本古学派之哲学》第 2 篇，冨山房，1902，第 197—207 頁。

③ 吉川幸次郎：《解説》，載《日本思想大系 33・伊藤仁斎・伊藤東涯》，岩波書店，1971，第 566 頁。

④ 井上哲次郎：《伊藤仁斎》，載《日本古学派之哲学》第 2 篇，冨山房，1902，第 153 頁。

⑤ 指伊藤仁斋欲拜朱舜水为师而遭婉拒一事。参见朱舜水：《答安东守约书二十五首》十，载朱谦之整理《朱舜水集》上册，中华书局，1981，第 160 页；朱舜水：《与安东守约书二十五首》十二，载朱谦之整理《朱舜水集》，中华书局，1981，第 162—163 页。

⑥ 石田一良：《伊藤仁斎》，吉川弘文館，1989，第 63 頁。

⑦ 原念斎：《先哲叢談》，有朋堂書店，1937，第 274 頁。

⑧ 荻生徂徠：《弁道》，載《日本思想大系 36・荻生徂徠》，岩波書店，1973，第 203 頁。

梓行，所以安积氏在信中告诉他有文集作为参考。从这封信的内容，我们可以推测，荻生徂徕对朱舜水的古学思想不但已有所闻，而且间接得到某些启示。如荻生氏主张孔子之道，即先王之道；而先王之道亦即礼乐刑政的道术。他还强调‘君子以安民为己任’。这些观点，基本上与朱舜水的意见相近。”①

如实而论，徂徕的“古学”，显然不止于一个来源。② 然而，徂徕学的理论来源，却是“六经”和“荀子”。其逻辑关联为：“吾退而求诸六经，唯其物。”③ →“荀子胜礼记，而世人不知荀子，何以能读六经邪？”④ 这里，“徂徕学”祖型源于荀子的观点，适足令人深思。本文在谈到“浙东学派”时，曾提及荀学在“浙东事功学派”中所应处的重要地位问题。实际上，日本古学派“尽废宋儒注脚”而直承“圣人之道”的学术指向，已经与朱舜水约略一致；以“周孔之道”为“圣人之道”的认识，亦与朱舜水全然无悖。所余者，是谁人才堪为走向“周孔”的真实通道这一大问题。一定意义上说，荻生徂徕所提倡的“古学”，才切实地寻觅到了走近“圣人之道”的“接引者”。这个接引者，便是荀子——徂徕对荀子的倚重，特别是《读荀子》一节的完成，几乎成为他走近“圣人之道”的决定性的一步：“他（徂徕）对先王所定之礼，已经获得一个确实的了解。换言之，他进一步靠近了圣人之道。这也正是他读《荀子》的目的所在。”⑤ 一个极大的可能性是，徂徕对朱舜水“古学”的追踪，使他发现了真正具有可操作性的“实务主义”原则——“礼”的重要意义；而对“礼”的高度尊崇，应是诱发徂徕关心荀子的重要契机之一。《答明石源助书》《与安东守约书二十五首》之八、《答野节问三十一条》⑥ 这些朱舜水为日本友人和弟子所做的谆谆“礼乐”教诲和实践细节，徂徕应该是知道的，

① 林俊宏：《朱舜水在日本的活动及其贡献研究》，秀威资讯科技股份有限公司，1995，第 179—180 页。
② 拙著：《日本近世新法家研究》第一章，中华书局，2003。
③ 荻生徂徕：《学則》，載《日本思想大系 36 · 荻生徂徠》，岩波書店，1973，第 257 頁。
④ 荻生徂徕：《讀荀子》卷三《礼論篇》，載《荻生徂徠全集》第三卷，河出書房新社，1975，第 505 頁。
⑤ 杉本达夫：《〈読荀子〉と〈荀子断〉》，《東京都立大学人文学報》1966 第 53 号。
⑥ 朱谦之整理：《朱舜水集》上册，中华书局，1981，第 82—83 页、第 158—159 页、第 388 页。

因为安积澹泊曾告诉徂徕说，这些已“载在文集，可征也”。有关经舜水训练后的日本礼仪景观，舜水弟子服部其衷曾给予过无上的赞赏。[①] 以上流脉所凸显的“周孔⇌荀子⇌浙东⇌舜水⇌徂徕”序列，是否能为搞清朱舜水究竟给近世日本带来了怎样的本旨性变化，提供一个新的视角呢？值得一提的是，徂徕的学术求索及大胆批评，还反过来对澹泊及彰考馆工作，构成了一定程度的积极冲击。徂徕主张修史不可擅行价值判断，澹泊认为，该观点“俊伟卓绝之论针砭瞽聋”，“过于前论高一等矣”。[②]

三、朱舜水与《大日本史》的修撰理念

朱舜水对日本所寄予的厚望，最终沉积于《大日本史》的指导思想中。《大日本史》是一部汉文体日本国史，最早由水户藩主德川光国（1657—1725）延揽众史家，经过数代人对日本古今的全方位调查和严格考证，历二百余年编撰而成。该书叙事范围起自神武天皇，迄于南北朝末后小松天皇，共 397 卷。这部书的特征，主要表现为以下“三大特笔”：（1）将神功皇后编入《后妃传》，排除于皇位之外；（2）把大友皇子纳入《本纪》中，确认大友皇子即位为弘文天皇而立天皇大友本纪；（3）奉南朝为正统。[③] 这部史书的重要性在于，不但给后来的日本民族赋予了一个共同的“历史记忆”，而且近代以来，历史学家还多将这部拥有以上“特笔”的史书，视为给幕末勤王运动注入思想和动力的巨著，并从中提炼出极大的历史意义和近代价值。[④]

从《水户学年表》可知，《大日本史》的修史工作，在许多地方

---

① 服部其衷：《寄朱舜水书》，载徐兴庆编《朱舜水集补遗》，学生书局，1992，第 95 页。

② 安積覚：《又復荻生徂徠書》，載《澹泊斎文集》卷八，転引自国書刊行会編《続々群書類従》第 13 冊，平文社，1970，第 406—407 頁。

③ 德川光圀：《大日本史論賛集・凡例》，大正書院，1916，第 8 頁。

④ 尾藤正英：《解説：水戸学の特質》，載《日本思想大系 53・水戸学》，岩波書店，1973；小倉芳彦：《解題：大日本史賛藪・保建大記》，載《日本思想大系 48・近世史論集》，岩波書店，1974；松本三之介：《解説：近世における歴史叙述とその思想》，載《日本思想大系 48・近世史論集》，岩波書店，1974。

都与朱舜水有关。① 或许光国欲修史书的最初动机，真的出于他对伯夷、叔齐“高义”的仰慕，② 但是，真正引人深思的，却是其修史指导思想中“据实阙疑，正闰皇统，是非人臣”③ 所体现的指导者与实践者之间前所未有的契合。在这一契合中，朱舜水的“长线”思考终于有了根本性的落实，而日本人激荡于心中多年的“道统自立”意识，也终于在“历史观”的意义上得到了确立。

从安东守约写给朱舜水的信来看，舜水似乎已实际介入了《大日本史》的编撰工作，而且在安东氏的猜测中，朱舜水还应该位居“总裁”才是。④ 虽说后来的事实证明朱舜水并没有直接参与这项工作，但他的作用，其实早已超过了史馆一般人员的一般性参与。据统计，彰考馆前六任总裁人见懋斋、吉弘元常、佐佐宗淳、安积澹泊、中村顾言、酒泉弘，均为朱舜水的门生或友人；⑤ 而更为重要的是，朱舜水当年精研《资治通鉴》的精神已悉数被安积澹泊所继承，《资治通鉴》本身亦成为他日后为《大日本史》发凡起例的经典依据。实际情况是，《大日本史》的编纂原则之设计始于元禄二年（1689），该原则由朱舜水友人吉弘元常、门生佐佐宗淳商议拟定，而最终也是由朱舜水门生安积澹泊删修定案而成。安积澹泊参与并负责彰考馆的工作，时间最长，贡献亦最大。他从1683年入馆，到1737年12月去世，在彰考馆工作了长达54年之久。由于朱舜水对《大日本史》的修史工作发挥过许多超越形式的实质性作用，所以，“依事实而言，到朱氏病逝时，该史书编纂刚进行约25年的草创阶段而已，可能是外国人身份的缘故，因此未见他列名直接参与工作的记载，然而，立原翠轩等《与谷义父书》中罗列了对总裁、纂修学者的评语，谓朱氏‘博物谨慎，学识超迈’，故学者所称朱舜水在日本指导儒者编纂《大日本史》的说法，应

① 尾藤正英等；《水戸学年表》，載《日本思想大系53・水戸学》，岩波書店，1976，第583—584頁。
② 源綱條：《大日本史叙》，載《大日本史》一，吉川弘文館，1900，第1頁。
③ 德川光圀：《大日本史論賛集・義公寿蔵碑》，大正書院，1916，第1頁。
④ 安东守约：《上朱先生二十二首》之二十二，载朱谦之整理《朱舜水集》下册，中华书局，1981，第759页。
⑤ 雨谷毅：《彰考館総裁略伝》，篝文社，1915，第1—24頁。

确有其事。乃指他在前期阶段编纂方向及建立史观二方面所作的贡献”。[①]

实际上，德川光国所总结的“据实阙疑，正闰皇统，是非人臣”等修史原则，多半得自朱舜水的治学方法与史学思想的启示。而且，若细心观察之，人们还能进一步从中寻出朱舜水的宏大计划与德川光国的精心安排在《大日本史》中的默契与会合以及这些契合的内在必然。这一点，在如何认识朱舜水的问题上，意义堪称重大。

首先，朱舜水的“实学实理”主义，在彰考馆的整个撰史过程中影响深远。所谓“中国之所以亡，亡于圣教之隳废”云者，[②] 不啻在说，与“周孔之道”相悖离的空疏浮夸之学，事实上已成为“亡国之学”；而“知中国之所以亡，则知圣教之所以兴矣”的话，还进一步把败亡之“中国”当成了日本用来“鉴知兴替”的一面镜子。它在名分意义上的潜在命题是：能兴“圣教”者，才堪为“中国”；而中国之“文物轨章”中，其首要者，便是“实事求是”和“实学实理”。其“夷变为华”的“吴越”例子，已十分明确地向日本暗示了这一点。事实上，这种近乎明说的“暗示”，对《大日本史》编纂者的鞭策，功效十分显著：它使以德川光国为首的修史人员形成了超乎寻常的认真务实风格和水户学“据实阙疑”的修史精神，而这种精神，[③] 按照朱舜水的说法，便是“圣教”实践者的本色，亦是“夷变为华”的前提和保障。正如后来彰考馆总裁栗山潜锋所说：“华夷何常之有？华而用夷礼，则夷也；夷而进于华，则华之，古之制也。”[④]

人们于是发现，《大日本史》的历史观，几乎从一开始，就铺设和伸展出两条若明若暗的伏线：一条是“实务主义”，另一条则是“民族主义”。值得注意的是，这两条线的交融汇合，在数百年的近世近代，

---

① 林俊宏：《朱舜水在日本的活动及其贡献研究》，秀威资讯科技股份有限公司，第 222—223 页。

② 朱舜水：《答安东省约书三十首》之十四，载朱谦之整理《朱舜水集》上册，中华书局，1981，第 183 页。

③ 源綱條：《大日本史叙》，載《大日本史》一，吉川弘文館，1900，第 3—5 頁；《大日本人名辞书》“德川光国”条，载朱谦之整理《朱舜水集》下册，中华书局，1981，第 801 页。

④ 栗山潜鋒：《保建大記》卷之下，載《日本思想大系 48 · 近世史論集》，岩波書店，1974，第 380 頁。

几乎定型为多数日本人史观的“模范”，以至于今天，人们仍能隐约地从普通日本国民的言谈举止甚至国家行为中，窥见相关的信息。

日本的“实务主义”史观，集中地表现在面临重大历史政治问题时日本人对事实与想象的轻重选择和功利对待上。这一特点，对“悬一定之权衡，以历诋百世”的“道德主义”理学史观，必然要提出可以逆料的挑战。原本，在“道德史观”面前，是否为“英雄”，是不好以成败论之的。它所突出的，是中国史学语境当中的“德力之争”问题。然而，那些“虽败犹荣”的历史人物固然值得尊敬，但除了留下一个道德形象供后人瞻仰外，并没有在处理实际事务的手法上留下过值得借鉴的任何经验。面对这种比精神追祀更加真实的失败沮丧，朱舜水从不给予回护。这不仅表现在他断不肯对亡明政权歌功颂德，从而能冷静地分析明清鼎革的教训和原因等重大问题上；也反映在他对远古事物的一致评价标准中，即：“天下事孰不以成败论也!”[①] 这种以成败为唯一事实根据，并尽量避免人的主观价值判断的历史撰述方法，与朱熹《通鉴纲目》所倡导的道德史观，发生了严重的冲突。后来，这甚至影响到编撰《大日本史》时还要不要道德评价之“论赞”的问题。实际上，澹泊本人在《赞薮》中的议论，已经与中国传统史观之劝惩褒贬的道德把握相去甚远了。澹泊发现，单纯明快的内在善恶论不足以解决“据实以书”的历史问题。尤其在历史发生重大转折的时候，对历史人物做内在道德的理解和把握，往往显得空前地不得要领和无用。因此他主张，必须在历史论述中加进把握变数的概念，即“势”“机”和“权”。为了探讨历史变化的真正动因，澹泊的赞语往往会背离预设的道德前提而事实上经常向人们演绎“恶”为历史开辟道路的原理。[②]

然而，这种看上去和彰考馆修史“三原则”之一的“是非人臣”容易发生对立的笔法，一遇到“正闰皇统”问题和由此而衍生出来的

① 朱舜水：《批新序二十条》，载朱谦之整理《朱舜水集》下册，中华书局，1981，第526页。
② 拙著：《日本近代史观对“仁”的次位安置》，载《道学的病理》第6章，商务印书馆，2007。

“民族主义”问题时，却顷刻间与之水乳交融，不复龃龉焉。朱舜水被日本政界和学界奉为经典的《楠正成像赞》第一篇，在这一点上表现得十分典型。① 这篇后来被明治政府收入教科书、用以激励日本国民忠君爱国热情的文字，早在1692年（朱舜水去世10周年之际），即被水户藩主派人镌刻在了楠木正成墓碑的碑阴，对当时和后来王室尊奉思想的普及和宣传，作用巨大。所以高须芳次郎明言：宣传楠木正成，就是宣扬“尊王”思想。② 然而，本文关注更多的，是朱舜水此文与《大日本史》编撰之间的关系问题。因为人们看到，在楠木正成碑阴文字的末尾处，尚有德川光国对舜水此举充满赞誉的跋文。

如前所述，光国拜朱舜水为宾师，是宽文五年（1665）七月的事。可据考证，朱舜水《楠正成像赞》第一篇，乃成文于宽文元年（1661），即光国38岁成为水户藩第二代藩主的当年。当时，朱舜水还在长崎。③ 从朱舜水到江户前“上公备闻先生才德文行”④ 等记载看，德川光国知晓舜水此篇的撰述经纬，应该是没有疑问的。重要的是，德川光国对舜水此举，显然格外看重；对篇章中无所不用其极的褒美赞誉之辞，无疑也十分倾心。然而，当问及朱舜水和德川光国何以对楠公情有独钟时，楠公所奉天皇在《大日本史》叙事中的“正统”地位，便具有了不容忽视的决定性意义，即：“帝……能拥神器于岖嵚之间，定五十余年之基。正统所在，炳如日月岂不伟哉”。⑤ 就是说，楠木正成能够在历史上获此殊荣，实在是因为他曾起兵勤王之故，而这个“王”，刚好是《大日本史》欲奉其为“正统”的南朝“后醍醐天皇”。

南朝之所以能被奉为“正统”，缘于以下几重目的的会合。首先，北畠亲房旨在确立天皇神道统系的《神皇正统记》，强调的是“神器”

---

① 朱舜水：《楠正成像赞三首》，载朱谦之整理《朱舜水集》下册，中华书局，1981，第571—572页。
② 高須芳次郎：《烈公集解題》，載《水戸義公》，日東書院，1933，第23頁。
③ 林俊宏：《朱舜水在日本的活动及其贡献研究》，秀威资讯科技股份有限公司，1995，第220页。
④ 今井弘济、安积觉：《舜水先生行实》载朱谦之整理《朱舜水集》下册，中华书局，1981，第618页。
⑤ 安積澹泊：《大日本史列伝贊藪》卷之一《後醍醐天皇紀賛》，載《日本思想大系48・近世史論集》，岩波書店，1974，第262頁。

之所在即为“正统”之所在的理念，[1] 这一点，体现了“正闰皇统”之本旨，成为《大日本史》修撰工作的核心；其次，新田氏（即德川氏）亦为南朝忠臣。既为南朝忠臣，那么，新田氏所建新政权的合理性，也就隐约证明了德川氏创设幕府的正当性。而且，德川《将军传》名为《列传》，而实如《本纪》。由“正当性”而“正统性”之标准在德川幕府身上之所以会表现出“故意模糊性”，一方面有《大日本史》承认权力实体的写实史观在起作用，另一方面亦不乏欲将“权威”与“权力”熔铸为一进而使日本国整合为一的理论动机和良苦用心：“华夷之争”催生了国家意识，而国家意识，又自然激发出对“华夷体系”的颠覆冲动。这种只有通过修史行为，才能使新的“国际思维”——对“外朝”（中国）的独立愿望和抗衡心态获得根本性明确的深层理念，使我们有必要对《大日本史》“正闰皇统”的前期思想动机进行重新审视。审视中发现，修史者的“正闰皇统”，与其说是为了贬幕府、崇天皇，毋宁说是想通过修史行为来建立起日本独立的道统意识、历史认同、民族主义和国家主义。它第一次用通史的方式系统而深刻地植入了皇统文化的“根”，而由这个“根”所生长起来的日本，由于“据实阙疑”和“万世一系”，也由于“忠烈贯日”和“圣学繁盛”，俨然已变成了真正意义上的“中华”！朱舜水说过：“昔者孔子曰：大道之行也，与三代之英……瑜居恒读此书，慨然兴叹曰：‘吾安得身亲见之哉！’然而不能也。兹幸际知遇之隆，私计近世中国不能行之而日本为易，在日本他人或不能行之而上公为易；惟在勃然奋励，实实举而措之耳。”[2] 这种鼓励的力量实在很大。在这一鼓励下，“正闰皇统”与其说是为了解决皇室与幕府孰为正统的问题，在“华夷”的意义上，还不如说是要向对岸的中国去争夺代表“国际正统”地位的“中华”名分。

实际上，德川光国是一位民族情绪和国家意识均比较强烈的人物。

---

① 白山芳太郎：《補論：北畠親房と中世神道》，载《北畠親房の研究》，ぺりかん社，1998。

② 朱舜水：《元旦贺源光国书八首》，载朱谦之整理《朱舜水集》上册，华中书局，1981，第 113 页。

他说："称毛吕己志（日语发音为"もろこし"，汉字或作"唐土""唐"，或作"诸越"，指古代中国——引者注）为中华者，彼国之人称之则可，自我称之则不可。若本邦帝王所都，则可称中华。指外国为中华，甚无谓也"，"外国从外国之语，以震旦、支那称之。或从当时俗语，称唐山亦可"。[①] 他对撰史者用中国统系笼盖日本的做法，十分警惕。据载，林罗山对"泰伯"为日本"初祖"说法的强烈反应，[②] 几乎也毫厘不爽地在他身上重现了一回："幕府尝命弘文院学士林恕修本朝通鉴。既成，将刊之。时光国诣江户，阅其书，至以吴太伯为皇国始祖，骇然曰：'此说异邦附会妄出，我正史所无。昔后醍醐帝时一妖僧唱此说，而诏焚其书。方今文明之世，如斯怪异，岂容存于世！宜命削之。'遂停其刊。"[③] 对神道的无法释怀，还使德川光国在1730年，撰成了一部《神道集成》文稿。[④] 与此同时，其对多部与神道关系密切的经典，亦表现出了十足的关心，[⑤] 心仪所在，令人瞩目。

德川光国对自身的"自信"和对"异邦"的警惕与贬低，不能说与朱舜水的日常渗透，特别是被朱氏所灌输的"圣教兴盛"可使"夷变为夏"等说教无关。[⑥] 不独有偶，出自山崎暗斋学系的彰考馆总裁栗山潜锋（1671—1706），其于神器论、皇统论和华夷观方面的论述，则不但与德川光国逼肖，且有过之而无不及。[⑦] 随着上述历史观的日渐发

① 德川光圀：《西山随筆》，載《水戸義公全集》中，角川書店，1970，第215頁；《西山遺事》，載《水戸義公伝記逸話集》，吉川弘文館，1978，第296頁。

② 林羅山：《林羅山文集》（上）第三十六卷，ぺりかん社，1979，第408頁。

③ 《大日本人名辞书》"德川光国"条，载朱谦之整理《朱舜水集》下册，中华书局，1981，第802页。

④ 尾藤正英等：《水戸学年表》，載《日本思想大系53·水戸学》，岩波書店，1973，第584頁。

⑤ 据载，"光国恐神道之乖谬，而著《集成》；以古实之艰涩，而解《万叶》；慨英雄之湮灭，而撰《镰仓》"。参见《大日本人名辞书》"德川光国"条，载朱谦之整理《朱舜水集》下册，中华书局，1981，第806页。

⑥ 据载，"舜水时谏光国，其言剀切，光国每纳之。舜水尝与陈遵之书，略谓：'上公盛德仁武，聪明博雅，从谏弗咈，古今罕有……上公让国一事，为之而泯然无迹，真大手段。旧称泰伯、夷、齐为至德，然为之而有其迹，尚未是敌手。世人必曰：'古人高于今人，中国胜于外国。'此是眼界逼窄，作此三家村语。若如此人君而生于中国，而佐之以名贤硕辅，何难立致雍熙之理！'舜水严毅，弗妄许人，而尊光国如此。"参见《大日本人名辞书》"德川光国"条，载朱谦之整理《朱舜水集》下册，中华书局，1981，第802—803页。

⑦ 栗山潜鋒：《保建大記》卷之下，載《日本思想大系48·近世史論集》，岩波書店，1974，第380—381頁。

达，一个无法更易的历史事实已经形成：与朝鲜历史著作中看不到《本纪》的情形相反，不奉中国正朔的日本，在史书特别是《大日本史》这样的史书当中，除了《将军传》外，余者则几乎与中国正史无稍异焉。

在“民族国家”原则适用于东亚地区之前，朱舜水的“归化”身份固然与今天外国人加入日本国籍不同，但身份归属的模糊化状态，倒确实令研究者在分析和把握朱舜水时颇费踌躇。“四十年不留唐人”而朱舜水却成为鲜明的例外——这一日本的特别政策，不能不使走投无路的朱氏心生感戴。同时，朱舜水“仇清”和“思明”情结，对于明清鼎革时期的中原人而言，自属正常反应。至于朱舜水不掩真实，对中原“亡国之学”所提出的深中肯綮的系列批判，也实在不乏学术勇气，即便时至今日，仍大有首肯镜鉴意义。但是，“天朝”人的感觉与“小邦”人的心态，在那个时代还不宜等量齐观。朱舜水语无遮拦的“天下”口吻，在给日本带去经过理性分析的经典而真实的大陆信息，使日本人饱餐了中国政治、学术和社会思潮的“情报全席”的同时，也促使日本开始了自我功能调整的全过程。当然，这个过程是并不向外人，特别是外国人公开的。德川光国及担任彰考馆总裁的朱舜水门生、友人之所以运用朱舜水的修史理念却并不邀请他亲自参编，显然没有把这个“归化”者当成真正的自己人。即便光国念及舜水年高体弱，曾有意让朱氏子孙前来侍奉汤药，却也因所谓“碍法禁”，而“不能诣武江（指江户）”。[①] 然而，当朱舜水的言行无意间暗合了日本人的某种企盼时，那种从根本上刺激于“华夷秩序”而不是“民族国家”理念的“实务主义”“皇统主义”“民族主义”和“国家主义”，却以中原国家无法逆料的速度，迅速滋蔓和恶性膨胀起来。它的爆发，是在与中国反其道而行之的成长过程中终于拥有了足以打败其朝贡对象的政治制度、经济实力、军事优势和价值优越感的时候发生的。至

① 今井弘济、安积觉：《舜水先生行实》，载朱谦之整理《朱舜水集》下册，中华书局，1981，第621页。

于朱舜水究竟缘何而言“大道之行”事业“近世中国不能行之，而日本为易；在日本他人或不能行之，而上公为易”，这恐怕在今后相当一段时期内仍会成为值得研究的课题。

（发表于《历史研究》2008 年第 3 期）

日本拆解“宗藩体系”的整体设计与虚实进路

——对《中日修好条规》的再认识

日本近世以来的行动目标，更多遵循的是它自身的逻辑。换言之，该逻辑的走向和展开，主要依赖于如何确保其目的性价值的实现，而鲜及其他。从这个意义上讲，周遭环境的每次重大变化，都会被日本视为实现自我理想的良机：当地缘政治变动中强弱平衡的国际关系屡屡被外力打破时，当次第发生的外部冲击能被有效地转化为壮大自我的“权威借助”手段时，日本前赴后继的历史积累，会少有悬念地帮助它去改变区域世界的权力结构；其拆解“宗藩体系”的整体设计和虚实进路，便集中展现于区域权力转移的渐变过程中。然而，《中日修好条规》签署后所发生的清朝藩属次第丧失和日本割占台湾等一系列事件每每被学术界处理成彼此无涉的孤立个案等研究现状表明，[①] 对于条规本身之所谓对等属性问题，似乎还需要做出某种体系性的反思。

① 王芸生：《六十年来中国与日本》第1卷，生活·读书·新知三联书店，1979；信夫清三郎编：《日本外交史：1853—1972》，每日新聞社，1974；丁名楠：《帝国主义侵华史》第一卷，人民出版社，1973；王铁崖：《中外旧约章汇编》第一册，生活·读书·新知三联书店，1957；高放：《近现代中国不平等条约的来龙去脉》，《南京社会科学》1999年第2期；欧阳跃峰等：《李鸿章与近代唯一的平等条约》，《安徽师范大学学报》1998年第2期；张振鹍：《论不平等条约》，《近代史研究》1993年第2期；陈在正：《牡丹社事件所引起之中日交涉及其善后》，《中央研究院近代史研究所集刊》1993年6月第22期下；林子侯：《日韩江华岛事件的检讨》，《食货月刊》1984年第3、4、5、6期；等等。偶有提及《中日修好条规》与“甲午战争”之关系者，而且其有关“牡丹社事件”和“琉球问题”的涉及亦不乏可圈点处，但由于研究者将战争的原因主要措置于“修约不成”这一简单的因果律上，故而对如此系列重大事件的立体观察维度，尚付阙如。参见廖敏淑：《〈中日修好条规〉与甲午战争：以修约交涉为中心》，《抗日战争研究》2014年第4期。

一、与中国比肩的悲愿与《中日修好条规》

康有为曾历数过日本对中华体系的拆解行动："日本蕞尔岛国，其地十八万方里，当中国之一蜀，而敢灭我琉球，剪我朝鲜，破我辽东，踞我威海，虏我兵船，割我台湾。"① 康氏的话，其实牵出了一个事件链，这个链条，起自 1871 年的"牡丹社事件"，而终于 1895 年的《马关条约》。除辽东、威海和台湾外，康有为的其他控诉或许让今人颇为费解。但是，当人们回到他所处时代的东亚区域关系中时，这种费解，才会转为理解。在那个时候，数百年来一直与中国朝廷保持朝贡册封关系的琉球和朝鲜，并不被认为是中国之外的国家，至少也是中国的属邦（藩属）。换言之，直至晚清时期，通行于东亚区域内部的显在关系原则，依然是中华中心的"宗藩体制"。在这样一个前提下去观察日本和日本行动所引起的激烈反应，才有助于人们了解东亚区域固有关系体系以及这一体系的灭裂轨迹，也才能最大限度地接近和把握遭遇于东亚地区的内外规则，是在怎样的背景下彼此扭曲和显隐交替的真实过程。事实上，除欧洲列强外，有能力摧毁东亚区域体系并且积极充当这一急先锋的，正是当年游移于"宗藩体制"内外的日本。

早在江户开府后的 1636 年，日本在给朝鲜的外交文书中，就主张要径书日本年号："朝鲜者明之幕下，我日本者特不然也。开辟已降，伟然建紫宸，特更改天元，则自今而通用书可记我元。"② 明清鼎革后，幕府决定在对马藩递给朝鲜的外交文书上，废止以往的明朝年号，而改用日本年号；同时要求朝鲜国王在给德川将军的国书上，换掉以往的"日本国王"，而采用"日本国大君"称号（将军在致朝鲜国王国

① 康有为：《日本书目志》，载《康有为全集》第 3 集，中国人民大学出版社，2007，第 280 页。

② 東京大学史料編纂所蔵写本：《朝鮮信使記録》；荒野泰典：《近世日本と東アジア》第 1 部第 1 章，東京大学出版会，1988，第 11—12 頁。

书时的自署，则按惯例仍写作“日本国源某”）。[①]“大君”名号的自封，使朝鲜国王和德川将军成了对等关系；因将军以上还有天皇，于是，整个日本亦从此与中国之间画上了等号。荒野泰典认为，这一图式，后来被明治维新政府继承下来并在现实当中实现了当初的设计。[②]实际上，为了实现这一设计，明治政府在确立宪法、用“大日本帝国”的自我封号使东亚区域关系发生质变以前，曾经以急迫的方式布下过一着久经考虑的妙棋，即《中日修好条规》（《日清修好条规》）的签署。

《中日修好条规》，从 1871 年 4 月 27 日（明治四年三月八日）日本派遣赴清使节外务卿泽宣嘉和外务大丞柳原前光时起，经特命全权代表大藏卿伊达宗城的全力斡旋，直到 9 月 13 日（明治四年七月二十九日）完成双方签署，历时近五个月。实际上，柳原前光早在一年前（1870）就催促中方与日本签订双边条约，但从双方交涉情况看，清廷不仅不甚积极，起初还委婉地拒绝了日方的请求。[③]日本方面在缔约过程中情急有加，这一点，毋庸讳言。[④]然而，即便清廷后来同意签约，双方在条约措辞和表述上，仍不免龃龉争执，有时甚至相与睥睨，睚眦必报。由此而发生的纠葛细节，每每意味深长。日本天皇在呈给清朝皇帝的信函中这样写道：

> 大日本国天皇敬白大清国皇帝：
>
> 方今寰宇之间，交际日盛。我邦既与泰西诸国通信往来，

---

① 按照明治日本人的说法，“日本之与西国处立各约有大君之称。此系前幕府自己为称，原非出自天皇者也”。参见《清國卜ノ修好條規通商章程締結ニ関スル件》（明治四年七月四日），載日本外務省外交史料館編《日本外交文書》明治期四年第 4 巻第 1 册，日本外交文書頒布会，1957，第 246 頁。

② 荒野泰典：《近世日本と東アジア》第 1 部第 1 章，東京大学出版会，1988，第 12—13 頁。

③ 《照会》（明治四年五月十五日），載《清國卜ノ修好條規通商章程締結ニ関スル件》，転引自日本外務省外交史料館編《日本外交文書》明治期四年第 4 巻第 1 册，日本外交文書頒布会，1957，第 189 頁。

④ 《清國卜ノ條約草案提出竝ニ同草案至急下渡アリ度旨伺ノ件》（明治四年四月三十日），載《清國卜ノ修好條規通商章程締結ニ関スル件》，転引自日本外務省外交史料館編《日本外交文書》明治期四年第 4 巻第 1 册，日本外交文書頒布会，1957，第 165 頁。中国当时的态度是：“夫中国非有所希冀，欲与贵国立约也，特因去岁情词恳切，并送来十六条，均以两国立论，其中虽有数条未能妥洽，余尚可采，是以我中堂奏准，派使前来会议。”参见《应宝时陈钦给柳原前光等函》，载《筹办夷务始末》（同治朝）第 9 册，中华书局，2008，第 3287 页。

况近邻如贵国，宜修亲善之礼也。而未有通使币结和好，深以为憾。乃特派钦差大臣从二位行大藏卿藤原朝臣宗城，以遣贵国而达诚信，因委以全权便宜行事。冀贵国思交谊，笃邻好，即派全权大臣会同酌议，订立条约。两国蒙庆，永久弗渝，乃具名玺敬白。伏祈皇帝，康宁万福。

明治四年辛未五月　日[①]

日方纡尊而堂皇的言辞下，固不乏心情之急迫，但并没有因此而放弃刺激中方的一贯做法。除了“大日本国天皇敬白大清国皇帝”一句与小野妹子向隋炀帝的对等表达在格式上几无差别外，[②]“我邦既与泰西诸国通信往来，况近邻如贵国”一语，亦明显内藏倨傲，大有挟西洋以自重的味道。这些表述，虽引起过中方的不快，但回敬之辞，却也未尝相让，且暗含某种蔑视。在讨论日本国首脑是否可用“天皇”称谓时，中方指出：“天皇氏为首出神圣。后世皆推崇，莫敢与并。今查贵国与西国所立各约，称谓不一。而中国自同治元年以来定约者十余国，皆称君主，即布国亦然。应请另拟尊称，以避上古神圣名号。否则，唯好仅书两国国号，以免物议。……若天皇之称，考古之圣帝名王，亦未敢与之并称。是以皇帝二字，虽易代犹同此称；而天皇，则往古未闻沿袭。在身为帝王，尚不敢以之自居，而凡在臣民之尊其君者，更可知矣。我朝敬天法祖于郊禘之礼，祝版尚须抬写天字，则不敢以天皇待邻邦之君，更可想见。则天皇二字之不通行于天下者如此。”日方见此，虽竭力为“天皇”之称正名和辩白，但因争执下去恐误大事，只好暂以下面话语作结：“今两国立约，仅书两国国号亦可也。至于来往国书及公文，则我国自称曰天皇，贵国回称日天皇或曰皇帝，两从其便。”

---

① 《大日本國天皇敬白大清國皇帝》（明治四年辛未五月×日），載《清國卜ノ修好條規通商章程締結二関スル件》，転引自日本外務省外交史料館編：《日本外交文書》明治期四年第4卷第1册，日本外交文書頒布会，1957，第177—178頁。

② 明治六年癸酉四月，明治天皇为换约事在“日本国书”之开篇处亦书：“大日本国大皇帝，敬白大清国大皇帝。”参见《筹办夷务始末》（同治朝）第9册，中华书局，2008，第3629页。

然而，当商讨条约标题时，日方又开始揪住中方不放，认为题头与“日本国”并列的“中国”称谓，有失妥当：“中国系对己邦边疆荒服而言，约内两国相称，明书国号为正。”对此，中方的解释理直而气壮：“我中华之称中国，自上古迄今，由来已久。即与各国立约，首书写大清国字样，其条款内皆称中国，从无写改国号之例。来笺谓已邦边疆荒服而言，似属误会，未便照改。”后来，在条约于七月八日拟将付署之际，日方再度重申了不可用“中国”为开首之理由：“中国之东有满洲、朝鲜，以西有西藏、后藏、昆仑山，若云其内之中国，岂非有指斥周边为外夷而自尊为中国之嫌乎?”遂决定于汉文条约开首处写“大清国”和“大日本国”，余则可书“中国”和“日本”；而在和文开首处，可书“大日本国”和“大清国”，余则可署“大日本”和“大清”，以国号表之即可。然而，日方看上去完全是为清廷着想的提议，却丝毫也不单纯：如果清廷坚持“中国”称谓，则满、鲜、藏、疆就成了“外夷”而不应纳入“中国”版图；可倘若自称“大清”，则“中国”又无异于“华夷”杂糅体或至少与“外夷”相混一。这至少体现出日本对中国的两大“非友善”：一是“中国”自“中国”，“外夷”自“外夷”，故清廷无格代表“中国”；二是将清朝的龙兴之地“满洲”亦列入“外夷”的说法意味着，“明清鼎革”即为“华夷变态”的畴昔印象，在日本的文化感觉上似并未有所改变。照理，中方应坚持“未便照改”之前语才是。但从条约的最终成文看，在《修好条规》和《通商章程》的开首处，无论是日文版还是汉文版，显然均遵照了日方意见，只不过日文版排序为“大日本国·大清国”，而汉文版为“大清国·大日本国”而已；至于“中国”和“中国人”字样，则多散布于汉文版的具体条款中，而日文版中的相应表达，仍是“大清”和“大清人”。从李鸿章给朝廷所上奏折中可以看出，中方曾就以上问题亮明过“严正”的立场：“所有前经籖商各条，尚不过遇刁难，惟彼所力争而固执不化者，条规开首，必欲我皇帝与该国天皇并称；章程内载两国国号，必欲大清国与日本并称；又所恳求而狡猾莫测者，则在于仿照西约一体均沾。假如前一条依其说，则是中国约章刊列彼主非常之尊号，将来可以征信于史册，目前更可以陵轹东洋，夸耀西洋，而彼得获其名矣；后一条允其请，则援照西约事例，可以入我内地，处处贸迁，我不能与之争，而彼得或其实矣。”其对手柳原前光，“颇习华书，深悉中西和约利弊曲折，坚欲伸其所说”，“意颇翘然自负。臣乘其措辞罅漏，偶厉声色以折之，谓若存牢不可破之见，此事只可罢议，该使始俯首允遵”。但是，李鸿章的“厉声”似乎并未真起作用，因为上述所谓“牢不可破之见”，最终还是被一一突破。至于何以会如此，明治四年日本外交史料所记李鸿章之态度，似乎需要注意：“天皇尊称书写事，本毋庸议论。复函时称天皇抑或皇帝，可由我权衡酌定。虽然，我皇上复函时不至以不敬之名号称贵国之帝也”。[①]而李鸿章在所上奏折中的解释却是：“所有条规开首，浑含其词，及章程内分写两国，仍称中国及日本字样，均尚得体。其均沾一层，决不许用。”[②] 然而，“条规开首”这一最不能“浑含其词”的地方，却被李鸿章在报告朝廷时做了“浑含其词”的处理；而这一至为重要的细节却意味着，当“大日本国”与“大清国”在条约开端处比肩并立时，日本谋求了千百年之久的与中国对等的悲愿，终于在新世界国际关系的绝对权威依据——“国际法”规则下，首次化为现实。在民族独立、国家平等的新时代，倘若日方恪守条约第一条所谓“大日本国倍敦和谊，与天壤无穷。即两国所属邦土，亦各以礼相待，不可稍有侵越，俾获永久安全”等约定行事，则“中日史上唯一平等条约”云者，或许应无物议。可日本的许多做法，却难以让人相信，条约果真就可以约束他们的全部言行。无论“大清国”国号建议中埋藏了多少日本的外交玄机，但国号毕竟还是国号。可当其外务卿与意大利公使谈及清朝事宜时，却满口“支那”或“支那政府”，对中国全无尊重，

① 《修好條規起首國名ノ下尊号ヲ揭ケサル解》（提出日期不詳），載《清國ト ノ修好條規通商章程締結ニ関スル件》，転引自日本外務省外交史料館編《日本外交文書》明治期四午第4卷第1冊，日本外交文書頒布会，1957，第245—247頁。

② 《李鸿章奏与日本国定约情形折》，载《筹办夷务始末》（同治朝）第9册，中华书局，2008，第3307—3308页。

遑论“以礼相待”了。[1] 随着日本的“自封”行程已臻抵“大日本帝国”之极致处，这种情况已变得赤裸裸全无遮掩，“シナ（支那）”“チャンコロ（清国奴或清国佬）”等对“中国”和“中国人”的蔑称已势若连天蔓草，难以芟除。[2]

二、 佯攻台湾与窃夺琉球

与荒野泰典的观点相仿佛，张启雄教授认为，“明治以来，尤其是中日修好条规缔结后，日本自比天皇为皇帝，幕府为国王，遂视朝鲜为下位之国。因为 J = C，C > K，所以 J > K（C = 中国，J = 日本，K = 朝鲜）的观念日盛；又以满清出身北狄，遂视清为夷，以己为华，取清而代之的观念，日益强盛。于是起兵‘进出’中华世界”。如果日本所扮演的仅仅是用“中华世界”规则来“争天下”之角色，那么，上述解释应已足够圆满。然而，日本外务卿在意大利外国公使面前和日本人内部讨论问题时对中国的大不敬表现，证明《中日修好条规》中“大日本国”与“大清国”的对等并立，只不过是形式和假象。对中国的蔑视式“对等”已不啻把中国“相对化”的事实意味着，日本真正心仪并亟欲与之比肩者，是欧洲（Europe）而非其他。特别是当日本意识到出自欧洲的“国际法”将给日本的亚洲行动带来极大的便利时，一个对外关系的新构图——因为 J = E，所以 J > C（E = 欧洲），使利用“欧法”来“解决”东亚问题的想法，乃迅速成为日本朝野的主调和共识。起初，李鸿章在曾根俊虎等“兴亚会”和“大亚洲主义”者“联亚抗欧”论的煽惑下，曾萌生过“联日抗欧”的“新中华世界秩序构想”。可是，亦如张启雄教授所指出的那样：“中日修好条规缔

---

① 《大清國大日本國修好條規》（明治四年七月二十九日天津ニ於テ調印，明治六年三月九日批准），載《清國ト ノ修好條規通商章程締結ニ関スル件》，転引自日本外務省外交史料館編《日本外交文書》明治期四年第4卷第1册，日本外交文書頒布会，1957，第202—204頁。

② 张启雄：《“中华世界帝国”与近代中日纷争：中华世界秩序原理之一》，载蒋永敬等编《近百年中日关系论文集》，中华民国史料研究中心，1992，第40页注52。不过，对于作者混一清朝与日本之不同性质的表述，引者不敢苟同。

结之际，即是新中华世界秩序构想崩解之时。”① 这种理解的意义应在于，日本人所抛出的所谓“大亚洲秩序”，其组建者应该是日本自己，而不可能还是中国。可是，日本建立该秩序的第一步，显然不是“聚合”，而是“拆分”，即如何首先使以往以中国为中心的“华夷体系”解体。而这一点又恰恰决定了日本行动的法理依据，不可能还是前近代的“宗藩体系”规则，而是欧洲“国际法”规定下的“条约体系”标准。这样才便于理解，何以日本在发动“甲午战争”（“日清战争”）之前，要次第制造“牡丹社事件”（1871 年 11 月—1874 年 8 月）、“江华岛事件”（1875 年 5—9 月）和“甲申事变”（1884 年 12 月）等一系列事端。

“牡丹社事件”之经纬，曾被黄遵宪《日本国志》简记如下：

先是，辛未十一月，有琉球船遇飓风飘至台湾，为生蕃劫杀五十四人。癸酉三月，小田县民四名亦漂到遭害。喜事者因谓生蕃豺狼，不可不膺惩，特以生蕃、熟蕃有异，欲先质经界于我。会种臣在北京，乃寄谕种臣，命询台地事。种臣难于启口，因遣副使柳原前光问我总理衙门大臣毛昶熙、董恂，昶熙等答曰：“蕃民之杀琉民，既闻其事，害贵国人则我未之闻。夫二岛俱我属土，属土之人相杀，裁决固在于我，我恤琉人，自有措置，何预贵国事而烦为过问。”前光因大争琉球为日本版图，又具证小田县民遇害状，且曰：“贵国已知恤琉人，而不惩台蕃者何?”曰：“杀人者皆属生蕃，故且置之化外，未便穷治。日本之虾夷，美国之红蕃，皆不服王化，此亦万国之所时有。”前光曰：“生蕃害人，贵国舍而不治，然一民莫非赤子？赤子遇害而不问，安在为之父母？是以我邦将问罪岛人，为盟好故使某先告之。”反复论诘者累日，卒不能毕议。及前光归，白状，于是征台之议遂决。甲戌三月，

① 张启雄：《“中华世界帝国”与近代中日纷争：中华世界秩序原理之一》，载蒋永敬等编《近百年中日关系论文集》，中华民国史料研究中心，1992，第 13、18 页。

以陆军少将西乡从道为都督，陆军少将谷干城、海军少将赤松则良为参军，率兵赴台湾。……初，师发长崎，复遣柳原前光于北京，领事九成至厦门，亦书告闽浙总督李鹤年。书曰："去年副岛大使以下既报贵国政府，今将起师问罪于贵国化外之地。若贵国声教所暨，则秋毫不敢侵犯。疆场密迩，愿毋致骚扰。"鹤年覆书曰："台湾全岛，我所管领，土蕃犯禁，我自有处置，何借日本兵力为。至贵国人民四名之遇祸者，我台湾府吏实救庇之，何可以怨报德？请速收兵退我地，勿启二国衅。"鹤年以闻，时总理衙门、北洋大臣既先驰奏，我朝乃命船政大臣沈葆桢巡视台湾，调兵警备。前光至京谒总理衙门，词旨抵牾，于是二国势将构兵。……（鸿章）既而念日本近在肘腋，无以餍其欲，恐有妨亚细亚洲后来和局。乃终许抚恤筹补银，限期撤兵，两国遂和好如初。《条款》曰："照得各国自行设法保全，如在何国有事，应由何国查办。兹以台湾生蕃，曾将日本国政府属民妄为加害，日本国本意为该蕃是问，遂遣兵往彼，向该生蕃诘责。今与清国议退兵，并善后办法，开列三条于后：一，日本国此次所办，原为保民义举，清国不指以为不是。二，前次所有遇害难民之家，清国许给以抚恤银十万两，日本所有在该处修道建房等件，清国愿留自用，先行议定筹补银四十万两。三，所有此事两国一切往来公文，彼此撤回注销，作为罢论。至该处生蕃，清国自行设法妥为约束。"①

"牡丹社事件"，起因于"八瑶湾事件"。同治十年（1871）十月二十九日，一艘按例遣使向清廷进贡的琉球船到中山府纳贡后遭遇飓风，船漂至台湾东南八瑶湾时触礁倾覆。船上有 69 人，3 人淹毙，余 66 人泅水登陆，误入牡丹社生番地界。其中，有 54 人被杀，余 12 人为汉人所救，幸免于难，是所谓"八瑶湾事件"，又称"宫古岛民台湾

① 黄遵宪：《日本国志》上卷第 6 卷《邻交志》上，天津人民出版社，2005，第 146—149 页。

遇害事件”。琉球难民回国后，日本得知消息，乃暗自筹划，两年后，假“借地操兵”之名，[①] 于同治十三年（1874）日本陆军中将西乡从道率4艘军舰及陆海军官兵3 600多人侵台“征番”。交战双方互有死伤，“官民所报，生番死者多于倭兵，而倭将所称，则倭兵死者多于生番”。[②] 最后，在英国的斡旋下，1874年10月31日，李鸿章与大久保利通在北京谈判媾和，所签《中日北京专条》内容有三：（1）日本出兵，为保民义举，“中国不指以为不是”；（2）清朝支付“抚恤银”（日方称“偿金”）50万两白银，其中，给“遇害难民之家”10万两，购买日军在台之“修道建房”等设施40万两；（3）待所列款项一半交付一半以还款凭单确立后，“遂将日本在台之军师立行撤退回国”。[③] 是为“牡丹社事件”。

然而，明眼人不难看出，日本在事件后索要赔款时似乎并没有狮口大开——50万两白银，对中日双方而言似均无法构成过大的忧喜，所以事件本身的要害并不在此。事件的结局固然暴露了清廷对新近占国际关系主导地位的“条约体系”颟顸无知，但日本从西方拿来的一整套外交组合方案和设计缜密、步步为营的攻防手段，以及这场外交博弈所要达到的真实目的，却构成了研究者所需关注的大问题。

实际上，日本人在《中日北京专条》中能够要到“中国不指以为不是”的理据，与李鸿章自陷于“华夷体系”与“条约体系”之混乱的法理泥淖，关系密切：“前与驻津美领事毕德格论及各使会议一节，据称或以非使权应办之事，或东使谓与各国无干，未便遵允，则亦无甚裨助。且各使即肯公平曲直，未必尽诎彼而直我。平心而论，琉球难民之案已阅三年，闽省并未认真查办，无论如何辩驳，中国亦小有不是。万不得已，或就彼因为人命起见，酌议如何抚恤琉球被难之人，

---

① 《奕䜣等奏日本兵船现泊厦门请派员查看折》，载《筹办夷务始末》（同治朝）第10册，中华书局，2008，第3736页。

② 《文煜等奏沈葆桢等到台日期并倭兵情形折》，载《筹办夷务始末》（同治朝）第10册，中华书局，2008，第3774页。

③ 《賞金額ハ清國政府ノ意ニ任セ我カ征蕃ヲ義挙ト認メシムル等ノ和議條件ニ関スル件》附属書（明治七年十月二十五日），載《臺灣生蕃討撫一件》，転引自日本外務省外交史料館編《日本外交文書》明治期七年第7巻，日本外交文書頒布会，1955，第310頁。

并念该国兵士远道艰苦，乞恩犒赏饩牵若干，不拘多寡，不作兵费，俾得踊跃回国，且出自我意，不由彼讨价还价，或稍得体而非城下之盟可比。内不失圣朝包荒之度，外以示羁縻勿绝之心，未审是否可行。”① 无疑，能以50万两“抚恤银”即可了断“牡丹社事件”，在李鸿章看来未必不是他外交能力的重要体现；可这一体现的道理性前提，却恰好构成了日本人提出“中国不指以为不是”之说法的理直气壮的根据。这意味着，日本在这场事件中，要的或许不是“钱”，而是“理”，尤其是其求之不得，却又被主动相送的“理”。事实是，在获得这个“理”之前，日方所动用的全部心思、手段甚至军事手段胁迫下的强词夺理行为，几乎都是围绕它而切入、而展开的。那么，这个理的确切指向究竟是什么呢？

德川时代的琉球王国，位处中日之间的“两属”状态。② 然而，在“宫古岛民台湾遇害事件”仅过去两个月的同治十一年（1872）正月，鹿儿岛即派人来琉球，向琉球王府通报幕府时期的萨摩藩已更名为鹿儿岛县诸事。同时，答应豁免琉球拖欠萨摩藩的一切债务，并称琉球人祖先乃日本人，而清朝皇帝不过夷狄，应早归母邦，速为之图云云。③ 同年九月十四日，当尚泰王所派使臣尚健等谒见明治天皇时，日本方面竟出人意表地宣读了天皇册封尚泰为“琉球藩王”并“叙列华族”的诏书。④ 关于日本何以会如此迅速地着手琉球“处分”问题，有日本学者指出，“宫古岛民台湾遇害事件”，应该被视为“东亚华夷秩序与万国公法秩序相互冲突的典型案例”。正唯如此，“明治政府才于明治五年合并琉球、设置琉球藩，并进一步否定了琉球迄今在日本和清国之间的两属状态。因为只要立足于万国公法的单纯性原理，那么，琉球是清国领土还是日本领土，抑或‘无主’之地，便只能允许存在一种关系属性，而华夷秩序眼里的所谓两属观念，在这里并不存

① 李鸿章：《李鸿章致总署函：论台事归宿》（同治十三年七月十六日），载顾廷龙、戴逸编《李鸿章全集》，安徽教育出版社，2008，第84页。

② 喜舍場朝賢：《琉球見聞録》，東汀遺著刊行會，1952，第28—29頁。

③ 東恩納寬惇：《尚泰侯実録》，明光社，1924，第183—189頁。

④ 《詔勅集》（下卷），载《列聖全集》，列聖全集編纂會，1916，第194—195頁。

在。从这一逻辑出发，琉球漂流民被台湾住民所害，对日本国民而言便意味着被清国国民所害，清国也就要为此承担某种法律责任。可这样一来，清朝把台湾视为自国领土的观念究竟根源于怎样的法理依据，就成了需要回答的问题。明治政府试图以该事件为契机，来一举解决缠绕在东亚国际秩序形态上的全部问题，于是明治六年（1873）三月，日本政府便以《日清修好条规》批准为由，向清朝派遣了外务卿副岛种臣"。[①] 这意味着，台湾自古以来即属中国版图这一自明问题，将被日方推向争论前台并准备接受各种角度的"拷问"。

"宫古岛民台湾遇害事件"发生后至明治六年（1873），日本单方面急迫地"解决"琉球所属问题及其相关行动，似乎都是在为出兵台湾做理由上的铺垫。但是，如果要移师台湾，就必须先行证明被杀害的琉球人乃"日本国属民"；而琉民所属关系问题一俟得到解决，日本向台湾问罪，才有了充足的理由和借口。问题是，如果台湾是清朝领土，那么，日本的军事行动，就势必因侵略中国而引发中日冲突。果如此，不但清朝，那些在东亚地区有着各自利益的欧洲列强，也一定会反应激烈，干涉纷至，致使日本前功尽弃，预谋难举。于是，如何解构台湾清属的法理依据，就成为日本当局须绞尽脑汁、高调发声的大问题。这意味着，副岛种臣来北京交换《中日修好条规》的行为不过是幌子，其掩藏于换约背后的真实目的，乃在于刺探清廷对台湾主权认识的虚实。于是就有了前引《日本国志》中副岛种臣副使柳原前光与清朝总理衙门大臣毛昶熙、董恂讨论"生番害人"时的那番对话。毛昶熙伊始不承认"蕃民之杀琉民"即等于中国人杀害日本人，因为无论台湾还是琉球，"二岛俱我属土，属土之人相杀，裁决固在于我，我恤琉人，自有措置，何预贵国事而烦为过问"。可由于 1872 年琉球已被明治政府化为"内藩"，因此，柳原前光"因大争琉球为日本版图"的用意，已不言自明。然而，当柳原问及"贵国已知恤琉人，而不惩台蕃者何"时，毛昶熙的蛇足式回话却让日方始料不及并如获至

---

① 坂本多加雄：《明治国家の建設》，中央公論社，1999，第 144 頁。

宝，即“杀人者皆属生蕃，故且置之化外，未便穷治”。这便是后来被日本人反复炒作的所谓“化外之民”说。① 在“化外之民”之所居被讹为“化外之地”，而“化外之地”即“无主野蛮之地”等一系列归谬下，② 柳原前光撂下的“我邦将问罪岛人，为盟好故使某先告之”等狠话，好像并未有违日本的征剿对象与清朝无关的逻辑预设。然而，如果仅仅一句“化外之民”就可以给日本提供足够的出兵理由，那就过于低估了日本人的折冲能力。“牡丹社事件”中，日本全权办理大臣大久保利通，对中国有关台湾主权的相关记载，似了若指掌，几若学者然。③ 然而，中方的反应亦同样理直气壮：“夫台湾之事，贵国之兵涉吾土地，中国并未一矢加遗。且生番地方本属中国。无论事前事后，不待本衙门论及，久为中外所共知。”“台湾为中国地方，台湾之内山非中国地方乎?”④ “查各国所属邦土，不得以臆度之词，任意猜疑。各国政教禁令亦不得以旁观意有不足径相诘难。中国与贵国修好条规第一条内载两国所属邦土，不可稍有侵越，俾获永久安全。第三条内载两国政事禁令，应听己国自主，不得代谋干预，不准诱惑土人违犯各语，所言极为切要。夫台湾地方，本属中国，不待辩论，久为中外所知。其如何绳以法律及兼辖各厅县之处，中国本有因俗制宜之政令。如遇有中外交涉事务，当有中国照约查办。”⑤

---

① “我副岛钦差奉使之际，告以惩办蕃民之事，而何不引以为贵国之责，而诿以化外? 此非以蕃民为在中国之外者而何?”“利八遭风被劫，实在昨春。其回国也即副岛钦差奉使之后。当时我国既认台湾为贵国化外，则何须渎告请辨也?”参见《清國総理衙門ヨリノ答覆書反駁ノ件》附属書二（明治七年九月二十七日），載《臺灣生蕃討撫一件》，転引自日本外務省外交史料館編《日本外交文書》明治期七年第7卷，日本外交文書頒布会，1955，第244頁。

② 《大久保辨理大臣ヨリ日清交渉経過説明ノ件》（明治七年十月十四日），載《臺灣生蕃討撫一件》，転引自日本外務省外交史料館編《日本外交文書》明治期七年第7卷，日本外交文書頒布会，1955，第267—268頁。

③ 《清國側ノ主張ヲ駁シ取急キ歸朝スヘキ旨通告ノ件》照会（明治七年十月二十五日），載《臺灣生蕃討撫一件》，転引自日本外務省外交史料館編《日本外交文書》明治期七年第7卷，日本外交文書頒布会，1955，第303—304頁。

④ 《大久保辨理大臣ノ問條ニ對スル答覆書送致ノ件》附属書（明治七年九月二十二日），載日本外務省外交史料館編《日本外交文書》明治期七年第7卷，日本外交文書頒布会，1955，第237—238頁。

⑤ 《臺灣藩地ニ清國ノ政令及不及ヲ詰問スルハ日清條約ニ違反スル旨等回答ノ件》（明治七年九月三十日），載《臺灣生蕃討撫一件》，転引自日本外務省外交史料館編：《日本外交文書》明治期七年第7卷，日本外交文書頒布会，1955，第247—248頁。

在中国历史上，三国时代与台湾的人员往来和元朝的对台建制已自不待言，1689 年清朝收复台湾后始设台湾府与台湾、凤山、诸罗三县隶属福建省的事实，则尤复不容置喙。① 在正式统一台湾前，郑氏曾与清廷有过多次谈判。清廷何以必须收回台湾，不仅因台湾世属中华，而且连当时的台湾支配者，亦是中国之人。当郑经提出“苟能照朝鲜事例，不削发，称臣纳贡，尊事大之意，则可矣”等要求时，② 康熙的回答至为明确：“若郑经留恋台湾，不思抛弃，亦可任从其便。至于比朝鲜不剃发，愿进贡投诚之说，不便允从。朝鲜系从未所有之外国，郑经乃中国之人。”③ 而且，台湾与清廷和琉球与清廷，在关系的性质上毕竟是有差异的，即前者是中国领土，而后者是朝贡藩邦。唯此，当郑经要求“请照琉球、高丽外国之例，称臣奉贡，奉朝廷正朔，受朝廷封爵”时，康熙坚决不允，认为“台湾贼皆闽人，不得与琉球、高丽比”。④ 可在如此历史事实面前，日使为什么还要对“牡丹社事件”中昭然若揭的对华“侵越”行动，持所谓“版图之义未确，则侵越之名未当。本国断断不能承认此鹘突不了之案，而甘受不容之罪”等否定态度呢？又何以将中国隐忍宽容、竭力维和的“不以一矢相加遗”行为反诮为自认理亏的无奈反应呢？⑤ 这除了能证明学界以往的推察尚略显浅表外，还极易让人忽略西方国际法所拥有的解构力量，以及日本人超常发挥这一近代国际关系规则的深层用意。事实是，在台湾主权问题上，清廷的法理与欧洲的法理并不缺乏可以对话的空间，而日本方面最终也并没有坚持几乎已被它认定了的“台非清属”结论。

大久保利通的老到，要求他与清廷交涉的第一时间就必须摆出一

① 赵尔巽编：《施琅传》，载《清史稿》卷 260，中华书局，1977，第 9867 页。

② 江日升：《台湾外记》，福建人民出版社，1983，第 205 页。

③ 中国科学院编：《敕谕明珠等郑经比例朝鲜不便允从》，载《明清史料・丁编》第 3 本，国家图书馆出版社，2008，第 555 页。

④ 《清圣祖实录》卷 109，《圣祖实录》（2），载《清实录》第五册，中华书局，1985，第 118 页。

⑤ “版图之义果确无所疑耶？名实之间果莫有相乖者耶？”“果使版图之义确而无疑”，“大国”“何故有派使告于总理衙门者，衙门非不闻知而诿以化外不理，任其自辨？”参見《清國側ノ改圖ヲ促シ五日ヲ限リテ回答ヲ求メ両便ノ辨法アラハ通知アリ度旨要求ノ件》照会（明治七年十月十日），載《臺灣生蕃討撫一件》，転引自日本外務省外交史料館編《日本外交文書》明治期七年第 7 巻，日本外交文書頒布会，1955，第 262 頁。

副理直气壮的姿态，并在居高临下的攻势中展开其看似缜密却未免牵强的设计。首先，针对清廷所谓“化外不治”者应“宜其风俗，听其生聚”等说法，大久保指出：“无律是无国也，此二语奚足以为属土之征？贵国于土蕃，果有立法治民之权，则其俗必不可纵者有一焉。曰戕害漂民是也。此事土蕃习以为常，无所畏惮。贵国以为尝有法治之实欤？”① 在他看来，台湾是否属于清国，关键要看其有无政教：“兹所辨论两相抵牾而不合者，由台蕃属否之实未判也。要判其实，不得不征该地有无政教。”为什么这样讲呢？“夫欧洲诸名公师所论公法皆云：政化不逮之地不得以为所属。是为理之公者。”“今只要请教一言，曰不论化之内外，政之有无，未绳以法律之民，未设立郡县之地，而称该地在版图内，抑亦有说也欤？此是两国议事吃紧公案。此案未了，所谓悉心同商办法者，将从何说起？其将何以善将来乎？是以本大臣所以不得已于再三也。附呈公法汇抄一册，以便照阅，幸垂熟思。抑贵国既指台蕃自称以为属在版图，而疑我国有犯其权以致节外生枝。所引修好条规统系两国交际条款。今台蕃既在中国之外，则绝不与之相涉，况代谋干预一事，本大臣不惟不敢，亦非所愿。本大臣所询及者，只在贵国政教之实果否施及台蕃，非问贵国内地之政，焉得谓害贵国自主之权哉！”② 大久保利通递呈给中方的《公法汇抄》，③ 无疑为他的以上言说提供了现行而强势的法理注脚：“茂龙西利氏为公师出于最近时而推重于世者。其言曰：‘……凡称占有者，寻觅新域已有占据

① 《臺灣藩地ニ清國ノ政令ノ及フヤ否ヤノ件》附記（明治七年九月十九日），載《臺灣生蕃討撫一件》，転引自日本外務省外交史料館編《日本外交文書》明治期七年第7卷，日本外交文書頒布会，1955，第235页。

② 《清國総理衙門ヨリノ答覆書反駁ノ件》照会（明治七年九月二十七日），載《臺灣生蕃討撫一件》，転自引日本外務省外交史料館編《日本外交文書》明治期七年第7卷，日本外交文書頒布会，1955，第242—243頁。

③ 《公法汇抄》，是法国法学家博瓦索纳德（Gustave Émile Boissonade de Fontarabie，1825—1910）为日本政府所提供的国际公法摘抄本。里面汇集了西洋国际法学家发得耳（也译作“滑达尔”“瓦特尔”）、麻尔丹、叶菲德耳和茂龙西利等人的“无主地先占论”和“实力管辖领有论”等所谓国际法条规。博瓦索纳德滞留日本二十余年，历任日本太政官法制局御用主管、元老院御用主管、外务省事务顾问、国际法顾问等职，并为日本起草过刑法典和民法典。据司马辽太郎讲：“明治七年（1874），在台湾东海岸曾发生冲绳人被杀的事件。明治政府想：究竟台湾归哪一个国家所属？”时在明治政府任职的波瓦索纳德遂根据他编的以上抄本，为日本做出了以下“御用”报告，即：“台湾岛是无主之国。”参見李登輝、司馬遼太郎：《对談：場所の悲哀》，《週刊朝日》1994年5月6—13日号。

之意向而施以实政之谓也……’又曰：‘各国得有权兼并无人之境及蛮夷之地者，必由开疆辟土教化其民创造其政。凡国之主权，非施于实地则无得焉……若一国广略蛮土自称执主权而其实不能开拓管理者，已非生聚之谊，而又阻他国使不得开其地也。……故一国虽有掌管邦土之名而无其实者，他国取之不为犯公法。’”① 大久保甚至干脆直言：“贵王大臣专以修好条规为言，不欲省本大臣所进万国公法。夫修好条规之与此案不相涉，本大臣业经言之，今不必论！”② 这几乎等于说，在西法的衡量下，不但台湾毫无政教且不在中国版图之内，甚至即便被外国据为已有，也不算违背公法！问题是，中方大臣除了《修好条规》外，似不甚详于“公法”，且敢直截了当承认之：“贵大臣欲引公法，不据修好条规云云。即以万国公法言之，贵国举动是否与公法中一一相合，自有公论。本王大臣未能详悉泰西公法全书精义，不敢据以问难。”③ 而大久保却坚决主张以“公法”断案：“夫两国遇有争端，将何以为决？曰事证，曰公法。不以事证，无以为据；不有公法，无以为断。”“夫管属之义，由有实政。无实政者，不得为管属。公法所论，亦经本大臣抄出供阅。贵王大臣乃以未能详悉为词，于晤谈时又云‘公法专录泰西事，中国不在其列’等语。盖有国斯有国法，有万国相交斯有公法，是理之不可沦者。”“夫公法既不足省，事证既不足据，则两国争端，究何所决？”不难发现，中方越不谈“公法”，大久保就越发强调之，直至最后将日本对清廷的外交压迫推向极致处方肯罢休：“我国自护我民不得已而有惩番之举，非可中沮。自今以往，山内山后，将益开辟榛莽，服者抚之，梗者锄之，以终吾事。”“嗣后纵

① 《清國総理衙門ヨリノ答覆書反駁ノ件》附属書二（明治七年九月二十七日），載《臺灣生蕃討撫一件》，転引自日本外務省外交史料館編《日本外交文書》明治期七年第7卷，日本外交文書頒布会，1955，第245頁。

② 《清國側ノ改圖ヲ促シ五日ヲ限リテ回答ヲ求メ両便ノ辨法アラハ通知アリ度旨要求ノ件》照会（明治七年十月十日），載《臺灣生蕃討撫一件》，転引自日本外務省外交史料館編《日本外交文書》明治期七年第7卷，日本外交文書頒布会，1955，第261頁。

③ 《清國側ニテ尽スヘキ所ハ必ス回避セサルヘキニヨリ和好ノ大局ヲ全クスヘク日本側ニテモ其ノ責ニ任セラレ度旨申出ノ件》照会（明治七年十月十一日），載《臺灣生蕃討撫一件》，転引自日本外務省外交史料館編《日本外交文書》明治期七年第7卷，日本外交文書頒布会，1955，第266頁。

有千万辨论，本大臣断不领教。即有善巧办法，亦不愿闻也！"[①] 然而，大久保全部表达中的最重要话语，我以为当在"我国自护我民不得已而有惩番之举"这一句。

不懂公法，显然使清廷在台湾主权问题上频生语塞，攻防失序，这一点已毋庸讳言。[②] 随着争论的升级和日方的步步紧逼，台湾归属问题已迅速淹没了其他所有矛盾和争执，成为清廷必须全力营救的最大急务。于是，一个戏剧性的变化，"及时"地发生于日本的一个暗示中，即接下来将要讨论的所谓"两便办法"。[③] 在台湾主权问题已受到空前威胁的情况下，闻此暗示，竟使清廷军机大臣文祥大喜过望，仿佛终于找到了保全台湾的救命稻草："本大臣前因来文内言及两便办法之语，意谓贵大臣欲行归结此按（案），与本大臣从前向柳原大臣所谈肺腑之言，及贵大臣初次所言'专为保全和好而来'之语相合。""若能平心商酌，有直截了当之语，不止顾全一面，将此事便两面皆可下场，庶不至与两便之说相背。亦知贵大臣欲全和好，或不至如本大臣所虑。"而且，当日本方面索要赔偿金的说法一经流露，[④] 则中方曾一度强硬的态度，竟旋即丕变：

> 一、贵国从前兵到台湾番境，既系认台番为无主野蛮，并非明知是中国地方加兵。夫不知中国地方加兵，与明知中

---

① 《清國側ノ主張ヲ駁シ取急キ歸朝スヘキ旨通告ノ件》照会（明治七年十月二十五日），載《臺灣生蕃討撫一件》，転引自日本外務省外交史料館編《日本外交文書》明治期七年第7卷，日本外交文書頒布会，1955，第303—305頁。

② 中方在与日本争论何以对生番未立法律，不设郡县时，竟引《礼记》和不成文法来断狱："查台湾一隅，僻处海岛，其中生番人等，向未绳以法律，故未设立郡县。即《礼记》所云不易其俗，不易其宜之意，而地土实系中国所属。中国边界地方，似此生番种类者，他省亦有，均在版图之内，中国亦听其从俗从宜而已。"参见《给日本国外务省照会》，载《筹办夷务始末》（同治朝）第10册，中华书局，2008，第3736页。

③ 《大久保辨理大臣ヨリ日清交涉經過說明ノ件》（明治七年十月十四日），載《我カ十月十日附照会ニ回答シ兼テ両便ノ辨法商議方ニ就キ照会ノ件》（明治七年十月十六日），転引自《臺灣生蕃討撫一件》，日本外務省外交史料館編《日本外交文書》明治期七年第7卷，日本外交文書頒布会，1955，第269、271頁。

④ 《文清國軍機大臣ヨリ大久保辨理大臣宛：互讓ヲ懇請シ併セテ病ノ為商讓議ニ出席セサル旨通知ノ件》，《両便ノ辨法トシテ我方ヨリ賠償ヲ要求ノ件》（明治七年十月十八日），載《臺灣生蕃討撫一件》，転引自日本外務省外交史料館編《日本外交文書》明治期七年第7卷，日本外交文書頒布会，1955，第276—277頁。

国地方加兵不同。此一节可不算日本的不是。二、今既说明地属中国，将来中国于贵国退兵之后，中国断不再提从前加兵之事。三、此事由台番伤害漂民而起，贵国兵退之后，中国仍为查办。四、贵国从前被害之人，将来查明，中国大皇帝恩典酌量抚恤。[①]

从起初的侵越纠弹到最后的自寻“下场”（台阶），且以不知者不怪为由反谓日方侵台“不算日本的不是”以及“贵国从前被害之人，将来查明，中国大皇帝恩典酌量抚恤”等说法，均表明中方在“牡丹社事件”问题上对日本所谓“我国自护我民不得已而有惩番之举”的说法，已开始持默认甚至肯定的态度。日本在进入谈判程序后口头上似乎并不认为“两便办法”与“属不属之论”有何关联，但一俟补偿即行退兵的承诺，[②] 却在保台问题上给了清廷貌似“失而复得”的巨大获得感甚至成就感。然而，清廷之所以会有如此反应，除了在“公法”辩争上自认不敌外，亦不乏军事实力不及日本的现实忧虑：“议者咸谓日本迥非西洋之比，然有明中叶全盛之时，萃俞、戚、谭、刘之将才，竭苏、浙、闽、粤之兵力，狼噬豕突，数十年而后定，不可谓非劲敌。其陆战虽西人亦惮之。台湾与之邻壤，形胜扼要，物产丰饶，彼既利欲熏心，未必甘为理屈；而所以敢于鸱张者，则又窥中国之器械之未精，兼恃美国暗中之资助。其已抵台南各船，均非中国新船之敌，而该国尚有铁甲船二号，虽非完璧，而已摧寻常轮船，则绰绰有余。彼有而我无之，水师气为之夺，则两号铁甲船，不容不购也。”[③] 这意味着，中方即使集中全部精力去应对日本，台湾亦未必确保，遑论兼顾其他。而对日本来说，琉球的归属问题，显然已在这番折冲樽

① 《両便ノ辨法トシテノ撤兵償金等商議ノ件》附記（明治七年十月二十日），載《臺灣生蕃討撫一件》，転引自日本外務省外交史料館編《日本外交文書》明治期七年第7卷，日本外交文書頒布会，1955，第289頁。

② 《両便ノ辨法トシテ我方ヨリ賠償ヲ要求ノ件》（明治七年十月十八日）、《両便ノ辨法トシテノ撤兵償金等商議ノ件》（明治七年十月二十日），載《臺灣生蕃討撫一件》，転引自日本外務省外交史料館編《日本外交文書》明治期七年第7卷，第280、285頁。

③ 《文煜等奏遵旨会筹台湾防务情形并敬陈管见折》，载《筹办夷务始末》（同治朝）第10册，中华书局，2008，第3756页。

俎中水到渠成，再无悬念。这幕由日本所导演的“双赢”大戏，意味着日本在这场外交博弈中，其实已获完胜。换言之，中方真正的失守和日本切实的获取，涉及的并不是台湾问题，而是琉球王国此后的所属或曰主权问题；而日本在谈判中着力最多、辩词最强的台湾归属案，可能反而是它最不想，也暂无能力解决的问题。在这个意义上，并且也直到这个时候，日本人对“属不属之论”不再感兴趣的表白，似乎并非假话。在被日方用来威压清廷的“公法”这个逻辑严密、前提苛刻和令人难以招架的西力装置面前，前近代东亚地区的旧规则曾如此困顿不堪，以致清廷在日本人明修栈道、暗度陈仓的佯攻下，竟急着去“丢卒保车”，而且在清廷的秤盘上，似乎如此轻重选择，还蛮划算。清廷显然忘记了其如此行为的无穷后患——中国用以连接区域关系长达两千年之久的“宗藩”纽带，从此已踏上了“寸断之旅”。从这个意义上说，大久保等人为转移中方的琉球注意力而大行“攻其所必救”策略的超级外交手腕，其终竟收获到对方的感恩戴德之效和以失为得之幸！不仅如此，“牡丹社事件”解决后，沈葆桢、丁日昌等人还率部全力加强台湾海防，生恐日本再度袭来。[①] 可实际上，几乎从一开始，日本对琉球主权的暗中设计及其行动力度，就远远超过了其在台湾归属问题上的公开式论辩，而中方的“恳请互让”态度和“台海强固”措施，还反讽地构成了对日本的真实目的和解体东亚行动的暗默式“配合”。

这意味着，在利用“国际法”尝试颠覆台湾法理地位之前，日本就开始了以“国际法”之刃来切断琉球与清朝间宗藩纽带的行程。而且，与台湾问题上大久保利通折磨清廷的手法相仿，松田道之等人为占据国际法理上的优位，不但如法炮制了大久保的做法，还用所谓“公法”标准给琉球开示了主权归日的“十六个条”以及中琉理应分断的“十二个条”：

---

① 陈在正：《牡丹社事件所引起之中日交涉及其善后》，《中央研究院近代史研究所集刊》1993 年 6 月第 22 期下。

> 一曰地脉绵亘，二曰日本人种，三曰上记、六国史及他书所记，四曰收缴朝贡租税，五曰以日本货币为通货，六曰言语文字同，七曰已半为鹿儿岛县所辖，八曰从来即设官廨，九曰现已驻军，十曰补助其国用之不足，十一曰劝农刑事及布施政教，十二曰神祭佛教同于内地，十三口其中兴国王乃日本人皇之后胤，十四曰日本之屏藩，十五曰竖日本之国旗，十六曰为藩内蒙难之民报仇，取清国抚恤银而与之。十六个条内，合于万国公法者有四：一曰地脉绵亘，二曰政教布施，三曰官廨设置，四曰驻军。其非清国隶属之明证者，大略有十二个条：一曰地脉上与其国无有断续，二曰未有政教布施，三曰未设官廨，四曰未尝驻军，五曰人种不同，六曰未收租税，七曰言语文字不同，八曰祭典不同，九曰藩下人民遭台湾岛人暴杀而旁观，十曰以征台为义举且出具抚恤银，十一曰对先年岛津家久之征讨置而不问，况其国已半割授与岛津氏，十二曰庆长年间征韩之役时，琉球将兵赋送与肥前名古屋（疑为名护屋——引者注）而未见谴责。……属国云者，皆有名而无实，既非政令之属国，亦非天然之属邦，尤不合万国之公法也。①

可由于上述说法终不免牵强甚至强权，因此，琉球的激烈反应，便在所难免。1875 年 1 月，清朝同治皇帝驾崩，光绪帝继位。按惯例，中国皇帝发生人员交替时，“宗藩”之间须互遣使臣，彼此确认。可当琉球将派人向清廷行庆吊之礼时，却遭到了大久保利通等人的坚决阻止。理由是，琉球王国乃日本上古神人所开，琉球之所谓“天孙氏”，亦即其后裔。而最为要者，琉球已被日本册封并纳入其属地。由于日本曾在 1873 年将琉球事务的管辖权由外务省移至内务省，因此，为了从根本上断绝中琉关系，日本乃于光绪元年（1875）六月派遣内务大

① 喜舍場朝賢：《琉球見聞錄》，東汀遺著刊行會，1952，第 44—45 頁；《琉球案件ニツイテ指令ノ件》附属書二（明治十二年七月十六日），载《琉球所属ニ関シ日清両國紛議一件》，転引自日本外務省外交史料館編《日本外交文書》明治期十二年第 12 卷，日本外交文書頒布会，1949，第 183 頁。

丞松田道之出使琉球，明确要琉球断绝与中国长达五百年的宗藩联络，停奉中华正朔，废止福州琉球馆，改用日本法律，允许日本驻军，并谕尚泰向天皇谢恩。尚泰万般无奈下，只好托病不出，令臣下前往与松田道之周旋。他本人在给松田所修的一封长信中写道："本藩往昔之时，政体诸礼式不成立，诸篇不自由，隶属皇国、支那，蒙两国指挥，渐渐得成。藩用之物件，亦需两国调办。其外，犹不断承蒙仁恤，皇国、支那之恩，诚难举而尽言。两国实为父母之国，举藩奉戴，几万世不相替，以为笃志忠诚。自今欲赴支那进贡、庆贺并请封册，如被禁止，不啻绝亲子之道，忘累世厚恩，必至失信义也。每虑及此，心痛不已。"对此，尚泰使臣"三司官"甚至称："皇国于各国讲究交邻之道，本藩于支那则为父子之道、君臣之义。其情义之所系，至大至重，此乃无上之条理，与邻国交际之情义不可同日而语。守信义，乃万国所同好；失信义，乃万国所共恶。全万国同好之信义，岂非（明治）政府之盛典？且各国之交际，应以信义处置。本藩以坚守信义为保国之要具。……本藩笃信，唯有不失信义，方无前途之烦忧。"① 因毫无效果，琉球三司官乃向"大荷兰国""大法兰西国"和"大合众国"等国公使求救，并陈述了事件的整部经纬。② 然而，琉球人的这一切努力，其实已于事无补。当1875年危机发生时，琉球曾向宗主国清朝遣使告急，但清廷除了责令驻日公使何如璋去调查此事外，似乎并未将此事放在心上。1878年8月30日，日本政府在何如璋喋喋不休的交涉声中，决定改琉球为郡县。当时还在中国的琉球使臣尚德宏，闻讯后声泪俱下，向李鸿章跪求驰援。李鸿章虽然想到了利用列强力量来摆平此事，但最终未果。于是，1879年，也就是日本本土全部完成"废藩置县"（1871年11月）后的第八个年头，明治政府开始对琉球如法炮制，并最终将琉球藩改成了冲绳县。屈指算来，从1609年德川时代萨摩藩觊觎并俾使琉球向己朝贡，经1872年的明治政府纳琉球为

① 喜舍場朝賢：《琉球見聞録》，東汀遺著刊行會，1952，第28、39、59頁。
② 東恩納寬惇：《尚泰侯実録》，明光社，1924，第357—359頁。

"内藩"，再到1879年的废藩置县、易名冲绳，日本为吞下这块垂涎久矣的土地，足足用去了270年的时间，当然，也使用了可能使用的全部心机和招数。至此，这个飘摇于西太平洋数百年之久的"守礼之邦"，从此宣告灭亡。不可思议的是，为了使这一吞并行为显得光明堂皇和根据丰满些，日方竟将庆长十六年（1611）以高压手段逼迫琉球藩王和臣下撰写的所谓归属日本誓言——"尚宁誓文"和"三司官誓文"，也统统搬将出来，称"自此，其后世服萨摩吏治于今，经三百年矣"！①

其实，稍加回顾便不难了解，琉球被逼入绝祀境遇，实非突兀：既然1874年10月所签《中日北京专条》之第一条即等于默认琉球为日本所属，那么，同治十三年（1874）冬琉球对清廷的朝贡和庆吊使派遣，又如何可能成行呢？当李鸿章1879年3月欲假洋人（美国前总统格兰特，日本文献表记为克兰德"グラント"）之力去保护琉球时，日本人立即端出了《中日北京专条》第一条，即"日本出兵，为保民义举，中国不指以为不是"，弄得格兰特只好顾左右而言他。② 这恐怕也是琉球问题留给何如璋的唯一权利只能是口头谴责和强烈抗议的根本原因。③ 可是，关于藩属国琉球到底能否成为国际法意义上的中国领土问题，倘若了解1880年3月日本向清政府提出"分岛、改约"案，即琉球群岛的北部和中部岛屿属日本管理，琉球群岛的南部诸岛如宫古岛、八重山归清政府管辖之议案，便不会有人擅自否定这种可能性。④ 而且，清总理衙门大臣沈桂芬于1880年10月28日与日本草签的《琉球条约》及《酌加条款》，还一度将这种可能落实到了条约层

---

① 《琉球案件ニツイテ指令ノ件》附属書二（明治十二年七月十六日），載《琉球所属ニ関シ日清両國紛議一件》，転引自日本外務省外交史料館編《日本外交文書》明治期十二年第12卷，第183—184頁。

② 東恩納寛惇：《尚泰侯実録》，明光社，1924，第412—414頁；《琉球所属ニツイテ「グラント」氏調停其他情報ノ件》（明治十二年八月十二日），載《琉球所属ニ関シ日清両國紛議一件》，転引自日本外務省外交史料館編《日本外交文書》明治期十二年第12卷，日本外交文書頒布会，1949，第185頁。

③ 《琉球所属ニ関シ日清両國紛議一件》（明治十二年二月二十六日—十月二十二日），載日本外務省外交史料館編《日本外交文書》明治期十二年第12卷，日本外交文書頒布会，1949，第176—201頁；東恩納寛惇：《尚泰侯実録》，明光社，第352—357、385—386頁。

④ 喜舍場朝賢：《琉球見聞錄》，東汀遺著刊行會，1952，第149頁。

面。如果能巧妙地应对日本在中国的最惠国待遇问题，那么上述条约中划归给中国的“宫古岛”等领地就意味着，1871 年“宫古岛民台湾遇害事件”发生后日本的全部谋划和行动及其最终凝结物——《中日北京专条》，就有了重新讨论的外交空间。惜乎，清廷为了眼前微利的不肯让渡而有意对上述约款的延宕不理做法，不但让“中方在琉球问题上一无所得，使中国轻易地丧失了琉球群岛的南半部”，甚至也贻害今日——从那一瞬间起，“中国”便“失去了”“由东海进入太平洋的重要通道”。[①]

三、 国际法恶用下的并吞朝鲜与割占台湾

实际上，《中日修好条规》“牡丹社事件”及由此牵涉到的琉球、台湾问题，说到底不过是同一件事的不同侧面而已，即：如何在确立与中国“比肩对等”关系的基础上解决琉球归属问题。毋庸讳言，日本在国际法使用上的高妙技法，已通过“条规”和“专条”的签署而实现了最初也最有效的发挥。正因为有了这一步的成功，日本在解体前近代东亚体系的路途上，才开始加挡提速，并将锋镝所向对准了与琉球性质相逼肖的第二个目标——朝鲜。事实上，和琉球“处分”一样，日本对朝鲜的觊觎，亦远非一日；而如何遂成所愿，日方的设计亦显然未尝离开与中国“比肩对等”的基本前提一步。1870 年 4 月，日本外务省向太政官（明治政府最高官厅）递交了“对鲜政策三个文”，即所谓“对韩外交三策”：一，日韩绝交旁观案；二，武力迫韩开国案；三，日中交涉先行案。张启雄教授注意到，太政官决定优先施行的方案，刚好是第三案，即：“先派遣皇使至支那（缔结）通信条约等，程序均已齐备，其归途可直迫朝鲜王京。皇国与支那比肩同等之格既告确定，当然将朝鲜下降一等。用（上国）礼典临之，彼当无

---

① 汇淮：《望琉球而兴叹》，《世界知识》2010 年第 21 期，第 67 页。

异议可言。”① 但表面上看，中日对等关系一俟确立，日本就可以像对付琉球那样直接以册封关系来处理朝鲜事务，可实际的步骤却并非如此简单。在西力东渐的国际大势面前，日本似乎更需要一个过程，这个过程，就是如何先利用国家平等的“国际法”原则将中韩藩属关系切开，然后再徐图其他。黄遵宪记录了该过程的片段：

> 八年（1875）十月，以外务少辅森有礼为特命全权公使，遣如北京。明年丙子，以朝鲜炮击云扬舰事，命森有礼请总理衙门以书告朝鲜劝修好。有礼又往保定谒北洋大臣李鸿章，鸿章饮之酒，而纵谈曰：“平秀吉想是千古伟人，然朝鲜之役，前后七年，明以朝鲜为我国藩篱，在所必争，致丧师糜饷，两受其害。”有礼曰：“朝鲜果为中国藩属否？”鸿章曰：“此天下万国所共知，且《条规》中既载之。”有礼曰：“《条规》中何尝及此？”鸿章曰：“两国所属邦土，非指朝鲜诸国而何？俟他日修约补为注明可也。”有礼因曰：“朝鲜屡拒我国书，今又无端击我兵舰，我国是以有征韩之议。”鸿章曰：“朝鲜误于不知耳，且亚细亚洲宜合纵连衡，外御其侮，何可以兄弟之国日寻干戈。苟或兴师，中国亦岂能袖手旁视。以大字小，愿贵国熟图之。”鸿章又取笔书“徒伤和气，毫无利益”八字示之。②

类似的激辩，亦记录在《清季外交史料》当中：

> 总理衙门：查朝鲜为中国属国，隶即属也。既云属国，自不得云不隶中国……朝鲜实中国所属之邦之一，无人不知……合照修好条规所属邦土不相侵越之意，彼此同守。
>
> 森有礼：贵王大臣所以引条规所属邦土不相侵越之意者，

---

① 《對鮮政策三箇條伺ノ件》（明治三年四月×日），載《朝鮮國ト丿通交ニ関スル件》，転引自日本外務省外交史料館編《日本外交文書》明治期三年第3卷，日本外交文書頒布会，1955，第144—145頁。“策文”汉译部分参见张启雄：《“中华世界帝国”与近代中日纷争：中华世界秩序原理之一》，载蒋永敬等编《近百年中日关系论文集》，中华民国史料研究中心，1992，第36页。

② 黄遵宪：《日本国志》上卷第6卷《邻交志》上，天津人民出版社，2005，第150页。

盖就将来我国与朝鲜交涉，凡有该国政府及其人民向我所为之事，即由贵国自任其责之谓也。若谓不能自任其责，虽云属国，徒空名耳。①

总理衙门：朝鲜为中国属国，中外共知，属国有属国之分际，古今所同。朝鲜实中国之邦之一，即中国之自任也，岂得谓属国为空名？岂得谓于条约无所关系？

森有礼：其所自任者果何事实……其不空名之实似亦不曾见。②

总理衙门：修其贡献，奉我正朔，朝鲜之于中国应尽之分也；收其钱粮，齐其政令，朝鲜之所自为也，此属邦之实也。纾其难，解其纷，期其安全，中国之于朝鲜自任之事也，此待属邦之实也。不肯强以所难，不忍漠视其急，不独今日中国如是，伊古以来所以待属国皆如是也。③

森有礼：高丽与印度同在亚细亚，不算中国属国。

李鸿章：高丽奉正朔，如何不是属国？

森有礼：各国都说高丽不过朝贡受册，不收其钱粮，不管他政事，所以不算属国。

李鸿章：高丽属国几千年，何人不知？和约上所说所属邦土，土字指中国各直省，此是内地，为内属，征钱粮管政事；邦字指高丽诸国，此是外藩，为外属，钱粮政事向归本国经理，历来如此，不始自本朝，如何说不算属国？④

森有礼取日方惯用的“名”“实”标准去回敬中方，显然有依“国际法”来切割“宗藩”关系之用意在。可当总理衙门对照“公法”

---

① 《总署覆日使声明朝鲜为我属国照会》《日使覆总署朝鲜虽中国属邦徒系空名照会》，载王彦威辑《清季外交史料》卷4，乃兹府关东甸七号，1932，第35页。

② 《附日使致总署声明朝鲜不能承认为中国属邦照会》，载王彦威辑《清季外交史料》卷5，乃兹府关东甸七号，1932，第2—3页。

③ 《附总署覆日使声明朝鲜系中国属邦照会》，载王彦威辑《清季外交史料》卷5，乃兹府关东甸七号，1932，第3页。

④ 《照录李鸿章与森有礼问答节略》，载王彦威辑《清季外交史料》卷5，乃兹府关东甸七号，1932，第6页。

已有所妥协，即“臣等查朝鲜虽隶中国藩服，其本处一切政教禁令，向由该国自行专主，中国从不与闻。今日本国欲与朝鲜修好，亦当由朝鲜自行主持”的时候，[1] 森有礼却仿佛并未将“公法”放在眼里。[2]

清廷对朝鲜藩属属性的“自明”式说辞，与谈及琉球甚至台湾时的讲法，本来就看不出太大的差异，可总埋衙门一句“今日本国欲与朝鲜修好，亦当由朝鲜自行主持”的表态，却给日本的对韩行动，留下了口实。由于上一轮日本“完胜”中国后日方已了解了清朝的底细，因此，受教于俾斯麦的“实力＝权力”论，遂开始在日本的对华关系中迅速发酵，尽管碍于西方压力，日本乃不得不在形式上履行一个程序。1876年，日本军在炮舰的威逼下，迫使朝鲜与之签订了《日朝修好条规》即《江华岛条约》。这一看似与《中日修好条规》颇为形似的日韩“对等”条规，既躲开了来自西方的国际法谴责，也初步切开了中朝间长达五百年之久的宗藩关系。而朝鲜的自立却意味着，从此朝鲜半岛发生任何事情，中日双方均可以对等的身份同时过问，而这种国际法意义上的中日关系，到1884年的“甲申政变”后，也终于获得了切实的体现：这一年的12月，在日本的鼓动下，由金玉均“独立党”所发动的“外结日本，内行改革，联日排清，脱离中国，宣布朝鲜独立，实行君主立宪”[3] 之反清独立运动正式爆发。运动虽然遭到了袁世凯的镇压，但1885年4月日本派伊藤博文与李鸿章签订的《天津会议专条》（亦曰《中日天津条约》）却明确规定：从此两国出兵朝鲜须互相通知。这就使日本与中国的对等事实，又进一步在朝鲜问题上再度获得确认。当在“国际法”招牌下日本的上述行动一次次得手后，《天津会议专条》里中日对朝“权利均等”说所埋下的伏危，还终于在10年后转型为中日《马关条约》。中国在“甲午战争”中的“完

① 《总署奏日本使臣来称欲与朝鲜修好折》，载王彦威辑《清季外交史料》卷4，乃兹府关东甸七号，1932，第32页。

② 《照录李鸿章与森有礼问答节略》，载王彦威辑《清季外交史料》卷5，乃兹府关东甸七号，1932，第5—6页。

③ 金玉均：《朝鮮改革意見書》，載《金玉均全集》，亞細亞文化社，1979，第110頁。

败”，[①] 使日本对台湾的所属问题便不再依赖大久保利通的唇焦舌敝，它只需要国际法中的另一个规定——战败者割地，就已经足够了。而日本的行动惯性和力度还在于，1910 年，日本像强占琉球一样，把朝鲜半岛三千里江山亦一口吞下。明治天皇先后施之于琉球和朝鲜的“册封敕诰”，还隐现着对前近代东亚宗主国的恶意报复和巨大反讽——毕竟，中国在“兴灭继绝”理想下未曾也不想实现的“藩属”内附局面，俨然在“国际法”的旗帜下由日本实现了。

然而，正如日本史研究专家霍尔所注意到的，日本终于“随着西方的新影响到达日本”而“把日本和它长期以来依靠的、文化上的良师益友隔离开来”。明治政府为了迅速凌驾于东亚各国之上，希望尽可能快地将自己变身为西方式的“国民国家”。[②] 效果当然十分明显，随着明治政府文治武功的日趋显赫和成功变身，日本终于在不长的时间内便赢得了欧洲国家的重视：不但成功地修正了不平等条约，还在 1894 年 7 月 16 日与当时的世界头号帝国英国缔结了《日英通商航海条约》（简称《日英新约》）。其意义，正如英国外交大臣金伯利（Lord Kimberley）在《日英新约》签署后的贺辞里所说：“该约之性质对日本而言，比打败清国大军还要优越得不知凡几！”[③] 话虽如此，但日本能与西方列强取得对等地位，显然更多得益于《中日修好条规》及其所埋下的伏笔。这意味着，琉球问题、朝鲜问题和台湾问题，说到底，不过是一个问题而已。近代以来日本的膨胀及其系列行动，终于使虚实参半的“华夷秩序圈”被彻底解构；而李鸿章所谓“三千年未有之大变局”，亦终于在东亚地区变成了不争的现实。

（发表于《近代史研究》2016 年第 6 期）

---

① 拙稿：《甲午战前清朝内治环节的阙失与战后中日落差分析》，《社会科学战线》2014 年第 10 期。

② 约翰·惠特尼·霍尔：《日本：从史前到现代》，商务印书馆，1997，第 169—170、222 页。

③ 《對英談判終了ニ付衷情披瀝ノ件》（明治二十七年七月十九日），載《條約改正ニ関スル件對英交渉》，転引自日本外務省外交史料館編《日本外交文書》明治期二十七年第 27 巻第 1 冊，日本外交文書頒布会，1953，第 113 頁。

第三编

战争观

关于“武士道”死亡价值观的文化检视

一、 武士与武士道

“武士道”，源起于镰仓时代，定名于江户幕府初期，是日本武士阶层的特有道德。该道德素以忠诚、牺牲、信义、廉耻、洁净、质朴、俭约、尚武、名誉、情爱为指归，是日本封建统治体制的观念支柱。

“武士”依发源地可大别为三：东国武士、西国武士和畿内武士。武士的登场，约在平安朝中期的 9 世纪后半叶。相当于“武士”（武者、つはもの、兵）的名词，较早见于《万叶集》，如“ますらお”（丈夫、益荒男、健男）和“もののふ”（物部）等。东国、西国和畿内的排列次序体现了武士团势力的大小和实力的强弱，形成了大规模（东国）、中等规模（西国）和小规模（畿内）的武士团分布格局。东国武士发迹于被称为“みちのく”（陆奥，旧有国名之一。相当于现在青森、岩手、宫城、福岛各县与秋田县的一部分）的磐城（いわき，约当现福岛县东部至宫城县南部）、岩代（いわしろ，约当现福岛县西部）、陆前（りくぜん，约当现宫城县大部分与岩手县一部分）、陆中（りくちゅう，约当现岩手县大部分与秋田县一部分）、陆奥（明治元年，被分割为陆奥、陆中、陆前、岩手、磐城五部分，相当于现在青森县与岩手县的一部分）之“五国”地区。2008 年年底，笔者曾踏查

岩手县的名胜古迹，该县即相当于陆前的一部分与陆中的大部分。追溯这段历史可知，相当于“みちのく”的“东国”，早期曾是王权的征伐地区——“东夷”（あずまえびす），而恰好是这一地区，反而成了“武士道”的主要故乡。当时的“东国”地区，发生了震撼京都朝廷和贵族的叛乱。随着叛乱规模的逐渐扩大，东戎（あずまえびす）和陆奥（みちのく）等地的政治开始失控，各国国司不再赴任，所任职责悉数由国务次官“介”（すけ）来代行。这些次官任满后，又多与当地势力勾结在一起，成为敢于冒犯国司权威的“地方豪族”。之所以能够做到这一点，正是因为其背后有一支强悍的武装力量——“兵”（つはもの）。这种情况，在被称为“坂东武者”（ばんどうむしゃ）的“关东一元”之镰仓御家人登场后，表现得尤为突出。除了大规模的武士团产地“东国”外，中等规模的“西国”，影响亦不可谓小。西国起初指的是九州地区，进入镰仓时代，则泛指包括畿内地区的所谓“西方”。后来“源平之战”的基本对垒构图，固然呈显为西国平氏与东国源氏的对立，但就实力而言，与平氏结合的西国武士团显然不及与源氏联盟的东国武士团强大。人们更多看到东国武士团向西国的进驻和移殖而很少会发现相反的情形。至于最小规模的武士团产地——畿内，因属于“公家”和“大寺社”的势力范围，加之可开垦土地十分有限，因此，类似于关东和东北地区那种“土著”豪族与大规模私有领地相结合的发展条件，畿内首先就不具备。律令系统和“摄关政治”混杂体制下的复杂存在特征，使畿内的在地领主大多直接服务于朝廷、公家和大寺社等权门势家，因此，他们往往以警卫上述机构的“武者”和“舍人”面目出现，如南北朝时期的天皇忠臣“楠氏”等等，不一而足。[①] 这些护卫于主君和摄关贵族旁侧的所谓“さぶらふ”，是“もののふ”的早期称谓——“さもらふ”的转语，后演变为服侍于贵族和主君身边并充当护卫的“侍”（さむらい）。从武士团发展史看，源平二氏无疑构成了左右那个时代的主要力量。但从

① 丸山真男：《丸山真男講義録》第5冊第2章第1節，東京大学出版会，1999。

《平家物语》和《源平盛衰记》的记载看，这两大势力似乎又依高雅和粗俗而被分为平氏的“贵族武士”和源氏的“坂东武士”两类。就是说，从出身看，这两类武士之间，还存在着“京の雅（みやび)”和“东国の鄙（ひな)”的类型差异。只是，由于最原始的武士性格以及武士观念的统一性和共通性恰好奠定于“坂东武者”的习性基础上，换言之，武士团强韧的统辖力量和统制功能以及被和辻哲郎称为“献身的道德”等武士特征绝不是脱离东国武士而可以把握的，因此，相对于所谓先进地区的西国和畿内，东国所具有的“后进性”，反而成为孕育后世武士道精神的真正温床（参见丸山真男前揭书章节)。

但是，人们经常喜欢追问这样一个问题，即“武士道”是否有过真实的存在？如果说有，明治以来人工补造色彩的过于浓重，易使人产生失真的印象；如果说没有，则学者对历史上的既有记载和《叶隐》等武士道经典又难以做出符合事实的解释。小泽富夫曾在《作为历史的武士道》一书中指出：“几乎少有像武士道那样被人为易容的思想……从明治维新缔造的近代国家开始，在日清、日俄两场战争、昭和时代对满洲和中国的进出以及在‘大东亚共荣圈’之庞大目标下所引起的所谓战争时代，武士道经由一部分政治家、学者和军人的倡导，真不知在国民道德论和军人精神教育方面曾发挥过何等人为的作用。从这个意义上讲，称真正的武士道反因此而消失，恐并不过分。”就是说，“以往的武士道研究或人为的武士道论，是为达成某种目的的易容产物，而非对武士道固有思想的阐扬”。[①] 小泽的书名似乎也在强调，武士道是存在于历史当中的思想而不是后来之物。然而，无论是《甲阳军鉴》还是《叶隐》，有关武士道的代表作，却几乎都是进入江户时代后才撰写出来的作品。这意味着，即便历史上确实存在过武士道，其中由后人窜入的加工和美化成分，也应占相当的比重。丸山真男早年曾给“武士道”概念的产生做过一个特别的解释，他说：“武士道或曰武道一词，是内在于传统武士性格中的未分化诸要素，在家臣团集

① 小沢富夫：《『歴史としての武士道』まえがき》，ぺりかん社，2005。

中组织化和战斗形式的质、量变化并朝各自方向演变的过程中所产生的规范个人武技修炼和集团战斗技术的名称。它大约出现于庆长时期，严格说来，这其实是对兵法和武艺的称谓。”由于最早使用“武士道”一词的著作被推定为《甲阳军鉴》，且由于“武士道”作为一般性概念乃形成于江户初期，因此丸山认为该词的使用时间事实上非常短暂。① 至于何以使用时间如此短暂，并且在旧武士阶级已完全被消灭以及武士曾经有过的生活态度和规范意识也几乎无从识别了的近代居然会出现“武士道热”等问题，丸山认为这不过是“观念的理想化（美化)”所导致的“对武士道的再评价”风潮使然。而在这一风潮中发挥过推波助澜作用的，乃是新渡户稻造的《武士道》（1899 年成书）和井上哲次郎等编著的《武士道丛书》（全三卷，1905 年成书）。它给人们造成的以为武士道几乎就是历史上一以贯之的武士精神等错觉，显然是明治时代人为升华的结果，这个升华过程被丸山表述为：在日清、日俄战争时，换言之，在以军事力量为核心的近代日本的勃兴背景下，在国内的军国热与国外对日本急切进入列强行列深感好奇等各种因素的相激相荡下，组织的训练和作为战斗精神源泉的“武士精神”（サムライ，spirit)，与引人注目的时代之间迅速发生了契合（这与明治末年“国民性论”的流行同时)。就是说，作为近代日本常识化印象的武士道，实际上不过是经过明治三十年代再评价后的抽象观念，而且这种意识形态，无论伴随着怎样的善恶价值判断，都只有在帝国日本的思想文脉中才能被理解。②

问题是，日本对武士道的片面强化和升华，并不是明治期才有的现象。早在《叶隐》中，这一特点就有过相当显著的表现。人们注意到，《叶隐》成书于经典武士道已化为陈迹的江户中期，作者山本常朝的武士道构图，建立在他对百年前往事的怀念式追忆和对现世商业伦

① 丸山真男：《丸山真男講義録》第 5 冊，東京大学出版会，1999，第 206、215 頁。

② 丸山真男：《丸山真男講義録》第 5 冊，東京大学出版会，1999，第 45—46 頁。

理的极端不满的基础上；而今日武士们的言不及义，① 又进一步激发了他提纯武士道的热望和冲动。然而，提纯行为本身，已注定了其笔下的武士道与实际的武士道之间所必然会发生的事实差距。由于这种无视各阶段武士精神之差异而抽取和放大其理想武士道的基本手法潜藏着作者对未来的某种期待，因此，当这种期待在明治时期异事而同理的氛围中日益呈显出化为现实的可能性时，期待者曾有的手法便为新的片面升华行为提供了现成的"模板"，即"源平、镰仓时代的武士与江户时代武士的社会存在间的重大差异，以及由此而导致的意识形态的不同，一概遭到无视，仿佛与武士同时产生的武士道'教义'也从此被固定化，并将其想定为数百年不易的通用规章"。② 于是人们看到，与《叶隐》同理，日本近代以来的武士道，亦不过是将既定目标下的武士道描绘得更加"具体"和"逼真"而已，这也是《叶隐》何以能被近代日本政治家奉若神明并使举国为之癫狂的原因之一。这意味着，"纯粹化"的追求冲动，使脱离具体时代而总结出来的时代精神不但不可能再现那个时代的精神全貌，即便是部分的再现，亦难免有人工补造色彩。由于时代越晚近人们对武士道的认识反而越具体，而越发具体的历史描绘恰恰是因为对非片面史实的人为抹消和忽略，因此，这种认识方法反而容易给认识者的历史认识带来主观随意性和貌似真实的具体性。这一点，与顾颉刚所讲的"古史层累说"，颇有几分类似。

但是，通观"镰仓时代→室町时代→战国时代→江户时代→明治以后"的历史推移过程，有一条主线似乎并没有因为人们是否给它以合理的解释而发生过本质性的断裂。就是说，尽管武士"觉悟"行为的背后因时代不同而潜藏着各异的价值动力背景，但真正能促使武士果断结束自我生命的因素当中，应该有一个相对恒定的规定者。这个规定者如果单纯被判定为被动服从的政治控制机制，武士道精神的自

---

① 山本常朝发现，幕府开府30年来，天下承平日久，其所在之锅岛藩亦人心不古，世风日下。武士聚合，或言金银，或语隐私，或以华服相炫，或以色情相谑。倘不言此，则反谓败兴，真所谓无是非之俗也。参见《葉隠・聞書一》，载《日本思想大系26・三河物語・葉隠》，岩波書店，1974，第241頁。

② 丸山真男：《丸山真男講義録》第5册，東京大学出版会，1999，第45頁。

主性便无从谈起；如果仅仅被视为不便研究的宗教思想，则武士道与神、儒、佛之间的不尽一致甚至龃龉处又无法得到解释；而如果被断然确定为经济利益驱动，则武士道的超功利特征亦无从得到合理的说明。这意味着，这个首尾一贯的规定者，更应该被理解为日本武士文化当中经过漫长训练和长期积淀而形成的充满自主精神和超功利特质的“不可避”的价值取向。有一点可以肯定，如果没有这个恒久的规定者，明治以来不可能仅凭《叶隐》就足以使表面上几近消逝的武士道死灰复燃，并最终在昭和时代将日本自身烧焦。它凸显了武士道问题的核心，即武士文化中的“死亡价值观”问题。

二、“死的觉悟”及其动机理解上的歧义

人们注意到，无论是小幡景宪（1572—1663）的《甲阳军鉴》（江户初期成书）、山本常朝（1659—1719）的《叶隐》（1716 年成书），还是山鹿素行（1622—1685）的《山鹿语类》（江户早期成书）、佐藤一斋（1772—1859）的《言志录》（1824 年成书），抑或大道寺友山的《武道初心集》（江户中期成书）和吉田松阴（1830—1859）的《武教全书讲录》，也无论任何时代的任何人，只要提到武士道的价值观，“死的觉悟”这四个字都会迅速地闪现在人们眼前。借用《叶隐》的话来说，即：“武士道者，看穿死事之谓也。若于生死择一，则首选死也。”[1] 并且，作为武士道的通则，武士不可须臾忘却的，也正是寄生命于“死的觉悟”的信念。山鹿素行所谓“奉公之道不可忽焉……生于武士之家抽太刀而死者，道本意也”，[2] 也在强调这个道理。《武道初心集》将这种思想具体表述为：“武士者，自元月元日晨以箸筷取杂煮糕饼之刻始至岁末除夕止，能日夜以死为常念、为本心而不懈奉仕者也。”[3] 这就是武士道的所谓“生死观”。初看上去，好像武士们

① 《葉隠·聞書一》，载《日本思想大系 26·三河物語·葉隠》，岩波書店，1974，第 220 頁。
② 山鹿素行：《山鹿語類·士談》，载《山鹿素行全集》第七卷，岩波書店，1941，第 170 頁。
③ 中柴末純校訂：《総論》，载《武道初心集》上卷，宮越太陽堂書房，1943。

都喜欢死亡或对死本身情有独钟，实则并非如此。丸山真男指出："这并不是单纯的死的觉悟还是生的安逸的问题，也不是像每每被人们所误解的那样，是对自然和事实的'讨死''切腹'行为的礼赞"。由于"逃死和求生，乃万人自然之情，也是人类心理的自然倾向"，因此武士强化"死的觉悟"，其实"是将'死'这种非日常的极致情景想象并设定为日常状态，并把这种极致状态的伦理当作平素日常行动的生活和实践目标"。换言之，"死的觉悟"，只是武士"对于极致状况的日常设定"。[①] 这说明，"死的觉悟"并不意味着武士就憧憬死亡，至少不表示对死亡有任何偏爱。也就是说，与其说武士喜欢死，毋宁说，武士和普通人一样，未有不爱惜生命者。所不同的，只是武士们比常人更善于把"死之道"视作自己关键时刻的人生抉择目标。而且对武士来说，其最难以替代的品质，是如何果断地去死［死に潔く（いさぎよく）］，以证明他毫不怯懦。因此，他往往通过死亡本身来确保这可贵的品质，并以此作为远离耻辱的手段。[②]

那么，武士道所谓"觉悟"，到底指的是什么呢？仅就字面看，无论是"觉"还是"悟"，都很像佛教的"さとり"，可实际上，两者间有着相当大的不同。相良亨的相关论述可资参考：

> 若将觉悟限定为"死的觉悟"，那么，以死为觉悟便是面对死亡可以使生命化为乌有的事实而毫无惧色，并敢于毅然投身死地和义无反顾地对待终局的极致心理，也是先期做好的死亡准备使他面对突如其来的死亡事态时所能表现出的沉着镇定心态。但是，当我们重新认识这种觉悟的"先在性"时，会产生这样一个问题，即除了决心一死的那一刻，武士每天的生活与平素相比其实并无变化。换言之，除了发生万一时毫无畏惧外，武士在日常生活中是可以照享天伦之乐的，也不乏宴饮之欢。……这一点，正是觉悟与"さとり"的重

① 丸山真男：《丸山真男講義録》第5冊，東京大学出版会，1999，第229頁。
② 相良亨："武士の倫理：近世から近代へ"，载《相良亨著作集》第3巻，ぺりかん社，1993，第105—106頁。

> 大差异所在。获得“さとり”的人，已经丧失了原有的生活，他们是所谓弃世者。然而，拥有觉悟的武士，却能继续他的世俗生活，他也从不否定日常生活的意义。……他的觉悟体现为在接受现世生活并希望延续这种生活时事态的突变使他决定放弃一切的决心。在弃世者那里，“さとり”并无悲哀可言。但对觉悟者来说，由于他持续现世生活的愿望会因事态的变化而必须舍弃，因此觉悟本身无疑会伴随着悲哀。这也是何以称觉悟为“悲壮的觉悟”的原因所在。①

按照这种说法，则武士道的“觉悟”不是“出家”的“さとり”，而是“死的觉悟”；不是对现世生活的否定，而是对迄今日常生活意义的肯定；不是临时的决断，而是日常训练的结果。正因为如此，遇到紧急关头，武士才能毫不惊慌，坚定而沉着。然而，无法否定的是，在斩断执着这一点上，武士道与佛教之间存在着某种程度的相似性。不然的话，山本常朝的出家体验便难以得到应有的理解。

从镰仓前后到幕末明治的八百年间，“死的觉悟”俨然已累积成武士一贯的生死价值观。即使其实践形式因人而异、随时间转移，但“死的觉悟”却基本原封不动地被后来者继承了下来。然而，从武士们不舍昼夜地强化“死”的意识等情形看，“觉悟”云者，显然是经过长期不懈的训练才能臻至的精神境界。按照日本人自己的理解，“觉悟”本身，似乎不是一时冲动的产物，而是冷静理性的选择；不是匹夫见辱的反应，而是大义凛然的决绝；不是曲尽蜜意的阴柔，而是山崩玉碎的阳刚。可是，当我们要仔细讨论这些所谓“可贵的品质”并试图接近造就这些品质的根本价值理念时，却发现，武士道“死的觉悟”并不是一个凭简单的概括就能妥善把握和理解的对象。分析者的言人人殊，一方面表明现阶段对“死的觉悟”的现象本质尚未得出一致性的共识；另一方面，也与“二战”后奉行和平主义的日本历史学

---

① 相良亨：《武士の倫理：近世から近代へ》，载《相良亨著作集》第 3 卷，ぺりかん社，1993，第 110—111 頁。

家和持相反意见者的问题认识方式，关系密切。人们注意到，和平主义史学家几乎都程度不等地有意回避了一个重要事实，即曾经给东亚乃至世界带来过巨大灾难的近现代武士道与传统武士道之间的内在联系。即便承认二者间有所关联，也尽量将历史在今日对日本的影响有意转换为抽象的工作精神而不再讨论这精神上的丝缕联系可能会导致的重蹈覆辙。它创造了一个便利，也带来了一个不通之处：其对传统武士道的倾情讴歌和赞美，显然得益于对新旧武士道所做的绝缘化处理；而持不同看法甚至对立意见者反其道而行之的古今一体观瞻行为能够寻得市场，又恰恰得益于对裁断古今构图中武士道讴歌部分的顺势强征和恶用。[①] 当这两种极端的情形同时反映在一个人身上时，具言之，当人们注意到世所公认的左翼学者竹内好竟会对东京裁判表现出暧昧的抵触以及抱持“帝国主义不能审判帝国主义”等主张时，[②] 以往的武士道“古今裁断法”和现行的右翼反弹情绪，似乎都无法不使钩沉“死的觉悟”背后恒定理念这一工作的冷静开展，陷入停顿。然而，饶有兴味的是，恰恰在这种停顿的背后，或许才潜伏着进一步认识和解释上述问题的真正线索，它需要我们对以往的常识性结论做出必要的再认识和适当的排除。

首先需要关注的，应当是武士道生死观得以成立的内在逻辑认识。迄今为止，学界至少有四种颇具代表性的观点，即家永三郎说、和辻哲郎说、相良亨说和丸山真男的相关言说。

毋庸讳言，能够催生武士“死的觉悟”的现实人际关系是复杂的。若以最具典型意义的东国武士团为例，会发现，其内部结构最初乃表现为“共同族团”关系与“主从恩给”关系的混一体。其中，“共同族团”的黏合剂，无疑是天然的血缘关系；而“主从恩给”的结合纽带，则是后天的封建制度。但是，随着拟制血缘范围的扩大和祭祀共

① 前者参見丸山真男：《丸山真男講義録》第5冊，東京大学出版会，1999；小沢富夫：《歴史としての武士道》ぺかん社。后者参見北岡伸一：《独立自尊》，講談社，2002；藤原正彦：《国家の品格》，新潮社，2006。

② 竹内好：《近代の超克》，載《近代日本思想史講座7・近代化と伝統》，筑摩書房，1959。

同体的强化，战斗共同体所产生的生死情谊与领主制下土地恩给制度的有机结合，又足以使地缘的主从关系超越了血缘的亲族要素，室町幕府以降武士对主君的生命奉献之所以会成为常见的现象，就事实逻辑而言，当根源于此。由于主从间经济联络方式已成为改变武士团内部结构的重要力量，于是在研究领域，便有了家永三郎的“利益结合”说，即主张把镰仓武士的主从关系看成是利益的结合关系而排斥其他。他认为，“在武士的实际意识当中，恩情和奉公常常被他们当作交换关系来看待”。从武士生活的经济基础是土地，并且这个土地的领有权需经主君的认可或恩赏才能成立等情形看，家永氏的看法确有一定的道理。即便换一种说法，把恩情和奉公关系视为主从双方的义务来看待，似也未尝不能成立。所以他说：“恩情最终能发挥的作用，不过是对经济关系的一种加强。我们不应忘记，全无经济关系而只靠情感纽带来维系的主从关系，事实上是无法成立的。”① 然而，这里便遇到一个富有挑战性的问题，即是否所有的武士都携有功利计算之心来立身处世的重要问题。和辻哲郎通过对异例的检讨，为人们勾勒出了一幅与家永适成对垒的另一种武士形象。他指出：“主从关系即便离开领地关系也未尝不能存续。……主君即使不能给下属以恩赏，但从他向‘家人’求助的信赖态度上看，情依然可以得到维持。因为与此情构成对应的，是家人的献身之情。唯此，献身之情可以脱离欲望而独立存在。为主君而舍弃自身，是因为献身者会因此而感受到某种崇高。”② 就是说，恩赏是主君之“情”的表现，而奉公则是家人之“情”的另一种表现。以“情”为转移的武士，显然要高于功利意义上的武士。而且，若从“主从关系即便离开领地关系也未尝不能存续”等说法看，和辻氏的武士形象仿佛已超越了任何具体事务，而颇有几分唯“道”是求的“士道”感觉了。对此，相良亨在批判二人见解的基础上，提出了自己的综合意见。他认为，武士有“死的觉悟”，实出于某种“不得

---

① 家永三郎：《日本道徳思想史》，岩波書店，1977，第89、94頁。
② 和辻哲郎：《日本倫理思想史》上巻，岩波書店，1952，第310頁。

已”，但这却表现出高级武士所应当具有的尊严。他说：“家永氏所指出的情况，近于武士的最低层次，而和辻氏的讲法乃是武士的最高表现，这两者都不乏极端倾向”，“武士希望自己有好运，哪怕是子孙的繁荣亦未尝不可。但是，当时运不济和力所不逮时，他们却知道如何去切断或结束那些现世的繁荣。这时，武士更珍惜的，往往是其原本就很重视的不朽空名。一般说来，为主君献身时的果决，正体现了人世间最高贵的品质。这才是深埋在镰仓武士心灵世界的人生观骨髓。”① 相良氏还进一步将近世武士的“觉悟”逻辑与近代“志士”的忠君爱国思想进行了有机的对接，认为吉田松阴的英雄主义和福泽谕吉的独立自尊精神在“心情上”带有明显的“武士气风”。②

相比而言，丸山真男的看法凌厉而果断。他首先就主从关系认识上的对立观点，对和辻哲郎和家永三郎提出了严肃的质疑，认为无论是前者的“武士为主君殁己献身的动机主义解释”还是后者的“御恩和奉公的相互性与功利—结果主义解释”，都存在着明显的片面倾向，因为“在主从的性格中，心情伦理的要素和利害计算的要素，本来就是难以分断、两相密结的东西。这样看问题才是自然的，而以为矛盾者，反而是滑稽可笑的”。而且验诸史实，“即便被认为具有浓郁献身特征的镰仓早期前的坂东武者，也未必能以主从类型的差异而分别做出划一之论，尽管存在着有利于任何一种观点的史料”。然而，以上两种倾向的难以拆分，反而决定了此时代精神与彼时代精神之间的分断必然：“与南北朝武士的‘利益化’相比，由于主从之契在任何地方均以直接主从关系的人格忠诚为前提，因此，这一原则反而在更高的一级或者更高层次的统治关系中难以得到体现。确立于统治关系基础上的近代爱国主义与建立于具体感受和直接人际关系基础上的献身道德之间，有着非常大的差异。”丸山显然是为了强调前近代与近代武士的

---

① 相良亨：《武士の倫理：近世から近代へ》，载“相良亨著作集”第 3 卷，ぺかん社，1993，第 165—184 頁。

② 相良亨：《武士の倫理：近世から近代へ》，载《相良亨著作集》第 3 卷，ぺかん社，1993，第 460、471、478 頁。

本质差异，才说出这番话的。在丸山看来，武士强烈的自尊意识与社会所给予的地位和荣誉，在武士道基本关系构成的主从之间，已形成了一个相互支撑也彼此制约的小环境。在这个环境中，武士的行为是个人的强烈名誉感与社会期待值之间相激相荡的表现。这种互动，已使社会外在的期待转化为武士内在的自觉，使“名声”内化为“名誉”。这意味着，如果武士按照既有的规则行事，哪怕自身死去，其武士出身的家名和一门荣誉也将继续得以保持。反过来，武士及其一门就会面临两种制裁：一个是社会的制裁，另一个是良心的制裁。这种主客观如此密结的武士行为之所以不同于近代爱国主义，是因为“作为明治中期以后国民教育轴心观念的‘忠君爱国’，既非封建范畴，也非近代范畴。忠君与其说是封建和人格的忠诚在天皇身上的延伸，毋宁说是一种虚构；而所谓爱国，又与近代市民支持下的爱国心相去甚远。它对内表现为臣民服从（conformity）式的权威恭顺，对外则意味着自我与国家间直接的和情绪上的同一化。忠君与非人格化的爱国相结合，使鲜活的人格动因因忠君而丧失。原来没有的‘爱国’一词，明治二十年时也与‘自主爱国’和‘自由爱国’进行了链接。当以往由近代市民担负起来的爱国观念从与‘自由自主’的结合转变为与‘忠君’的结合时，来自下层的自发性和自律性动因（民主的动因）也因此而被迫脱落。这样一来，‘武士的性格’因与‘爱国’链接而丧失了以往来自‘忠君’的鲜活的人格动因，以及‘市民的性格’与‘忠君’的链接使市民的自发性亦因此脱落，最终只能使这两种性格同时被消灭。这样的忠君爱国，平素被作为程序化的仪礼或仪式（ritual）来遵行，当对外危机发生时，又表现为与国家权威的盲目合一”。在谈到明治三十年代“武士道热”的情形时丸山还追忆道：“那个时候，刚好是家族国家和忠孝一体的意识形态倡导相结合，忠君爱国的内容与武士道的一致化鼓吹十分盛行的阶段。但是，如上所述，忠君爱国与武士道之间是存在着难以逾越的鸿沟的。”

然而，通观丸山对武士道“死的觉悟”的整体认识，会发现其另外一种叙述同以上言说之间存在的矛盾和龃龉。由于武士的个人荣誉与社会的价值期待之间所构成的相互制约甚至相互制裁关系具有明显的契约控制色彩（无论是社会价值期待所构成的外在硬性压迫，还是主观自觉所带来的内在软性控制），这就使丸山不时强调的武士的自由主义、个人主义性格和独立自主意识变得无处安顿。同时，他所重新描绘的幕末“武士＝战斗者”阶层面对军事上的败北而迅速复活的战国武士精神以及这种精神在“尊王攘夷”“大政奉还”“富国强兵”和“一人独立，一国独立”问题上的易容，都不自觉地变成了其“鸿沟说”的反证。①

以上论者之间和论者自身所存在的事实与逻辑矛盾，与我们接下来要讨论的问题，实具有深刻的内在关联，即如何进一步走进“死的觉悟”者们更深层的精神世界，去关注伦理和宗教思想在他们实现决绝目标的过程中曾扮演过何种角色和构成过怎样的力量。

前近世“武士道”和近世“士道”之间的区别，无疑已构成了此类问题探讨的重要前提。由于《叶隐》和《甲阳军鉴》中所见之“武士道”多将武士放在以个人情谊为核心的主从关系上来把握，因而不但承认对主君的爱具有超越是非的绝对意义，而且还给为主君果决赴死行为赋予了相同的绝对意义。而《山鹿语类》和《言志录》中所见之“士道”，由于要求武士成为人伦道德的指导者并武士以实践社会伦理的责任，于是，武士之道便由此而转换成以完成道义为核心的儒教之道。这样一来，武士道和士道便开始朝“死”的伦理和“诚”的伦理两个不同的方向发展和延伸。结果，武士道论者批判士道的观念性倾向，而士道论者则指责武士道缺乏道义的反省。它在江户时代曾一度造成武士伦理思想的严重对立，致使生死观在两大论调间的裂隙不断加大。由于比起“死的觉悟”，近世武士更重视“道的自觉”，因此，尽管两种论调都谈“死的觉悟”，但不能不承认两者间确实存在着一定的隔阂。

① 丸山真男：《丸山真男講義録》第5冊，東京大学出版会，1999，第75—77、89、235—238、249—252、255—256頁。

在前近世武士道看来，世界首先是一个“无常”的存在。唯其无常，武士们就应该断绝对物的执着。也只有抛却执着于物的私欲和利欲，才能最终摆脱对自身生存的执着。这样才便于理解为什么武士要把“武士道者，看穿死事之谓也”作为自身终极目标，使“死”的“觉悟”转化为“道”本身的道理。与此不同，在士道的觉悟中，充满着浓重的朱子学色彩。吉田松阴说：“敬字见注为‘主一无适’，虽为道学先生高上之论，然敬乃备也，武士道称是为觉悟。”① 然而，这并不等于说“死”在松阴的问题视域中就不存在。在士道那里，至诚能否确立，取决于能否临危不惧，而能否临危不惧的最高表现，恰恰是直面死亡时的态度。因此，士道所要确立的“生”的觉悟，最终也正表现为在直面死亡时对毅然和决绝价值的追求。在士道论者看来，由于“天人合一”才是士道生死观的最高境界，也由于“天”才是“真我”的存在，因此在这个境界面前，自己的生命充其量不过是一副躯壳而已。佐藤一斋称“真我”为“我之所以为我者”（《言志録》），而所谓“我之所以为我者”，在他的表述中则不过是寄寓于身体躯壳中的“天”而已。既然是“天人合一”，那么在死亡面前，武士就应该以平静的心情淡然处之。相良亨认为，这当是士道生死观的真正内涵。②

可见，“世事无常”的慨叹和“天人合一”的理念在某种程度上其实体现了宗教精神与伦理精神的交融和汇合。实际上，武士道的生死观不但需要适应时代和社会需要的伦理价值，还需要超时代和超现世的宗教价值。在研究武士道“死之觉悟”时人们不难发现，“觉悟”本身，确实蕴含着浓郁的佛教色彩。然而值得注意的是，武士却同时被要求不可对佛教涉足太深。例如，对成书于1125年的中国宋朝佛教经典《碧岩录》，日本武士虽可以阅读，但通常规定只能读到第七卷为

① 吉田松陰：《行住坐臥》，載《武教全書講録》，転引自《吉田松陰全集》第四卷，大和書房，1972，第27頁。

② 相良亨：《武士の倫理：近世から近代へ》，載《相良亨著作集》第3卷，ぺかん社，1993，第121頁。

止，而不可通读十卷。理由是，若读完十卷，则恐生出家之心，致令武士废业。[①] 如前所述，武士的"觉悟"，并不是通读《碧岩录》后而形成的佛教的"さとり"，而是与这种"さとり"有所关联却并不完全相同的东西。只读到第七卷，显然是立足现世生活又不拘于现世生活者的需要——它既能给阅读者以现世的安顿，又可以适度为人们提供某种超现世的精神养料。但相良亨认为："觉悟说到底，乃是立足于此岸世界'价值秩序'观的产物。"[②] 而当奉佛与尊主之间发生冲突时，镰仓武士的解决方案会立即表现出对孰重孰轻的去就本质："今生于人世有用，后世必往生乐土。"[③]

丸山真男在谈到宗教和伦理精神与武士"觉悟"之关系时，虽没有否定二者所能发挥的重要作用，但同时却着力强调"死的觉悟"是武士对自身"内在动力的抽象化和纯粹化"的结果。他认为，"决断主义"能否发生，取决于"目标意识的单纯化"程度，而目标意识单纯化本身，又反过来为武士"死的觉悟"赋予了"反知性主义"和"反规范主义"的特质。这就意味着，"任何道和规范，在这个意义上都只能是纯粹武士道的从属物"，至多可作为武士精神的证明者而不是决定者。一如《叶隐》所言："物而二分者，恶也。武士道者一也，不假外求。然则闻儒道、佛道而谓武士道云者，反不得其道也！"[④] 而所谓"释迦也好，孔子也罢"，无论何种"学文（问）"，倘与"奉公"无关则悉皆"无用"的说法，[⑤] 还让丸山读出了《叶隐》武士道对外来思想的强烈排斥倾向。不宁唯是，这种排斥还伴随着幕末志士对江户朱子学的造反，即通过对旧有主从关系的肯定和对非人格化与仪礼化上下级关系的否定，而实现了《叶隐》武士道性格与幕末战斗者武士的超时空对接，用丸山的话说就是："长达二百几十年幕府体制的冻结

① 佐藤正英校訂：《甲陽軍鑑》，筑摩書房，2006。

② 相良亨：《死生観・国学》，载《相良亨著作集》第 4 卷，ぺりかん社，1994，第 52 頁。

③ 《北条重時家訓・極楽寺殿御消息》，载《日本思想大系 21・中世政治社会思想》上，岩波書店，1972，第 323 頁。

④ 《葉隠・聞書一》，载《日本思想大系 26・三河物語・葉隠》，岩波書店，1947，第 257 頁。

⑤ 《葉隠・聞書一》，载《日本思想大系 26・三河物語・葉隠》，岩波書店，1974，第 216 頁。

（指“士道”对“武士道”的冻结），在外压面前开始融化。幕末动乱中充满活力的战国状况的所谓再现，便给以往作为战斗者的武士性格赋予了再度也是最后的沸腾机会。”[①] 可是，如果“儒道”和“佛道”都无法构成武士道“死的觉悟”的意识形态背景，那么，似乎也只有日本固有的“神道”才能堪此大任了。丸山真男承认，“作为意识形态，神道（伊势神道）要比儒教更接近（武士道）……正直的观念，在来自伊势神道的北畠亲房《神皇正统记》中也反复被强调”。但是，他同时认为，“虽然人们常讲‘顶礼膜拜’或‘神明加护’，但那并不是受到特定教义影响的结果，而是与崛起于严酷环境中的风云人物北条早云（1432—1519，战国大名最早期人物，前半世生平不详，曾迅速勃兴并将关东整体纳入到统治范围中）的经验法则（现实的生活智慧）相接近的东西。实话说，这并不是道德的心理准备，而是对‘有则有之，无则无之’这一从实践中悟到的现实主义所能提供的某种支持。只要有这种真诚面对现实的心态，即便不行祷告也会有‘神明的加护’；倘无此心态，即使祈祷也将被上天抛弃”。[②] 此亦如《叶隐》所说：“侍者一言，坚如金铁。自身已决，佛神莫及。”[③]

如此看来，无论是政治控制机制还是伦理宗教形态，也不论是主从情谊还是经济利益，这些人们所常见的能够对武士道“死的觉悟”构成决定性力量的各种要素，在表象上的相互龃龉和学者们的人为撕裂下，俨然已无法成为武士道前后一贯和根本恒定的价值支撑。如果丸山氏所谓“武家政治乃日本政治的原型”之说法成立，那么，“明治以后政教合一中央集权官僚制国家的建立即意味着日本与武士道传统的极大断绝”等论断，[④] 反而给前面的说法提供了一个具有足够颠覆力量的反证。当类似的反证比比皆是时，跳出以往论证圈子的新观察，便具有了重要的尝试意义。

---

① 丸山真男：《丸山真男講義録》第5冊，東京大学出版会，1999，第232—235、240、244、247頁。
② 同上書，第195頁。
③ 《葉隠・聞書一》，載《日本思想大系26・三河物語・葉隠》，岩波書店，1974，第248頁。
④ 丸山真男：《丸山真男講義録》第5冊，東京大学出版会，1999，第48、100頁。

三、“死的觉悟”支撑理念新解

有一点大概没有疑问，即“死的觉悟”是镰仓时代的“武士道”、江户时代的“士道”以及明治以后的“武士道”的共同生死观，哪怕这种“觉悟”的奉献对象发生了变化。然而，“矛盾”似乎亦因此而发生，这在《叶隐》中曾有过“突出”的表现，即：它一方面讲人生不过白驹过隙、毫无价值，可同时又强调武士要无条件地为主君奉公，并且在关键时刻需要果断出阵，平静地面对死亡。[①] 对于这两种近乎“逆说”的矛盾表述，相良亨指出：“我理解，‘毫无价值’的说法无法植入常朝的《奉公·武篇》中。”言外之意，《叶隐》似乎不应该出现如此低级的矛盾。于是，他试图对“觉悟”的两面性做出一体圆通的解释，认为“‘觉悟’既可用作死的觉悟方法，也可用作奉公的觉悟方法。并且，这两种觉悟并无不同。一般情况下，武士死的觉悟包含着奉公的觉悟，而奉公的觉悟也内含着死的觉悟。两个觉悟不过是一个觉悟的两个方面而已”。[②] 由于这一真正的矛盾式表述把其实并不矛盾的两者给变成了矛盾，因此，尽管在《叶隐》不存在矛盾这一点上笔者同意相良氏的看法，但对于其缺乏事实与逻辑关联的应然式表述，笔者却不敢苟同。“毫无价值”说在山本常朝的文脉中之所以无法构成自我矛盾，从本质上讲，是因为“死的觉悟”不过是发生于人们对“生”的有限性的无奈和对“死”的无限性的憧憬这一自然心态基础上的生命价值观。如前所述，常朝首先视人生为“无常”，“人生如白驹过隙”的说法所表述的也正是这种心情。可是，如果要使这短暂的一己生命价值获得延长，那么，人世间恐怕就只有能超越个人“私情”的“奉公”了。奉公之所以能够成为“毫无价值”说法例外，是因为同为有限的存在，“公”的生命要比“私”的生命具有相对长久的价

① 《葉隠·聞書一》，载《日本思想大系 26·三河物語·葉隠》，岩波書店，1974，第 268 頁。
② 相良亨：《武士の倫理：近世から近代へ》，载《相良亨著作集》第 3 冊，ぺかん社，1993，第 366、442 頁。

值。换言之，如果想在世间寻出与“死的觉悟”（无限性）相贴近的东西，那么，大概也只有具备相对恒久价值的“奉公”堪与之相比。这恐怕也是“主从关系”和“名”何以被武士看得比“个人”和“利”更加重要的原因之一。忠诚、牺牲、信义、廉耻、洁净、质朴、俭约、尚武、名誉、情爱这些价值之所以被武士奉为普遍的道德规范，应该与它们所蕴含的长久价值属性不无关联。正在这个意义上，“灭私奉公”也就自然而然地成为其迈向恒久目标的唯一途径。

对此，相良氏有关“生命价值”的认识比起以上的“矛盾说”似乎更接近武士道的一贯精神。在他看来，即便是拥有“死的觉悟”的武士，也并不是不去考虑如何避免死亡，因为死毕竟是一件令人悲伤的事。但是，在武士的“觉悟”当中，存在着一个自古形成的不可移动的“价值序列”，即：比起一己生命，世界上还存在着更高的价值；而关键时刻敢于献出一己生命，正是基于只有更高价值的生存才是真实的生存这一价值逻辑，这个更高的价值体现在武士身上，大概就是能够流传后世的“名”。正唯如此，真正能够对武士的根源性存在构成威胁的，反而不是“死”，而是足以损害及其名誉的“耻”。这就意味着，在“知耻”的背后，至少流动着不因时易、不以事殊的可持续延伸的人世重视理念，即“觉悟说到底，乃是立足于此岸世界‘价值秩序’观的产物”。这种理念，便是所谓“公”的意识。对“私”的舍弃来自对“公”的信念，而“私”的死亡恰恰可以在“公”的大生命中通过“名”来获得永生。因而在更根本的意义上，这取决于武士“与他者的根源一体观”。这意味着，在武士的“觉悟”中，“私人性”已不再是“自己”的全部，在一体连接的“个人性”与“社会性”之间，武士则明显偏重于后者，这也是近现代文豪夏目漱石所不断提倡的“则天去私”的理念。①

实际上，“死的觉悟”对“公”的高度倾斜，与武士道的形成史有着内在、本质和必然的联系。无疑，东国武士团在这方面表现得最

① 相良亨：《死生観·国学》，载《相良亨著作集》第4册，ぺかん社，1994，第46、52、53頁。

为典型。初看上去，东国武士团是血缘同族的结合与主从恩给的结合形成的统一体。但是，随着大名领地的逐渐扩大和由这种扩大带来的同族控制力量的分散和弱化，非同族武士的前来协助，便具有了重要的意义。而且武士团控制范围越大，其意义就越发得到凸显。这种情况，逼使武士团首领不得不将血族意识扩大化，而只要这种拟制的血族关系一旦在血亲与非血亲者之间搭建起信仰一致的“祭祀共同体”，被丸山真男称为超血族的“党”的结合，便逐渐演变成了武士团发展膨胀的核心动力因素；并且时间越久，势力就越大，以土地恩给和战友生死情谊为基础的主从关系就越对血族姻亲关系构成压倒性的优势。这可以用来解释为什么同族甚至亲子之间也常常分为敌我阵营并彼此大开杀戒，以及为什么大名的奋斗目的并不是对事实血统的维持而是如何才能做到不辱家名。丸山认为，在同族结合和主从结合之间，真正培育了武士性格的土壤，是后者而非前者。这也是他经常提及平氏武士多追随赖朝，而平氏家人亦多出源氏等史实的原因。①

狭隘血族关系的超越，使武士团的观念世界被赋予了普遍性的品格和日益鲜明的“公”的色彩。由此而产生的“公”的标准，重视的是集团的生命意义而不再是一家一门的生灭兴衰，而集团的生命意义欲得到维护，便要求对于能够支撑该意义者的选拔原则只能是唯才是举，而不再是让姻亲而无能者居上位。这就给有个性和有能力的武士凭借自身的才干跻身君侧并获得利禄和地位，赋予了珍贵的机会。而获得这种机会后需要展示的，则是武士自身个性和能力的进一步发挥而不是坐享荣华。武士性格中的自由主义倾向之所以十分鲜明，与他凭实力闯天下的成长历程有关。而必须提及的另外一点，即武士何以会通过“死的觉悟”来自觉维护主从关系并充分表达他对主君的忠贞不二问题，亦显然与主从间的非血缘结合有关。在以血族为核心的武士团中，主君赐予下属的任何名利，都会被获得者视为理所当然，君臣之间也因为血亲狎昵关系而容易失去政治与军事应有的庄严感和神

① 丸山真男：《丸山真男講義録》第5冊，東京大学出版会，第60—62、86—88頁。

圣感。而拟制血缘关系却不同。首先，主君能够撇开亲族子弟而力举族外人士这一行为本身，就足以令非亲非故者生出极大的感激。其次，那些寒门子弟还会因主君的恩给而衣食无忧，并从此过上有尊严的人的生活，这又在有形的层面上极大地激发了武士的忠勇和义气。他对主君的倾心固然有感恩情结在起作用，但由于超血缘的主从关系天然具有公共义理的属性，因此，在主从得以凝结的纽带——“公”的意义上，他更倾倒于主君的公忠人格。于是，他认定了某位主君，就意味着他认定了“公”的价值。反过来说，主君既为“公”的化身，那么，用生命去报答主君，在武士看来也就等于“奉公”本身了。当对主君的仰慕已演化为一种“纯粹的全人格式倾倒”（丸山语）时，作为“公”的化身的主君哪怕有稍许的示爱行动，都会从他内心深处激发出无限的“忠诚”，直至献出自己的生命。无法否定的是，这种勇于为主君献身的行为，有时确实与利益计算无关。在这个意义上，《陆奥话记》的一段描述，不可谓不真实。[①] 而一个普通士兵尚能凭借朴素的情感为主君献身，那些对主君（奉公）怀有深刻的“死的觉悟”的武士该如何作为，已不言而喻。这意味着，武士对主君的生命奉献，固然有主从间深厚的“私谊”因素起作用，但“奉公”行为本身，又使武士的“觉悟”被明显地赋予了超“私谊”的“公”的意义。同时，对“君虽不为君，臣不可以不为臣”观念的笃信，还表现出武士对主君几近迷信的追随意愿。这样才能解释，当主君的行为与“公”的理想有所背离时，武士为什么会苦苦“死谏”，[②] 并且在永不相弃的意义上日本人何以要称主从之情为“忍恋”。[③]

毋庸讳言，“死的觉悟”中含有“私谊”和“奉公”这双重动力。但是，比较而言，“公”的志向无疑是主从关系的前提。就是说，武士

① 《陆奥话记》曾记载将军源义家的犒军行为在士卒心里所引起的强烈反应：“将军还营，且飨士卒，且整甲兵。亲回军中，疗疵伤者。战士感激，皆言：身为恩使，命依义轻。今为将军，虽死不恨！”参见《陸奥話記》，载《日本思想大系8·古代政治社會思想》，岩波書店，1979，第330頁。

② 丸山真男：《丸山真男講義録》第5冊，東京大学出版会，1999，第235頁。

③ 相良亨：《武士の倫理：近世から近代へ》，载《相良亨著作集》第3冊，ぺかん社，1993，第407頁。

与主君能够结合并凝结出生死可托的“私谊”，只有在主从双方同时面对一个有利于武家大生命发展的共同目标时，才可能发生。一个值得某人为之赴死的事情，在平素冷静而不是一时冲动的情况下，一定要具有超越一己性命价值的意义才行。唯其超越一己，这个意义便不可能是私人的；唯其不是私人的，才具有了“大”和“公”的属性；而只有“大”而且“公”，自己的生命意义才不会因肉体的消灭而消失。武士之所以十分看重自己的最高荣誉——“名”，恰好是因为“私”的死亡可以在“公”的大生命中通过“名”来获得永生。只有对“私人性不再是自己全部”的道理有了深刻的理解，只有“与他者的根源一体观”在武士的“觉悟”中被赋予了最终的决定性力量，武士才能坦然赴死，“死的觉悟”才能在平素和献身之间表现不出丝毫的异样。而能促使他做到这一点的更直接动力，是武士必须自觉认识到他是一个能代表“正义”甚至是正义之化身的“英雄”，一个有着十足尊严并令世人永远尊敬和纪念的男子汉。这恐怕也是武士道何以还被唤作“男道”，武士的行为又何以被称为“英雄主义”的原因所在。[①]“情”在主从关系当中的不可替代作用，只有当主从关系由“战斗共同体”转化为“命运共同体”和“情谊共同体”，并且主君在这种转化中已使自身演变成“奉公”与“私谊”的综合象征时，才能得到真正的发挥。而“义理之情”和“战友之情”优先于“血亲之情”的事实本身还表明，表面看上去仿佛是个人关系的“私谊”，其实已经是“公”的结合基础上的“私谊”了。在这个意义上，“私谊”的不可废，也同时意味着“奉公”的不可废。否则，平氏武士多追随赖朝，而平氏家人亦多出源氏等血亲私情间相互背叛的史实，就无法得到切实的理解。由于“公”相对于“私”才能成立，而“公”意识不断扩张的前提，是“私”意识的次第淡出，直至归于“无”，因此，当公私逻辑关系与武士“死的觉悟”发生了事实性关联时，死亡本身便被注入了

① “义理”“男道”和“英雄主义”的说法，参见丸山真男：《丸山真男講義録》第5冊，東京大学出版会，1999，第71、209、188、214頁。

一种从永恒的“无”来到瞬间现世的一己生命，又被永恒的“无”重新收回和消解的意义，甚至“死亡本身还被赋予了某种亲近感。‘死事’的强调，恐怕也正是从这种死亡亲近感中所生发的意义”。[①] 这仿佛在说，“与他者的根源一体观”至此已升华成“与宇宙的根源一体观”了。这大概是武士所能臻至的最高境界，而武士本身似乎也因此成为和辻哲郎所说的“超越死生”的超越性的存在了。[②]

“死的觉悟”的核心支持理念一经被寻出，一个首尾相关、前后连贯的“同心圆”，便相对有序地展现在人们面前。镰仓“武士道”、战国“武士道”、江户“士道”以及明治以后“武士道”所呈显的生死观，刚好强度不等地次第分布在“奉公”信仰的同心圆上。它有助于日本国内的统合，但随着信仰本身的阶段性激活，也容易使惊涛所至，每每怀山襄陵，溃坝决堤。

在武士道的流变过程中，由于以各自大名为主角的武士的“死的觉悟”只反映了其各自主君（藩主）的局部利益，因此，进入江户时代后，以往范围狭隘的“奉公”非但不再为幕府所允许，既存于地方主从关系基础上的“忍恋”，也逐渐被导向“道”和“理”等儒教意识形态。丸山真男将这种转变总结为两点，即：“武士道向士道的转变特点一是从战斗者的性格朝秩序伦理方向的转变；二是从‘主从之契’、情感和人格的结合，朝客观的身份阶层秩序和伦理方向的转变，即所谓‘从人格到身份’的转变”。并且他认为这乃是“身份秩序要求的结果”。[③] 实际上，这种变化之所以有其必然性，取决于战乱时代的局部利益让位给和平时代的整体利益的现实需要，也是统一的行政控制被赋予了更为广泛的支配价值的结果。这同时还意味着，以往武士们“死的觉悟”的奉献对象，已经由主从的“奉公”升华为崇高的“道理”，由身边的“主君”转换成幕府的“将军”。研究者们之所以

---

① 相良亨：《武士の倫理：近世から近代へ》，载《相良亨著作集》第3冊，ぺかん社，1993，第445頁。

② 和辻哲郎：《日本の臣道》，载《和辻哲郎全集》第十四卷，岩波書店，1977，第297頁。

③ 丸山真男：《丸山真男講義録》第5冊，東京大学出版会，1999，第221頁。

一味强调这种转变标志着武士道精神的断裂，与无视“奉公”理念的可扩张性以及这种扩张性所能造就的同心圆这一历史事实有关。它有助于理解以下几重一直难以理解的疑问，即：何以幕府要采用“参觐交代”和“武家诸法度”规制而并未遇到特别激烈的反弹？为什么山鹿素行会强调“纵主君有殉死之请，亦非殉道也”的理念？① 何以“赤穗四十七士”非但少见称扬，反而最终被命以集体自裁？为什么“脱藩”武士迅速增加而社会并未对这种以往的“背主行为”斥责有加？这意味着，武士“死的觉悟”已渐次超越了狭隘意义上的主从关系，而转入更具普遍价值的法制轨道上来。正是在这种趋势下，到了明治时代，随着西洋各国压力的日渐加大和幕府机能的衰竭，以往只在形式上被看成是日本全体代表的天皇，开始被人们视为全日本的真正“主君”，而武士“死的觉悟”的奉献对象之所以迅速转向天皇，亦刚好反映了以上历史逻辑的惯性延伸。② 这样才能理解，何以吉田松阴可以时而背叛幕府，时而背叛藩主，却必须以日本国的整体安危作为自己拼死捍卫对象的原因，也才能理解福泽谕吉下面这段话的逻辑根据：“日本谚语有所谓‘腹重于背’和‘舍小济大’之说……又如对待动物，仙鹤比泥鳅既大且贵，因而不妨用泥鳅喂鹤。如果以日本国家和各藩来比较，当然日本国家为重而各藩为轻。废藩正如为保全腹而牺牲背，剥夺诸侯藩臣的俸禄犹如杀鳅养鹤。”③ 至于乃木希典夫妇为明治天皇双双剖腹殉死一事，在上述逻辑中，亦不乏一定的象征性意义，表明无论对主君、理法，还是天皇、国家，武士不拘对象的“死的觉悟”，与“奉公”理念的同心圆式扩展，实具有不可切离的内在关联。无疑，“奉公”刚好构成了这一系列行为得以实现的逐级意

---

① 山鹿素行：《山鹿語類・臣道》，载《山鹿素行全集》第六卷，岩波書店，1941，第 80 頁。相良亨指出：“素行并没想全面否定主从情谊结合意义上的生死行为。但是，他已把目光投向了超越这种主从结合的领域。在那里，只有实现道义，才是作为君子 = 大丈夫的武士的任务。这种看似一种私人关系的主从关系，在这里不过被赋予了道义实现的由绪。”参見相良亨：《武士の倫理：近世から近代へ》，载《相良亨著作集》第 3 冊，ぺかん社，1993，第 303 頁。

② 这种情形，至于昭和时代表现得尤为突出。参見和辻哲郎：《国民統合の象徵》，载《和辻哲郎全集》第十四卷，岩波書店，1977，第 221 頁。

③ 福泽谕吉：《文明论概略》，北京编译社译，商务印书馆，1997，第 2 页。

义，如前所述，它还必须使意义的实践者武士自觉认识到他就是“正义”和“英雄”的化身。

但是，当上述的“奉公”行为超越了应有的限度，换言之，当“死的觉悟”的实践范围超过了日本一国的边界，武士道的精神，就会迅速转变为灾难的渊薮。

从应仁战争（1467—1477）到1568年织田信长进驻京都、统一日本，这100年在日本历史上被称为“战国时代”。整个16世纪，地方武士团在各护其主的“奉公”理念的支配下，进行了大规模的争霸战争。就是说，用武力保护并扩充自己的土地，已成为那个时代的主旋律。结果，当然是实力最强大者获胜。然而，日本武士的“奉公”目标自然也随着以往力量有限的小“主君”扩展为力量膨胀的大“主君”，而大主君的体现，则是日益扩张的疆土。由于主君用以凝聚力量的“公”，在边界的意义上向无底止，而武士又总是唯主君马首是瞻，于是，日本的统一，也意味着主君的下一个扩充目标将成为武士“奉公”的新动力。这可以用来解释织田信长的继承者丰臣秀吉何以会发动进攻朝鲜的侵略战争。日本天正十七年（1589）的一段资料有助于人们对该问题的理解：

> 倭平调信玄苏等，与通信使偕来，馆于东平馆。备边司请令黄允吉、金诚一等，私以酒馔往慰，因从容问其国事，钩察情形，以备策应。许之。诚一至馆，玄苏果密语曰：“中国久绝日本，不通朝贡，平秀吉以此心怀愤耻，欲起兵端。朝鲜先为奏闻，使贡路得达，则必无事，而日本六十六州之民，亦免兵革之劳矣！”诚一等因以大义责谕之。

表面上看，丰臣秀吉似乎想通过朝鲜的斡旋恢复室町幕府以来明朝和日本之间的“勘合贸易”，但由于秀吉坚决拒斥以明朝所封“日本国王”的身份实现日明交通，这就注定了此事的无法成功。“诚一等因以大义责谕之”一语中的“大义”字样也暗示了这一点。日本探子所传递的秀吉意愿的真实目的，不过是寻找“欲起兵端”的借口，而朝鲜人金诚一的“责谕”似乎也早在秀吉的意料之中。可是，侵略别国疆土，总得找个正当的理由才行。日本学者辻善之助曾用赞美的方式道出了丰臣秀吉的“正当理由”：“他（秀吉）固然看重（经济）利益，但同时更重视国家的名誉。正因为更重视名誉，才因为朝鲜未能同中国进行通商斡旋，而最终发动了前后达七年之久的大规模战争。”他承认，这场战争的结果是两败俱伤，并造成了“两国人民的疲敝”和“战乱与惨祸”，但他坚称，“即便到后来，秀吉的朝鲜征伐，作为最快意的壮举，对于日本国民元气的培育之功，仍不可胜计”。而且，德川初期，日本之所以能“布国威于南洋”，当既有“战国时代国民的活力因素”，也仰赖了秀吉“征伐朝鲜和中国的壮举”。甚至“直到今天，秀吉的征伐中国，也仍然是我国国民精神史上极有影响力的大事。每念及此，便不由感到那场战争绝不是毫无益处的行动”。① 据说，丰臣秀吉不光要取道朝鲜、击毁明朝，把中国分割成封地赏赐给他的臣下，还放言要乘势进军次大陆，拿下印度，把当时日本人世界观中的“本朝”“震旦”“天竺”统统纳入到他的控制范围中。霍尔认为，其中无疑有承自织田信长的“无限征服的梦想”。② 虽然这一切均未获成功，但丰臣秀吉的侵略行径之所以能调动起日本的核心武装力量，“公”的名义——“国家的荣誉”，显然已成为日本武士对外征战的正当性依据和力量源泉，哪怕没有人会从埋有无数朝鲜人耳朵和鼻子的丰国神社“耳冢”中读出一丝正义的味道。

近代日本的“亚细亚主义”，无疑展现了以上同心圆价值的进一步扩张，显然，这是一次更大幅度的蔓延。有学者指出：“近代日本的‘亚细亚主义’是指在西方列强加剧侵略东方的危机时刻，围绕着对‘东洋’和‘西洋’的认识问题而形成的有关日本人亚洲观的一种有代表性的政治思想及其相关行动。由于近代日本亚细亚主义复杂而特殊的发展历程，它又表现为强调亚洲平等合作的古典亚细亚主义、强

---

① 辻善之助：《豊臣秀吉の支那朝鮮征伐の原因》，载《海外交通史話》（增訂），内外書籍株式会社，1930，第398—400頁。

② 约翰·惠特尼·霍尔：《日本：从史前到现代》，邓懿、周一良译，商务印书馆，1997，第119页。

调扩张领土的大亚细亚主义以及对亚洲实施侵略的大东亚共荣圈三种形式。近代日本的亚细亚主义在其形成、发展、消亡的过程中，完成了它从‘兴亚’到‘侵亚’的质变历程。”① 但是，如果仔细分析丸山真男所谓“外压……给以往作为战斗者的武士性格赋予了再度也是最后的沸腾机会”的说法，那么笔者以为，无论亚细亚主义发生过怎样可以理解的积极意义和罪不容诛的野蛮恶行，其思想和行动在更根本的文化价值上，似乎并未显现过本质上的改变，即自始至终均“出以公心”的“意义”先行。

“鸦片战争”和“黑船事件”，先后给中国和日本的国家安全带来了前所未有的威胁。当时，国土和实力均不及中国的日本，对这种威胁可能导致的巨大灾难，表现出了超常的敏感。千百年来“华夷秩序”氛围下生长起来的“文化共同体”意识，使日本的武士阶层对中国产生了“命运共同体”的想象，于是，在1878年，鹿儿岛藩士出身的大久保利通，在日本成立了一个亚细亚主义民间团体——“振亚会”。因大久保被暗杀，后继者又于1880年成立了“兴亚会”。关于日本人如此行动的意义，“兴亚会”创始人之一、米泽藩士之子，后成为帝国海军少尉的曾根俊虎（1847—1910，曾撰写过《北中国纪行》和《清国漫游志》），在《法越交兵记》中是这样表述的：“夫日韩与清固同文同教，所宜唇齿相依者也。若安南一地，约计纵横二万三千五百余方里。土地肥沃，物产繁殖。户口殆不下二千万人，与我同文同教。且同隶亚洲，盖亦亚韩之一国耳。……余夙忧欧洲人之凌辱我亚洲也，于是兴同志会者谋，刱立兴亚会。其意在挽回亚洲之衰颓，而压欧洲之强暴。此事也，余所日夜关心，辄常卧不安席，食不甘味，抚膺太息，血泪沾襟。竟至落魄中原，结燕赵之士，讨论古今，悲愤满怀。或怒发冲冠，或挥剑斫柱。呜呼，欧亚强弱之势，何至今相反之甚耶！”② 然而，武士们（这时已部分改称为“志士”）的亚细亚“公”

① 王屏：《近代日本的亚细亚主义》导言，商务印书馆，2004，第15页。

② 曾根啸云辑，王韬删纂：《五七位勋五等曾根俊虎先生自序》，载《法越交兵纪》，转引自沈云龙编《近代中国史料丛刊》第62辑，文海出版社，1971，第56—57页。

心意识及其行动意义，也可以被另外一种表述所代替，即：打击和占领朝鲜与中国，亦同样充满了理直气壮的正当性。福泽谕吉《脱亚论》中“文明—野蛮”和“进步—落后”框架下的“中韩”妖魔化煽动，曾为帝国日本的“征韩论”和“日清战争”提供了大义凛然的“正义观”——脱离“中韩”并用武力改造“中韩”，不仅是为了“中韩”的发展，也是为了东亚的繁荣。被称为“日本法西斯主义大本营”的“玄洋社”（1881）之所以用“玄洋”命名，据说就有“越过朝鲜海峡君临大陆”的意思；福冈藩成千上万的旧武士之所以能成为“玄洋社”的积极推进力量，是因为他们以为自己的行动体现了“国家之长远公道”，并可以“明天下之大义”。而作为“玄洋社”直系团体的“黑龙会”（1901），则更加露骨地强调了他们的观念和行动所具有的无比正当性，即：我等志在弘扬肇国之宏略，阐明东方文化之大道，以期东西文明之亲和，使我国成为亚细亚民族兴盛伟业之领导者；我等志在改造现行制度，振作外交，以图海外发展；我等奉戴军人敕谕之精神，志在振作尚武风气，实现全民皆兵，以为国防机构之充实，云云。以致在甲午战争、日俄战争、日韩合并、满洲事变等大大小小的对外侵略活动中，均能看到这些“志士”的身影。而北一辉“在革命的名义下”的“义战”鼓动及其《日本改造法案大纲》，在部分日本军人和学生当中竟引起过如此强烈的共鸣，从而给日本昭和初期的动荡社会带来了巨大的冲击并引发了“2・26”事件！值得关注的是，“满洲国奇迹”的设计者石原莞尔，曾满怀真诚地相信“五族协和”和“王道乐土”的神话，还认为出兵中国东北是为了“尽道德上的义务”，也是“拯救世界人类的伟大的天职”。这样，一群近现代“武士”怀着反近代、反中央集权、反官僚、反资本主义、反共产主义、反民族主义、反对国界与主权的“超国家主义”理念和新时代的“死的觉悟”精神，“突入”了朝鲜、中国东北和东南亚，成了现代“奉公”行动的祭品。石原莞尔受到的思想影响显然是综合性的：有军国主义、亚细亚主义，还有冈仓天心“用美丽的死去获得新生”的精神。他们以为自己肩负着“自发的使命感”，“悲壮地”走向战场，在侵略亚洲的刀光剑影中试图完成他们“解放亚洲”和“振兴亚洲”的大业。这是近代日本的“困惑”，也是近代日本的悲剧。①

也许正因为有“国家的名义”“亚洲的名义”“人类的名义”乃至社会改造意义上的“革命的名义”，才使日本近代以来的“亚细亚主义”被赋予了所谓的正当性。它构成了那个时代日本人的核心价值观，也成为不惜以武士道“死的觉悟”去冲锋陷阵的“大义名分”。正因为如此，日本军在对外侵略时不但不会意识到自己行为的反人类和反道义性质，反而自始至终都充满了“英雄主义”的豪迈，并将自身高自标榜为“正义”的化身。近代日本征服琉球、征服台湾，继而征服大陆的所谓正当性，几乎都可以从武士道一贯而恒定的价值支撑——“奉公”理念的延长线上寻出文化的经络；而来自西方的近代主义和新的国际关系原则，还在“公理”的意义上给日本明治以来的各类政府行为罩上了文明和进步的光环。汪晖指出：“英雄主义的前提是一种将自我及其行动正当化和崇高化的价值。如果只是一个赤裸裸的入侵，怎么会是一个英雄呢?”② 当“大东亚共荣圈”已危及世界和平与人类安全时，持续了数百年的武士道精神才终于步入绝境。

然而，在我们理性思索上述问题时，“兴亚”主义者大川周明③具有浓重武士道色彩的“生命价值观”，则不能不引起东亚学界的普遍关注和反思。大川认为，与欧罗巴的“主我式”精神不同，东方强调的是“无我式”境界；欧洲的宇宙观，注重抽象、区别和分析，而“东洋精神”则将宇宙看成是“生命的统一体”。④ 这样的生命观和宇宙观倘被视为宗教的参悟或许成立，可一旦变成现实实践准则，特别是变成“死的觉悟”的“奉公”式“效忠”准则，就会表现出十足的危险性。传统中国具有想象色彩并通过距离来保证的“礼教华夷秩序”与日本“布国威于四方”的“武威华夷秩序”之区别，也许就在这里。

---

① 王屏：《近代日本的亚细亚主义》，商务印书馆，2004，第150—155、170—180、190—203页。
② 汪晖：《琉球：战争记忆、社会运动与历史解释》，《开放时代》2009年2期。
③ 大川周明（1886—1957），狂热的国家主义者，曾组建犹存社、行地社和神武会。因与“三月”事件和“五一五事件”关涉甚深，“二战”后被作为甲级战犯而逮捕，后以精神异常为由，免于起诉。
④ 大川周明：《大川周明全集》第2卷，岩崎書店，1962。

“礼教”式“同心圆”总能表现出“内环”与“外环”间的次第分明布局（内服外服），而“武威”式“同心圆”的追求目标却是以“内环”吞并“外环”并终至于“一环”（八纮一宇）。明治政府一面高喊“朝鲜独立”又一面着手“日韩合并”的行为，昭和时代对“大东亚共荣圈”划定范围的逐个占领方略，都无法不让人想起武士团崛起背景的攻城略地本旨。它的无法通行，大概只能归因于日本有限的观念与行为价值无法涵盖和包容异质文化的变化多端与复杂。船曳健夫把日本近世以来的国家类型分为三种，即德川家康的“小日本”、丰臣秀吉和伊藤博文的“大日本”以及陆奥宗光、西园寺公望所主张的“国际日本”。其中，“小日本”往往以“锁国”的方式寻求自我发展，“大日本”则以东亚扩张为目标，而“国际日本”不过是对“大日本”理念的补充。然而，如果仅仅按照日本固有的经略逻辑来面对这三种类型，则“大日本”和“国际日本”最终只能退回到“小日本”的框架中，因为“大日本模式存在着这样一个问题，它在向东亚扩张时，并无足以覆盖亚洲的整体性理念。这并不是日本人构想力贫乏等所谓能力的问题。产生于明治维新以降的大日本，与‘天皇制’密不可分。而在‘天皇’的特性和沉积于历史的日本文化资本当中，并没有锻造出可以覆盖其他各国人民和民族的普遍性。天皇制的有效性，只存在于日本列岛的历史中和日本语境内部，这里不存在天皇制被转换成其他文化的努力，也看不到尝试翻译这种文化的外部人士。天皇制中，没有像基督教那样将‘全人类’都视为神的孩子的普遍性构造，也不具备中国皇帝敢于将属国封为王中之王的自信和自觉”。[①] 而如此有限的内部价值一经盲目对外扩张并要求其价值实践者用“死的觉悟”来成就之，便只能带来可以逆料的灾难性后果。霍尔的名著《日本》几乎在书的一开始，就矛盾地表达了他的感受：“在 19 世纪中叶，当欧美的旅行者注意到日本这些与世隔绝的岛屿的时候，他们很难想象在

① 船曳健夫：《国際日本・大日本・小日本》，载《右であれ左であれ、わが祖国日本》第二章，PHP 新書约翰，2007。

一个世纪之内这个神秘的‘帝王之邦’将把自己变为现代世界的主要国家之一。……但是今天的日本是世界第三工业国，而且曾经试图搞军事扩张，结果把自己的城市变成核战争的最早目标。”[①]

然而，无论是战前和战中的西田几多郎，还是战后的竹内好，日本学界部分精英的相关议论，仍不能不让人格外注意。作为日本首席哲学家的西田，曾在19世纪三四十年代，将“按地缘及传统形成一个特殊的世界，即共荣圈”公开视为“人类历史发展终极理念的历史课题”。他主张把“皇道”引向世界，并号召“皇国臣民”振作起来，“洞察世界形势，不屈不挠、坚忍持久”地去实践“臣民之道”，将“皇国日本”的“光辉”与“大义”撒向全世界。[②] 这一给“大东亚共荣圈”赋予了哲学基础的思想主张所能造成的强大鼓噪和深层感染力，要超出通俗的宣传效果不知凡几。而竹内好所谓“大东亚战争是否定近代、否定近代文化，并从否定的底端形成新世界与世界文化的历史性的创造活动”的战争观，[③] 在本质上还充满了恐怖。如前所述，“近代主义”为武士道的“奉公”理念超越日本列岛的地理限制，提供了“礼乐征伐自东洋出”的正当性依据。可当这种自明的“意义”在血与火的烧杀抢掠面前遭到质疑时，特别是日本自身也由于对外侵略而招致或即将招致灭顶之灾时，一种反近代主义的包装，似乎仍可以为日本的战争行为找到新的正当性依据。这种依据试图证明，它不是西方霸道的鹰犬，而是东方王道的干城。有这样一段话值得关注：“在某种意义上可以说，世界秩序的观念，是由已经完成了近代国家建设的诸国构筑的观念，也是由以这些国家为成员的国际社会的观念”构成的，“在二战以前的日本——其实在二战以后的日本依然——不管什么样的思想也好，意识也好，从右翼到左翼，在真正意义上能突破这一近代国际秩序观念束缚的人，事实上一个也没有”。[④] 虽说这不能被简

---

① 约翰·惠特尼·霍尔：《日本：从史前到现代》，邓懿、周一良译，商务印书馆，1997，第3页。

② 高坂正顕等：《世界史の立場と日本》，载《中央公論》1942年1月号，第181頁；王屏：《近代日本的亚细亚主义》，商务印书馆，第329—330页。

③ 竹内好：《竹内好全集》第14卷，筑摩書房，1981，第453頁。

④ 野村浩一：《近代日本的中国认识》，张学锋译，中央编译出版社，1999，第75、77页。

单地理解为责任外推，但同样的近代国际秩序观念在中国和朝鲜身上所表现出来的截然不同的反应和效果，意味着一个真正的“日本”形象，恐怕只有从日本自身入手才庶几能得到真实的确立；而构成“日本政治原型”的“武家政治”，无疑给日本问题的深入研究，提供了更原初的线索。

（发表于《历史研究》2009年第4期）

日本对外战争的隐秘逻辑（1592—1945）

从1592年到1945年，日本在东亚地区发动了数次战争。由于这些战争时间跨越前近代和近现代，加之我们已惯常于以时代性质来判断战争性质，因此，虽说对每次战争原因的分头探索和个案讨论均不乏仔细，[①] 但战争之间所固有的内在连续性，也不时被人为划定的时代独立性所切断。当每个研究结论的相加之和并不等值于历史本身，甚至与历史文脉龃龉横生时，一个综合而连贯的观察视角，或许能给相关研究工作提供某种有意义的启示。尤其在东亚局势风云再起和区域走势扑朔迷离的今天，钩沉战争与战争之间的事实与逻辑隐情，亦将有助于人们对东亚问题的整体认知和规律性把握。

一、 日本对战争理由的矛盾陈述

让日本一下跃居东亚舞台中心的历史性事件，莫过于“甲午战争”

① 鄭樑生：《明・日関係史の研究》，雄山閣出版，1985；西里喜行：《清末中琉日關係史の研究》，京都大学出版会，2005；加治将　：《幕末維新の暗号》，祥雲社，2008；岡本隆司：《馬建中の中国近代》，京都大学学術出版会，2007；戚其章：《甲午战争史》，人民出版社，1990；沈予：《日本大陆政策史（1868—1945）》，社会科学文献出版社，2005；史桂芳：《近代日本人的中国观与中日关系》，社会科学文献出版社，2009；朴宗根：《日清戦争と朝鮮》，青木書店，1999；筒井清忠編：《新昭和史論：どうして戦争をしたのか》，株式会社ウエッジ，2011；北岡伸一：《外交的思考》，千倉書房，2012；《大正・明治帝国外交の光と影：なぜ欧米列強とならぶ「一等国」になりえたか》，NHK出版，2012；等等。

（1894—1895）和“日俄战争”（1904—1905）。由于这两次对外军事行动不仅打败了亚洲第一大国，也打败了世界第一领土大国，因此，在日本人的历史记忆中，这无疑已凝结成“大和民族”前所未有的“光荣”。然而，无论是当时的政界、军界、舆论界，还是后来的学术界，日本方面在谈及发动这两次战争的理由和根据时，均表述得矛盾重重，甚至自相抵消。“甲午战争”因朝鲜而起，这是常识。可当说到这场战争为什么会因朝鲜而起时，人们却很难从日方关于战争动机及其最直接诱因的“史实”陈述中，找出一般性共识。通常来说，“征韩论”之始作俑者，是明治维新的早期元勋西乡隆盛（1828—1877）。通行于教科书层面的结论说，西乡的“征韩”（1873）名目，缘于明治政府对朝鲜继续“锁国”、不与交通甚至仇视日本等政策的不满。[①] 而进一步的“逻辑”还被表述为：如果朝鲜不开国，日本不但无法以近邻联盟的方式来共同抵御西方，甚至连本国的独立状态亦无法确保。[②] 可结果却如人们所熟知的那样，是“征韩派”（又称“外征派”）的下野和“内治派”的胜出。而“内治派”标榜，日本应按照西方的模式实行内部近代化改革而不是对外扩张。持这一观点的，有岩仓具视（1825—1883）、大久保利通（1830—1878）和木户孝允（1833—1877）等人。然而，明治政府时过不久的对朝武装行动，却不仅令人错愕，还使“内治论”的标榜者们迅速走向了自己的反面。1875 年，反对西乡“征韩论”的大久保和木户等人，为了敦促朝鲜“开国”（这本是西乡当年主张征韩的堂皇理由之一），竟以炮舰相逼，在通过《江华条约》（1876）达成朝鲜开国目的的同时，还将当年美国人强加给日本的不平等条款，依样画瓢般地压给了朝鲜。可这样一来，西乡的下野原因与朝鲜的被迫开国之间，俨然已构成了某种反讽。而且“江华岛事件”后西乡写给友人的信笺还一度让人感到，西乡似乎并不比大久保

① 佐藤信等：《詳説日本史研究》，山川出版社，2008，第 340 頁。
② 井上寿一：《日本外交史講義》，岩波書店，2003，第 17 頁。

等人更像“征韩论”者。[①] 然而，问题显然并非如此简单。人们注意到，下野后与政府分庭抗礼并引发“西南战争”的西乡隆盛，在死后第十二年的1889年，竟被明治天皇以所谓“大赦”的方式和“大政复古大功臣”的理由恢复了名誉，并再封为“正三位”。[②] 明治政府这一戏剧般的转变，极有可能是出于天皇本人的意志。黑龙会所辑《东亚先觉志士记传》称，早年，明治天皇曾对西乡有过“适当处置韩国问题”的面谕，甚至还有“委任汝总典韩国事”的授命。[③] 1873年，西乡拟亲为赴韩使节并准备不惜武力敦促朝鲜“开国”的决定，虽不能说是在贯彻天皇的命令，但倘无最高权威的默许甚至支持，西乡的“征韩”态度显然不可能如此执着甚至顽固。所以有学者指出，称西乡的主张与天皇的“征韩”意志全无关联，反而与史实不符。[④] 这种说法，在有助于解开“征韩派”与“内治派”殊途同归“谜团”的同时，还给研究者留下了进一步追问的余地：如果天皇的意志是这种合流的终极原因，那么天皇何以会形成如此意志？

清朝在“甲午战争”中的败北，使日本觊觎朝鲜的传统阻碍力量，被明治兵舰首次逼退。但“三国干涉还辽”事件中俄国的积极表现，[⑤] 却招来了日本深深的怨恨。这不仅因为俄国危及了与日本人“主权线”相依存的“利益线”——朝鲜，[⑥] 还在于其干涉还辽行动把甲午战后划归日本的辽东权益转移到自己手中。1904年，“日俄战争”爆发，日本胜利。这意味着，清朝以外能够妨碍日本在朝权益的另一个大国，

---

① 西鄉隆盛：《篠原冬一郎への書》（明治八年十月八日），載大西鄉全集刊行会編《大西鄉全集》第二卷，平凡社，1927，第842—844頁。

② 小川原正道：《西南戦争》，中央公論新社，2007，第227頁。

③ 黑龍会編：《東亜先覚志士記傳》上卷，原書房，1974，第44頁。

④ 琴秉洞：《耳塚》，二月社，1978，第141頁。

⑤ 《三国干涉一件》《遼東還附一件》，載日本外務省外交史料館編《日本外交文書》第二十八卷第二冊，日本外交文書頒布会，1953，第1—222、464—552頁。

⑥ 山縣有朋：《外交政略論》，载《日本近代思想大系12·対外観》，岩波書店，2000，第81—86頁。山县时任内阁总理大臣。上述观点作为他的施政演说，明确提出于明治二十三年（1890）的“第一次帝国会议”上，且与成稿于明治二十一年的《军事意见书》一气贯穿。由于该理论直接诱发了“甲午战争”，因此，学界亦习惯于将其视为日本“大陆政策”的开端。不过有一点需要注意，山县不仅是吉田松阴的弟子，还与长期和松阴讨论如何承绍丰臣秀吉大陆征伐精神的久坂玄瑞等人，过从甚密。在后面有关山县出生地的山口县及其帅友关系网络的论述中不难发现，“大陆政策”虽公开于明治年间，但盘桓于山县脑际的政策雏形，恐未必肇端于此。

从此也不再构成妨碍。而正在此时，日本保护朝鲜“独立”的真实目的，才首次和盘托出。1910年8月22日，随着《日韩合并条约》的签署，日本以外的国家再行染指朝鲜的可能性，暂且化为乌有；① 而朝鲜君主也从此被明治天皇降格册封为“李王”。问题是，朝鲜为什么会被日本强征为自己的“利益线”？其册封韩王的行为，又究竟根植于怎样的历史逻辑和文脉？

日本此前为独占朝鲜与俄国缔结的“满韩交换”协议，② 不但并不表明日本对“满洲”无所关心，相反，朝鲜问题解决后的下一个征服目标，恰恰就是“满洲”。日本对俄国的这一权宜策略，早就被美国人冷眼窥破；③ 而日本对俄战争的胜利，也刚好给日本独占下一个目标——“满洲”，创造了前所未有的条件。不仅如此，作为第一次世界大战战胜国的日本，还在1915年向北洋政府提出了足以灭亡中国的“二十一条”。虽然大隈内阁的无理要求不可能获得实现，但“日俄战争”后日本的一连串举动，却把它更大的欲望对象，昭然于天下。为此，它采取了一系列外交手段，诸如出兵西伯利亚（1918—1922）④、加入“国际联盟”（1920）⑤、与英美法组成“四国同盟”（1921）⑥等。但是，日本对中国日益增大的欲望，也进一步招致了欧美国家的侧目。美国在1921年11月—1922年2月所召集的“华盛顿会议”上，首次系统地推出了关于中国问题的《九国条约》。条约中，美国明确提出了对华政策新原则，即“门户开放，领土保全”。由于日本有意将中

① 《日韓条約締結一件：韓国併合関係》，載日本外務省外交史料館編《日本外交文書》第四十三卷第一冊，日本外交文書頒布会，1962，第659—728頁。

② 《朝鲜ニ関スル日露協約雑件》，載日本外務省外交史料館編《日本外交文書》第二十九卷，日本外交文書頒布会，1954，第728—842頁。

③ 《米国ノ満州鉄道中立提案一件》，載日本外務省外交史料館編《日本外交文書》第四十二卷第一冊，日本外交文書頒布会，1961，第722—738頁。

④ 《シベリア及東支両鉄道管理ニ関スル交渉一件》，載日本外務省外交史料館編《日本外交文書》大正期七年第三冊，日本外交文書頒布会，1969，第335—442頁。

⑤ 此间，曾以《武士道》一书蜚声世界的新渡户稻造（1862—1933），即在该机构担任了七年之久的“国际联盟事务局次长”一职。参見《国際連盟理事会ニ関スル件》《国際連盟総会ニ関スル件》，載日本外務省外交史料館編《日本外交文書》大正期九年第三冊上卷，日本外交文書頒布会，1973，第93—315頁。

⑥ 《太平洋ニ関スル四国条約ノ成立》，載《ワシントン会議》（上），転引自日本外務省外交史料館編《日本外交文書》，日本外交文書頒布会，1977，第547—686頁。

国本土解释为长城以南地区，于是，日本对“保全领土”原则的认可便意味着即使拥有“满蒙特殊权益”，亦没有违背国际公约。换言之，日本接受《九国条约》的一个前提是撤回“二十一条”的核心条款——这似乎表明了日本对“中国本土”的不干涉态度和对欧美各国压力的屈从，加之日本的牵强解释也未能从根本上损害欧美各国的在华利益，于是，列强间的势力均衡，便最终以中国利益的巨大牺牲而终结。[①] 然而，1926 年广州“国民政府”所发动的、有苏联顾问参与的“北伐战争”，却开始令日本坐卧不安。[②] 因为这意味着，其垂涎已久的“满洲”权益，可能会因为蒋介石的行动和苏俄的介入而化为泡影。为了给“满洲”乃至整个中国问题定调，1927 年 6 月，田中内阁在东京召开了会议，即所谓“东方会议”。[③] 然而后来发生的“山东出兵”（1928）、“皇姑屯事件”（1928）、“九一八事变”（1931）以及“关东军”5 个月占领东北全境并拥立溥仪建立“满洲国”（1932）等事件，却反而给人造成这样一种印象：日本国内上自天皇、下到内阁，已悉数被“军部”和“关东军”的“独走”行为所劫持，正因为如此，才不得不对“既定事实”予以默认。[④] 可当这种“不得已”的表白一经被国际联盟派遣的“李顿调查团”所戳穿，[⑤] 当“满洲国”的主权属于中国的看法已在国际联盟和美国那里成为共识时，[⑥] 特别当关

① “九国”指：日、美、英、法、意、中、比、荷、葡。参見《中国ニ関スル諸問題・中国ニ関スル諸決議ト九国条約ノ成立》，載《ワシントン会議》（下），転引自日本外務省外交史料館編《日本外交文書》，日本外交文書頒布会，1978，第 24—235 頁。

② 《東三省の政情と易幟問題》《国民革命軍の北伐関係》，載日本外務省外交史料館編《日本外交文書》昭和期Ⅰ第一部第二巻，日本外務省，1990，第 200—336 頁。

③ 《東方会議》，載日本外務省外交史料館編《日本外交文書》昭和期Ⅰ第一部第一巻，日本外交文書頒布会，1989，第 1—67 頁。

④ 《満州国の成立と日本の承認》，載《満州事変》第二巻第　冊，転引自日本外務省外交史料館編《日本外交文書》日本外交文書頒布会，1979，第 341—651 頁。

⑤ 《リットン調査団の動向》，载《満州事变》第二巻第一冊，転引自日本外務省外交史料館編《日本外交文書》，日本外交文書頒布会，1979，第 652—989 頁。

⑥ 《日中紛争をめぐる米国および各国との交渉ならびに国際連盟における審議状況》，載《満州事変》第二巻第二冊，転引自日本外務省外交史料館編《日本外交文書》，日本外交文書頒布会，1980，第 1—436 頁。

东军于1933年2月23日侵占热河、向国际联盟故意示威时，[①] 日本政府在2月24日退出国际联盟，便具有了事实和逻辑上的双重不可逆性。[②] 昭和十年（1935）以来日本政府和军队的一系列行动，还意味着，1937年抗日战争的全面爆发，只不过是时间问题而已。[③] 问题在于，日本对中国的侵略，为什么也像对朝鲜一样被视若当然？石原莞尔凭什么会提出"满蒙乃日本生命线"这一仿佛是"自明"的命题？[④] 为什么在《昭和天皇独白录》中，"日本对中国的一次次侵略，被描述成一件件平平常常、自自然然的事"？为什么"日本在华的任何动作，只要不引起英美的干涉，不触发与英美的冲突，就不必有丝毫顾忌"？[⑤]

在高度复杂的现代国际局势中，日本行动依据的自我矛盾处比起近代来，无疑更加突出。它一面令人动容地倡导"东洋一家""东亚解放"和"共存共荣"，一面又毫无愧色地侵人疆土、杀人父兄、毁人宗庙；它可以与英国蜜月热恋，亦可以适时解除"英日联盟"；它能够为遏制共产主义苏联而参加"四国同盟"，也能做到与苏联签署"日苏中立条约"；它可以宣称"世界和平"而加入"国际联盟"，也能做到瞬间"脱退"……可是，无论日本怎样一日三变，有一个不易察觉的连贯性却未曾发生过改变。人们注意到，内田康哉外相为了使"满洲国"得到国际承认，曾发表过不惜举国焦土的"焦土外交演说"（1932年8月）；[⑥] 松冈洋右外相为了使日本独占"满洲国"而不惜退出国际联盟一事，曾被日本民众视为"壮举"，其本人亦一度成为"国民英雄"

---

① 《国際連盟における日中紛争審議状況ならびに列国との交渉・熱河作戦の目的について》，載《満州事変》第三巻，転引自日本外務省外交史料館編《日本外交文書》，日本外交文書頒布会，1981，第524頁。

② 《国際連盟における日中紛争審議状況ならびに列国との交渉・日本の連盟脱退を憂慮とのゾルフ博士の談話について》，載《満州事変》第三巻，転引自日本外務省外交史料館編《日本外交文書》，日本外交文書頒布会，1981，第527頁。

③ 《華北における日本軍の諸要求事件（《梅津・何応欽協定》および《土肥原・秦徳純協定》問題を含む）》《華北分離工作》《塘沽停戦協定善後交渉》《華北における日本の権益発展策》等，載日本外務省外交史料館編《日本外交文書》昭和期Ⅱ第一部第四巻，日本外交文書頒布会，2006，第320—534頁。井上清教授认为，中日战争若从日本第一次出兵山东算起，应为"十八年战争"。参见井上清：《天皇与日本的侵华战争》，《抗日战争研究》1993年第2期。

④ 石原莞爾：《最終戦争論・戦争史大観》，石原六郎等編，たまいらぼ，1986。

⑤ 张振鹍：《日本侵华与昭和天皇的独白》，《抗日战争研究》1993年第2期。

⑥ 社会問題資料研究会編：《帝国議会誌》第一期第十三巻，東洋文化社，1976。

之象征（1933 年 2 月 24 日）；[①] 至于日本外务省情报部部长天羽英二为垄断中国利益而发表的《天羽声明》，还以“维持东亚和平秩序”乃日本之“使命”的“豪迈气概”，提出了极力反对国际社会对华援助的“亚洲门罗主义”（1934 年 4 月 17 日）；[②] 而将上述趋势推向逻辑终点的东条英机，则高调地喊出“亚洲民族解放”和“大东亚共荣圈”等口号（1942 年 1 月），甚至不惜“举国玉碎”，实施最后一搏。[③] 所有这些，都极为传神地记录了日本这一不曾变奏的连贯音阶，也逐步清晰地勾勒出音阶的起伏流向和萦绕范围。这意味着，对于日本在现代国际局势中的无数即时反应，恐怕已无法再以一连串杂乱无章的偶然性堆积来理解和对待；而一个置于更长时段和更大背景当中的探讨，或许才有助于人们触及事情本来的脉络，并从中发现相应的规律。

二、规定明治、昭和走向的“执拗低音”

1868 年 1 月 15 日，明治天皇宣布了他的“发扬国威”意旨：“宜大力充实军备，光耀国威于海外万国，以应答祖宗先帝之神灵！”[④] 3 月 14 日，明治天皇再度发表了他的“海外雄飞”大略：“朕与百官诸侯相誓，意欲继承列祖伟业，不问一身艰难，亲营四方，安抚汝等亿兆，开拓万里波涛，布国威于四方！”[⑤] 而从 1926 年裕仁天皇即位后所颁布的一系列“诏敕”看，昭和主张显然延续了明治意志，甚至有过之而无不及：“朕赖皇祖皇宗之威灵，继承万世一系之皇位，总揽帝国统治之大权，以行践祚仪式。率由旧章，聿修先德，庶几无坠祖宗之

① 外交問題研究会編：《松岡外相演説集》，日本国際協会，1941；岡田益吉：《満州事変と国際連盟脱退》，載林正義編《秘められた昭和史》，鹿島研究所出版会，1965。

② 《付：天羽情報部長の非正式談話問題》，載日本外務省外交史料館編《日本外交文書》昭和期Ⅱ第一部第三巻，日本外交文書頒布会，2000，第 559—612 頁。

③ 《大東亜共栄圏の建設》之《大東亜省設置問題》《大東亜会議》，載《太平洋戦争》第二冊，転引自日本外務省外交史料館編《日本外交文書》，日本外交文書頒布会，2010，第 1437—1554 頁。

④ 明治天皇：《対外和親、国威宣揚の布告》，載《日本近代思想大系 12・対外観》，岩波書店，2000，第 3 頁。

⑤ 明治天皇：《維新の勅語》，載《列聖全集・詔勅集》（下巻），列聖全集編纂会，1916，第 147 頁。

遗绪。惟以皇祖考叡圣文武之资，恢弘天业。内敷文教，外耀武功，颁千载不灭之宪章，固万邦无比之国体……（今当）明徵皇祖考之遗训，继述丕承皇考之遗志……”；[①] “尔臣民宜骋思神武天皇之创业，使皇图宏远，念皇谟之雄深，和衷勠力，日益发挥国体之精华，以致克服时艰，以助国威昂扬，以对祖宗神灵”；[②] “宣扬大义于八纮，以坤舆为一宇，实乃皇祖皇宗之大训”。[③] 1932 年 1 月 8 日，昭和天皇还以日本最高统帅的身份，表彰了关东军侵占中国东北之“功绩”：“宣扬皇军威武于中外，朕深嘉其忠烈。汝将士宜复坚忍自重，以此确立东亚和平之基础，朕厚有望焉！”[④] 在上述“诏敕”中，有这样几个共同点值得关注。一是指向性或曰目标性十分明确，即明治时代与昭和时代均以“海外雄飞”和“宇内扬威”为职志。其中，明治时代所奉行的“大日本主义”和昭和时代着力实践的“大东亚主义”，名异而实同。二是连续性或曰超时代性特征非常明显，两者都继承了千百年来的“列祖伟业”和“先朝宏谟”，时代的变化和当下的妨碍，在祖训之“定量”面前只是“变量”，而且是可以藐视的“变量”。三是执着性或曰目的单一性。为了实现锁定的目标，日本需要采取一切可能的手段，排除一切外来的干扰，然后专注于目标，为此甚至举国玉碎亦在所不惜。这些特征，无疑有助于我们理解明治和昭和天皇为什么会分别成为“甲午战争”和“侵华战争”的发动者或追认者，即使在这一过程当中他们也曾有过看似“消极被动”实则“怯于冒险”的情绪性波动。[⑤]

---

① 《践祚後朝見ノ儀ニ於テ賜ハリタル勅語》（1927 年 1 月 9 日），載日本文部省整理、防衛省防衛研究所蔵《陸軍省大日記》，陸特—S1－4－28，第 1375—1379 頁。

② 《2600 年纪元节诏书》（1940 年 2 月 11 日），国立公文館蔵《御署名原本》，御 23258100（无页码标识）。

③ 《日德意三国条约诏书》（1940 年 9 月 27 日），国立公文館蔵《御署名原本》，御 23265100（无页码标识）。

④ 《満州事変ニ際シ関東軍ニ賜ハリタル勅語》，載小林龍夫等《現代史資料 7 · 満州事変》，みすず書房，1965，第 337 頁。

⑤ 井上清：《天皇与日本的侵华战争》，《抗日战争研究》1993 年第 2 期；《昭和天皇独白録》，《文芸春秋》1990 年 12 月号。

实际上，“八纮一宇”能够成为日本政要思想与行动的自明前提，[①] 与历史上曾经发生的“壬辰倭乱”及其败退记忆，有着十分密切的关系。从那个时代遗留下来的大量因由，为我们探索后世难以违拗的深层规定性，提供了令人瞠目的原始记录。

日本历史学者杂贺博爱，早年在《大西乡全传》中谈及西乡隆盛的“理想”时这样写道：“翁之理想，实在于耀皇威于八纮，布道义于四海。翁大陆经营之大理想，亦实存于此。本欲自膺此大任，横刀荒原，怎奈时势不利，事与愿违，终化故山之露。”[②] 杂贺此书出版于1937年5月。2个月后，侵华战争全面爆发。这与其说是巧合，不如说是西乡被恢复名誉以来频繁掀起的“西乡热”中的一个小插曲而已。事实上，天皇特赦令下达后，颂赞西乡的著作就像决堤之洪水般涌向全国，如《日本伟人传》《西乡南洲遗训》《西乡隆盛传》等。而当时流行最广的，莫过于内村鉴三（1861—1930）的《代表的日本人》。书中，西乡隆盛赫然名列榜首，而该书的出版时间，则刚好是“甲午战争”爆发的1894年。内村认为，支配西乡行为的动力有两点：一是统一帝国的实现，二是征服东亚。[③] “日韩合并”的1910年，是西乡战死第33周年，也是“西乡热”臻于巅峰之年。就在这一年，西乡开始以“国权论”和“亚洲主义”先觉者的名义受到追捧。石原万岳等创作于1911年的《东京铜像唱歌》中这样写道：“朝鲜今我有，堪慰吾翁心！”不仅如此，由黑龙会编纂的《西南记传》（1909—1911），还详细记载了西乡“征韩论”之始末，认为西乡的榜样力量将非常有助于对韩政策之最后决断。此外，北一辉对西乡之膜拜，自不待言；头山满、内田良平和荒尾精等大亚洲主义者或大陆浪人们，不但以西乡为偶像，还每每自命为“当代西乡”。后来，三岛由纪夫在《与铜像的对

---

① 在日本，这个口号最早出典于《日本书纪·神武纪》（720年成书），原文为“掩八纮而为宇”。后被“新东亚秩序”和“大东亚共荣圈”的提倡者所利用，并成为给自身行动赋予正当性与合理性的理论依据。

② 雑賀博愛：《大西郷全傳》第一冊，大西郷全傳刊行会，1937，第5—6頁。

③ 内村鑑三：《代表的日本人》，鈴木範久訳，岩波書店，1995。原作名为《日本及び日本人》（*Japan and Japanese*），最早出版于1894年，是面向英语世界的作品。参見《内村鑑三英文著作全集》第二卷，教文館，2004。

话》中这样感慨：西乡身上“具有能与日本人内心深处最危险要素两相契合的美”！这其实也在某种程度上决定了三岛本人的终局。[①]

日本近现代史上经久不衰的“西乡热”，凸显了以下醒目逻辑：西乡是“大亚洲主义”的先觉者和“八纮一宇”理想的支持者，而这一先觉者和支持者的实践端点，便是“征韩论”（“外征论”）的推出。于是，对西乡何以会提出“征韩论”并对其志向异常固执的更深层背景探赜，便成为一个需要关注的重大问题。历史上，西乡所在的萨摩藩，是一个“征韩”观念普及并深入到每个角落的地方。这固然与作为“朝鲜之役”急先锋的岛津义弘（1535—1619）的军事行动有关，但更与岛津氏留给当地乃至整个日本的、以“征韩”甚至“征明”为主要内容的“乡中教育”传统密不可分。有研究显示，无论是“征韩论”的主张者西乡隆盛还是后来的实践者大久保利通，也无论是“甲午战争”还是“日俄战争”中冲锋陷阵的军事指挥官抑或政治领导者，几乎均程度不等地接受过这类野蛮侵略他国的“乡中教育”。[②] 值得注意的是，明治期“征韩论”的最坚定支持者，刚好出自九州、四国和“中国”[③] 等地。这些地方也恰恰是丰臣秀吉侵朝时“七大番队”将士的主要来源地。经过德川二百余年的历史，番队将领的遗愿居然被后人们完好无损地保存下来。这使琴秉洞的下列观点具有了重要的参考意义：单纯以“毗邻朝鲜的地理因素”和“外压转移的政治意图”来解释九州人率先发起的“征韩”行动，显然因忽视了当年的历史因缘而变得十分牵强。[④]

那场几成“乡中教育”范本的战事，发生于1592年至1598年，日本称“文禄·庆长之役”，朝鲜称“壬辰倭乱”和“丁酉再乱”，明朝称“万历朝鲜之役”。而埋葬了大量耳鼻的“耳（鼻）冢”，位于今日本京都市，是400多年前日本军在朝鲜实施惨烈杀戮行动的最具象

① 小川原正道：《西南戦争》，中央公論新社，2007，第230—239頁。
② 琴秉洞：《耳塚》，二月社，1978，第138—141頁。
③ “中国”，是日本律令制时代的区域指代，包括骏河、越前、出云和备后地区，略当今日之本州西部，包括冈山、广岛、山口、鸟取和岛根地区。
④ 琴秉洞：《耳塚》，二月社，1978，第20—21頁。

征性的物质遗存。关于耳鼻的数量，有人曾做过以下统计：日本发动大军16万人，杀害朝鲜人18.573 8万，中国人2.901 4万，共计21.475 2万人。现埋于平安城（今京都）东大佛殿旁，筑笼土中，上立石塔。[①] 关于朝鲜民众的反应，林罗山（1583—1657）写道："朝鲜人来贡之时，到冢下，诵祭文而吊之，哭泣曰：此辈是输死报国者也。"[②] 据研究，"征韩论"被正式提出的前一年，西乡曾与明治天皇一道"西国巡幸"（1872年5月23日—7月12日），行至"耳（鼻）冢"时曾驻足小憩。[③] 虽不能仅凭这一点就断言其君臣之间已商定了"征韩"意向，但7月19日，原为"参议"的西乡隆盛，却迅速被拔擢为"陆军元帅兼近卫都督"。从前述黑龙会所辑《东亚先觉志士记传》中的蛛丝马迹，明治天皇面对西乡辞职却依然保留其"大将"职务的不舍心情，[④] 以及明治大赦后西乡被盖棺定论为"大政复古大功臣"并再封"正三位"等情形看，西乡被征讨，只是因为与岩仓具视等人的意见相左，特别是最终举兵反叛，而未必真的就有违国家，尤其是天皇本人的根本意志。于是，探明天皇的意志与"朝鲜之役"之间的关联等问题，就成为一个不可小觑的关键。

丰臣秀吉死后，其当年的支持者后阳成天皇（1571—1617），曾为丰臣氏追赠了"正一位"官品，并授予"丰国大明神"之神号。同时，还在东山阿弥陀峰上建造了占地30万坪（一坪约3.3平方米）、社宇达数十栋规模的"丰国社"，丰臣从此被托向神殿。可是，德川政权建立后，不但立即将庙宇拆毁，更将社殿移诸妙法院，神号亦改为"国泰院"。此后二百多年间，盛极一时的丰国大殿，社地荒芜，杂草枝蔓，直到幕末。[⑤] 德川幕府之所以会采取以上措施，既有否定丰臣政

① 大河内秀元：《朝鲜物語》，早稲田大学出版部，1913。

② 羅山子道春：《豊臣秀吉譜》下，荒川四郎左衛門，1658。

③ 琴秉洞对此有所考证。参見琴秉洞：《耳塚》，二月社，第136—137頁。

④ 《西郷隆盛等辞職ニ付キ陸軍武官ニ下シ給エル勅諭》：西郷正三位病気ニ付辞表ノ趣アリテ参議近衛都督等差免シ最モ大将如舊申付ヲケリ元ヨリ国家ノ柱石ト依頼スルノ意ニ於テ渝ルコトナシ皆々決テ疑念ヲ懐カス是迄ノ如ク職務ヲ勉勵セヨ。参見《詔勅集》（下巻），載《列聖全集》，列聖全集編纂会，1916，第205頁。

⑤ 仲尾宏：《朝鮮通信使と壬申倭乱》，明石書店，2000，第97頁。

权并取而代之的寓意，也与德川家康（1542—1616）并不赞成那场“无谋”的战争有关。然而，到了明治时代，日本的国家走向明显呈现出对前朝政治的“否定之否定”态势。结果亦如大家所看到的，不但经国理念和目标设定大踏步地退至德川幕府以前，其对外关系原则，也同时发生了180度的大逆转。这种逆转，展开于明治与昭和未尝间断且逐步升级的“外征”行动中，而这些行动的前期准备工作，几乎无一例外地被措置于对丰臣秀吉的形象重塑和意义提升上。

庆应四年（1868），明治天皇发起“大阪亲征”行动。在“亲征”最后一天的闰四月六日，天皇发布了“御沙汰”（指天皇或将军等最高权力者的指示或命令——引者注）：

> 显有功而罚有罪者，经国之大纲也。于国家有大勋劳者反无表无显，将何以劝励天下哉！丰臣太阁，起于侧微，攘一臂以定天下之难，继述上古列圣之伟业，宣皇威于海外，虽数百年后犹令彼胆寒，可谓于国家有大勋劳且超迈古今者也。抑武臣有功于国家者，皆酬劳其庙食。时朝廷既已追谥庙号，不幸天不祚其家，一朝倾覆。源家康继出，子孙相受，其宗祠之宏壮，前古无比。以丰太阁之大勋却委以晦没，其鬼殆馁，深可叹也！今般朝宪复故、万机一新之际，斯不可不兴举废典。加之值宇内各国相与雄长之时，以丰太阁之英智雄略，宜新兴祠宇，彰显其大伟勋烈，以期万世不朽。列侯及士庶，蒙丰太阁之恩义者不少，宜共谋合力，始可报旧德矣。御沙汰候事。闰四月。[①]

1868年5月10日，明治天皇在“招魂社建设”的布告中，再度提及“丰太阁”的精忠伟业，言之剀切，不同寻常。[②] 在天皇的号召下，日本官民争先响应，一座新的“丰国社”，在上下相荡的热潮中已呼之欲出。明治六年（1873）（西乡因“征韩论”下野），明治政府在丰臣

---

① 琴秉洞：《耳塚》，二月社，1978，第132—133頁。
② 《招魂社ヲ建設スル事》，載《岩倉公実記》中巻，岩倉公舊跡保存会，1927，第469頁。

阿弥陀峰墓前，对“丰国社”以“别格官币社”[①] 的形式举行了祭祀活动。1875 年，又将社址迁往方广寺大佛殿一侧。1880 年社殿竣工后，政府还举行了盛大的迁宫仪式。迄于今日，“丰国大明神”与大佛殿和“耳（鼻）冢”相与毗邻，彼此呼应，已有了 133 年的历史。日本学者仲尾宏指出：“进入明治时代以后，秀吉的朝鲜侵略已不再是江户评价中单纯的对外‘武威’炫耀，而是对‘皇威’的宣扬……秀吉为天皇制的存续而竭尽忠诚的行动，成为他大被彰显的主要理由。而‘武威’向‘皇威’的转化，等于在否定了武家政权的同时，也确立了天皇政权的正统性。于是，对秀吉侵略行为的正面评价，实不啻寄托了下一步对外侵略的野心和愿望。”其对“耳冢”的修复和保留行为，也显然出自这一逻辑。于是，“日清战争的战果与美化秀吉的朝鲜侵略之间”，便“接榫在一起”。而且，从明治三十一年（1898）“丰国会”会长黑田长成诵读于“丰公三百年祭”上的祭文中还不难发现，丰臣秀吉不但能让“鸡林震旦”闻风丧胆，其“一贯祖宗国是”的精神，也足以让日本人在“弱肉强食”的时代“振作元气”“卧薪尝胆”，并一雪“三国干涉还辽之耻”。[②]

嗣后，越发明显的日本军国走势，不但没有因为大正时期（1912—1926）的相对和平而有所衰歇，以往用丰臣精神来砥砺国民且举国动员的官民行动，反而日渐升温甚至狂热化。大正十二年（1924），“新丰国会”再掀高潮，丰国祭祀准备活动充分有加，规模庞大。人们注意到，参加这一活动者，除了政界、商界、华族和地方名流外，内藤湖南、三上参次、三浦周行等历史学家也纷纷光顾，形成了与“丰公三百年祭”不同的别样特色。1925 年 11 月 18 日，在“丰国神社再兴五十年”祭典上，“丰臣彰显文”显得格外高调（如“新丰国会”总裁浅野长勋、会长池松时和之颂赞，不一而足）。与此同

① 官币社，为格位极高的神社。古来由神祇官亲奉币帛祭祀，明治以降改由皇室为之。分为大社、中社、小社和别格官币社。以皇室崇敬的神社和祭祀天皇、皇族、忠臣等神社居多。昭和二十一年（1946）被废止。

② 仲尾宏：《朝鲜通信使と壬申倭乱》，明石書店，2000，第 99—104 頁。

时，以往不曾参加此类活动的青年甚至中小学生，亦纷纷被动员前来参拜“丰国神社”，人数竟多达35 000余人！而且，经神社附近“贞教校”校长提议，人们还将每月的18日确定为“太阁日”。进入昭和期后，“贞教校”又把丰臣秀吉与天皇神话做了人为的对接。昭和六年(1931)，为纪念昭和大礼而重建的、几乎就是丰臣秀吉权力象征的大阪“天守阁”，举行竣工仪式。仪式上，除市长外，日本军第四师团长、大阪府知事等先后致辞，先对丰臣秀吉追怀颂赞，旋即对出席仪式的天皇和皇后，三呼万岁。于是，“近代天皇制与丰臣秀吉的海外侵略美化行为就这样结合在一起。后来，直到1945年，作为国家神道庇护之根本的秀吉彰显事业，一直与美化侵略行为联袂前行，从未中断”。[①] 而表现在对外行动上，亦如井上清教授所言：“日本对中国的侵略自1894年日清战争以来一直就没有间断过。”[②]

这意味着，以下两条线索，或许才构成了明治以来的“接统”对象：一个是观念上的自明前提——“八纮一宇”，另一个则是实践上的行动楷模——“丰太阁”。自明前提的不可置疑性，给对外扩张的思想和行动提供了原理性的支持；而楷模的存在，又无疑会给实践者带去反复起作用的激励。这也就意味着，比起血统上的“万世一系”，观念上的“八纮一宇”才应该是皇统承续的价值前提；而值得承续的皇统代表，则首先必须符合“八纮一宇”原则之杰出践行者丰臣秀吉的标准。据载，少年明治天皇即位之初，不仅接受了木户孝允和西乡隆盛强烈的“征韩论”灌输，而且久而久之，其自身亦对领土扩张表现出极强的欲望。[③] 事实上，日本形成今日领土规模的最早“统一”过程，完成于从织田信长到德川家康的四十年间，其中，丰臣秀吉才是主要代表人物。正因为完成了统一，丰臣才能倾全国之力把下一个征服目标投向本土之外的朝鲜、明朝和更大的区域，而以往的历代天皇，显

---

① 仲尾宏：《朝鮮通信使と壬申倭乱》，明石書店，2000，第99—107頁。
② 井上清：《天皇与日本的侵华战争》，《抗日战争研究》1993年第2期。
③ 元田永孚：《自伝・日記》，載《元田永孚文書》第一巻，元田文書研究会，1969。

然都不具备这样的能力。[①] 明治君臣之所以盛赞丰臣秀吉“继述上古列圣之伟业”和“一贯祖宗国是”，之所以将丰臣秀吉的“武威”迻译为“皇威”乃至将天皇的“万世一系”与丰臣秀吉的“万世不朽”相链接，应该均来自于上述“接统”逻辑的自然延伸。由于这一倾动整个日本的对外侵略行动最后以失败告终，而这一失败的偶然性因素是因为丰臣秀吉的突然死去，所以，除非没有能力，只要条件具备或自认为条件具备，后来的日本权力集团就会反复沉浸于“自明”的目标中，并且会自觉地将自身的“外征”行动视为实现丰臣秀吉遗愿的壮举。值得注意的是，这样的反复，还会经常不断地造成无视理性的“执着”。“三国干涉还辽”后，明治天皇曾对臣下讲：“此次战争使我们了解了当地的地理人情。不久的将来，可以期望在朝鲜或其他地区重新开战，那时再取辽东不迟。”[②] 几十年后，当英美通过制裁手段遏制日本的“大东亚战略”时，昭和天皇在“宣战诏书”中亦明确地表达了他的“坚强意志”：“朕隐忍久矣……倘如斯推移，帝国为东亚安定所行之积年努力，将化为泡影，帝国之存立亦将濒临危殆。事既至此，帝国当毅然蹶起，自存自卫，破碎一切障碍，而别无选择！”[③] 这无疑是一个隐含着大量真实信息的诏书：首先，朝鲜、“满洲”乃至整个东亚，都是与日本不可分离的部分。这意味着，除日本外，外人是没有资格和权力前来分享和染指的。其次，所有来自外部世界的说三道四和力量制衡，都无法对日本构成真正有效的约束。这意味着，明治以来的政治理念、普世说教、外交应对和折冲樽俎，无非是为了扫清实现既定目标之障碍的手段而已。一俟敷衍成功，既定目标仍是一切。最后，东亚与日本帝国之等式既已成立，那么当“外敌”压“境”时，日本就应当“毅然蹶起”而“别无选择”。于是，“自存自卫”便意味着，东亚问题已不再是别人的问题，而是日本的家事。

---

① 《好太王碑》中记录的公元4世纪高句丽战事和663年的“白村江战役”，都只是规模不大的局部摩擦。

② 津田茂麿：《明治聖上と臣高行》，原書房，1970；井上清：《天皇与日本的侵华战争》，《抗日战争研究》1993年第2期。

③ 《宣戦の詔書》(1941年12月8日)，載歴史学研究会編《日本史史料5・現代》，岩波書店，1997，第113—114頁。

三、首尾连贯的日本课题

日本式“东亚观”或曰“既定目标”的早期构想者和亲身实践者，是上文中频繁出现的丰臣秀吉。关于他何以会掀起421年前那场战争，学界的说法莫衷一是，但丰臣秀吉本人的表达似乎才最为重要。从以下的陈词中不难发现，秀吉的意志不但十分坚定，而且对自身所要达到的目标亦丝毫不加掩饰，这个目标是：“直以其军进冲朝鲜，席卷明四百余州以为皇国之版图。”① 为了顺利实现这一愿望，秀吉曾以“予当于托胎之时，慈母梦日轮入怀中，相士曰：日光所及，无不照”的自命不凡口吻，对朝鲜利诱恫吓。② 据说，在发动侵朝战争之初，秀吉还制订过“七条”约定。其第七条为：“秀吉以鞭影，先取高丽国八道，然后大明国四百余州，然后南蛮、切利支丹国，其外则至于远岛，皆欲奋武运之所极而割取之。”③ 而且，出阵前秀吉还与部将约定，倘攻下明朝，将赐予加藤清正以“明土二十国”，而作为锅岛直茂参军之彰表，亦许以大明广袤之领地云。当秀吉闻知占领汉城的消息后，又旋即发布了“明征服二十五条计划”。其第十八、十九条谓：恭迎天皇行幸北京，奉京城周围十国之地以为畿内；以秀次为大唐关白，与之百国之地；等等。实际上，按照贯井正之的说法，秀吉欲将中国分与属下的狂想，当萌生于1585年。④ 不仅如此，从《毛利家文书》和《锅岛家文书》的记录中还可得知，在秀吉的宏大计划中，除朝鲜、明朝和南蛮等地外，印度也被纳入他的征伐对象中。而且据称，秀吉曾为此做过规模可观的设计。⑤

以上种种表明，对土地和财产的贪求与占有欲，才是丰臣秀吉发

---

① 《日明鮮三国ノ関係及日鮮ノ交渉》，載《日本戦史》（朝鮮役），日本参謀本部，1978，第10頁。

② 田中健夫編：《善隣国宝記・新訂続善隣国宝記》，集英社，1995，第372—374頁。

③ 大河内秀元：《朝鮮物語》卷之三，早稲田大学出版部，1913。

④ 金洪圭編著：《秀吉・耳塚・四百年：豊臣政権の朝鮮侵略と朝鮮人民の闘い》，雄山閣出版株式会社，1998，第6—7頁。

⑤ 辻善之助：《豊臣秀吉の南方経営》，載《海外交通史話》（增訂），内外書籍株式会社，1930，第410—411頁。

动那场战争的真实动因。在他所圈定的范围中，“切利支丹”与“南蛮”反映了秀吉对西洋宗教和经济势力的恐惧和嫉恨，所以“征服”云者，更多表达的是如何阻止“异类”侵蚀日本的情绪；印度地绝辽远，难以遂愿，尽管秀吉曾为此做过相应的设计；至于明朝，恐怕才是最吸引秀吉的地方；而朝鲜，则不过是“征明”的跳板而已。问题是，秀吉的征服对象，为什么会是上述国度并且主要集中在东亚地区？显然，这与他当时的“世界观”有关。中世时期（一般指镰仓、室町时代）的日本人，认为世界上只有三个国家，即所谓“本朝”“震旦”“天竺”（即日本、中国、印度）。虽然日本在中国、印度和朝鲜的政治、文化影响下建立起自身的国家权力，但不久打出的逆转式思考——“神国观”，却试图使人承认，日本也是一个可以自律的世界，而且还是其他世界所无法比拟的世界。这在室町时期“三国一”和“三国无双”等流行语里所反映出来的自大情绪中，表现得十分清楚。[①] 由于日本中世时期与织田信长和丰臣秀吉所处的安土、桃山时期，首尾相接，加之“应仁之乱”后日本进入“战国时代”，[②] 埋头于“下克上”的征战已变成军事将领的主要课业，因此，指望秀吉的世界知识会与明治时代相媲美，实为困难。[③] 毋庸讳言，秀吉在对外扩张中碰到了前近代“东亚世界”的规则，并且该规则还将一系列难以逾越的“障碍”摆在了他的面前，诸如出兵朝鲜后明朝军队的介入、停战谈判只能在中日双方之间进行，以及和平的前提是日本接受明朝册封等。但是，仅凭秀吉的卑贱出身就断言他完全不通世情，也不乏臆度之嫌。当我们比照两个不同的“和平条件”版本——丰臣秀吉本人的“大明日本和平条件”和《李朝实录》中由他人改撰的秀吉“降表”（倭表）时发现，在前者以“求婚”“准贡”“割地”为目的的“七

---

① 村井章介：《中世日本の国際意識について》，《歴史学研究》（别冊），青木書店，1982；荒野泰典：《近世日本と東アジア》，東京大学出版会，1988，第一部第二章，第 53 頁。

② 从“应仁之乱”（1467—1477）后织田信长驱逐室町将军足利义昭起到日本统一止，前后约 1 个世纪。

③ 西嶋定生：《中国古代国家と東アジア世界》，東京大学出版会，1983，第 641 頁。

条”内容中,[①] 并没有后者“伏望陛下廓日月照临之光，弘天地覆载之量，比照旧例，特赐册封藩王名号”之类的“求封”说法。[②] 而在明朝的记载中，人们也确实无法找到丰臣氏七大讲和条件的文本，所能看到的，除了明廷令日使（小西飞驒守，即内藤忠俊）转达“一，勒倭尽归巢；一，既封不与贡；一，誓无犯朝鲜”这“三事”外,[③] 就是现收藏于日本，有“既封之后，不敢别求贡市”（敕谕，万历二十三年正月二十一日）和“兹特封尔为日本国王”（诰命）字样的万历帝册封敕诰。[④] 表面上看，明廷所见之秀吉讲和内容，应该是《李朝实录》中的文本[⑤]或与此相类似、有“乞封关白丰臣为日本国王”字样的“小西飞禀帖”,[⑥] 否则，记录于明朝方面的文字和日本收藏之“敕诰”内容中就应该有对“求婚”“准贡”和“割地”要求的回应，当然也就不该有秀吉未曾提及的“册封”了。但是，尽管在日明和谈信息不对称问题上有过林林总总的解说，但以下几点似乎才是关键所在：(1）秀吉出兵朝鲜的真实目的被掩藏在恢复“勘合贸易”的堂皇理由中；(2）沈惟敬、内藤忠俊和小西行长从中制造了一系列有道理却无效果的欺瞒；（3）秀吉有意破坏“封贡”规则的冥顽意志使然。其中，第一点决定了第二点，而第三点又从根本上决定了前两点。

明朝军队的出动，使丰臣氏征伐朝鲜、吞并明朝甚至印度的气焰无疑为之大挫。于是，坐下来谈判，就成为他“退而求其次”的权宜之计，也是唯一选择。“勘合贸易”之恢复，无疑是他的条件之一。但

---

① 《大明日本和平条件》，載田中健夫編《善隣国宝記・新訂続善隣国宝記》，集英社，1995，第376—378頁。

② 《宣祖実録》卷五十一（宣祖二十七年五月），載《李朝実録》第二十八，学習院東洋文化研究所，1961，第78頁。

③ 《明史・外国列传・朝鲜》，中华书局，1974，第8294页。此三条通《明通鉴》卷七十“神宗万历二十二年十月丁卯条”，与《明神宗实录》卷二八〇“万历二十二年十二月甲辰朔甲寅条”亦颇相仿佛。参见《明神宗实录》，“中央研究院”历史语言研究所，1961，第5172页。

④ 该“敕谕”和“诰命”，现均藏于日本大阪历史博物馆，为日本重要“文化财”。参見大庭脩：《豊臣秀吉を日本国王に封ずる誥命について－我が国に現存する明代の誥勅－》，載《関西大学東西学術研究所紀要》第4輯，関西大学出版部，1973。

⑤ 西嶋定生认为，“对秀吉的册封，倘就手续而言，乃是对于这一降表的回答”。参見西嶋定生：《中国古代国家と東アジア世界》，東京大学出版会，1983，第640頁。

⑥ 宋应昌：《经略復国要编》后附，台湾学生书局，1986。

作为“封贡体系”的固有规则，“册封”几如入场券一般，乃是嗣后一切关系缔结的前提。室町幕府时代曾有过的中日关系，堪谓这类关系的典型。秀吉和谈条件中所谓“勘合近年断绝矣”，表明他对那段历史是有常识的。有常识却不提“册封”而唯求“贡市”，只能说明他是有意为之。然而，负责和谈的直接参与者为了达到目的，便只能在“贡市”的前提——“册封”上下功夫。于是人们看到，“封平秀吉为日本国王”，几乎成了这次和谈的核心内容。可这显然不是日本方面的初衷。根据《南旧记玄圃和尚笔》记录可知，文禄二年六月二十一日，日本提出的欲与明朝通婚和割取朝鲜四道的要求，一开始就被明廷代表严词拒绝。秀吉得知后依然责令日方代表坚持他的意见：“大明日本不行婚嫁礼，则以何表诚意乎？不然，朝鲜八道中，四道者应大明命，可还于朝鲜王，四道者可属太阁幕下，押大明皇帝金印。中分朝鲜国，可割洪沟。结嫁娶盟耶？中分朝鲜耶？两条之中，不随太阁所思，大事难成矣！”[1] 这几近无赖的要求，再次遭到明廷使者的严正驳斥。值得注意的是，在参与此次谈判之预备谈判（五月二十八日）的日本人中，小西行长赫然名列其间。[2] 这意味着，明廷原则的不可犯渎，他应该比任何人都更清楚。他肯参与同沈惟敬和内藤忠俊的密谋并最后决定呈给明廷前述的文本，[3] 与他了解明朝可能接受的和谈前提有关。在这种情况下，秀吉听到神宗皇帝要“册封”他为“日本国王”后的“震怒”，显然不是因为明廷“既封不与贡”的措辞，而是他的谋略被戳穿和割地条款未逞。事实上，但求“贡市”而不求“册封”的做法，也只能得到明廷的同样对待。于是，“既封之后不敢别求贡市”，与其说是明朝在违背“封贡关系”规则，不如说是对秀吉违规行为的反制手段而已。这样讲的理由还在于，1593 年（万历二十一年、文禄二年、宣祖二十六年）11 月 20 日，朝鲜都元帅权栗就已经知道了秀吉

① 《日明和平談判筆記》，《法学協会雑誌》，1897 年，第 15 卷第 3—4 号。

② 小瀬甫庵：《太閤記》，岩波書店，1996。

③ 頼山陽：《徳川氏前記・豊臣氏中》，載《日本外史》（下）卷十六，有朋堂書店，1925，第 423 頁；鄭樑生：《明・日関係史の研究》，雄山閣出版，1985，第 537—538 頁。

的谈和条件（和亲、割地、求婚、封王、准贡、蟒龙衣、印信等，实为前面两种文本的混合物），并迅速呈递给朝鲜国王宣祖。宣祖知之而明廷反而不知，这在明军舍生忘死驰援朝鲜的情况下是不成立的。实际上，宣祖得到权栗的报告后，旋即召集臣下沈守庆、柳成龙、李恒福、沈忠谦等急议，并且还物色了堪将此讯达至明廷的人选（崔岂、张云翼等）。[①] 不仅如此，在《宣祖实录》翌年（1594）的记录中，已有“许箴陈奏之事，不但专为告急，亦有攻破沈惟敬所赍倭表假作之情。今见闻愈所言，倭贼住在釜山等处，事则皇朝已知之矣”的说法。[②] 而明廷应更早知道日本底牌的可能性还在于，在几乎早于朝鲜知情时间近半年的文禄二年六月二十一日那场谈判后，明朝代表谢国梓、徐一贯不可能也不敢向朝廷隐瞒日本的实情，因为日本不但没有因他们的劝说而改变初衷，而且日方代表还特地嘱咐，“归大明可奏之”。[③] 这意味着，明廷既知秀吉全无诚意，虚与委蛇并严阵以待，就成了唯一可行的对日周旋方式。至于秀吉听罢明廷“敕诰”后的相关反应，赖山阳这样写道：“……至曰封尔为日本国王，秀吉变色，立脱冕服抛之地，取册书扯裂之，骂曰：‘吾掌握日本，欲王则王。何待髯虏之封哉！且吾而为王，如天朝何！’……逐明韩使者，赐资粮遣归，使谓之曰：‘若亟去，告尔君：我将再遣兵屠尔国也！’遂下令西南四道，发兵十四万人，以明年二月，悉会故行台。”[④] 其中，“取册书扯裂之”看来是假的，否则，后人就不可能看到被完好收藏于大阪历史博物馆中的原件。此事若假，则秀吉因之而大动肝火的发作状，恐怕也应有过度渲染之嫌。但是，其举“西南四道”之大军再行侵略，却并非一时兴起，而是有备而来。这从其一边和谈一边进攻晋州，以及屯兵朝鲜而不动等行为中，不难窥见。而尤当注意者，是“吾掌握日本，欲

---

① 《宣祖実録》卷四十四（宣祖二十六年十一月），載《李朝実録》第二十七冊，学習院東洋文化研究所，1961，第 686 頁。

② 《宣祖実録》卷四十八（宣祖二十七年二月），載《李朝実録》第二十八冊，学習院東洋文化研究所，1961，第 29—30 頁。

③ 《日明和平談判筆記》，《法学協会雜誌》，1897 年，第 15 巻第 3—4 号。

④ 頼山陽：《徳川氏前記・豊臣氏中》，載《日本外史》（下）巻十六，有朋堂書店，1925，第 423—424 頁。

王则王。何待髯虏之封哉！且吾而为王，如天朝何”的蛮横口吻。某种意义上说，秀吉的全部观念和行动，均与此有关。而值得关注的还有丰臣秀吉发动“壬辰倭乱”时的历史背景：不单朝鲜，与明朝有封贡关系且奉大明正朔的琉球，也同时与日本有类似的关系，即丰臣氏所说的“入贡”。① 而朝鲜和琉球双边朝贡的局面意味着，在当时的东亚地区，中日之间的偏正两极构造，已初具雏形。②

原本，以中国为核心而形成的“封贡体系”，主要包括朝鲜、越南和日本。如果按照明太祖的说法，后来还虚实并呈，扩展至“十五国”，即“东北：朝鲜国；正东偏北：日本国（原注：虽朝实诈，暗通奸臣胡惟庸谋为不轨，故绝之）；正南偏东：大琉球国、小琉球国；西南：安南国、真腊国、暹罗国、占城国、苏门答剌国；西洋国：爪哇国、湓亨国、白花国、三弗齐国、渤尼国、西洋琐理（印度）”。③ 前引秀吉所谓“先取高丽国八道，然后大明国四百余州，然后南蛮、切利支丹国，其外则至于远岛”，范围已与明朝划出的“十五国”颇为相似。这也是秀吉在对外行动中必然会触及中国中心圈或曰“华夷秩序圈”的原因。然而，从室町幕府（1336—1573）后期的1551年起，日本事实上已从这个圈子当中退出，并在政治上进入了自我运转的过程。这意味着，它将自立规则，也一定要生产出与那个圈子有别的价值观。如果把中国式“华夷秩序”赖以维系的纽带视为“礼乐”，那么日本尤其是武士当权的日本，其价值的最高体现便是“武威”。在这种情况下，秀吉虽然可以迁就“封贡关系”内部的某些规则，诸如讲和时需要与明朝代表交涉而不是直接对朝鲜谈判，④ 但在与明朝的关系上，却决不肯被置于中华君臣秩序之下。这也是他只许“贡”而不许“封”等做法的思想基础。他的自尊虽根源于盲目自大，但一种与中华抗衡

---

① 賴山陽：《德川氏前記·豊臣氏中》，載《日本外史》（下）卷十六，第358—359頁；田中健夫編：《善隣国宝記·新訂続善隣国宝記》，集英社，1995，第362頁。

② 拙稿：《关于前近代东亚体系中的伦理问题》，《历史研究》2010年第6期。

③ 《皇明祖训》，载张德信、毛佩琦主编《洪武御制全书》，黄山书社，1995，第390页。

④ 賴山陽：《德川氏前記·豊臣氏中》，載《日本外史》（下）卷十六，有朋堂書店，1925，第421—422頁。

的心态，要求他只有强硬到底，才不至于使日本重新回到足利义满时代对明朝的臣属状态。这使他在实力不逮时，往往会通过好勇斗狠的方式展示其强势，当然这同时也极易导致他的变态：“耳（鼻）冢”的设立，表现了他的心理变态；而对“华夷秩序圈”的全面吞并冲动和由“视若九州，与畿甸同”这一不切实际目标所带来的想象与快感，还使他的政治变态达至巅峰。这里，日本显然存在着一个对中国理解上的误区，以为中国的“天下”概念便意味着对普天之下的占领。它不能理解“华夷秩序”题中应有的伦理属性，不能理解为什么其欲与明朝平分“八道”的方案会令中方代表奇怪不已，[①] 也不能理解明朝为什么在要求日本从朝鲜撤出的同时自己也完全撤出且不占藩邦一寸土地等事实。这种不理解，直到近代森有礼与李鸿章和总理衙门交锋时，仍表现得十分明显，诸如在“属国”概念上中日认识层面的鸿沟等等，不一而足。[②] 当然，下面的事实对日本而言似乎就更加难以理解，即“清室也和明室一样，为了保护朝鲜，不惜赌国运与日本一战，结果不幸失败。在朝鲜被日本合并的次年，清朝也亡了”。[③]

然而无论如何，日本这种对土地财产的占有欲及其外扩行动，毕竟有效地利用了中华文化圈的秩序装置。江户时代虽然不失为日本对外和平的典范，但在部分政治家和学者的思想深处，丰臣秀吉的理想并未停止过想象式的扩张，有时甚至有过之而无不及。德川幕府曾一度想修复与明朝的“勘合贸易”。但其真正目的，是中日贸易再开以及如何实现对明贸易的垄断。这里的“勘合符”也显然与足利义满时不同，即至多只具有渡航许可证的功能。这意味着，和丰臣秀吉一样，明朝皇帝的“册封”显然未能构成日本对明讲和的议事前提。日方的这种态度，特别是“日本国主源家康，一统阖国”“朝鲜入贡，琉球称臣，安南、交趾、占城、暹罗、吕宋、西洋、柬埔寨等蛮夷之君长酋

① 《日明和平談判筆記》，《法学協会雜誌》，1897 年，第 15 卷第 3—4 号。

② 王彦威辑：《清季外交史料》，乃兹府关东旬七号，1932，卷 4 第 35 页、卷 5 第 2—3、6 页。

③ 朱云影：《中国文化对日韩越的影响》，广西师范大学出版社，2007，第 274—275 页。

帅，各无不上书输賨”云者，① 已不啻在向明朝示威，告诉明朝它也拥有了一个日式“华夷秩序圈”这一“事实”，并且这一事实还与朱元璋“十五不征之国”的范围基本相同。这种表里不一的外交手法，显然无法取得明朝的真正信任。史载，德川家康未见明朝答复后十分恼怒，竟一度命令岛津氏出兵征伐明朝。虽计划未果，却也舆论汹汹。②

尽管德川终其二百六十余年幕府无力进兵中国，③ 但日本所设置的两道“隔离墙”，却有效地巩固了它的“独立”性格。清朝的建立（1636）及当年 12 月完成的朝鲜“内属”行动，给日本带去了不小的震撼。除其他动因外，1639 年幕府宣布的“锁国令”，无疑在日本与清国之间竖起了一道政治隔离墙。不仅如此，由于“明清鼎革”在日本人眼中不啻“华夷变态”，因此，日本朝野还有意在中日之间竖起了一道价值隔离墙。由于清初内部事务的百废待举使它不可能隔海远征日本，因此，政治隔离墙的意义微弱，反而凸显了价值隔离墙的重要作用。正是这道隔离墙，才给日本赋予了“日本才是中华”而“唐土已为夷狄”的文化自信。由于中华价值给前近代东亚地区赋予了“礼乐征伐”的正当性，而这种正当性对日本扩张夙愿的达成又是如此重要，因此，它不但需要大力渲染这一“变态”给东亚造成的震荡烈度，④ 更需要增大对曾经有中、日两属倾向区域（琉球和朝鲜等）的对日“藩属”力度以及如何将其化为己有。⑤ 值得关注的是，日本的有关舆论不仅醉心于丰臣时代一逞于东亚的刀剑威风，⑥ 幕府末期，亦

① 林羅山：《遣大明国》，載京都史蹟会編《林羅山文集》上卷，ぺりかん社，1979，第 130—131 頁。

② 辻善之助：《海外交通史話》（增訂），内外书籍株式社会，1930，第 650—651 頁。

③ 黄宗羲：《行朝录・日本乞师》，载《黄宗羲全集》第 2 册，浙江古籍出版社，2005，第 180—181 页；石原道博：《明末清初日本乞師の研究》，冨山房，1945，第 120—121 頁。

④ 参见石原道博：《国姓爺》，吉川弘文館，1986，第 86 頁；塚本学：《江戸時代における『夷』観念について》，載《近世再考：地方の視点から》，日本エディタースクール出版部，1986，第 102 頁註 28。

⑤ 宮城栄昌：《琉球使者の江戸上り》，第一書房，1982，第 11—29 頁。日本有学者指出，萨摩入侵琉球与丰臣秀吉的“征韩之役”具有相同的性质。参見大城立裕：《南の王国琉球》，日本放送協会，1992。又，荒野泰典指出，德川幕府所设定的“大君体系”，对朝鲜的对日朝贡发挥了重要作用。参見荒野泰典：《近世日本と東アジア》，東京大学出版会，1988，第 9、10、191—222 頁。

⑥ 即便是对“朝鲜之役”时露微词的林罗山，也无法掩饰其对丰臣“威猛”的赞叹：“我关白兵入朝鲜，彼来救之者百不能当我一！”参見林羅山：《過明論》，載京都史蹟会編《林羅山文集》上卷，ぺりかん社，1979，第 277 頁。

有人开始重提征服中国的计划并首次把“满洲”纳入其扩张视野下。其赤裸的丰臣继承论，已全无遮掩。曾师从国学者平田笃胤的江户后期经济学者佐藤信渊（1769—1850），在他撰写的《混同秘策》中，已把如何吞并“朝鲜”“支那”“满洲”“西域”“暹罗”乃至“印度”的具体行动步骤，设计得井井有条，并毫不掩饰其对领土扩张的贪欲：“于当今世界万国中，土地最广大、物产最丰饶”者，“未有如支那国者也”！所阙如者，只是“有鞭挞宇内之志”的“后来之英主”而已。[①] 而以完成丰臣秀吉未遂“宏愿”为己任的幕末尊王论者吉田松阴（1830—1859），还把自己的“伟大理想”与数百年前那场战争一气贯穿：“今之天下，即古之天下。神功、丰国古能为之者，而今不可为乎？……为今日计，不若谨疆域、严条约，以羁縻二虏，乘间垦虾夷、收琉球、取朝鲜、拉满洲、压支那、临印度，以张进取之势，以固退守之基，遂神功之所未遂，果丰国之所未果也。”[②] 松阴在另一处，则将上文中的“拉满洲”表述为“夺满洲（満州を奪ひ）”。[③] 松阴的弟子中，有明治重臣木户孝允、高杉晋作、山县有朋和伊藤博文。其中，木户曾建议为丰臣秀吉树碑，而高杉晋作对上海的窥探与山县有朋、伊藤博文对东亚的冲击，似已无须赘言。

令人关注的还有下面一些知名人士。头顶“启蒙思想家”光环的福泽谕吉，在对外观上的谈吐，竟与上述高论全无异词，甚者令人恐怖：“能唤起举国人心且使全员感动者，莫便于对外征战。神功皇后之三韩征伐，固在千七百年前，丰太阁之出师亦历年三百，人民尚不能忘怀之。今世上有征韩论者，是日本人民千百年思古之情与不忘荣辱之明证也。”[④] 事实上，福泽呼吁“今欲守日本岛，当确定之最近防御

---

① 佐藤信淵：《混同秘策》，載《日本思想大系 45・安藤昌益・佐藤信淵》，岩波書店，1977，第 428、430、431 頁。

② 吉田松陰：《丙辰幽室文稿・久坂玄瑞に復する書》，載《吉田松陰全集》第 4 卷，岩波書店，1938，第 151—152 頁。

③ 吉田松陰：《野山獄文稿・来原良三に與ふる書》，載《吉田松陰全集》第 4 卷，岩波書店，1938，第 34 頁。

④ 福沢諭吉：《通俗国権論》，載《福沢諭吉全集》第 4 卷，岩波書店，1959，第 641 頁。

线者非朝鲜莫属，毋庸置疑”的时间，[①] 比“甲午战争”的爆发要早7年，比山县有朋的“利益线”说亦早3年；而“亚细亚东方首魁盟主论”[②]“占其土，领其地”[③] 和“我当奋起而逐鹿中原”[④] 等极富煽动力之号召的提出，则早于政治家的相关说法已不知凡几。而且无独有偶，向以博爱著称的基督教信徒内村鉴三，竟也在这个意义上高度认同“甲午战争”中的日方做法，并将丰臣和西乡誉为日本史上两位最伟大的人物。[⑤] 福泽的学生那珂通世（1851—1908），是学术素养颇深的东洋史学者。然而，从其成名作《支那通史》的“支那帝国全图”看，他已经用分层设色的方式把清代中国分成了“支那本部”和“满洲”、蒙古、新疆、青海及西藏等部分。[⑥] 这寓意诡谲的分断，为后世学者所继承。那珂弟子桑原鹭藏（1871—1931）所著的教科书《中等东洋史》，显然极好地发挥了这一分断，并有意将分断后的部分与部分间关系朝互不统属的平行方向推进。[⑦] 通过教科书的方式传播某一特定的历史观和价值观，是日本近代以来新教育体制下的惯用手法和有效手段。而桑原的影响能够如此巨大，还凸显了福泽学派在日本近现代史乃至中国近代史上的政治动员力量和思想渗透深度，致使顾颉刚先生愤然道：“试看我们的东邻蓄意侵略我们，造了‘本部’一名来称呼我们的十八省，暗示我们边陲之地不是原有的；我们这群傻子居然承受了他们的麻醉，任何地理教科书上都这样叫起来了。这不是我们的耻辱？”[⑧] 这种趋势发展到后来，竟出现了“支那无国境论”和“支那

① 福沢諭吉：《朝鮮は日本の藩屏なり》，載《福沢諭吉全集》第11卷，岩波書店，1960，第177頁。

② 福沢諭吉：《朝鮮の交際を論ず》，載《福沢諭吉全集》第8卷，岩波書店，1960，第30頁。

③ 福沢諭吉：《時事小言》，載《福沢諭吉全集》第5卷，岩波書店，1959，第108頁。

④ 福沢諭吉：《兵論》，載《福沢諭吉全集》第5卷，岩波書店，1959，第313頁。

⑤ 内村指出：“如果从我国历史中挑选两个最伟大的人物，我会毫不犹豫地举出太阁和西乡的名字。两人都拥有对大陆的野望，都曾以世界为活动舞台，也都拥有本国人所无法比拟的伟大。”参見内村鑑三：《代表的日本人》，鈴木範久訳，岩波書店，1995，第48頁。

⑥ 那珂通世：《支那通史》付図，大日本図書株式会社，1888。

⑦ 桑原隲蔵：《中等東洋史》上卷，大日本図書株式会社，1898，第1、16頁；黄东兰：《“吾国无史”乎?》，《“东亚近代知识与制度的形成”国际学术研讨会论文集》，南京大学人文社会科学高级研究院，南京，2011。

⑧ 顾潮编著：《顾颉刚年谱》，中国社会科学出版社，1993，第216頁。

非国论”等观点；[①] 而内藤湖南的系列讲法，也无法让人相信，他还是一位“同情”中国的真学者。[②]

在学术与政治之间，还有一股民间助推力量在极大地左右着日本的走向甚至东亚地区的变化。被后世称为“日本法西斯大本营”的“玄洋社”及其直系团体“黑龙会”，是这股民间力量的总代表。需要注意的是，这些团体的主要代表人物，均出自有过“征韩”体验的九州福冈地区——丰臣麾下“第五番队”的主要征集地。“玄洋社”成立于明治十四年（1881），是以头山满、平冈浩太郎和箱田六辅（所谓“玄洋社三杰”）为核心组建而成的“超国家主义”（极端国家主义）民间团体。其中，平冈浩太郎还是后来“黑龙会”（1901）创立者内田良平的叔父。他们的社会基础广泛，明治初年因“废藩”而失业的武士，仅福冈藩就多达数万人。这样才能理解他们早年为什么会襄赞西乡隆盛的“西南战争”、后来又何以将主要精力投向“国权主义”以及派出无数“大陆浪人”。[③] 1884 年朝鲜发生“甲申事变”时，“玄洋社”曾给亡命来日的金玉均等人提供过不少帮助。当得知金玉均遇害后，头山满、平冈浩太郎等人仍坚持对“东学党”实施各种策应。由于他们的连续性行动表现出对朝鲜和大陆的饥渴心情，所以有学者指出，无论是“甲午战争”“日俄战争”，还是“日韩合并”“满洲事变”，几乎每次东亚事件中，都能看到这些“志士”的身影。[④]

1927 年 7 月 25 日，刚刚开完“东方会议”的日本首相田中义一，将据说是日本政治家对华行动宣言的《田中奏折》，提交给昭和天皇。在这道奏折中，田中从军事、经济、铁路、金融、机构设置等方面全面提出了对华扩张的总战略；而其中的“支那富源”论和“惟欲征服支那，必先征服满蒙；如欲征服世界，必先征服支那”云者，亦早已为大家所熟知。[⑤] 关于奏折的真伪问题，历来争论颇多。日方的舆论，

---

① 矢野仁一：《近代支那史》，弘文堂書房，1925。
② 野村浩一：《近代日本的中国认识》，张学锋译，中央编译出版社，1999，第 60—62 页。
③ 小川原正道：《西南戦争》，中央公論新社，2007，第 230—239 頁。
④ 王屏：《近代日本的亚细亚主义》，商务印书馆，2004，第 153 页。
⑤ 《惊心动魄之日本满蒙积极政策：田中义一上奏日皇之奏章》，《时事月报》1929 年 2 月号。

基本视此为“伪造”（如稻生典太郎所谓“奉天辽宁国民外交会”日本通“伪造”说，高仓彻一所谓中共“伪造”说，秦郁彦所谓王家桢、蔡智堪“伪造”说等等，不一而足）。根据沈予研究员的考证，《田中奏折》原件《帝国对满蒙之积极根本政策》，是日本参谋本部的铃木贞一与日本外务省政务次官森格、日本驻奉天总领事吉田茂等人在1927年东方会议前密谋，由铃木贞一执笔撰写，又经日本驻纽约总领事斋藤博修改而成的文件，是地道的“日本造”。[①] 本文固然无意于首肯争论双方的任何一派意见，但“东方会议”后，日本在中国东北乃至中国全境所制造的一连串事件，却几乎与《田中奏折》所言契若符节；而石原莞尔炮制于1931年5月的“满洲方案”中，亦有《田中奏折》的明显痕迹。[②] 然而，当我们仔细梳理完这一过程后会发现，从丰臣秀吉到田中义一，本来是昭然若揭的领土嗜欲，却几乎每次都被包装上了堂皇的说辞。这不但给周遭国家造成了极大的灾难和永远的不理解，也在相当程度上耗尽了日本人自身的智能和体能。由于这一系列看似近现代的表述中其实充满了前近代非主流文明的粗野情结，亦由于这种矛盾的思想与行动总会让表达者和观察者反复陷入难以通达的逻辑怪圈，因此，对这类现象所处的时空格局做出结构性分析，就显得十分必要了。

四、对日本侵略战争的结构性分析

关于东亚地区400年来何以会发生如此多战事的原因，以往曾有过各类不同的解析。其中，能超越某一特定意识形态和不同时期行为表象的深层规律性研究，逐渐引发关注。东京大学文化人类学者船曳健夫认为，雏形于安土、桃山和江户时期的三种日本类型——织田信长的“国际日本”、丰臣秀吉的“大日本”和德川家康的“小日本”，

① 沈予：《关于田中奏折若干问题的再探讨》，《历史研究》1995年第2期。
② 石原莞爾：《滿蒙問題私見》，載《日本史史料5·現代》，岩波書店，1997，第9—12頁。

为日后的日本国家走向，提供了结构上的规定性。与无力外顾从而采行封闭发展模式的“小日本”不同，“国际日本”和“大日本”框架，造成了日本与西方世界和东亚世界之间的不同对立格局。前者以与西方竞争为指归，而后者则以取代中国的东亚地位为目标。至于何以会出现这类情况，船曳认为是因为日本意识到有三重威胁来自三个不同方向，即中国、俄罗斯和西方。从这个意义上讲，所谓“日清”“日俄”和“日美”战争，是不能用善恶标准来判断的，因为横亘其间的硬道理是：“不吞噬对方就要被对方所吞噬。”由于是生存竞争的需要，所以，当中、俄、日争夺朝鲜等地时，“日清”“日俄”战争便当然要爆发；而当西方势力和日、俄一道争夺中国与朝鲜时，日本与美、苏之间的战争，也就在所难免。至于西方何以一定要与日本发生冲突的问题，船曳认为，这主要是因为日本在奉行“国际日本”原则的同时，也在扮演着“大日本主义”的角色。而在自认携有全球普遍价值的欧美看来，“大日本”价值不但与之相悖，而且也极易导致日本对西方原则的无视恶果。① 船曳的观点，在地缘政治学的框架内似不乏逻辑上的通融，而且其对丰臣秀吉的导入和日本与欧美必然要发生冲突之原因分析，某种程度上亦不失慧眼。但是，这种把人类场域还原成动物世界的社会达尔文主义推论，不但把东亚地区几千年的文明积累瞬间清零，还掩蔽了日本的原始欲望和固有目的。它不能解释在“封贡体制”存在的情况下，长达 500 余年的明、清两代为什么没有对日本构成过国家安全上的任何威胁，反倒要不断去面对来自日本的兵燹。显然，有关东亚战事的原因问题，还需要我们做出进一步的思索和观察。

与日本国的地理位置相似，“明治维新”乃至后来所谓“昭和维新”所面临的真实问题，是东西方两大价值体系和两大国际关系体系遭遇、冲突与汇合后所发生的新旧矛盾纠葛。这意味着，近代以来直至 1945 年战败投降的日本，事实上一直处于前近代与近现代的交汇处或曰过渡期。正是这一过渡特征，才在某些关键点上决定了日本国家

① 船曳健夫：《右であれ左であれ、わが祖国日本》，PHP 新書，2007，第 2—3 章。

行为的基本性质。前近代东亚地区的成熟文明形态，是以中华文明为核心的“礼乐秩序”，而不是以日本原则为核心的“武威秩序”；而近现代推展于世界的新文明形态，则是以欧洲“国际法”为依托的“条约体系”而非“法西斯体系”。西力东渐，曾经给东亚各国带来过亡国灭种的担忧，而“民族国家”，也同时给该地区输入了国家平等的主权意识。在如此古今中西未尝有过的大变局面前，日本或许有两种处理问题的可能方式：一是真正地“联亚拒欧”，通过“一衣带水”的亲缘纽带和“相濡以沫”的彼此提携，实现新时期东亚各国的平等联合；二是真正地“脱亚入欧”，把自己变身为与西方独立国家完全一致的“民族国家”，然后与周边邻国平等相待。人们看到，“大亚洲主义”的第一冲动，本不乏区域联合的真诚，所以，中、朝等国为之感动者所在多有，亦自在情理之中。倘日本朝野言行一致，东亚地区的历史走向或许会呈现出另外一副面貌亦未可知。与此相对，“国家独立”和“民族自决”作为通行于19—20世纪的世界“公理”，本不乏近现代国际关系意义上的正面价值，倘若日本成为模范的实践者并恪守规则、富于自律精神，则原则固有的典范意义，或许能够给区域秩序带来平等与和谐。然而，日本的实际变化轨迹却展示给世界以第三种方式，即以“民族国家”的“国际法”名义和“文明野蛮”的“近代化”价值，对周边邻国实施了一整套有计划的吞并和侵略行动。实际上，“封贡体系”的内部矛盾，在欧洲“国际法”东渐前即已经有所显露，并逐渐呈现出“自解体”的趋势。[①] 从这个意义上讲，“欧法”对东亚固有国际关系体系的解构，只提供了“助力”而非“主力”。然而，以西方价值代言人自居的日本的疾速介入，不但使前近代东亚体系加速了解体过程，还使欧美人亦瞠乎其后，并转而用惊异的眼光来打量这位东亚的“暴发户”。这至少带来了两个效果：一是原本可能自然分断的东亚政治伦理纽带，因日本的闪电手段反而获得了强化，诸如“甲午战争”中清朝与朝鲜的同仇敌忾等；另一个则是欧美国家在与日本

---

① 拙稿：《“华夷秩序”的东亚构架与自解体内情》，《东北师大学报》2008年第1期。

相互利用的过程中逐渐萌生了对它的警戒心态，尤其当他们了解到日本的真实动机后更是如此。人们注意到，在国家独立、民族自决的时代大势面前，清朝看似在固守“封贡体系”，但实际上却在努力适应之。甚至在马建忠帮助朝鲜与欧美各国签订条约的行为中，亦不乏利用列强之间的牵制使其独立而防止被一国吞并的深层含义。[①] 与此相反，表面大倡“朝鲜独立”的日本，反而于1910年吞并了朝鲜。这一令西方世界大跌眼镜的行动，不但使日本在国际社会上信誉尽失，其欲将中国中心时代虚实参半的“封贡体系”朝实体化方向推进的系列行动，还让欧美国家发现，他们亟欲解构的前近代区域关系体系，正在被日本所重建，而且是霸占式的重建。二战期间倾动日本学界的“近代超克论”，[②] 还明显地让欧美价值体系感受到了威胁。这些，都给日后的日美冲突，埋下了可以预料的伏笔。

丰臣秀吉以来呈现于前近代东亚地区的偏正两极结构，引发了日本“去中心化”的“中心化”冲动，[③] 并从此前赴后继地展开了取代中国中心、使日本一极卓立的武装突进过程。然而，问题本身并非如此简单。“封贡体系”的巨大惯性和幕府在“明清鼎革”后垒建于“中华自居”心态下的“价值隔离墙”，使日本不但不可能迅速抛却千百年来的区域价值观，其全力以赴取代中华的努力，还在某种程度上强化了它的“宗藩”意识。明治五年（1872），日本将琉球设为“藩”。9月14日，明治天皇特地发布了册封琉球藩王的敕语。明治四十三年（1910）“日韩合并”，明治天皇又于8月29日颁布了册封朝鲜国王为“李王”的诏书。[④] 至于福泽谕吉，当听到“甲午战争”日本战胜的消息后曾一度乐不可支，竟成为战争取得“胜利的最大的欢喜

---

① 马建忠：《东行初录》，载沈云龙主编《适可斋纪言纪行》卷4，转引自《近代中国史料丛刊》第16辑，文海出版社，1968。

② 竹内好：《近代の超克》，載《近代日本思想史講座7・近代化と伝統》，筑摩書房，1959；子安宣邦：《『近代の超克』とは何か》，東京：青土社，2008。

③ 拙稿：《“去中心化”的“中心化”》，《读书》2009年第8期。

④ 《琉球藩王ヲ封ズルノ勅語》，載《詔勅集》（下巻），転引自《列聖全集》，列聖全集編纂会，1916，第194—195頁；《李王冊立ノ詔書》，載《詔勅集》（下巻），転引自《列聖全集》，列聖全集編纂会，1916，第409—410頁。

者和满足者”。[①] 于是，日本近世以来处心积虑构筑的“小中华”体系和为实现这一体系而亟欲颠覆“大中华”体系的焦虑和冲动，终于在福泽的欢娱中，庶几得到了缓释。但这却意味着，明治以来的日本命题，在相当意义上应该是前近代东亚老问题在近代化名义下的翻版，尽管这丝毫不会妨碍明治时代在日本人心目中的“神圣性”。

然而，日本的思想和行动却日益清晰地表现出它的“误算”本质。首先，是日本与东亚各国的关系问题。从室町后期到明治时代，日本脱离“封贡体系”已长达三四百年。如此而突然萌生出利用东亚固有价值网络来确立日本中心的想法（如“同文同种”“东亚连带”等等，不一而足），本来就给人以不自然的突兀感。朱元璋早年在说到“十五不征国”时曾对日本附过特殊的说明，其“虽朝实诈，暗通奸臣胡惟庸谋为不轨，故绝之”云者，已不异于把日本排除于“封贡体系”之外，即使后来中日间仍断续保持了百余年的类似关系。这也似乎表明，无论胡惟庸事件的日后解读有哪些可以讨论的疑点，但明朝皇帝的明确态度，实不啻对未来中日关系所做的历史性预言，也不啻对东亚各国所发布的前近代国际关系宣言。在这样的历史延伸线上，日本即便表里如一地与东亚各国真诚合作，尚且难以打消遭受过“壬辰”祸乱者的疑虑，更不要说其屡现迭出的南辕北辙言行了。这意味着，曾经损害过“封贡体系”的日本，其所谓“近现代”的行动还进一步伤害了东亚“后进国”人民的感情。让一个对东亚固有的伦理关系原则全无尊重的国家来统摄东亚，事实上已鲜存可能。此亦如西嶋定生教授所说：“日本可谓东亚世界生下的‘鬼子’，这个鬼子通过咬破自己母胎的行为和促使东亚世界解体的行动，才变成了近代世界的一员。”[②] 而“近代世界的一员”，则正是日本的第二个“误算”，它体现在与欧美体系之间的关系问题上。

出于瓦解前近代国际关系体系并保持国际均势的考虑，某些西方

① 丸山真男：《福沢諭吉》，載《丸山真男集》第五巻，岩波書店，1995，第332頁。
② 西嶋定生：《中国古代国家と東アジア世界》，東京大学出版会，1983，第667頁。

国家的确借用过日本的力量。可是，当欧美列强发现最后想彻底打破国际均势的国家未必就是中国，而是他们曾经倚重的同盟国日本时，来自欧美的限制甚至制裁，便自在情理之中。如前所述，日本一以贯之的野心是如何吞并琉球、朝鲜、中国台湾、中国东北乃至中国全境，而不是什么文明战胜野蛮等行动。于是，当它的堂皇理由被世界舆论所拆穿，特别是当相应的限制和制裁纷至沓来时，日本便会举全国之力，并通过各种外交手段与欧美列强进行周旋和交易，一旦手段奏效，便又会回到原来的老路，并为加速实现其既定目标而全力以赴。而当它的全部心机和招数已消耗殆尽时，铤而走险，向一直被它当作道具的"国际法"宣战，便成了日本唯一的选择。重要的是，由于"联亚拒欧"的"兴亚论"骗局早已为东亚各国所识破，特别是当被日本肢解了的传统"华夷秩序"中的东亚各国开始认真对待"国际法"，进而掀起了"国家独立"和"民族自决"等运动时，日本还必须独自面对来自亚洲和欧美各国的双向挤压。与最终保全了国家独立和版图相对完整的中国不同，利用"兴亚""脱亚"和"征亚"把戏充分玩弄了东西两大国际关系规则的日本，因二战战败和美国的军事占领，反而使自身无法保全真正意义上的"民族国家"；而东亚诸国对日本的防范有加，又在不断昭示着该地区在新旧国际关系规则变化过程中曾经遭受过的愚弄，以及对这种愚弄的历史性反弹。

然而，促使那些"愚弄"手段得以出台的潜在力量，似乎才是问题的关键。尤其当我们发现日本的这类做法并非孤例，而是连续不断、首尾一贯时，则阻断阶段与阶段或时代与时代之间事实关联的研究，便不符合历史上日本人自身的说法和做法，却符合现代日本学界的个别表述。有学者认为，"满洲事变"发生后抗日战争和太平洋战争均具有不可避免的必然性这一说法是不成立的。因为"卢沟桥事变"当属偶发事件，而世界反法西斯战争与东亚战争也是两场不同的战争。[①] 这一看似"新见解"的说法，早在竹内好发表于1959年的长文中，就已经有过清晰的表述。他说："大东亚战争，既是殖民地侵略战争，同时

① 戸部良一：《満州事変から日中戦争へ：日中関係の実像》，載筒井清忠編《新昭和史論：どうして戦争をしたのか》，株式会社ウエッジ，2011，第53、62、75—76頁。

也是对帝国主义的战争。尽管这两个侧面事实上已被一体化，但我们却必须对其做出逻辑上的区分。日本并没有要侵略美国和英国的意图。它虽然从荷兰手中夺取了殖民地，却并无夺取荷兰本国的想法。由帝国主义来打倒帝国主义是不可能的，但由帝国主义来裁判帝国主义，也同样鲜存可能。”[①] 这无疑是一种错误的表述，因为对战争的个案和碎片化处理，除了使人看不清中日乃至东亚战争的真正原因外，还极易通过“同义反复”式的语言游戏，导致“责任”和“教训”都无从谈起的欺瞒；这无疑也是一种真实的表述，因为它以不经意的方式道出了日本的主要目的在于独占东亚这一基本事实。这些无意当中透露出来的真实信息，至少比至今仍貌似“不解”地追问“日本人为什么会走向战争”等说法要诚实一些。[②] 中国学者在谈及日方何以一定要把《田中奏折》视为“伪造”的原因时偏重于强调这样的观点：“日方学者之所以尤其关注《田中奏折》的真伪，重点在于否认日本对外发动侵略战争的计划性和连续性，他们的根本观点是不认可九一八事变、华北事变、七七事变、太平洋战争之间存有必然联系。”[③] 类似的说法无疑是有意义的，但这种只把战争限定于现代东亚世界的解释，显然因视野的有限而无法真正把握隐藏于这场战争背后的更深远的规定性。《田中奏折》的真伪固不在本文讨论之列，但其中的条款，却不但让人看到了昭和时代日本的态度，也看到了佐藤信渊、吉田松阴和福泽谕吉及其弟子们的理论设计，更无法不令人惊叹于“丰臣—明治—昭和”之间的承先启后轨迹。这意味着，无论是丰臣时代的行动大于思想、德川时代的思想大于行动，还是明治、昭和时期的“知行合一”，对那些促成过所有堂皇说教并隐蔽于意识形态后面的长时段历史背景，还需要我们进一步做出连贯而细微的观察。

（发表于《中国社会科学》2013 年第 4 期）

---

① 竹内好：《近代の超克》，載《近代日本思想史講座 7・近代化と伝統》，第 253 頁。

② NHK 取材班編著：《日本人はなぜ戦争へと向かったのか》，NHK 出版，2011。

③ 王希亮：《如何看田中奏折真伪》，《中国社会科学报》2010 年 9 月 7 日。

战后七十年日本历史认识问题解析

战后七十年来，中日两国虽有过近半个世纪的交谊，却未能在实质上消解黄遵宪“只一衣带水，便隔十重雾”的世纪感慨。[①] 尤其近十年来，中日两国每次发生纠纷，中方媒体和民众的愤怒与普通日本人的反应之间，总会呈现出一道不甚对称的“风景线”——他们对侵华战争的近乎无知甚至一脸无辜，让中国人对于日本人无视血腥和淡忘罪恶的史观，大为错愕。不宁唯是，由于近年来日本当局不断在中日之间拨弄是非，且有意无视中国方面的强烈反应，因此，一位外籍华人在愤懑无奈之余竟主张要反躬自省：“我们今天或许该问问自己：我们是应该让日本正视历史，但如果它就是不正视呢？我们是应该让日本道歉下跪，可如果它就是不道歉不下跪呢？我们是应该反对日本政要参拜靖国神社，但如果他们就是拒绝接受呢？我们除了叫叫嚷嚷，还能干些别的吗？”[②] 其不乏情绪化的一系列问题中或许隐含着各种答案，但对中国学者而言，认真研究战后日本的历史观念及其演变轨迹，才应该是更重要的：不知道对方在想什么，却要知道它做了什么、正在做什么和将要做什么，终究是不可能的。

---

① 黄遵宪：《近代爱国志士歌》，载《人境庐诗草》，商务印书馆，1937，第39页。

② 雪珥：《绝版甲午：从海外史料揭秘中日战争》自序，文汇出版社，2009。

一、 临场体验下的细微观察

实际上，比起管制并改造日本达七十年之久的美国，我们对于战败邻国的真实想法及其所由以发生的社会环境，还缺乏动态的把握、详细的了解和准确的判断。这也许不怪我们：素以侵华和反共著称的日本，把战后的一切——无论是美好的还是丑陋的素颜，全部托付给了美国而不是中国。然而，战败初期，日本所面临的生存危机和举国失序乱象，却一点也不比德国好。对此，美国历史学家约翰·W. 道尔的描述是："满目疮痍的国土、颠沛流离的人民、衰亡没落的帝国与支离破碎的梦想。"当然，如果"我们从战败者的眼光来看这个世界，将会学到更多：不仅是悲惨、迷茫、悲观和怨恨，还有希望、韧性、远见与梦想"。这促使他"试图'从内部'传达一些对于日本战败经验的认识"，进而"关注这一进程中最难捕捉的现象——'民众意识'"，同时"试图通过还原社会各个阶层民众的声音获取一种认知，即：在一个毁灭的世界里重新开始，到底意味着什么"。[①]

日本人在形容战败瞬间的国家情状和国民心理时所使用的"举国虚脱"和"茫然自失等话"语，曾经以"潘潘"（パンパン，美军慰安妇与街头娼妓）、"黑市"（闇市，私人地下交易）和"粕取"（粕取り，酗酒浇愁）等绝望生存实况，展示给世人；而就在昨天还信誓旦旦要"一亿一心"和"一亿玉碎"的天皇效忠者们，也一夜之间变成了利己主义和败坏风纪的最典型代表。[②] 吊诡的是，除了切腹自杀的无知尊皇者和过激如太宰治等自害自毙者外，大部分日本人选择的是如何迅速地洗心革面、告别过去，以示"辞旧迎新"。对此，官方"一亿总忏悔"或"全体国民总忏悔"令[③]的宣布与老百姓的疾速转向，几

① 约翰·W. 道尔：《拥抱战败：第二次世界大战后的日本》序言，胡博译，生活·读书·新知三联书店，2008，第6页。
② 同上书，第26页。
③ 《朝日新聞》1945年8月27日、9月6日。

乎同时发生。由于在这些表现当中真情和表演都有，所以，美国人也不得不承认自己多少被日本人的妩媚所“迷惑”和“诱惑”。可是，随着时间的推移，美方已经无法从“欢迎者”的言行中看出更多的表演成分——他们宁可相信日本人的眼神和表情全是真的，因为这至少可以满足美国最想扮演的解放者角色和救世主心理。[①] 与此相应，日本人的说法和做法也似乎变得更加乖巧，其拥抱占领军的程度甚至让人无法相信，他们当中的许多人就在战败前一刻，还是“鬼畜英美”骂个不停的死硬分子。

有记录显示，1942 年曾把罗斯福和丘吉尔的下半身描绘为野兽，并将一把亮闪闪的日本刀戳在他们屁股上的日本画家加藤悦郎，居然在“8·15”后一夜之间就把可憎的敌人变成了解放者，其变化之遽，几乎不需要过程。与此同时，有许多前帝国军人，竟自发地向美国人揭露起曾经虐待过盟军战俘的日方人员，而那些未能按照盟军最高司令官命令上缴私藏家传刀剑的人也频遭举报。有些人来信说，天皇才是日本最大的利己主义者，是个“吸血鬼”；另有人写信要求，日本至少还有十万军国主义分子应当被处以绞刑。而最令道尔感到吃惊的信件是，来信者竟然迫切要求日本被吞并，或者成为美国永久的殖民地。他们断言，倘不如此，则美国在日本所推行的民主改革，将很快破灭。然而最有趣的，还要数道尔的以下记录：“（这些信）暗示了占领的潜在的——有时也不是那么隐蔽的——性的维度……在这点上，最露骨的是一些女性写给麦克阿瑟的独特来信，被困惑的专家们解析为‘我想给你生孩子’的类型。在这里，拥抱征服者的愿望，如果不能在现实中达成，至少是在字面上实现了。”[②] 当这些一时还“分不清楚接受麦克阿瑟、接受家长制的权威与接受民主之间的区别”的草根式反应经过日本的“头脑们”——教育家和思想家的思考后，一系列不乏理

① 道格拉斯·麦克阿瑟：《麦克阿瑟回忆录》，上海师范学院历史系翻译组译，上海译文出版社，1984，第 209 页。

② 约翰·W·道尔：《拥抱战败：第二次世界大战后的日本》，胡博译，生活·读书·新知三联书店，2008，第 36、206—208 页；袖井林二郎：《拝啓マッカーサー元帥様：占領下の日本人の手紙》第一章，岩波書店，2002。

性色彩的发言，似乎给战后日本如何走出困境提供了某种具有内在说服力的方向性指导。道尔于是乎想到了“进步的文化人”丸山真男及其所谓“悔恨共同体”。他认为，对于许多像丸山这样的学者和文化人而言，战败与被占领，包含着对未来欣喜的期待，还掺杂着对过去深深的悔恨。这也是他们何以会决意重新开始，并将占领军当局“配给的自由”变成自发拥抱非军事化和民主化的原因。当然，道尔也同时指出感情与理性即便在知识分子身上也未能完全剥离的事实，他甚至暗示，所谓“进步的文化人”的上述转变，其实也反映了某种不得已心态。①

以上情况意味着，战败初期的日本，无论是官弁走卒，还是知识精英，几乎均以极快的速度“完成了”让美国人“震惊”的价值转向：“战败显示了多年来所有的极端民族主义的教化，竟然可以被如此迅速地丢弃！”② 可是，这同时也使学者们、特别是那些穷年研究日本学问的专家们的学术观点和智库建议，在盟军最高统帅部的对日政策制定上，显得有些多余。几乎没有证据能够证明，麦克阿瑟的政策是出自哪个学者或哪家智库之手。传言最多的是初版于 1946 年的鲁思·本尼迪克特的成名作《菊与刀》。据称，它的面市，曾直接决定了战后初期美国的对日策略。可从这本书的观点中，人们除了能发现其与盟军最高统帅部的想法发生某种巧合的一致性外，却无法找到麦克阿瑟参考过该书的直接凭证。事实是，“标志着保守的日本专家失去权威的时间，可以被精确锁定”，即“1945 年 8 月 11 日”。这一天，美国国务院为麦克阿瑟指定的第一位政治顾问，竟是一位中国问题专家，而非国务院的资深日本事务专家。而且，在此后数年间，定期往返于华

① 约翰·W. 道尔：《拥抱战败：第二次世界大战后的日本》，胡博译，生活·读书·新知三联书店，2008，第 208—209 页。“悔恨共同体”的说法，最早出自 1977 年 10 月丸山发表于《学士会会报》（特别号）上《近代日本的知识人》一文，意为：值此战争甫毕之际，日本的知识人应通过各自立场和不同领域，就迄今自身的存在方式是否正确以及如何从根本上反省过去等问题，进行集体省思，以结成“自我批判”的学术共同体。参見丸山真男：《近代日本の知識人》，載《丸山真男集》第 10 卷，岩波書店，1996，第 254 頁。

② 约翰·W. 道尔：《拥抱战败：第二次世界大战后的日本》，胡博译，生活·读书·新知三联书店，2008，第 94 页。

盛顿和东京之间的顾问团中，也很难寻觅到日本专家的影子。有资料证明，麦克阿瑟从不与日本人交往，也不听学者之言。据他身边的一位有关人士说，只有16位日本人跟他说话超过两次。麦克阿瑟只是通过一些由美国军方摄影师拍摄的关于日本的新闻纪录片，使他至少在银幕上跟他所统治的国家保持联系。而且除了情报机关提供的报告书外，他并没有涉猎过有关日本的书籍，也从不向他的部下询问有关日本的问题，当然也不从日本人那里寻求情报。当一位在德国出生并且也只在德国受过教育的法学家前来应聘监督日本全部民法和刑法的修订任务时，曾谦虚地对统帅部的一个陆军上校说："尽管我精通欧洲事务，但是我对日本的情况毫无所知。"可上校的回答简直可以用"意外"来形容："噢，那样正好。如果你对日本了解得太多，你可能就会有成见了。我们不喜欢日本问题的老手。"道尔在分析麦克阿瑟所谓"有华盛顿、林肯、耶稣基督、他，再加上天皇的帮助，就能将日本民主化"这一说法时指出："尽管可以将麦克阿瑟的这种信念归为偏见、假设和陈腐的豪言壮语的混合，但是它却没有受到日本或亚洲问题专家们的干扰。"① 他暗示，如果仅仅听凭某些人的评价就断言麦克阿瑟全然不了解日本，那就过于冒险了。事实上，前面所揭示的日本人种种战后表现，已在一定程度上证明了这位最高司令长官对自己治理对象的细微了解、渊博学识、自我改变及其所独有的事物掌控能力。这一观点，至少可以从麦克阿瑟的回忆录中获得细节上的支持。② 1945年10月中旬，一位访问东京的特使向杜鲁门总统报告说："（麦克阿瑟）将军声明称，东方人具有一种自卑情结，使得他们在战争胜利时会'像孩子般地残忍'，在失败时则会像奴隶般地顺从和依赖。"③ 据载，有关"孩子"的说法，还出现在麦克阿瑟的另一场发言中。1951

① 约翰·W.道尔：《拥抱战败：第二次世界大战后的日本》，胡博译，生活·读书·新知三联书店，2008，第178、195—197页。

② 道格拉斯·麦克阿瑟：《麦克阿瑟回忆录》，上海师范学院历史系翻译组译，上海译文出版社，1984，第161—191页。

③ 约翰·W.道尔：《拥抱战败：第二次世界大战后的日本》，胡博译，生活·读书·新知三联书店，2008，第196页。

年 5 月，在美国国会举行的长达 3 天的“听证会”上，统治日本近 6 年的占领军总司令麦克阿瑟，一方面赞美了日本，认为单纯的日本国民比老到的德国人要更可信；但另一方面，他也十分感性地宣称，在现代文明的标准下，如果 45 岁是一个成人的年龄标志，那么，日本人的精神年龄，却很像 12 岁的孩子。话语间或许没有贬低日本人的用意，因为在他看来，小孩子的头脑中没有固定的思维框架，这样才容易从零开始，学习和接受新的思想观念和世界规范。[①] 但日本人的反应显然比较激烈，他们甚至动用广告为自己证明，说：“我们不是 12 岁的孩子！”[②]

二、 复杂而离奇的反省装置

1946 年 2 月 2 日，麦克阿瑟把一张纸条交给民政局局长惠特尼。这张被称为“麦克阿瑟便笺”（マッカーサー・ノート）的纸条，日后成为日本新宪法的基本原则，并最终凝结为“和平宪法”最核心的第九条。[③] 尽管不拘小节的美国人以这种传纸条的方式决定了日本的未来，但 1946 年 11 月 3 日经盟军最高统帅部批准颁布的新《日本国宪法》给战后日本带来了巨变，却是不争的事实。而且，由于非战条款的最初建议者是时任日本首相的币原喜重郎，[④] 因而直到今天，当有人要对“放弃战争”和“否认交战权”等日本新宪法第九条提出反对甚至修改意见时，都会遭到严守宪法和爱好和平的广大日本民众的抵抗和奋争，表明此时的日本与往日穷兵黩武和侵略成性的“帝国”相比，已呈现出截然不同的新面貌。[⑤] 但是，正如《菊与刀》的作者试图以

---

① U. S. Senate, *Military Situation in the Far East: Hearings before the Committee on Armed Services & Committee on Foreign Relations*, Part 1 (Washington: U. S. Government Print Office, 1951).

② 講談社編集：《昭和：二万日の全記録》第 9 巻（昭和 25 年—27 年），講談社，1989，第 142—146 頁。

③ 鈴木昭典：《日本国憲法を生んだ密室の九日間》，創元社，1995，第 294 頁。

④ 道格拉斯·麦克阿瑟：《麦克阿瑟回忆录》，上海师范学院历史系翻译组译，上海译文出版社，1984，第 201 页。

⑤ 拙稿：《日本对外战争的隐秘逻辑（1592—1945）》，《中国社会科学》2013 年第 4 期。

“耻感文化”来总括日本“国民性”的做法有些书生气一样，麦克阿瑟给日本人的“12 岁”定性，也不乏政治上的天真。这两种有失简单的评价，一定程度上来源于对战后日本人“从善如流”态度的廉价好感。在不排除有相当多的人对战争深表悔恨的同时，研究者却不可低估潜伏于日本人内心深处的另一价值指向。由于保国保种才是战后日本的头等大事，因此，美国人从这个战败国脸上所能看到的表情，事实上已充满了求生本能下的保护色。丸山真男曾将政府发出的“一亿总忏悔”令，戏谑为乌贼遭遇险情拼死逃生时所喷出的“墨色烟幕”（イカの墨）。[①] 而美国占领军对这一现象的视而不见甚至有意无视，还表明“耻感”与“12 岁”形象，不过是在一个特定时空背景下美国人的期待与日本人的迎合之间所形成的默契。

这意味着，一个同样影响到今天，甚至有可能演变成日本思想主调的“无罪”低音，也将通过从“加害”到“被害”、[②] 从“大东亚战争”到“太平洋战争”、[③] 从“法律审判”到“政治审判”的严重误导，[④] 逐渐赢得从暗颂到高歌的时间和空间。它甚至直接或间接地影响了日本的学术界，包括对战争有过深刻反省并号召日本人民“脱胎换骨”的学术大家。

1942 年，河上彻太郎、小林秀雄等人在《中央公论》和《文学界》杂志上提出了“近代的超克”的命题，其宗旨是克服欧美文化，从欧美的“近代”中解放亚洲并最终肯定“大东亚战争”。对这场讨论兴趣浓厚的竹内好，本是一位学界公认的中国学研究者和鲁迅研究者，也是对中国革命抱持相当程度同情的日本思想家。他用“大东亚

---

① 丸山真男：《戦争責任論の盲点》，載《丸山真男集》第 6 巻，岩波書店，1995，第 160 頁。

② 约翰·W. 道尔：《拥抱战败：第二次世界大战后的日本》，胡博译，生活·读书·新知三联书店，2008，第 11、87 页。

③ 松本健一：《丸山真男：八·一五革命伝説》，勁草書房，2008，第 126—127 頁；焦兵：《访韩东育：拨开近现代日本对外战争的迷雾》，《中国社会科学报》2013 年 5 月 6 日；吉田裕：《占领期における戦争責任論》，載《一橋論叢》1991 年第 105 巻第 2 号，第 134 頁；约翰·W. 道尔：《拥抱战败：第二次世界大战后的日本》，胡博译，生活·读书·新知三联书店，2008，第 492—493 页。

④ 巣鴨遺書編纂会編：《世紀の遺書》，巣鴨遺書編纂会，1953，第 683—685 頁；约翰·W. 道尔：《拥抱战败：第二次世界大战后的日本》，胡博译，生活·读书·新知三联书店，2008，第 493、495、497、501 页。

战争”而不用“太平洋战争”称谓的行为，或许有反对盟军最高统帅部的“神道指令”并提醒日本不要忘却侵略亚洲历史的正面用意，但这似乎并不妨碍他同时对“近代的超克”命题寄予超常的热情。这种矛盾，决定了其有关中国说辞的拗口和怪异：“作为存在物的支那终究在我之外，但因为在我之外的支那是作为应予超越的存在在我之外的，所以在终极意义上说它必须在我之内。自他对立毋庸置疑是真实的，但这种对立只有在成为我的肉体痛苦的时候它才是真实的。就是说。支那在终极意义上必须被否定。”[①] 有学者指出，“右翼思想”几乎贯穿了竹内好战前战后的学术活动；L. 奥尔森甚至认为，竹内有将日本所发动的对外侵略战争予以合法化的倾向，其“中国论”的理论基础则是亚洲主义。[②] 竹内氏忽左忽右的政治立场和学术立场，显然不易使竹内本人被简单地定性为左翼或右翼。早在 1948 年，他曾通过鲁迅研究严厉地批判过日本的“脱亚”式近代主义，并将亚洲的未来寄托在中国身上。[③] 尽管如此，关于日本对外战争的认识问题，却已在他发表于 1959 年的长文中有过相对定型的表述，即：“大东亚战争，既是殖民地的侵略战争，也是对帝国主义的战争。尽管这两个侧面事实上已被一体化，但我们却必须对其做出逻辑上的区分。日本并没有要侵略美国和英国的意图。它虽然从荷兰手中夺取了殖民地，却并无夺取荷兰本国的想法。由帝国主义来打倒帝国主义是不可能的，由帝国主义来裁判帝国主义，也同样鲜存可能。”[④]

也许不是偶合，作为战后日本的中国学研究者，沟口雄三教授曾对中国近代化运动所开辟的有别于西欧和日本的第三条道路——“王

---

① 竹内好：《中国文学の廃刊と私》，載《竹内好全集》第 14 卷，筑摩書房，1981，第 455 頁。译文参见孙歌：《竹内好的悖论》，北京大学出版社，2005，第 46 页注①。

② Lawrence Olson, *Ambivalent Modern Portraits of Japanese Cultural Identity* (Lanham MD: Rowman & Littefield Publishers Inc., 1992), p. 65；诸葛蔚东：《战后日本知识共同体的流变》，《社会学研究》2010 年第 5 期。

③ 竹内好：《魯迅》，未来社，1961；《中国の近代と日本の近代一魯迅を手がかりとして》，載東京大学東洋文化研究所編《東洋的社会倫理の性格》，転引自《東洋文化講座》第三卷，白日書院，1948。

④ 竹内好：《近代の超克》，載《近代日本思想史講座 7 · 近代化と伝統》，筑摩書房，1959，第 253 頁。

道式近代”，给予过较高的评价；其以“日本知识分子的良心”承载者身份广泛活动于中日学界的学术形象，也时令中方学者和普通民众感动有加。[①] 但是，这一切似乎同样无法构成他在战争性质解读上的任何妨碍。所不同的是，与竹内好不承认“帝国主义裁判帝国主义”的合法性却认可“大东亚战争乃殖民地侵略战争”的战争表述有异，沟口教授在谈到1931年以来的侵华战争性质和1945年向谁投降之“意义”等问题时，却巧借“日本人”或“某些日本人”之口，提出了他自己的疑问，并给出了离奇的解释和意外的答案：“我们日本人对于战争要谢什么罪？谢罪到什么范围？是仅就残酷暴行谢罪，对出兵侵略中国本身谢罪，还是对明治以来的近代化全过程谢罪？可是，一个国家的历史全过程就这样成了对其他国家的罪孽，这难道是可能成立的事吗？”当说到“南京大屠杀”中死亡人数是否成立时，他还制作了一个离奇的“比喻”：“有个国家遭到邻国军队的侵略，在该国的一个城镇，邻国士兵入侵后实行了掠夺。后来，一个少女控诉说，那时她被一士兵强奸，该兵是身高两米多的大汉。但是，这个邻国承认入侵及掠夺行为，却不肯承认强奸这一事实。理由是当时在军队中不存在两米高的士兵。这个比喻揭示了感情记忆与事实记录的差异。对那个少女来说，两米高这一数值并非事实记录，而是恐怖心理的表征即感情记忆。在邻国一方则以此数值为事实的记录，并以两米高的士兵之不存在来证明强奸事实的不存在。”于是，“南京大屠杀‘被害者三十万’”的说法，就成了“复杂的政治性数值”，而这一“数值”又“足以显示日中之间围绕感情记忆与事实记录产生的认识上的错位，同时因为各自所处的语境互不相通，使之成为两国间在历史认识上的隔阂之象征”。[②] 他大概想说明，既然与战争有关的“明治维新”是东亚公认的文明进步事件，既然战争的后果已被解读为“政治性数值”而不是

① 溝口雄三：《方法としての中国》，東京大学出版会，1989，第11頁；沟口雄三：《历史认识问题是什么问题》，载中国社会科学研究会编《全球化下的中国与日本：海内外学者的多元思考》，社会科学文献出版社，2003，第6页。

② 沟口雄三、陈光星、孙歌：《创造日中间知识的共同空间》，《读书》2001年第5期。

"事实性数值"，既然要求谢罪者的谢罪根据只出自"感情记忆"而不是"事实记录"，一言以蔽之，既然这一切都发生于"日中之间围绕感情记忆与事实记录"之"认识上的错位"，那么，侵略一方便无须对被侵略者谢什么罪，无论是代表"近代化"的日本历史"全过程"，抑或"两米高"士兵的"强奸罪"与"三十万人"的屠杀罪等，似乎均应作如是观。这一理论装置，与部分日本学者研究中日战争时的惯用常套之间，似乎已不分轩轾，即：拿"近代"遮掩"暴力"，用"被害"置换"加害"，以"定量"否决"定性"。其中，最先需要关注的，应该是利用"近代文明"之"善"来消解对外侵略之"恶"的学术手法。沟口教授的设问是："为什么日本的侵略战争行为与日本近代化的过程被视为不可分割的整体呢？……就是说，在这里存在着以近代化的迟早、先后为衡量其民族的历史与文化之优劣标准的历史，而且，基于这种历史意识上的记忆仍以现在时态存在着。"于是，"不管中国人是否意识到，通过控诉日本人的残酷暴行，中国人是在对从自尊心上无法接受的日本人近代优越意识之傲慢进行焦虑的抗议。而且，当中国人站在西洋标准的近代史观上，身处不得不承认日本近代的优越性这一两难之境时，则更加焦虑。所抗议的对象轮廓的不清晰，使得抗议之矢不知何时如同'归去来器'般又刺向自身，于是这时其焦虑便越发严重"。① 在如此框架下再来讨论谁是战争的受害者，则片面的"历史健忘症"在战后日本人身上周期性发作的反应频谱，也就不再难以捕捉，即：比较起"南京"，他们只记住了"广岛"；相对于日本对亚洲的涂炭，他们只记得"下町烧夷弹"和"东京大空袭"。于是，在讨论战争胜负时的以下说法，在日方看来似亦不违逻辑："日本是与欧美对抗、与欧美争战，最后败于欧美特别是美国，而非败给了亚洲。"唯此，一连串潜在的反问也似乎同步成立：既然日本自己才是"受害者"，又怎么可能会变成"加害者"？既然日本没有败给亚洲，干嘛要向亚洲谢罪？既然"帝国主义无权裁判帝国主义"，那么除了实

① 沟口雄三、阳光星、孙歌：《创造日中间知识的共同空间》，《读书》2001 年第 5 期。

力不逮于其他列强外，日本人又错在哪里？这些反问仿佛在提醒那些曾与日本交战过的相关国家包括英美，你们其实并不了解战后日本人的复兴动力和真实想法，即：日本人的上述质疑，“同时也成为从战败中站起来之不屈精神及国民困苦与勇于奋斗的象征；而诱导这些思考的就是关于近现代的历史认识”。[①] 他试图在帮助中国人逆推：被强奸少女对施暴者身高的放大，只表现了中国人的群体性“被害妄想”；而在“事实记录”的强调下，日军在“南京大屠杀”中杀死三十万人的问题，似乎也应在“感情记忆”的归谬中讹为虚诞。在“定量”不等于“定性”的被害国呐喊声中，日本或许会一时谢罪，但这种谢罪好像也很难逾越沟口教授的“坦言”范围：“日本人就本国的侵略行为向中国人谢罪，并对日本资本主义的发展始于“中日甲午战争”这一事实进行反省时，即使未必是有意的，但仍是以‘资本主义化的成功’这一优越性为潜在的前提，而其谢罪本身亦是寓于‘谢罪之傲慢’这一认识中的。而就同一问题的另一面而言，中国人如果视日本的近代化为成功而给予肯定性评价，在逻辑上便完全可能容忍日本的侵略，从而使自己陷入两难之境。”然而，既然谈“逻辑”，并且假如是“学者良心”在独白，那么，沟口教授的上述观点或许只有在否定明治近代意义的前提下方能成立：“我很久以来就主张这样一种近代史观：以未受到欧美压力的16、17世纪为日中两国近代过程的起点，两国近代构造的架构在‘西洋的冲击’以前即已形成了。”[②] 可由于这一学术假设不啻“以取消问题的方式来解决问题”，因而无奈之下假设者也只好去续写假设不成立时自己的真实反应了：想要日本人认错，恐怕还需要“少则半个世纪，长则一个世纪以上”的时间，因为在他看来，“日本人的历史认识问题，从根本上说是政治责任问题”而不是其他。[③]

---

① 沟口雄三、阳光星、孙歌：《创造日中间知识的共同空间》，《读书》2001年第5期。

② 沟口雄三、阳光星、孙歌：《创造日中间知识的共同空间》，《读书》2001年第5期。

③ 沟口雄三：《历史认识问题是什么问题》，载中国社会科学研究会编《全球化下的中国与日本：海内外学者的多元思考》，社会科学文献出版社，2003，第16页。

三、潜之弥深的思想伏流

日本A级战犯对所谓“政治审判”的不服及其“无罪”宣言“遗产”，显然已衍生出为数可观的学术饶舌者，也消费了一大批强化“独立自尊”“国家的品格”和主张“摆脱自虐史观”的御用文人包括他们的反对者。但是，如果光凭这些现象就以为上述研究已触及问题的本质，那就过于天真了。事实上，那些不动声色地潜伏于日本肌体中并足以规定日本人全部表象行为的非表象结构，才应该是战后日本人史观的终极制约者。日本学研究者神岛二郎在《现代日本的精神构造》之开宗明义处指出：“我这里所提出的‘现代日本的精神构造’问题，并不是现代日本人的精神构造问题”，换句话说，“我的研究对象并不是个人的精神构造，而是‘现代日本’之‘集合主体’的精神构造”。[①] 其中，他所提出的“关于非武装国家问题”和“关于单身者本位体制问题”这两点，需要研究者给予特别关注。

该文发表于日本战败后的第40个年头，也是日本“和平宪法”颁布的第38个年头。无论是战败的后果还是和平的要求，“非武装国家”的定位，对当时的日本来说都是绝对必要的。但是，这一在本质上属于盟军最高统帅部的隐性强制与日本人主动表态之间所达成的不对等默契，在神岛氏看来却符合历史上日本的自身经验，并且是主动选择意义上的自身经验。这一看上去出人意料的讲法，依托的是下面的历史和逻辑过程：虽说日本国的非武装化条款是盟军最高统帅部的强制产物，但在该条款未尝废弃而新一轮武装军备已导致宪法空洞化的今天，非武装宪法的精神却依然存活于日本国民当中，并且国民也不会允许执政党自民党去实现已被提上日程的所谓修宪纲领。可当问及非武装宪法何以会落脚于日本时，佩林·诺埃尔（Perrin Noel）的《抛却铁炮的日本人：日本史中的军缩》一书，为神岛提供了历史性佐证：

---

① 神島二郎：《現代日本の精神構造》，載《戦後日本の精神史》，岩波書店，2001，第25頁。

1543 年葡萄牙人把步枪（铁炮）传到种子岛后不到一年的工夫，日本人便仿制成功并迅速将这种新式武器普及全国。在佩林看来，16、17 世纪时，日本已是世界上为数不多的工业国，其产品的优质程度不但远超亚洲其他国家，甚至已凌驾于欧洲之上。尽管如此，当国内和平局面得到确立后，日本显然有意地关闭了这条迈向现代化军备的道路。直到“黑船事件”发生后，才接续起当年的能力，并且到 1900 年，其军事装备也再度追赶上了西洋列强。佩林由此认为，日本人具有控制技术选择方向的能力：它可以完全中止兵器的发展甚至令其倒退，而将这种能力转向其他领域，并使之走向发达。这意味着，近代以降的日本尽管可以对应军事化时代的要求，但日本同时还有技术选择上的非军事化经验。神岛于是得出结论说，这才是战后日本可以选择并维护非武装宪法的历史远因。[①] 问题是，这是否也意味着当某一天再有需要时，日本人也会同样带着技术选择的基因式天分，在军事领域重新披挂上阵呢？

与“非武装国家”有所连带的关于“单身者本位体制”问题，还为神岛提供了另外一个对战后日本的观察视角。他指出，在前近代的家族走向崩解而近现代家族又无法成立的情况下，以往的组织形态只能转化成“单身者本位”的社会体制，并逐渐演变成日本社会的现实。在神岛看来，近代日本单身者集团的典型体现，便是军队。近代以来直到第二次世界大战战败时为止，日本之所以会发动旷日持久的对外战争并迈向军国主义道路，都是单身者本位的社会体制基础使然。战争的失败，固然使军国主义国家走向崩溃，但作为其基础存在的单身者本位社会体制，却非但没有解体，反而更加彻底化了：战败前被编入单身者本位社会体制中的人员只有男子，可战败后，随着占领军对妇女的解放，女子也颇具讽刺意义地被编入该体制当中。而且，相对于战败前的“国家”，战败后以单身者本位社会体制来彻底吸收社会成员的装置，则是“企业”。就是说，战败后，企业在吸收单身者的行为

---

① 神島二郎：《現代日本の精神構造》，載《戦後日本の精神史》，岩波書店，2001，第 26—29 頁。

中已代替了往日的国家职能，其所带来的日本经济高速发展意味着，曾经的军事大国和当下的经济大国，其实是建立在相同的社会体制基础上的。值得注意的是，就社会将“家族”化为单身者本位的分解能力而言，企业比国家还要彻底，所谓“一亿一村”的说法，形象地道出了战后日本社会的实存状态。① 然而，无论我们怎样观察神岛氏的分析，战败后的日本“企业”功能都容易被直观地解读为战败前“军国”结构的接收器。如果有人要继续追问：既然军国主义的国家组织形式可以轻易变身为资本主义的企业经营方式，并且这种变身还为日本国民日用而不知，那么，一旦外部条件要求日本去实现“军国”对“企业”的“逆接收”时，坚持和平宪法的“应然”口号和实务主义的“必然”选择之间，还会形成持久的“张力”吗？由于这在神岛氏那里不过是一个“设问”，因此，他在总结自己的观点时指出：“因战败而理应回到原点的日本，却在 20 世纪 60 年代经济高速发展中再度挺立于文明的前沿。当我们意识到这一点时，日本似乎已不再是什么‘追赶者’，而是步入了‘领先’的行程。之所以能造成如此局面，亦如我所指出的那样，一个应该是支撑日本战争过程的单身者本位社会体制，另一个则是非武装和平宪法，而且事实上是二者的乘积使然。但是，这两者也恰恰是相互矛盾的东西：前者优先，则后者必将改变；而后者牵制，则前者亦将倾覆。”② 在神岛“变与不变”的两难构图中，日本好像随时都存在着被推向险境的可能。

神岛上述观点之矛头所指，显然是欧美世界。他所推出的一系列“事实”和“不得已”，试图收到足以让那些总想改造日本的欧美人对日本固有性格的“无可奈何”和“放弃努力”之功效。③ 不过，由此而呈现的“只看战后看不懂战后”和“只读历史读不懂历史”的研究方法，却为学界的历史反思和哲学建构，提供了某种“型范”启示。

---

① 神島二郎：《現代日本の精神構造》，載《戦後日本の精神史》，岩波書店，2001，第 29—32 頁。
② 神島二郎：《現代日本の精神構造》，載《戦後日本の精神史》，岩波書店，2001，第 38—43 頁。
③ 奈地田哲夫：《戦後日本における社会科学と人間の挑戦》，載《戦後日本の精神史》，岩波書店，2001，第 19—20 頁。

日本政治思想史研究者丸山真男及其“原型论”，应该是首次进行这种尝试的学术实践者。

被约翰·W.道尔誉为“进步的文化人”的丸山真男，曾经是战后批判日本军国主义的一面旗帜。他明确将反省日本国战败原因的焦点，集中于天皇的权力结构——日本“国体”上。在他看来，明治以降，作为兼具权威中心和道德源泉的“超国家主义”的核心装置——天皇体制，曾利用时间性的延长和空间性的扩大之巧妙逻辑，恶性发作为“日清、日俄、满洲事变、支那事变乃至太平洋战争”等系列兵燹。从这个意义上说，给日本军国主义打上终止符的8月15日，也同时意味着“超国家主义”总基盘——“国体”的绝对性的丧失。[①] 然而，由于日本所造成的空前巨大灾难总要有人负责，而且必须负责，因而早在20世纪50年代，丸山便明确指出：“我们日本人无论在何种意义或何种形式上，都要承认并担负起战争责任，而且要与责任者进行一次根本性的对决。如果回避或隐匿之，那么和平运动也好，护宪运动也罢，都将寸步难行。”他认为，“一亿总忏悔”这一意识形态式的非白即黑转向和“二分法”的草率处理方式，以及由此而造成的随意自我原谅但其实不思悔改之恶性循环，不要说在历史的理解上是错误的，即便对人们今后的思考和行动，也未必能发挥积极的效用。从这个意义上说，那种要区别对待“统治者”与“国民”的主张固然不错，但这并不意味着在所有方面都可以否定“国民 = 被统治者”的战争责任：对于外部，日本国民至少在给中国人生命、财产和文化所造成的严重破坏面前，不能全部免责；对于内部，倘若可以对“昨日”迎合邪恶统治者的国民免却罪责，那么，也就不要指望他们还会对“明天”的邪恶支配势力去做积极的抵抗。然而，在所有的战争责任承担者中，最应被问责的，乃是“天皇”和“日共”，特别是天皇。丸山指出，远东军事裁判没有对天皇问责，显然不是依据法律的结果，而是政治

① 丸山真男：《超国家主義の論理と心理》，載《現代政治の思想と行動》（增補版），未来社，2004，第26—28頁。

考量的产物。然而，一个作为“大日本帝国”的主权者、政权总揽者、大臣任免者、统帅权掌握者和终战决定者，居然可以对日本数十年政治进程及其后果没有责任，这即便在政治伦理常识上，也无法被接受。有人以政治傀儡为由为天皇开脱，但战争期间的天皇并不是傀儡。对一个并非傀儡的最高权力者免究战争罪责，那么，那些盲目盖印的大臣之责，又从何谈起呢？问题的要害还在于，天皇只负道德责任的论调中有哪些国际政治的原因另当别论，关键是日本人如何看待之。可怕的是，在国民的心目当中，天皇本身已被视为“非政治”或“超政治”的存在。如果说，将自身地位粉饰成非政治存在却能发挥最大政治功能的手法已构成日本官僚制的传统机密，那么，这一机密之集中体现者，便正是位处官僚制顶端的天皇。这意味着，确认并继续追究天皇个人的政治责任，直到今天依然是剔除日本民主化之不治之症——官僚统治方式及其精神基础的紧要课题。对此，天皇承担责任的唯一方式，就是“退位”。实际上，天皇对皇位的蒙混恋栈，才构成了战后“道义颓废”行为的头等典型。而人们必须认真思考的问题是，这种放任，很快就可能变成不知廉耻的日本帝国诸神死灰复燃的先兆。①

然而，“非政治存在却能发挥最大的政治功能”这一独特的政治结构，与其说是“日本官僚制的传统机密”，不如说是日本传统天皇制，特别是明治天皇以来的日本国体的“机密”。该“国体”及其“意识形态”在战后的“一举崩溃”固然值得庆幸，② 但天皇乃“非政治存在”的“无责任者”这一认识本身，已透露出日本“国体”在战争性质问题上的反现代和反民主本质。某种意义上说，这其实已构成了丸山真男“原型论”或“古层论”出台的最初触媒。从下面的简要梳理中不难看出，这种研究已开始在历史哲学的层面上部分地触及了日本的本质。根据丸山本人的回忆，“原型”的说法，始于他 1963 年的讲

① 丸山真男：《戦争責任論の盲点》，載《丸山真男集》第 6 巻，岩波書店，1995，第 159—163 頁。
② 丸山真男：《原型・古層・執拗低音》，載《丸山真男集》第 12 巻，岩波書店，1996，第 117 頁。

义。但有学者指出，“原型论”提出的最早时间点，应该是20世纪50年代末，理由是：在1961年岩波书店出版的《日本的思想》后记中，丸山曾写过“过去的事物——极言之即上古的事物——之执拗持续”这样一段话。[①] 然而进一步观察还会发现，日本战败后不久，丸山真男的《超国家主义的逻辑和心理》（1946）[②] 和《军国支配者的精神形态》（1949），[③] 就曾用“超（极端）国家主义”和“无责任体系”的视角，追问过战争前后日本国民的“精神形态”。尽管丸山当时还无力从“道”的层面对日本人的思维类型做出形而上的抽象，但这项工作，却较早反映了丸山试图从根本上挖掘战争原因的学术初衷。

对“国体”的苦恼，使丸山将“原型”的思考更多投向了日本的“政治意识原型”，即古代天皇的祭祀与行政功能在“政事”上的二元分立与矛盾统一结构。“政事”一词，在日本语中被写作“まつりごと”：既是“政事”，也是“祭事”。但是，在日本的记纪经典中，却出现了与中国政治原则截然相反的祭政分离倾向。由此而形成的“二重权力结构”，乃如“卑弥呼与男弟”“神功皇后与武内宿祢”“推古天皇与圣德太子”等政治关系格局，不一而足。由于具体行政事务往往由天皇交给他人处理，因此，在重大的政治问题发生时，天皇似乎不需要承担根本性责任。[④] 行文至此，人们不难发现，丸山似乎已在日本传统的政治体制中找到了天皇作为“无责任者”的原始根据。这是否意味着，如果日本传统的“二重权力结构”一直持续到明治乃至昭和时代，那么，二战期间日本侵略行为的主要责任人，恐未必是天皇，而只是担当具体事务的政府和军部呢?

然而，一个微妙的变化，也刚好发生于丸山在印证日本近代天皇政治思维的有害性时将其与中国政治及其理论装置——儒家思想体系

① 水林彪:《丸山古代思想史をめぐって》,《日本思想史学》, 2000年第32号。
② 丸山真男:《超国家主義の論理と心理》, 載《現代政治の思想と行動》（增補版）, 未来社, 2004, 第11—28頁。
③ 丸山真男:《軍国支配者の精神形態》, 載《丸山真男集》第4卷, 岩波書店, 1995, 第97—142頁。
④ 丸山真男:《政治的諸観念の原型》, 載《丸山真男講義録》第7冊, 東京大学出版会, 1998, 第114—115頁。

的频频对比中。在他看来，儒教政治之“修身齐家治国平天下”这种“使道德与政治直接连通”的思维，“在使政治权力无界限地侵入精神领域的同时，正像儒教家族内部伦理所显示的那样，也产生了将伴随强制力的统治关系植入道德领域的倾向。于是，在最坏的情况下，权力的强制竟被粉饰以道德，反过来，（政治本身）亦夺走了道德的内在性，使之堕落为顺应（conformity）共同体或集团（利益）的道具”。这意味着，儒家的“政教混一”和“公私不分”，曾极大地影响了日本天皇制度的近代转型。由于这种转型的萌芽发育于江户时代，因此，这种“思考方式究竟使儒教主义这一江户时代的观念产生了怎样的病理现象等问题，已经在《劝学篇》中遭到过福泽（谕吉）的明确批判”。[①] 这使人想起两点。首先，丸山在追究战争责任时称：天皇仿佛是长着两个头的怪物，即“立宪君主”和“绝对君主”之一体两面。而这种20世纪30年代后越发明显的“政治病理”现象，绝不是明治期未尝发生过的情况。[②] 其次，是丸山的成名作《日本政治思想史研究》在他本人学术思想走向上的底色性规定。这部由发表于1940—1944年的几篇大论文汇集成册的学术著作，通过解构朱子学在江户思想界之影响过程，搭建起一个日本早期近代论的象征——“徂徕像”及相关思想结构。在这个构图中，丸山已把近世儒家学说之总代表“朱子学”，视为与近代化原理相悖的思想体系，并将其定性为“旧体制”——德川体制的帮凶。在这种情况下，比较接近近代日本思想的“古学”［荻生徂徕（1666—1728）］和“国学”［本居宣长（1730—1801）］勇敢地站出来，对这种旧体制的思想载体展开了有力的批驳，并初步完成了日本早期近代化的思想准备工作。实际上，对“儒教—东洋旧体制”的否定和克服这一丸山学术构图，矛头所指乃是近代以来的天皇政治集团。明治以降，曾造成过重大社会影响和学术影响的“国家主义国民道德论”思潮及其凝结物——明治天皇颁布于1890年

---

① 丸山真男：《近世儒教の思想的地位と政治的諸観念》，載《丸山真男講義録》第7冊，東京大学出版会，1998，第251頁。

② 丸山真男：《戦争責任について》，載《丸山真男集》第16巻，岩波書店，1996，第327—328頁。

的《教育敕语》，是被朱子学做过极致发挥的“五伦”教义和道德形而上学。井上哲次郎的《敕语衍义》（1891）及其对近世朱子学做出首次系统性哲学诠释的作品——《日本朱子学派之哲学》（1905），显然极富成效地支持了明治时代的国家意识形态。鹈沼裕子在谈及井上的工作“效果”时指出：“一般说来，近代日本思想史上的‘国民道德论’，指的是明治四十年代因国家统制而被倡导的国家主义的道德运动。但实际上，该运动的风潮，却上可溯及明治十年的儒教道德复活意识，下可延至太平洋战争末期风行的国粹思想”，时期相当“漫长”。① 这意味着，津田左右吉在昭和时代的反儒教言行，注定会引发反对天皇体制的联想，其遭遇某种“不幸”甚至酿成被追究法律责任的“津田事件”，亦应在意料之中；② 而丸山因现场庇护津田而受到牵累的体验，则决定了他本人在学术领域上的转向——其江户思想史研究，与其说是导师南原繁的建议，不如说是政治压力所致更合乎实际些。它教会了丸山如何采取学术“迂回”的方法，既批判了导致“圣战”的原因，又不去直接触动“炙手可热”的军国主义。于是，事件发生后的第二年，丸山给津田写信称，希望能通过自己的研究给津田以“暗默的支持和声援”，并同时寄去他研究日本政治思想史的代表作——日后被集结成《日本政治思想史研究》一书的主干论文开篇——《近世儒教发展中徂徕学的特质及其与国学的关联》。丸山十分希望这篇研究德川朱子学解体过程的文章能够引起西洋社会科学专业出身者津田的惠顾，哪怕是些微的瞩目，也“幸甚至哉”，③ 只因为这篇文章首先确立的自明式标准，便是黑格尔在《历史哲学》绪论中对中国事物的批判性叙事。④ 当然，丸山的理论构图明显比位处对立两极的井上和津田要巧妙得多：其出发点虽然与津田的思路极其贴近，但他先是把研究视角远投江户时代，然后在强调朱子学在幕府初期之

---

① 鵜沼裕子：《国民道徳論をめぐる論争》，載今井淳、小澤富夫編《日本思想論争史》，ぺりかん社，1979，第 356 頁。

② 丸山真男：《ある日の津田博士と私》，載《丸山真男集》第 9 巻，岩波書店，1996，第 121—130 頁。

③ 丸山真男：《丸山真男書簡集》第 1 巻（1940—1973），みすず書房，2004，第 3—4 頁。

④ 丸山真男：《日本政治思想史研究》，東京大学出版会，1952，第 3 頁。

“崇高”地位（类井上的观点）的同时，旋即给朱子学赋予被“捧杀”的命运。这种做法，既没有重蹈儒教虚无论的老路，也避开了招致当下政治风险的一般可能性。但是，“津田事件”时他们逃离现场后津田博士的自言自语，却给丸山留下了更深的印象：“若听任这帮人闹下去，日本皇室可就危险喽！”[①] 这大概意味着，原本在祭政高度一致的中国皇帝身上才会出现的责任追究问题，将因为儒教的极权导向而使日本固有的“祭—政”二元“国体”改弦易辙，并给天皇本人带来可以逆料的灾祸。丸山于是乎通过所谓日本“政治意识的原型”，为日本人之所以对“易姓革命”和“万世一系”同时并存现象提出疑问的历代言说赋予结论，认为那是中国人平行但对立的两种传统政治思维联袂涌入日本后给日本人带来的政治信仰上的混乱。[②] 他之所以通过徂徕学派来次第裁断朱子学的“连续性思维”,[③] 并推尊“古学派”所谓“天人相分”“政教相分”“圣凡相分”“公私相分”“物我相分”这“五大斩断”,[④] 所要解决的也正是上述问题。丸山的研究，不但勾勒出“古学派”特别是徂徕学派对肢解和瘫痪朱子学所发挥的决定性作用，作为对津田的“暗默”呼应，这一叙事还着力强调了“国学派”及其集大成者本居宣长与荻生徂徕之间的间接继承关系，并为他日后推出的“原型论”（“古层论”）埋下了深深的伏笔。[⑤] 于是，在构成“原型论”底色的学术构图中，对于“文明”，丸山抑“中世”而扬“近代”；对于“国体”，则重“自统”而斥“外来”。对欧洲文明的激赏，使他必须反对“近代的超克”；而对“革命”的警惕，又使他必然要远离儒家。战败的不堪，使他对天皇的唾弃连带着对儒教的反感；而面对国体的崩溃，又使他痛感到日本人认同上的危机。这种由“近代”与“中世”“本土”与“外来”之间的张力所形成的思想上的“两难”困局，使他在努力追究天皇及国体的战争责任的同时，又无法

① 丸山真男：《ある日の津田博士と私》，載《丸山真男集》第 9 巻，岩波書店，1996，第 130 頁。
② 丸山真男：《丸山真男講義録》第 7 冊，東京大学出版会，1998，第 224 頁。
③ 丸山真男：《日本政治思想史研究》，東京大学出版会，1952，第 25—26、30 頁。
④ 拙著：《日本近世新法家研究》，中华书局，2003，第 367—378 页。
⑤ 拙稿：《丸山真男“原型论”考辨》，《历史研究》2015 年第 1 期。

不自陷于所谓“日本近代的窘境”：“日本究竟‘欧化’到何种程度还依然是日本？对于这一问题，即使到今天也并未得到解决。一般的情况下，改变过去或在变化中前行，或者将同一性保持下去，是国民或民族的认同问题，而这又恰恰是一个两难的问题。实际上，近代日本的国体论，并不是单纯意义上的政治意识形态，其难点正在于隐含其中的日本认同问题。战败时围绕‘国体护持’而引起的巨大骚动，也只因为一点，即如何保持与统治层的利害难以拆分的民族认同问题”，简言之，在“民族认同或同一性问题上”，真不知如何才能处理好“传统与欧化或者传统与近代化的关系”。[①] 这段发表于 1986 年的文字与 1956 年揭载于《思想》第 381 号的《战争责任论的盲点》及其 1940—1944 年间发表于《国家学会杂志》的系列论文之间所呈现的变化，反映了丸山真男的真实心理活动，也反映出许多日本思想家的心理状态，有时还导致他们在战争责任追究问题上的茫然[②]甚至诡辩。[③] 然而，作为对战后日本知识界特别是思想界发挥过长期影响的学术大家，丸山等人在天皇和国体问题上由战败之初的激进逐渐走向暧昧，甚至无奈于分散责任说和消解责任论等态度，对研究者准确把握战后日本史观的流变轨迹，应不无意味。

四、 对战后七十年的再省思

用“左翼”和“右翼”的标签让日本人对号入座，是战后国际社会对日观察时的习用方法。可当我们真的这样去做时却发现，日本人中既有对美意义上的左翼和右翼，也有对华意义上的右翼和左翼；有人在超越的价值层面上是左翼，在民族主义问题上则是右翼（反之亦然）；政治上是左翼，文化上是右翼（反之亦然）；历史观是左翼，当

---

① 丸山真男：《日本近代のディレンマ》，載《丸山真男集》第 13 巻，岩波書店，1996，第 54—55 頁。
② 丸山真男：《戦争責任について》，載《丸山真男集》第 16 巻，岩波書店，1996，第 323—333 頁。
③ 加藤周一：《日本社会・文化の基本的特徴》，載《日本文化のかくれた形》，岩波書店，2004，第 26—27 頁。

下观是右翼（反之亦然）；来华或访美时是左翼，回日本后是右翼（反之亦然）；上午还是左翼，下午就变成右翼（反之亦然）……这意味着，“左”和“右”的标准和尺度，用来表现政治或无不可，用来研究学术却不知其可。然而，战后日本“急速转变”的虚实现象和“形亡实存”的自身结构，却是人们需要关注的重大问题。

首先，我们了解某些公开否认战争责任者的言行并斥之为“右翼”，却不太了解那些承认罪责而否认自身变化、承认战败却未必拥抱战败的反美理论。日本战败之初，美国人曾乐观地相信了日本人的“一亿总忏悔”表态，并认为他们很简单，至少没有老到的德国人那样复杂。于是，出于占领后日本国内之安定计，美国在做出免除天皇战争责任的决定后，① 又在朝鲜战争、越南战争和美苏冷战等对峙寒流中，释放并公开接纳了被指控为 A 级战犯的岸信介等人，且以之为首相或部门大臣。毋庸讳言，那些能将日本迅猛复苏的精英们，几乎全部是经历过战争过程和战败体验的那代人。但是，道尔的观察显示，“当谈到日本的极端暴行时，许多人都坚持否认。事实上，所有的人都真诚地悲恸那些为国捐躯的亲友和熟人。他们也还记得战败后数年间，白人胜利者轻蔑地将他们看作‘小男人’而引起的迷茫困惑”。尽管今天这些人大都淡出了历史舞台，但“对于裕仁统治的前 20 年间日本所犯下的掠夺罪行，此时正当需要明确承认和道歉的历史时刻，而在他们身后却只留下了糟糕的历史记录。在他们心目中，承认这个，就包括必须承认‘东京审判史观’，而那对他们来说是不可想象的。他们的爱国心，为他们的国家招来了多数外部世界的轻蔑和不信任”。② 这或许意味着，不太长于做公开表态的战争参与者们——那些比例还不在少数的日本“战争遗民”，他们对战争性质的复杂认识以及由美国人所谓“双重标准”所造成的认知困惑等思想问题，战后并没有因盟军最

---

① 道格拉斯·麦克阿瑟：《麦克阿瑟回忆录》，上海师范学院历史翻译组译，上海译文出版社，1984，第 180、183 页。

② 约翰·W. 道尔：《拥抱战败：第二次世界大战后的日本》，胡博译，生活·读书·新知三联书店，2008，第 551 页。

高统帅部对日军的和平遣散和对天皇的无罪赦免而获得有效的解决，而美国人的功利性考虑也只好使他们对接下来所发生的大量事实有意视而不见：20 世纪 60 年代近千万人参加的“安保斗争”和时断时续的反美集会，是日本各界的共同行动；盟军最高统帅部在凸显美国一家对日意义的目的下禁用“大东亚战争”而力倡“太平洋战争”的结果，在使日本人忘掉其在亚洲罪恶的同时，还让他们牢牢地记住了美国人那两次空前绝后的“无差别杀戮”；而日本每年在“珍视和平”名目下一定要举办的“原爆”纪念活动，说到底，也不过是对美国的无声控诉和仇恨记忆的强化装置而已。然而，美国的“重返亚洲”和“亚洲再平衡”等一系列挑拨东亚各国关系的战略举措，却有效地控制住了日本的反美情绪，当然也同时被日本方面主动地利用了。一个人所共见的事实是，在战后日本，一方面是从“道歉反省”到不知“侵略”为何物、从“防卫厅”到“防卫省”、从“保护国民知情权”到《特定秘密保护法》的颁布、从“军人不得干政”到新版《防卫省设置法》正式废除“文官统领”制、从“禁止行使集体自卫权”到“解禁集体自卫权”等政策和制度的推进，另一方面则是反对战争、捍卫和平宪法的“第九条”保护运动。在日本政治整体发生问题的情况下，“九条会”无疑是一股弥足珍贵的和平主义力量，其行动也是令亚洲各国人民感动备至的义举。可是，一如有位学者所指出的：“九条会的组织方式非常独特。它有异于一般的社会政治团体，没有严格的内部组织形式，也没有为增强团体内在凝聚力而设定的各种规章与制度，只要是支持和赞成宪法第九条的人都可以动员自己身边的同道者组织起来，九个人就可以组织某一地方或某一领域的九条会，再通过各地、各领域的九条会来组织关于宪法第九条的各种学习会、讲演会。”① 于是，在日本社会中，步步为营的制度推进和可圈可点的信念坚守这两股力量之间，事实上已呈现出越来越大的失衡格局。当神岛二郎的论

① 刘晓峰：《“平成日本学”初探》，《日本学刊》2015 年第 2 期。当然，“九条会”所采取的运动方式，起到了或试图起到在日本现有政党政治框架中在野党无法或无力起到的作用。学界对此亦需要关注和分析。

著所传递出来的信息让人感到许多日本人在战后的“变”不过是出于隐忍生存甚至是卧薪尝胆之需时，潜伏于该观念下的“不变”和积蓄已久的逆向能量，将是巨大和可怖的。日本战败之初，竹内好在对比日、中两国接受西方价值和制度的不同表现时指出：“转向，是发生在没有抵抗处的现象，它缺乏化外物为自身的欲求。固守自我的事物，是不会改变其方向的，而只能走自己的路……转换（回心）则不同。它看上去貌似转向，但方向却相反。如果说，转向是向外的动作，那么，转换却是内向的归趋……转换以抵抗为媒介，而转向则无需媒介；转换发生的地方不会出现转向，而转向出现的场所也不会有转换发生。转向法则支配下的文化与转换法则支配下的文化，存在着结构上的差异。”简言之，“日本文化就类型学而言是转向型文化，而中国文化则是转换型文化”①。由此反观神岛氏的“不变论”，那么，其所谓“非武装国家”的要求与明治和昭和、战前与战后一以贯之的“单身者本位体制”在社会结构上并不存在矛盾的认识，其实已暴露出美国对日本的改造工作并未触及，也无力触及其社会基础这一事实；而所谓“单身者本位体制”乃建立于前近代家族和自然村落解体基础上的说法所构成的事实与理论盲点——军队或企业中并未消亡的、以拟家族和拟村落化的形式卷土重来的共同体纽带及其价值本质，还足以让人在不堪回首的历史往事中勾起超时代的连贯兵燹记忆，尽管我们仍愿意对道尔的良好预测乐观其成：“在不久的将来，宪法很有可能被修改，但是其中涉及的问题，仍然可以反映出当今日本民众的政治意识。尽管宪法第九条已经被扭曲变形，以维持‘自卫’能力的名义被不断扩充阐释，但它毕竟仍然作为具有强制效力的不战理想的宣言，与宪法导言中强烈反战的言辞一同留存了下来。”②

其次，我们了解那些追责天皇者的正义呐喊并誉之为“左翼”，却不太关注其“国体”否定行为已经发生的两难困局、对华归谬和责任

① 竹内好：《中国の近代と日本の近代》，載《日本とアジア》，筑摩書房，1993，第47—48頁。

② 约翰·W.道尔：《拥抱战败：第二次世界大战后的日本》，胡博译，生活·读书·新知三联书店，2008，第550页。

外推倾向。天皇制对现代中国人而言，是一个陌生的存在。这意味着，我们还需要对其展开深入的现场调查和国民心理分析。丸山真男的相关研究表明，前近代日本的政治制度，长期呈“祭”“政”分离的“二元”权力结构。这种观察，在一定程度上揭示了日本历史的某种实际。可当这种原本符合日本自身风土的“二元”体制首次遭遇西方列强的武装压迫和殖民威胁时，日本人却突然发现，面对庞大如清朝的中国都难以抵御的西方力量，倘不思凝聚、一任松散，则不但会重蹈鸦片战争的覆辙，国土不及中国二十五分之一的日本全土，恐亦将直面被吞噬的命运。“公武合体”“大政奉还”“废藩置县”“殖产兴业”“富国强兵”等事件的发生和政策的出台，就本质而言乃根源于此。至于所谓面向西方的“文明开化”行动，也与对中国价值期待的整体“幻灭”有关，这一点毋庸讳言。日本要想生存，在强权的新世界规则下就必须“辞旧迎新”。何况，这对于日本打破“华夷秩序”、取代中国的东亚地位而言，又何尝不是千载难逢的“机遇”！但是，长期习惯于权威与权力、宗教与行政分家的日本旧有政治，想在一夜之间把全国民心聚合为一，单靠宗教意义上的精神纽带——对天照大神的神道信仰，显然是无法做到的。这就使江户中晚期以来持续受到批判的新儒学体系“朱子学”，突然派上了用场。他们发现，在继续强化天皇与国民之纵向关系——“神人纽带”的前提下，只有加强横向“人际关系”，才能真正实现日本的内部凝聚，而堪任这一凝聚之功者，却非“忠孝一本”之儒教德目而莫属。它有助于我们理解以往不易了然的一系列现象：日本近世时期，在看似德川“体制意识形态”的朱子学体系下，幕府却容忍甚至部分地遵循了“古学派”的“天人相分”“政教相分”“圣凡相分”等价值取向。这其中，不能说没有公武分离时代幕藩制度的体制性考量在内——它需要借助这些思想来论证“二元”政治结构尤其是自身存在的政治合理性。可是，当西方势力压来后，作为象征性大案的“樱田门事件”，俨然使“后期水户”和“萨长土肥”联手走上了“尊王攘夷”的皇统独尊道路；而完成“公武合体”“无血开城”和“大政奉还”之历史转折任务的，除了西南诸藩的压力外，人们恐怕还应特别关注幕府末代将军德川庆喜的重大出身背景：庆喜是水户藩第九代藩主、以力倡儒教道德和尊攘思想而闻名内外的德川齐昭的子嗣，而庆喜自幼所受到的水户学“皇统”教育，则让人无法否认，他所做出的历史性决断其实并不突然。庆喜的行动，有效地排除了明治天皇在“二元”体制和观念结构上的政治和学术障碍，而明治政府对德川遗产的处理方式也十分耐人寻味：“文明开化”，使具有早期近代化倾向的“古学”并未遭到排斥，且通过西周古籍的复兴和福泽谕吉的继承获得了近代性转换；而“体制一元”的绝对化要求，又同时复活了与后期水户学关系至密的“儒学”。结果当然是人们所熟知的，除了日本近代化在东亚地区的一枝独秀外，还有日本帝国的对外系列战争直至1945年的收场。从这个意义上说，丸山将近代以来的天皇制国体变化归谬给儒教作用之言说，或许不乏一定的根据，但如果仅仅因为这一点就否定儒教的全部意义，[①] 并且也仅仅因为这一点便连同福泽谕吉一道去厌华、排华、脱亚，甚至不惜拿傲慢的近代性来重新竖立一道与中国之间的“价值隔离墙”，则显然不应是一个战争反省者的应有态度，却很像是连接于“无责任体制”延伸线上的新型“责任外推”。黑住真教授在谈到日本近代儒教时指出：“我们可以把日本近代儒教分为如下三种形态：（1）广义上知性的、道德的、作为文化教养的儒教；（2）参与了民族国家形成和帝国主义的儒教；（3）在学院学术中形成的儒教。”他承认“近代天皇制试图以权威、权力极度集中于天皇一身的形式来实现立宪”的事实，也注意到“在近代日本，为数众多的知识分子都认为‘儒教参与并袒护了近代化中的暴力和帝国主义，它绝不是无垢的’”等说法，但他同时强调，“这里所说的儒教，是指‘某种近代日本儒教’，而并非是近世日本儒教或者日本以外的儒教。但是，当前者（某种近代日本儒教）的印象被投射到后者（近世日本儒教或者日本以外的儒教）时，便滋生了贬低儒

---

① 丸山真男：《丸山真男講義録》第7冊，東京大学出版会，1998，第242—248頁。

教、警戒儒教的倾向”。[①] 由于这关联着足以倾动战后日本思想界全体的丸山真男及其一系列研究，并且这种研究已衍生出明显的轻蔑中国意识，因此，黑住教授的长视角观察，还具有了深中肯綮的警示意味：“丸山的‘原型论’由于被视为‘转向’和‘趸足’，而评价很差。其实，这并不是什么‘转向’，而不过是把原本暗伏于《研究》（指《日本政治思想史研究》——引者注）中的隐蔽存在变得表面化了而已”，因为“在《研究》中，有一种面向近代的单线发展史观。这里，只是把西欧和日本捆绑在一起，而中国却未被连接。中国被包裹于停滞论的议论框架里。这种中国停滞论，是包括丸山在内的五十年前的观念。在这里，中国不但被轻视，连最初还有的对中国和亚洲的关心，也消失了”。[②] 至于部分日本学者对中日问题的“学理”编织能做到超级细密甚至不乏牵强，显然与他们要竭力回护某种事物的潜在意识有关。中国领导人毛泽东注意到，“日本有人”喜欢“把政治问题说成是技术问题”。[③]

再次，我们尽可以强化邻交敦睦、中日通谊，甚至为此已做到了忍所难忍和容所难容，却忽略了中方的努力和日方的响应之间，无论在前提还是在程度上均不甚对等或者结构失衡等事实。然而，让日本人难以想象的是，二战结束后，特别是中华人民共和国成立以来，无论日本有过怎样的历史表现，中国领导人仍能以宽阔的胸襟和超然的姿态，对日本人民释放真诚的善意。[④] 毛泽东的对日态度，来自他宏阔的历史视野、高端的现实考量和跨国的阶级意识。[⑤] 这一态度不但极大地超越了民族主义，而且伴随着中国对1959—1960年日本国内反“日美安保条约”斗争的有力声援，[⑥] 还使日本人民对新中国的博大气象和

① 黑住真：《近代化经验与东亚儒教：以日本为例》，《二十一世纪》2004年12月号。

② 黒住真：《日本思想とその研究－中国認識をめぐって－》，《中国―社会と文化》1996年11号。

③ 毛泽东：《同日本国会议员访华团谈话》（1955年10月15日），载《毛泽东外交文选》，中央文献出版社，1994，第227页。

④ 毛泽东：《日本人民斗争的影响是很深远的》，载《毛泽东外交文选》，1994，第456—460页；《同日本国会议员访华团谈话》，载《毛泽东外交文选》，1994，第226页。

⑤ 毛泽东：《同日本国会议员访华团谈话》，载《毛泽东外交文选》，1994，第219—224页。

⑥ 毛泽东：《中间地带国家的性质各不相同》，载《毛泽东外交文选》，1994，第489页。

正义力量，寄予了强烈的政治认同和情感认同，以至日本民众在反美游行时，竟高高擎起“毛沢東万才（万岁）”的标语牌！20 世纪 70 年代以来，随着中、美、日三国的政治和解，政治制度和意识形态领域的差异逐渐被淡化，各国人民之间的往来也越发频繁。但是，20 世纪 90 年代冷战结束后，特别是近十年来，中日间的误解越发深重，两国关系甚至被世界舆论夸大成战后以来最糟糕状态！然而，面对日本政界的极度不负责任给中日关系所造成的巨大损伤，中国政府却始终将两国人民的友好放在第一位。2015 年 3 月 3 日，日本东京大学教授高原明生受邀在中国中日关系史学会以《日中关系：公共外交的重要性》为题做了专题报告。他说，日、中两国间误会的例子很多，例如日本民众认为“习近平一直对日本强硬”，但是习总书记于 2014 年 12 月 13 日在南京大屠杀死难者国家公祭仪式上的发言却是非常积极的，很多日本人都没有注意到这一点，这是非常遗憾的事情。①

这意味着，在“树欲静而风不止”的东亚世界中，在超越性的价值已变得越发稀薄的情况下，中国人的和平主义传统和国际主义优长，其实更需要来自周边国家的呵护和鼓励，而不是刺激和贬损。日本学界最近有极端舆论称：当代中国是资本主义、民族主义、帝国主义和法西斯主义的混合体。② 问题是，把这一曾经在明治—昭和时期集中出现于日本的污泥浊水不负责任地泼向中国的行为，是否暗含某种对于中国也和当年日本一样发动一场对外战争的希望呢？历史学家郭廷以曾讲：“如果就相交之道来论，中国绝无负于日本，日本大有愧于中国。八十年前的两千年，中国施之于日本者甚厚，有造于日本者甚大，八十年来日本报之于中国者极酷，为祸于中国者独深。”③ 这意味着，如果蒙受过如斯大灾难的国家到头来不但连句“侵略”和“谢罪”之类的道歉话都听不到，还要无端受辱、横遭诟病，那么，国际社会将

---

① 人民网日本频道：《东京大学教授高原明生谈中日关系中公共外交的重要性》，http://japan.people.com.cn/n/2015/0305/c35469-26641394.html，访问日期：2015 年 3 月 5 日。

② 西岡力、島田洋一、江崎道朗：《歴史の大転換：戦後 70 年から100 年冷戦へ》，《正論》総力特集《戦後に終止符を》2015 年 5 月号，第 86—104 頁。

③ 郭廷以：《近代中国的变局》，联经出版事业公司，1987，第 185 页。

不知依据何等指标去预测中国民众不计前嫌的宽容之心还能够坚持多久。但有一点，即当我们回顾外籍华人雪珥所提出的问题时却必须思考：在一个经年对外侵略的战败国家最需要也最应该形成正确历史观的关键时期，日本为什么反而会选择一条不惜与中国和亚洲其他被害国为敌的“险途”呢？如果可以尝试性地给出回答，那么笔者以为，战后七十年来，日本无论有过怎样集团性的忏悔“转向”和学术上的思想“反省”，都未尝完成过政治上的价值“转换”。它取决于日本人念兹在兹的“近代优越”意识和前赴后继的“正常国家”追求，也决定了其扭曲的战争观念和错误的历史认知。其不断制造中日摩擦、以所谓“中国威胁”来利用和倒逼美国对己松绑并试图摆脱战后国际秩序的思想和行动，不但使“左翼”“右翼”等国际社会的对日观察标准屡遭颠覆，也使亚太地区被再度置身于险象环生的境地。

（发表于《中国社会科学》2015 年第 9 期）

第四编 哲学观

前近代中日学界关于“制心”问题的讨论

中国思想中的“心”，在西方人眼里是一个奇怪的概念。他们词典中的 heart（拉丁语作 cor），原是指人的生理器官——“心脏”，而能与中国人思考意义上的“心”构成对应关系的，大概也只是意思单调的 thinking。这多少接近于孟子所谓“心之官则思”（《孟子·告子上》），也形似王阳明的延伸说明：“心不是一块血肉，凡知觉处便是心”，“知是心之本体，心自然会知”。谙熟东西方学术的梁漱溟，应该更了解中国之“心”与西方相关指代的本质性差异：“心非一物也，固不可以形求。所谓人心，离开人的语嘿动静，一切生活，则无以见之矣。是故讲到人心必于人生求之”，“古语云：‘直心是道。’求真恶伪者，即人心之直也。伪者欺伪，伪则不直，故恶之。求真，非他，只不自欺耳。求真恶伪是随着人心对外活动之同时自觉中，天然有的一种力量”。梁氏所谓“天然有的一种力量”中，明显刻录着“我固有之”的中华传统烙印。

一、“以心制心”言说间的内在龃龉及其反论

唐代李翱的“尽心知性”说，无疑来自思孟；而“心”和“性”包括与二者相关的全部概念，则似乎早已被孟子一气贯穿（《孟子·尽心上》）。孟子这样做，当归因于他最早给人“心”赋予了“四端”即

“仁义礼智”以绝对意义。从此以后，“心”便逐渐演变为具有高度自律功能的内在控制装置，而关于该装置得以成立的原因，思孟的解释亦似乎未见差异，即“仁义礼智，非由外铄我也，我固有之也，弗思耳矣”（《孟子·告子上》）。“心”既然被赋予了“绝对”的价值，那么，孟子把人的四肢百体亦依此甄别出贵贱高下和三六九等，好像也就没有什么应否可以计较。起初，当他抛出“体有贵贱”“人有大小”等命题时，学生公都子曾表示不解，于是才有了“耳目之官不思”“心之官则思”等议论的产生。由于孟子认定“心”的内在管控力量远强大于外在的礼法规约，因此，他十分反感告子否定“仁”以外其他“三端”意义的说辞，尽管他似是而非的回敬不如弟子们的代答更符合其思想逻辑。但这却意味着，孟子似乎只有通过价值坚守和不懈论证，才能使自己的理论和实践保持逻辑上的通融和一贯性。于是他要求，小自口腹耳目，大到生死抉择，凡有操守者，其生命当中的全部知行活动，都不应离开这一内在的道德命令和精神规定。孟子的“舍生取义”名句（《孟子·告子上》），还为世人展示了“君子”们在大限将至或慷慨就义时的凛然和决绝。

思孟理论给儒学带来的心性化转向，就学术背景而言乃诱发于老庄抽象“道德”刺激下的“心性论”补足需求，正如韩愈为弥补中华“世典”在形而上学上不及佛教的缺憾乃以“三书”经典（《孟子》《大学》《中庸》）去代替“六经”体系一样。然而如实而论，起初在学理上最接近孟子逻辑的思想发挥者，当首推李翱及其《复性书》。这样讲，是因为李翱所谓“性”“情”对立，几乎完全沿袭了孟子的“大体”与“小体”、“本然之性”和“气质之性”等早年框架。为了证明孟子“我四十不动心”且证明儒学高于佛学，“静”亦不如“诚”，李翱还以设问的方式具体描述过“不动心”的状态和儒胜于佛的妙处。可是，当宋儒朱熹对孟子和张载表示赞赏，认为“性、情、心，惟孟子、横渠说得好：仁是性，恻隐是情，须从心上发出来，心统性、情者也”，“心，主宰之谓也”，“心是管摄主宰者，此心之所以为大也”的时候，李翱言说的偏颇处，才逐步显露出来。换言之，李翱为与佛学争高下而抛出的“正思者，无虑无思”和“知本无有思”等观点，显然连孟子“心之官则思”的前提也丢弃了，表明这时的李翱已经把孟子的“心”等同于“性”，而且还只是所谓寂然不动的“本然之性”。这或许可以被视为其泥守于孟子“我四十不动心”命题的结果，但“不动心”不等于“心不动”，而且事实上，孟子对“心”的变动不居实态还是有着清醒认识的：“孔子曰：‘操则存，舍则亡；出入无时，莫知其乡’，惟心之谓与?”（《孟子·告子上》）。而朱熹的相关理解，似也未尝离孟子太远。这表明，李翱为了灭“情”复“性”，已不惜把鲜活的“心”弄成了鲜有生机的枯槁，以为只有这样，“性”才不至于为“情”所惑，也才可以最终控制“情”并消灭“情”。这一“心 = 性”的逻辑，显然与朱熹对孟子的“心性论”诠释，发生了微妙的差异——“心”乃由两部分构成，一曰“性”，一曰“情”。其中，“性”又分为“本然之性”和“气质之性”，而只有“气质之性”才易于滑入“情”并堕为“欲”。唯此，“心”便应具有强大的自律功能，从而发挥“以心制心”即“心统性情”的自控作用。这种分析，无疑比李翱的“一刀毙命”式把握，多一些原理上的回旋余地和逻辑上的通达性。有趣的是，明儒王阳明为了证明“心”所固有的恒定自控力，还不惜否定了孔子“操存舍亡”的人“心”属性。然而，这些林林总总的细微差异，并未构成上述言说之间的本质性背反。因为无论是强调“枯槁之心”还是“鲜活之心”，也无论是主张“以性灭情”“心统性情”，还是否定“心有出入”，它们的主张者均试图通过“心”来控制“情”并最终消灭“情”，所以问题的本质并不在此，而在于下面难以解释的一系列疑惑，即：“以心制心”论果真能成立吗？如果能不成立，那么，怎样的知行理论才能真正发挥“制心”的功能？

在回答这些问题之前，孔子当年的一个说法显然无法避谈：“已矣乎！吾未见能见其过而内自讼者也!”（《论语·公冶长》）关于“内自讼”，朱熹的解释是：“‘内自讼’者，口不言而心自咎也”，“‘已矣乎’者，恐其终不得见而叹之也”。（《四书集注·论语·公冶长》）孔子的感慨，缘于他对人们心口不一现象的长期审视和反思：“始吾于人也，听其言而信其行；今吾于人也，听其言而观其行。”（《四书集注·论语·公冶长》）正因为“不光要听他怎么说，还要看他怎么做”这种“以行察知”的人心观察方法已成为孔子接人待物的基本准则，于是，后儒无论想怎样通过圣人的言论来支持自己的“内自讼”——“以心制心”观点，都不易找到确固的对应点。韩愈没有贸然将《论语》纳入到其“心性论”体系中，反映了他的谨慎；（韩愈《原道》）而李翱明知无法“以情止情”却强迫人去“以心制心”这一顾此失彼的做法，则只能归因于他缺乏这一谨慎。至于王阳明所谓“心学四诀”（四句教），还几乎在弟子们的讨论中被解构了。“四句教”中的王阳明，特别是他那句“无善无恶是心之体”一语，不但在本体的意义上虚化了孟子所谓“固有”之“善端”，还不啻把自己变成了告子的代言人；而“破山中贼易，破心中贼难”等阳明子隽语，也只能使“为善去恶是格物”的内在自我格斗不得不转向外在物理矫正，即“事上磨炼”。正由于在心学表述上出现了上述乱象，所以，《尚书商书·仲虺之诰》中“以义制事，以礼制心”之固有意义，才始终无法被人为取缔。据清代学者阎若璩考证，“《仲虺之诰》，在《荀子》作《中岿之言》，《左传》作《仲虺之志》，《史记·殷本纪》作《中𬳿》”。这种反对“慎独”“良知”之道德自治进而主张由“他律”取代“自律”的人事治理方法，事实上曾在社会失范、人心失控的春秋战国时期，引发过一大批伦理、政治学者的追捧，而且，按照韩非的说法，那些崇“心治”而弃“法度”的做法，已不啻废公立私的“私智妄作”并亟待禁绝。（《韩非子·饰邪》）不宁唯是，宋代的陈亮、叶适和清朝的戴震、章学诚等一大批思想家，亦纷纷附议首肯之，从而在中国历史上形成了迤逦不断的实务主义思潮。值得注意的是，当中华世界的“心性命理”和“实学事功”这两种学说同时漂洋过海并驻足日本后，曾引起过日本官、学各界的高度重视，以至于江户时代中后期，这两种对立的学说还被日本人放置到解剖台上，或条分缕析，或入室操戈，在日本学界上演了一场不为中国所知的学术论战。有学者甚至认为，这场历时一个多世纪的思想缠斗及实学派的最终胜出，还为日本的早期近代化，奠定了本土的思想基础。

二、江户时代日本学界的“以礼制心”说及其盲点

形成于中国南宋时期的朱子学，在镰仓中叶即开始了东传日本的过程。这一过程略显漫长，直到江户时代（1603—1867）初期，日本学界才对朱子学有了体系性的认识和把握。然而，朱子学几乎在被“京学派”树立起来的同时，即招来了许多学者的批判，而且随着时间的推移，这种批判还日趋猛烈，致使朱子学在日本学界日渐式微和“古学派”“国学派”乃至“启蒙学派”的先后崛起。

日本人所理解的朱子学，一般被呈显为以下概念结构：

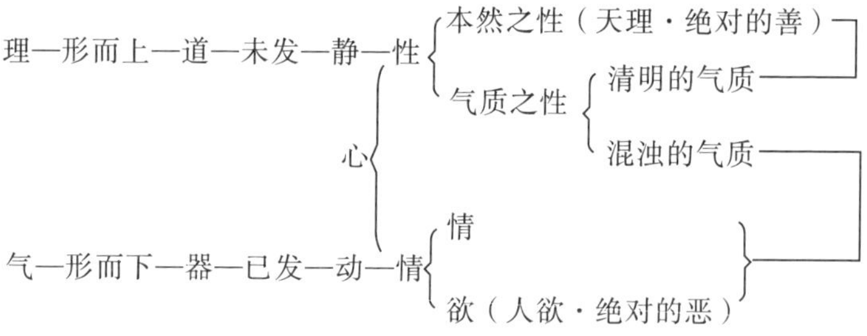

在这个图示中，朱子学俨然被铺展于一系列对立项中。这对于充满实务诉求和昂扬向上气氛的江户日本而言，无疑十分重要。然而，在中国被朱子学斥为“气”的大部分选项，恰恰是日本社会所亟需者。于是，在这一特定的时空背景下，日本学界对朱子学的怀疑甚至批判，便通过易于被日本各界所接受的方式，次第展开。贝原益轩（1630—1714），是日本江户时代初期的儒学家和平民教育家。他早年笃信并专讲朱子学，可晚年却对朱熹的学说产生了怀疑，认为天地之间都是一气，理气决是一物，无先后，无离合。在这样的基本判断下，他采用两端观照的方法，对朱子学提出质疑：一是用孔孟证伪，二是以佛老归谬。尽管如此，贝原对朱子学仍停留在褒贬两难的怀疑水准上，而

并无颠覆之意。可到了“古学派”，特别是古学派集大成者徂徕学派阶段，日本学界对朱子学乃至思孟学派的看法，开始发生质变：“一日凤冈过柳泽侯，侯使徂徕伴接。凤冈谓曰：‘闻汝近倡异说以驳程朱。驳程朱犹恕之，然其驳程朱者，乃驳思孟之渐也。至驳思孟则吾决不少假之。’徂徕顿首拜谢。”实际上，“驳程朱”这一步的迈出，在当时的日本思想界，已殊属不易。按照松宫观山的说法，在当时，“圣门之学，无非论心者也”。这意味着，对朱子学的宣战，势必要直面“心性论”者的普遍不满和围攻。

徂徕学又称“古文辞学”，是日本近世中期以批判程朱理学和思孟心学为特征的学术思想体系。该学派创始人荻生徂徕（1666—1728），长期致力于将形而上理想还原为形而下实践的实学转换工作，并将这一工作展开于从“人性论”到“人情论”、从“仁论”到“礼论”、从“天论”到“人论”等一系列转变过程中。其中，从内在自律的“仁论”到外在他律的“礼论”之转变，集中体现了江户时代日本思想界对“心性论”的反思主旨。徂徕反对那些“信仰朱子学，以理学为筋脉，专行心上诠议”的儒者，在处理弃母逃生案时，曾果断地把罪责判给了弃母者所在地的地方官员；而处理“赤穗四十六义士”案件的原则是：“义者洁己之道，法者天下之规矩也。以礼制心，以义制事。……若以私论害公论，则此后天下之法无以立。”

如前所述，“以义制事，以礼制心”的人事对待原则，出自《尚书·商书》的《仲虺之诰》篇。荀子对《中岿之言》（即《仲虺之诰》）的研究意味着，荀学摒弃内在“心治”而大倡外在“礼治”的学术主张，承继了包括孔子在内的先王先哲对充满不确定性之“心”的怀疑主义态度。实际上，孟子从“心”中去寻找天然善的“性善论”和人生最大课业乃“求其放心而已矣”（《孟子·告子上》）的知行构图，已明显遇到了人的善行究竟是先天属性（仁爱）还是后天习得（礼乐）这一重大理论问题，它与荀子及其“性恶论”之间发生争执，原属正常；而荀子能明确提出“人之性恶，其善者伪（人为）也”之命题，是因为在他看来，孟子的天然“性善”说几乎无法用内心来证实，却可以被外物去证伪。（《荀子・性恶》）荻生徂徕在“回到先秦”“回到诸子”的学术道路中，显然遇到了同样的问题；而他对荀子学说的追随甚至笃信，则凝结于其早期作品《读荀子》（1706）一书中。《读荀子》这部给徂徕学赋予了基础理论框架并规定其逻辑走向的重要著作，历来被日本学界视为徂徕学的“祖型”。然而值得注意的是，由于“性善论”和“性恶论”均将人的善、恶属性归诸先天固有，加上两者都极力排斥不待“思虑”或思虑发生前人的基本欲求和欲望——“人情”，因此，徂徕对于其理论“祖型”的荀学，往往只取“礼乐”而不取“性恶”，在提倡外在规约的同时，则补之以韩非子“凡治天下，必因人情”（《韩非子・八经》）的“人情论”。其内在逻辑可以被表述为：“大抵心、情之分，以其所思虑者为心，以不涉思虑者为情”，“故心能有所矫饰，而情莫有所矫饰”。由于“人者，人情也”，而“人情”又每每表现为“人欲”，所以，“人欲”之不可去，犹“人情”之不可无：“人欲者，人之所必有而不可去者也。程、朱乃言‘人欲净尽，天理流行’，岂不妄哉！”唯此，理想的政治，就应该是“道”合乎“人情”而不是相反，即：“至道固不悖人情，人情岂必皆合道哉！”他明言，指望那颗难以把握的“心”从内部来控制人的不易把握的外在行为，无异于痴人说梦：“善恶皆以心言之者也。孟子曰：生于心而害于政。岂不至理乎？然心无形也，不可得而制之矣。故先王之道，以礼制心。外乎礼而语治心之道，皆私智妄作也。何也？治之者心也，所治者心也。以我心治我心，譬如狂者自治其狂焉，安能治之？故后世治心之说，皆不知道者也。理无形，故无准。”又说：“夫斟酌者何？求合人情也。传曰：非从天降也，非从地出也，人情而已矣。则圣人之制礼，本于人情矣。故今行礼而求合人情，可谓弗悖矣。”徂徕自觉对古今人情的认识是清醒的，对韩非所谓人“皆挟自为心也”的命题，亦有着深刻的觉解。“以利害为心者，凡人之情也”“或曰名利得失，毫不动心，皆不知道者之言也已”等言说，为我们理解徂徕何以会反对以朱子学为代表的宋儒，提供了便利：第一，宋儒将“仁”内在化为“爱之理”“心之德”；第二，宋儒“以仁为性”；

第三，宋儒以“性”来变化“气质”；第四，宋儒于“心”上求“仁人”；第五，宋儒以“修身”为“仁”之本。他慨叹那些泥守于“内圣外王”的儒者，以为一个简单的自我教化——“修身”，就可以平步“治国安邦”的政治领域：“（后儒）谓天下国家举而措之。是以其解仁，或以天理，或以爱，专归重于内，而止于成己，岂不悲乎！”他的话，显然还会伤及那些自视清高的心性学者：“无用之心法诠议、理非之争等，可谓无用之学也！”

顺着这一逻辑，徂徕弟子太宰春台（1680—1747）的措辞，似尤显激烈。他先是回到人事治理规则的原点，将“《仲虺之诰》所谓‘以义制事，以礼制心’”奉为圭臬，继而请出孔子，以强调圣人何以“不教人治心”的道理：“孔子曰：‘操则存，舍则亡。出入无时，莫知其乡，其心之谓与？’孔子之说心，唯此一语，他不经见。亦可以见先王之道，不务治心也。孔子特语心之去无定处尔。夫人心者，善动之物也。……圣人明知心之不可治，故不教人治心也。然则圣人果弗治心乎？曰：圣人未始不治心，而不必治耳！”他对“心性论”的来源是清楚的，唯此亦十分欣赏荀子的说法：“中庸所云之重诚字说，子思以前未有也。荀子诽子思，即以此义也。‘子思者’毕竟后世心学之鼻祖也，故不可谓荀子无见地也。”在他看来，那些大讲“习得心性之学即可垂拱而治”者，其实他们首先便无法做到：“其心虽思圣人之道，而其实则难去私癖”，其终则“皆违心者审矣”。他发现，人的实情，即便人中君子亦未尝可以违拗。君子与常人的不同，只在于他可以通过外在的礼数来管控自己的行为，而不至于信马由缰：“圣人之道也，外见妇女，心思之美女也。虽悦其色，而身无非礼之举者，即为守礼之君子也。‘以礼制心’云者，是之谓也。所谓治心，谓其心之欲，不可随意放任而遂之之谓也。”为此，春台还特举《左传》中“宋华父督见孔父之妻于路”的故事，以为论证之典据。

春台所捕捉到的，或许应该被理解为“心”的单纯本质，即：“心”作为“活物”，不过是对生命本身的自然反应而已。“见其美而告人曰不美则诈也已”“君子小人皆趋利避害”这一人之“好色贪利”

之欲，在春台看来，应该是人心的真实。通过对变动不居之“心”的“生物学”特征（“活物”）和“见色生情”“见利生欲”之“心”的“生理学”特质（“利物”）合而观之，春台仿佛极大地接近了人心的本来状态和单纯本质。在“活物”之“人心”的比照下，宋儒的“性理之心”就自然变成了“死物”。在这些“事实”面前，不解人情者而反欲治国平天下，又如之何而可能呢？然而，当对外部规矩的重视被臻于极致，太宰春台的表述，亦开始走向极端：“圣人之教，首重衣服，休问内心如何。但先着君子之服，习君子容仪。其次，教君子言语。如是久之，则渐成君子之德矣。德者，非别物也，衣服、容仪、言语之所凝者也。此义可见诸《礼记·表记》。圣人之教，由外入内。惟纯粹圆熟，方可表里一致。”细心者不难发现，在剔除了“仁”和与“仁”有关的部分之“礼”后，太宰春台的正当性中，不过只剩下了“仪”而已。这至少带来了两个方面的新问题：首先，就日本文化而言，其过于务实的生活态度和思想倾向果真能解决人心问题吗？如果能，大量的自绝自杀现象和全无人性的对外屠戮行为该如何得到解释？如果不能，何以中国史籍当中会有“海东之国未有贤于日本者”（《明太宗实录》卷五〇“永乐四年春正月己酉”）等溢美之词？其次，对中国文化来说，传统的“心性”理论若果真如此不堪，它的作用发挥何以会历时千载而不衰？是什么样的因素能够给“心”赋予如此强韧的力量？可反过来说，既然君子的成就离不开“修心养性”，那为什么在中国历史上会产生那么多的空论家甚至伪君子？这意味着，中日学界的“制心”否定论，恐怕与“心性”问题曾经遭遇过的简单化处理有关，而这种处理，还普遍造成了东亚学界在相关认识上的盲点。

三、 盲点的发生逻辑与内外守恒

“心性论”的盲点，应发生于对问题原点的偏执性剪裁。如前所述，孟子出于自律原则对“心性论”的“天然善”定位，无疑会招致荀子他律指向下的“天然恶”拮抗。但是，心性的善、恶标准，就原理而言，乃型塑于社会的伦理价值、政治价值、历史价值以及人类长期进化而来的灵长类基因，而非任何人之想当然。在这个基本判断下我们发现，后学对孟、荀思想的极端性理解，其实已把他们的思想切割成了截然对立的单向度体系，致使两者的很多客观性表述，因无法纳入“全立场”的观察视野反而被排除于孟、荀本人的思想体系之外。然而事实是，即使是特别强调“性善论”的孟子或“性恶论”的荀子，似乎都未尝从以上基本判断中真正走失。

孟子曾明确讲过“仁义礼智，非由外铄我也，我固有之也”，但他同时还说：“君子所以异于人者，以其存心也。君子以仁存心，以礼存心。”问题是，既然仁义礼智“非由外铄我也，我固有之也”，那又何必要求“君子”们再去走一道将仁和礼内化于心的内置程序呢？笔者以为，这恰恰意味着，仁义礼智伊始并不是、至少还没有升华为内在的心性道德，而只是外在于人心的社会伦理规则；同时也意味着，孟子本身并非不知道仁义礼智本发乎外的道理，只不过是把重点措置于“存心”后的心性提升和道德强化工作而已。其所谓“仁，人心也；义，人路也”（《孟子·告子上》）等说法，已形象地交代了这一点；而“义，人路也”中的“义”，在《礼记·丧服四制》中则不仅不在“心内”，甚至还被排除于“门内”，被定位为纯粹的外在规则和人事管理准绳：“门内之治恩揜义；门外之治义断恩。”

与此相似，偏执于外在礼乐的荀子，也并非对“心”的现象及其功能作用全无觉解。不仅如此，当人们看到其相关文字时还会惊异地发现，他对“心”的理解程度其实并不比孟子差。荀子描述过人每逢心不在焉或失魂落魄时四体五官的“麻木不仁”反应。（《荀子·正名》）他发现，人的知行活动应该展开于“入乎耳，着乎心，布乎四体，形乎动静”（《荀子·劝学》）之过程。这意味着，“心”才是主宰人一切的枢机，且具有难以为外物所动的自主能力。（《荀子·天论》《荀子·正名》）他甚至认为，只有虚静的“心”，才是“道”的感知器。（《荀子·解蔽》）荀子的“化性起伪”（《荀子·性恶》）说虽表现出鲜明的“木受绳则直，金就砺则利”（《荀子·劝学》）的他律道

德倾向，但在仁义等外在价值应内化于心并努力坚守之的程序和态度问题上，荀子的看法与思孟之间似未尝有异。（《荀子·不苟》）

那么，该如何解释以上现象呢？笔者以为，这些矛盾当发生于东周时代的“礼废乐坏”以及知识界为保存周礼而发起的“藏礼于仁”却又不甘于“藏礼于仁”的思想运动。孔子无疑是这场运动的最早发起者，（《论语》的《学而》《八佾》《颜渊》《阳货》等篇）甚至连“亲亲→尊尊”这一周制根本，也被完好地保存到“仁”的范畴中来。（《论语·学而》）“礼”虽然内在化为“仁”，但“礼”的基本原则并未被改变，而且孔子把“礼”内藏于“仁”的目的，是指望日后机会降临时再将“礼”外在化，来复制周代的礼乐制度。（《论语·卫灵公》）然而时至战国，“礼废乐坏”程度日深，由“言必称利”和“杀人盈城”现象所造成的政治无力感加上道家超然物外的形上论压迫，逼使孟子只能去全力捍卫“心”这个唯一可以内藏和保存西周礼乐制度的精神载体，并以为只有把孔子的“仁”和老子的“性”璧合为人与生俱来且不容置疑的“善本体”，才能为仁义礼智“四端”固存于“心”的“性善论”，赋予绝对的属性。但是，孟子的不甘，亦同时表现为其谈“心性”亦谈“井田”、言“恒心”亦言“恒产”等外在实践冲动上。孟子把“复礼”大任悉数寄托给一个纯粹的精神群体——“士”，并不意味着他不懂“恒产”与“恒心”的因果关系——“民之为道也，有恒产者有恒心，无恒产者无恒心。苟无恒心，放辟邪侈，无不为已”（《孟子·滕文公上》），而只是表明其无力回天时的不得已选择：“无恒产而有恒心者，惟士为能。”（《孟子·梁惠王上》）按，孟子约生活于公元前372—公元前289年之间，他出生五十九年后，荀子诞生（约公元前313—公元前238年）。孟、荀虽有近二十四年的生命交叉期，但从荀子在稷下学宫“三为祭酒最为老师”时已五十几岁（《史记·孟子荀卿列传》）等情形看，荀子的名噪士林阶段距离孟子的学术成熟期在绝对时间上已晚了半个多世纪，且荀子卒世的公元前238年，去秦国发动大规模统一战争的公元前230年，也只剩下八年时间。以上推算的意义在于，与孟子出于对时势的绝望而不得不寄望于理想王国的理论指向不同，荀子已经明显看到了天下大势，并断定那将是一个外在政治力学要发挥主导和决定作用的礼乐刑政时代。所以，他尽管充分注意到“心”在人的自我控制中所具有的特别意义，但在如此动荡的年代和政治大势面前，其作用的发挥却只能越发式微甚至于事无补。这恐怕也是荀子何以最终将自己的精力全部倾注于外在政治的原因所在。侯外庐指出：“一般说来，荀子的礼的思想，源于儒家的孔子，然而他的天道观和所处的时代不同于孔子，因而他的《礼论》，也就变成了由礼到法的桥梁。……这一段话（指《礼论》的开篇部分——引者注）所说的虽是礼的起源，但他所注视的却是法——‘物’的‘度量分界’。如果把引文中的‘礼’字换成‘法’字，不就成为法的起源论了吗？”荀子之所以能成为韩非的老师，并且韩非对“心治”的高调排斥和“不务德而务法”等大声疾呼，与上述时代走势显然无法切离。当然，法家的显学化，也终于使这一他律强化理论被推向极端。值得注意的是，韩非（约公元前280—公元前233年）死后第三年，秦始皇便开始了吞并六国的统一战争；而无论人们怎样强调秦朝的短命与韩非等法家无关，秦始皇对韩非理论的激赏，却是难以被抹去的事实。

然而，当我们把眼光转向日本时，黑住真教授的一个观察，可以为研究者开启别样的视角，即：“与岛国的地理位置有关，日本与中国大陆、朝鲜半岛间的‘距离’使得以儒教为核心的思想不必保持‘原产国’的历史过程和体系，也不必讲求先后顺序而一并涌入……也就是说，日本社会对儒教进行了比较自由的调整……这样一来，儒教中所包含的宗教权威和士大夫观念道德秩序等性质被削弱，而探求的重点转移到了实用知识、伦理、政治等技法性方面。”这意味着，日本学界在运用中华思想来思考和解决本国问题时，一般不会考虑那些思想的发生背景、流变规律甚至矛盾现象，而更多只根据自身的社会需要和精神诉求来导入并剪裁对方的理论体系，哪怕其思想和行动每每会走向偏颇甚至极端。为了强调他律的重要性并由此而凸显儒门自律道德之弊端，荻生徂徕的言论不但被指摘为“驳程朱者，乃驳思孟之渐也”，甚至为找到“心性论”的“始作俑者”，竟不惜逆溯孔子，试图从根源上否定儒学的政治价值。顺着这一思路，徂徕的再传弟子海保青陵（1755—1817）甚至公开否定了其祖师亦未敢小觑的中华“先王之道”：“先王之礼乐刑政，美则美矣，而于今无用。不啻闲余之谈，童子玩具也！”他甚至认为，被儒家称为“霸道”者，才是真“王道”，而儒者所谓“乱世”，才是真正的“治世”！然而，青陵的发言，在日本或许然，在中国却未必然。司马谈的《论六家要旨》，称法家“可行一时之计而不可长用也”；贾谊在《过秦论》中也讲到，秦朝的速兴速灭，是因为“仁义不施，而攻守之势异也”。青陵显然更不了解汉初对秦政的纠偏行动曾一度步入到另一个极端——董仲舒“《春秋》断狱”理论下的“原心定罪”法（《汉书·哀帝纪》）和酷吏张汤竟由此而恶意生成的“腹诽之法”（《史记·平准书》）。这种认识反差的形成，表明日本学界其实并不真的了解中华思想的变动背景和具体过程，当然，对于该思想可以企及的高度和深度，也就缺乏必要的理解。就是说，他们把对方并非简单的思考简单化了。

首先，日本学界对中国思想之所以发生的事实背景，还缺乏必要的了解。他们无法感受孟子大倡“心性论”的原因乃起自对“猛于虎”之现实“苛政”的绝地反抗，也并不了解朱熹终极思考的“理一元论”实发生于北宋王安石变法的失败和南宋偏安的金瓯有缺现实，更无法理解王阳明在明廷政治发生严重危机时何以会如此强调“心学”。

其次，在思想的高度和深度上，日本学界的思考还存在着巨大的提升空间。带着日本的感觉，丸山真男笔下的朱子学及其普遍联系思维每每颇显不堪。朱熹的确说过“天下无无理之气，亦无无气之理”，但当理和气需要二者择一时，朱子学理论体系中却“惟余理而不见气”。用朱熹自己的话说就是：“未有天地之先，毕竟是先有此理”，“万一山河大地都陷了，毕竟理却只在这里”。这其实已呈现出理学的终极属性：既找到了与老庄“先天先地”之“道”的结合点，也仿佛在超时空的“理”世界中实现了“道”与“心”“性”“天”“理”间的一体圆融。尽管这种极致性表达无法证明其与《论语》“性与天道”论之间的同质关系，也尽管孔子从来就没有对此做过任何阐释，但是，迄今的哲学科学和全部知识体系，却无法对朱熹的表述进行辩难和证伪。一个必须承认的事实是，朱熹发现了人类法则乃至天地标准的有限性和宇宙规律的无限性这一重大理论问题，借用冯友兰的话说，他其实发现了“高于道德价值的价值”，即“超道德价值”。日本学界对理学的批判，尽管很符合日本社会的发展需求，但也有诚实如丸山真男者的坦率和直言，即：“观念论”，是日本思想传统中的一大弱项。它使日本人对有关规范的理想和作为历史的创造者与计划者之超越神等能够脱离时间制约的绝对者的构想，表现出一定的能力欠缺。这使得日本人的政治行动缺乏规范性制约，在政治手段的使用上，亦显得比较“自由”。于是，反道德和奇袭、谋略等行为受到称赞，而战略上的思考和长远目标的设定能力，却颇显薄弱。然而，在缺失普遍主义观念论的日本人身上，倒也凸显出其他民族，特别是在中国人身上所少有的特点，即脱离观念论的实证主义，以现实为中心的进步观，传统习惯对进化论的开门延纳，以及对空想和理想主义的不自觉排斥等。由于观念论和形而上学对于时间的所谓自由构成和操作观念，即站在时间之外来操作时间，进而干预历史本身的主体观念，在不长于如此思考的日本人身上不易产生，因此，历史认识过程中带有附加和随意色彩的主观主义和价值判断，便很少出现在日本的史书当中。

再次，用物理手段去诠释心理活动，因不甚了解唯此亦难以理解在长期而发达的成熟文明下累积而成的人性基因和自律能力，遂只能使结论的适用范围变得逼仄和狭窄。受韩非子“目不见睫”言说的影响，海保青陵试图通过“我观我”的方式，对人在外物刺激下的“心理反应”进行“物理实验”。其实验程序是：先对着镜子去“我观我”，继而发现“我为物”，从而最终证明芸芸众生“皆利我”。他想说明，只有两个“我”互相面对时，才能真正弄清“我”的本来面目；而了解了自己的实际状态，也就认清了他人的真面目。可这种“胜己之法”的推演，说到底，无非是对“以心制心”原理颇显笨拙的再证明。所动用的手法虽不乏意义，但苦思焦虑的结果却无法真正解决“心”问题本身：（1）一旦将内在自律问题假设为外在物理程序，那么，问题的前提和出发点便被人为地取消了，这意味着，假设最终也只能是假设；（2）当该方法中的“自控”理想一旦遇到“人情”，“心”的存在方式之一“我”和“心”的另一种存在方式“物”的相互调控功能，就会瞬间失效。这种无法做到真正等量齐观的物我关系，最后竟被他本人说破，即：“凡人之性爱己者也”，“凡人之情，视外物重于吾身者，未尝有也”。

位处中日之间的朝鲜学界，在“心性论”问题上曾贡献过与其地理位置相仿佛的中间值。哪怕已有显著实学倾向者如李氏朝鲜王朝后期学者丁若镛（号茶山，1762—1836），也能在中国朱子学和日本古学派思想的交汇处，提出他相对客观的言说。河宇凤的研究显示，丁茶山固然对朱子学的某些思想不甚赞同，但不像古学派那样持极端性反对意见，而是有理有节；古学派认为百姓不存在内在性故而主张行愚民政策，但丁茶山却把民众视为具有主体自律性的存在。小岛康敬亦指出，丁茶山并没有像荻生徂徕和太宰春台一样，明确提出“以心制心”断不可行之类的命题。就是说，茶山在关于人的心性自律或自我统御能力问题上，并没有选取徂徕和春台的极端式路线，这与他所谓“性者人心之嗜好”这一定义有关。但他同时强调，“性”虽然可表现出人心的某种喜好倾向，但这并不意味着人心中原本就存在着先天而内在的价值根源。从这个意义上讲，茶山并不认为“仁义礼智”是先天驻足于人心中的内在之德（心之玄理），而是附着于道德实践结果上的思想概念。值得注意的是，丁茶山在人能否实行自我管束的问题上，曾不止一次地动用“天”或“神”的惩戒功能，即所谓“以天制心”：“古人实心事天，实心事神。一动一静一念之萌，或诚或伪或善或恶，戒之曰日监在兹，故其戒慎恐惧，慎独之切真切笃，实以达天德。”然而，在老庄荀韩乃至程朱陆王的思想体系中，“天”或“神”已更多被“道”“理”“心”“性”所取代；而在日本实学如徂徕学派的思考当中，“天”则至多被处理为与荀子相似的“不可知”的存在。

哲学史上，“认识你自己”和“我思故我在”等命题，好像均来自西方人的发明。然而，当我们把眼光移向中国古典时会发现，被提取于“轴心期”核心时段的老子及其“道法自然”原理，其实早就展示过东方哲学的古老智慧并赢得了雅斯贝尔斯的礼赞和尊重。人们之所以无法找到“自我作则”和“以心制心”原理中类似于数学定理式的推导和证明，大概只能说明“人之所以为人”这一发育于五千年中华文明史的人类基因及其表现形式——“自控力”，曾经升华为该族属可以意会而不必言传的下意识反应。值得注意的是，现代神经学科的科学实验，已通过思想黑箱的功能外现而逐渐捕捉到往古只停留于感觉层面的心性特征和规律，尽管其研究的对象是人脑而不是人心，也尽管其过于数据化的定量分析有时反而使分析本身遭遇到无法被精确化的科学主义屏障。

能否做到“以心制心”，是说人类自我意志当中的“正能量”部分能否有效地克服和战胜其“负能量”部分，抑或如何才能求取两种能量间的合理性平衡。美国心理学家凯利·麦格尼格尔（Kelly McGonigal）把能够掌控该平衡的行为主体锁定为“意志力”（willpower instinct）；而“所谓意志力，就是控制自己的注意力、情绪和欲望的能力”，“‘自我意识’能帮你克服困难，实现最重要的目标”。重要的是，“意志力是种生理本能，它和压力一样，通过不断进化来保护我们不受自身伤害”。这种已被上升到人的“生理本能”高度的意志力，按照科学家的说法，乃得益于远古时期人类的生存所需及其大脑的进化。但是，人脑究竟是怎么进化而来的呢？麦格尼格尔给出的答案是：“我们的前额皮质进化了。”斯坦福大学神经生物学家罗伯特·萨博斯基（Robert Sapolsky）的实验结果显示，现代人大脑里前额皮质的主要作用是让人选择做“更难的事”。其中，前额皮质被分成三个区域，分管“我要做”“我不要”和“我想要”三种力量。这意味着，一个看似完整统一的大脑，其实分布着控制人的各类思考和行动的若干指挥中枢，其亦如一位神经学家所指出的那样，“我们只有一个大脑，但我们有两个想法。或者说，我们的脑袋里有两个自我，一个自我任意妄为、及时行乐，另一个自我则克服冲动、深谋远虑，我们总是在两者之间摇摆不定”。值得注意的是，当人们看到“意志力不但区分了人和动物，也区分了每一个人”之类的结论时，便很容易会想起先秦诸子用以区划人与动物畛域的“人兽之辨”理论和甄别人与人之间质量高下的“君子小人”标准。而下面所能呈现的两者关系无疑更加有趣：“神经学家发现，如果你经常让大脑冥想，它不仅会变得擅长冥想，还会提升你的自控力，提升你集中注意力、管理压力、克服冲动和认识自我的能力。一段时间之后，你的大脑就会变成调试良好的意志力机器。在你的前额皮质和影响自我意识的区域里，大脑灰质都会增多”；又，“科学研究发现，自控力不仅和心理有关，更和生理有关。只有在大脑和身体同时作用的瞬间，你才有力量克服冲动。研究人员逐渐认识到……当你最需要意志力的时候，你能够学会将自己的生理机能调整到这种状态。这样，当你再面临诱惑的时候，自控力就成了你的本能反应”。由于这些表述几乎就是对庄子“息之以踵”、孟子“不动心”、中土佛教“参禅冥想”和宋明理学“守静持敬”等一系列思维训练活动及其自控理论的注脚，因此，李翱略显极端的“心性”独立倡言，或可在新的语境中获得某种早熟意义。重要的是，“以心制心”的科学意义，事实上还更多体现在以下近乎功利的表述中，即：“人类大脑里不是只有一个自我，而是有很多不同的自我在相互竞争，争夺控制权。这里面有想获得即时满足的自我，有铭记远大目标的自我，有现在的自我，也有未来的自我。”

这意味着，人，也只有人，才是更看重“远大目标”和“未来自我”的存在。唯此，通过社会评估给自身定位并谋求其社会价值的实现，已成为长期进化下人的基因反应。当然，这种已升华为人性基因的评估标准，首先一定是“人之所以为人”，然后才是人之所以为“好人”、为“君子”、为“圣人”。孟子“人之所以异于禽兽者几稀”和荀子“始乎为士终乎为圣人”的提倡，都不失为那个时代对以上两种属性的评价尺度或评估标准。麦格尼格尔的科学逻辑显示：“在考虑如何做出选择时，我们经常想象自己是别人评估的对象。研究发现，这为人们自控提供了强大的精神支持。预想自己实现目标后会非常自豪的人，更有可能坚持到底并获得成功，预想自己的行为会受到谴责也很有效。”然而，尤其重要的是，“自控受到社会认同的影响，这使得意志力和诱惑都具有传染性”；而这种“认同”和“传染性”，在几千年的原生文明区域与模仿有余、重表轻里的次生文明之间，其实已形成了巨大的文化基因落差；而模仿所带来的一时性外在发达，还足以使“科学主义”的实验效应在后者身上功能锐减。

但是，孟子对“体有贵贱”之所谓轻贱部分的过分贬抑，却显示出他价值判断上的情绪化和极端。这解释不了为什么老庄最终会不要伦常，以及荀韩又何以要轻内重外甚至弃内保外的真实逻辑——它体现了现实生活在走投无路时社会控制模式的无奈转移。重要的是，如果寻不准“以心制心”和“以礼制心”之间的平衡点，换言之，如果过分强调“以心制心”或“以礼制心”，那么，等待这两种极端性意识形态的，便都是社会政治的倾斜式崩塌。就是说，“‘道德许可’最糟糕的部分并不是它可疑的逻辑，而是它会诱使我们做出背离自己最大利益的事”，因为“如果没有了欲望，人们就会变得沮丧；如果没有了恐惧，人们就没法保护自己，远离伤害。在意志力挑战中获胜的关键，在于学会利用原始本能，而不是反抗这些本能”。这个说法，体现了不易撼动的事实：“为了让我们的头脑远离有害的思想和感受，我们努力去摆脱它们，但往往事倍功半。相反，如果我们想要获得心灵的平静和足够的自控力，我们就需要认识到，控制自己的思想是件不可能的事。我们能做的就是，选择让自己相信什么，选择自己要做什么。”这意味着，麦格尼格尔接下来的说法，还不失为对人类行为的忠告：“在追求自控的过程中，我们不应该把所有的意志力挑战都放在道德标准的框架中。我们总是轻易地认为，自己做过的善行，或是仅仅考虑要去做的善行，给了我们道德上的许可。如果只按照‘正确’和

‘错误’来判断做过的事，而不是牢记我们真正想要的东西，就会带来与目标相抵触的冲动，并允许我们做出妨碍自己的行为。想要做到始终如一，我们就需要认同目标本身，而不是我们做善事时的光环。”“度”，在他的思考中显然被赋予了更根本的意义；而“大同”目标下凝结而成的五千年中华古老智慧——“允执厥中”，即便在今天，亦同样不乏可矫正内外极端取向的价值守恒意义。

（发表于《哲学研究》2016年第10期）

参考文献：

王阳明：《传习录》上、下，载《王阳明全集》上册，上海古籍出版社，1992。

梁漱溟：《人心与人生》，学林出版社，1984。

李翱：《复性书》上、中、下，载《全唐文》卷637，中华书局，1983。

朱熹：《朱子语类》第1—5册，黎靖德、王星贤点校，中华书局，1994。

阮元校刻：《十三经注疏》上，中华书局，1980。

阎若璩：《尚书古文疏证》（上）卷二，上海古籍出版社，1987。

丸山真男：《日本政治思想史研究》，東京大学出版会，1952。

拙著：《日本近世新法家研究》，中华书局，2003。

貝原益軒：《大疑録》，載《日本思想大系34·貝原益軒·室鳩巣》，岩波書店，1970。

原念斎：《先哲叢談》，有朋堂書店，1928。

松宮観山《學論二編》，載國民精神文化研究所編《松宮観山集》第二卷，第一書房，1987。

小島康敬：《徂徠学と反徂徠》，ぺりかん社，1987。

荻生徂徠：《政談》《弁名》，載《日本思想大系36·荻生徂徠》，岩波書店，1973。

荻生徂徠：《荻生徂徠全集》第一卷，河出書房新社，1973。
太宰春臺：《聖學問答》《斥非附錄》，載《日本思想大系 37・徂徠學派》，岩波書店，1972。
侯外庐等：《中国思想通史》第 1 卷，人民出版社，1957。
黑住真：《近代化经验与东亚儒教：以日本为例》，《二十一世纪》，2004 年 12 月号。
海保青陵：《海保青陵全集》，蔵並省自編，八千代出版株式会社，1976。
余英时：《论载震与章学诚》，生活・读书・新知三联书店，2000。
余英时：《现代儒学论》，上海人民出版社，1998。
丸山真男：《丸山真男講義録》，東京大学出版会，1998。
冯友兰：《中国哲学简史》，北京大学出版社，1996。
拙稿：《诸子“人兽观”理论与学说分合》，《东北师大学报》1989 年第 6 期。
河宇鳳：《朝鮮実学者の見た日本》，ぺりかん社，2001。
小島康敬：《18 世紀東アジア儒教思想史の中の徂徠学派と丁茶山—「以心制天」「以礼制心」「以天制心」—》，《アジア文化研究》2008 年第 34 号。
丁若镛：《中庸講義》卷一，載茶山学術文化財團編《增補與猶堂全書》二，景仁文化社，1987。
凯利・麦格尼格尔：《自控力》，王岑卉译，文化发展出版社，2013。
拙稿：《法家的发生逻辑与理解方法》，《哲学研究》2009 年第 12 期。

日本对“他者”的处理模式与“第一哲学”缺失

“the other”一词，最早出自黑格尔的《精神现象学》（汉译作“对方”），是指相对于“自我”（Self），并用以确证“自我”的哲学范畴。在这一对置性构图中，自、他之间，是一种冲突对立关系，而且从一开始，两者就具有不可调和性。萨特的《存在与虚无》（“the other”汉译作“他人”），无疑在思辨的意义上精致地顺延并发展了这一说法，而且两者间还有一个更大的共同点，即：“他者”是手段而不是目的，“他者”往往自己显现为无本质。这就从本源上决定了“自我”对待“他者”的态度是冲突而不是对话。

曾几何时，“the other”被日本人译作“他者”（たしゃ，罗马音记作 tashya）并且还成为日本学界高频率使用的概念之一。学者们喜欢把那些能够用来反衬日本自身特征的外来事物，特别是舶自他国的思想和文化，统统称为“他者”。但由于“日本的思想史，是对外来思想的受容、修正”和“摄取史”，而且，倘若剔除了那些与“自我”无法切离的“他者”，日本将会立刻遭遇到无法确证“自我”为何物这一最实际问题，因此，来自西方的“他者”概念，或许可以是日本确证自我的“手段”而非“目的”，却并不是与自我间不可调和的“冲突”者，更不是无法“对话”的敌人。这意味着，作为东方哲学之部分载体的日本思想文化，在不乏用以甄别自、他事务的“相对”标准之前提下，还形成过一个独特的自、他认知范式，即：自我是在“受容”“修正”和“摄取”他者的意愿下面对他者的，并且当自我在同时面对“复数”的他者时，那种通常只能“一对一”的所谓“相对”，就会演变成“一对多”甚至使“多”个他者同时被相对化的格局。如此罕见于其他文化的外来事物对待方式，亦即本文所要讨论的日本“对他者的相对化范式”。

一、接受并相对化“他者”的标准和前提

古代日本是神政国家。这一点，从卑弥呼与男弟、神功皇后与武内宿祢的宗教、世俗两分，一言以蔽之曰祭、政权力的分工及孰轻孰重上，体现得至为分明。这种习惯法，延至推古天皇与圣德太子时代，依然如此。圣德太子执政前，日本的国家意识形态是“神道”。产生于上层家族的政府成员，虽有着赖以立身的神信仰，但这种因部派不同而有所差异的信仰，却未必能有效地覆盖大和政权治下的各派信众，唯此，亦无法可靠地支撑旨在统领一切部派的政治制度。在对岸隋唐的无形压力下，这种情况和由此而引发的担忧，开始让日本的政治家陷入思考。他们想参考别国成功的政治经验，看一看别人是怎样处理这一棘手问题的。

于是，当日本人研究隋唐兴盛的原因时，发现支持中土社稷的要素中，除了当时最为先进的律令制度外，还有就是能够配合这一制度的佛教了。佛教伊始发源于印度，但经过大陆改造的佛教，至少有两点需要提及：一是具有护国镇守功能；二是从东晋佛师慧远开始，“三报论”就已经帮助政府初步解决了百姓在思想（意业）、言论（口业）和行动（身业）上的自省自律和自我安顿问题，即告诉他们，一切善恶报应尽为自身因果之体现，而与他人无关。佛教最终被引入日本，显然与作为世袭将军的物部家和世承神道仪轨的中臣家的争斗有关。前者的出身无疑使他们选择了务实，而后者的来历则预示了注定会发生殊死抵抗。这意味着，作为神道的“他者”，佛教能在公元587年正式统领日本的宗教世界，当取决于大和政权的务实主义本质。与物部

家合力将佛教推进为国教的圣德太子，曾“慷慨地给佛教机构捐献，使他的家族成为这个新宗教的主要施主”。正是在解决日本人信仰问题的同时，圣德太子主持的律令制引进事业，即通常所说的“大化改新”，亦得以初步完成。然而，如果人们只看到“佛教—律令制”这一简单的联系，并以为对上述“他者”的引进解释已足够圆满，那就有些天真了。事实是，圣德太子用来介绍和传播佛教的《宪法十七条》，有很多内容竟是充满“礼之用，和为贵”之类的中国儒学思想：“一曰，以和为贵，无忤为宗，人皆有党，亦少达者。是以或不顺君父，乍违于邻里，然上和下睦，谐于论事，则事理自通，何事不成”；“四曰，群卿百僚，以礼为本。其治民之本，要在乎礼。上不礼，而下非齐；下无礼，以必有罪。是以群臣有礼，位次不乱；百姓有礼，国家自治”云云。就是说，圣德太子其实已同时为日本的观念世界引进了两个“他者”：一个是始于印度、经过改造的宗教信仰，一个是出自中国本土的政治伦理。他是在务实并且未尝违背日本传统中祭、政两立的大原则下做这件事的。但同时，这两大新的“他者”，也在“复数”的引进中被分别相对化了。换句话说，无论是佛教还是儒学，经由圣德太子的相对化处理，两者中的任何一个单项，最终似均未能构成绝对的存在。而且，有些内容即便被引进，日本人的落实方法也与隋唐截然不同：前者是用宪法去贯彻宗教、道德，而后者是用宗教、道德来推行宗教、道德；前者是必须执行，后者则要在自觉。

但是，更重要的还在于圣德太子所心仪的佛教是否真的就取缔了日本的自我精神象征——神道。霍尔指出，“佛教并没有挤垮神道。就信仰和实践而言，佛教进入日本生活的层次和神道不同，它满足不同的精神需求，而没有削减旧的传统”，“我们以后还将看到，日本人进行过多次努力，想把这两个宗教糅合在一起，但神道始终是日本人民和他们社会制度及祖国的主要纽带”。这个“糅合”事实的推出时间，应该是日本的贞观元年（859）八月二十八日。这一天，高僧惠亮上表称：“皇觉导物，且实且权。大士垂迹，或王或神。故圣王治国，必赖神明之冥助，神道剪累，只凭调御之慧刃。伏惟，金轮陛下，乘六牙而降神迹，逮九岁而登九五。受佛付嘱，转大法轮。法门余庆，还在于今欤！可谓……护国利人之门，不可一废者也。”这便是所谓“本地垂迹”说的由来：本地，谓佛之本体；垂迹，为佛现身为神。神佛一体，之所以会成为相当一段时间内日本人的宗教生活常态，是因为人们能从中感受到“神佛习合”的好处，即：“天照大神 = 大日如来 = 卢舍那佛”的“神佛同体”思想、将诸神功能比为佛法护持的“护法善神”思想，以及诸神依托佛法以求烦恼解脱的“神祇实类观”等信仰体系，可以被有机地融接为一。然而毫无疑问，潜伏于这个常态之最底部的，仍然是日本文化的原教旨观念形态——神道。如果说，“且实且权”的“权”，曾要求圣德太子必须为日本导入佛教；那么，所谓“实”，也同时在提示后来的日本政要，对“他者”的引进决不可以消灭“自我”为代价。而且事实上，再强大的政治，最终也无法真正改变执拗的本土文化。这也是霍尔为什么会反复强调“在佛教进入日本的头几个世纪里，它对俗人生活没有什么影响”的原因。值得注意的是，当这种“执拗”进入德川时代后，特别当江户知识分子意识到佛教的世俗化已经危及幕藩政治，并且单凭神道又无法独自与之抗衡时，一个新的意识形态运动——“脱佛入儒”，遂告开始。

二、 相对化哲学与日本的选择性便利

1603 年，以德川家康取得将军称号为标志，幕府大体完成了日本的统一。由于这一统一比以往历届幕府都做得名副其实，而且胜利者们也几乎为此倾尽了全部心智和力量，所以，无论是将军还是大名，都把如何在理论上使新政权获取合法性说明和实际而有效的支持，看得比任何事情都更加重要。显然，政治上敢与当局分庭抗礼、经济上能与当局瓜分资源、精神上欲与当局争当领袖的佛教，不但不具备新政权的支持意义，反而容易造成潜在的威胁甚至颠覆隐患。这一点，家康似乎比任何人都更清楚。唯此，他对佛教所采取的一系列政策，是可以被理解的。实际上，继织田信长和丰臣秀吉之后，家康及其后

继者们继续不断地削减佛教的地产，致使宗教机构的土地在德川时代总共不超过60万石。在行政管理上，家康等还把宗教机构置于严密的控制之下。1615年颁发的规章（指《禁中及公家诸法度》和《诸宗寺院法度》等），为幕府直接干预宗教界提供了基础。这些规章限制皇家和僧侣的关系，使家庙和地方庙完全集中起来，并对僧侣的活动横加了许多硬性限制，以至于到1635年，有关宗教设施的一切事宜，都被纳入到“寺社奉行”，即：寺庙和神社主管的统治之下了。当然，德川幕府在给佛教施以众多限制甚至打击之后，也曾给予它一定程度的扶持。但这种扶持显然有一个条件，即幕府对庙宇提供的资助，主要是为了百姓已习以为常的丧礼。

佛教的被排挤改变了很多知识人的走向，最常见的情况是为数众多的僧人开始还俗。其中有两个最著名的还俗者，一个是藤原惺窝（1561—1619），另一个是林罗山（1583—1657）。惺窝执意还俗，一方面缘于他人伦体验中一段刻骨铭心的记忆——因为出家者的身份，惺窝在父母辞世时竟无法于寺庙设祭；另一方面，除了政治家的需要与学者的迎合外，这种转向的背后还潜伏着学界对佛教已严重危及日本固有的神道所表现出的担忧。前者决定了他们的“脱佛”行动，而后者则规定了其“脱佛”后的选择。在《假名性理》中，惺窝的努力及其目的是显而易见的。他认为，“天照大神”以质素为宗而悯天下人民，幸赖神武天皇坚守“天照大神之掟”（指神旨），才使日本皇统累世不绝、荣显至今。且神道复可正人心，以哀悯万民博施慈悲为极意，亦以尧舜之道为极意。该道于中国称“儒道”，于日本称“神道”，名异而心同，云云。藤原惺窝显然给幕府特别是他的高足、日后成为幕府“大学头”前身的林罗山提供了一个推陈出新的理论装置，即：如果想把已危及日本本土意识形态及政治制度的佛教相对化并减弱其影响力，儒教的力量便大有借助的必要。进言之，导入所谓与日本神道“名异而心同”的儒教，除了能使佛教从此不再那么重要外，更可以“借力打力”和“借力增力”。前者志在“以儒剪佛”，后者要在“神儒习合”。可是，当人们已认为林罗山乃“纯粹的朱子学者”，并以为

“其言说全然不超出对朱子的忠实介绍范围”时，这位“大儒”对本土神道的强化工作，却悄然地进入了创造性转化阶段，即“理当心地神道”或曰“儒家神道”和“王道神道”的娩出。他排佛的动机是明确的：外来佛教毁坏了日本固有的神道教，而他又必须为恢复这本土的精神构造而尽力。正是这种使命感，才使他发现，佛教这个来自“西天”的宗教，已蜕变为不受欢迎的“他者”甚至敌对力量。可要把这个“他者”相对化甚至打掉，就必须要请来另一个“他者”——用以补强“神道”的新力量：“或问：神道与儒道如何别之？曰：自我观之，理一而已矣。……曰：日本神代纪书与周子太极图说相表里否？曰：我未知，呜呼，王道一变至于神道，神道一变至于道，道吾所谓儒道也，非所谓外道也。外道也者，佛道也”，“呜呼，神意人心本是一理。以器而言之，剑玺镜也；以道言之，勇信知也。玺、镜者，文也；剑者，武也。是日神之所以授皇孙而累世帝王禅继即位之时所以取则者，不在兹乎？若扩充之，虽尧舜禹之咨命亦何不追寻之乎？即是王道也，儒道也，圣贤之道也。易云：圣人以神道设教而天下服”。

这无疑是能够给儒教文化赋予崇高地位甚至可以给中国带来暖意的表达。可是，如果有人以为“神儒习合”是让“神”从属于“儒”，那就小看了日本神道的执拗力量。当江户知识界发现儒教在帮助神道完成了削弱佛教任务的过程中也同时显现出试图凌驾于神道之上的趋势时，另一位被视为比林罗山的朱子学“纯度”还要高的学者山崎暗斋（1618—1682），开始走向前台，其很快便提出的“神儒分离”主张，标志着神儒二道的“热恋”关系已逐渐步入冷却。一个人所共知的表述，突出了其“垂加神道”的排儒本质甚至是更加微妙的意涵：“（暗斋）尝问群弟子曰：‘方今彼邦，以孔子为大将，孟子为副将，率骑数万来攻我邦，则吾党学孔孟之道者，为之如何？’弟子咸不能答，曰：‘小子不知所为，愿闻其说。’曰：‘不幸若逢此厄，则吾党身被坚，手执锐，与之一战，擒孔孟以报国恩，此即孔孟之道也。’”其高足浅见䌹斋（1652—1711）还设想了如果“禀异国君命”的“孔子”“朱了”来攻打日本时他的出色表现，即：“我当首先冲锋陷阵，以铁炮击孔子、朱子之首”，并认为这才是真正的“君臣大义”。

至此，儒教这个“他者”显然也已经被相对化甚至还滑入了被解构的窘境。可是，即便“神道”已步入本居宣长（1730—1801）和平田笃胤（1776—1843）的“国学神道”阶段时，它仍然无法挣脱作为其最高哲学范畴的“他者”——来自于中华的“道”的笼罩。于是，一个新的、能够帮助日本解决这一困扰的“他者”遂应运而至，福泽谕吉（1834—1901）所导入的西方“他者”及一套全新的权威话语体系，开始把日本带入了所谓“近代”。可这个近代价值体系，似乎仍难以违拗地延伸着“绳魂弥才”“和魂汉才”及“和魂洋才”这一日本自古已然的自、他认知范式。

日本善于将“他者”相对化的习惯，给“自我”的对外选择和平衡感把握带来了便利，也带来了主动。早在中世时期，日本人就已经懂得如何通过将周边两大政治势力“外朝”（中国）和“身毒”（印度）相对化的方式以保持“本朝”（日本）与二者间平衡的方式方法。这种“一对多”甚至将“多”个他者同时相对化的安排，在地缘政治上可以形成稳定的三角或多边关系格局，对日本的国家安全十分有利。在前近代到近现代的演变过程中，日本还进一步了解到对“复数”外来事物的相对化处理给日本自身的发展所能带来的好处。幕府末期，日本存在着两大对立的学术思想派别：一个是汉学者流的保守思想派别，该派疾视泰西新说，目兰学为敌人；另一个则是在海外日新大势刺激下从锁国梦中逐渐惊醒的进步者流，诸如兰学、洋学等学派，不一而足。当有人为了抵制兵学家高岛秋帆（1798—1866）向西洋引进炮术而借用“和汉”智略和礼义时，有学者曾不乏智慧地指出：“和汉之智略”云者，究其实不过“空论”。纸上空言，不及实战结果，验之清军之败绩则尤然。且铁炮火器传于外国，儒道、佛道亦传于外国。若以实用言之，则同为外物，又何必厚此薄彼，画牢自限？苟利国家，当取舍随便是也。幕府虽最后同意让高岛组织人员试验，但幕府官员在向上级汇报时，却以高岛指挥队伍进退时使用荷兰语为由，百般污蔑之。对此，有学者乃再度反驳：若嫌忌异国言语，则唐土文字，岂非异国言语！且今日日本语中，举凡天竺、琉球、朝鲜、荷兰、南蛮、虾夷诸语均杂糅其间，仅以原生日本语汇与国人交流，又安可达意？故虽为异国言语，习染既久，则自成本国语矣。愚以为，唐音也好，兰语也罢，倘便于军士指挥，又孰往而非和语！这里特别值得关注的是，日本学者在反驳异议时所频频使用的“苟利国家，取舍随便”的问题认知方法和实务主义态度。这种方法和态度，其实已为日本学界和政界冲破幕府牢限并与世界接轨，提供了一种将复数“他者”相对化的哲学。这种哲学，既反映出日本混合文化的需求特质和灵活度，也铸成了日本对待世界的独特方式。然而，当日本忘记了自身所特有的哲学时，就会出现丰臣秀吉欲“拿下大明四百州并乘势袭取印度”的愚蠢想法和做法；可如果过分拘泥于这一哲学，也会造成相应的难堪——南部义筹（1840—1917）在鼓吹近代日本应废弃日语中的汉字时竟称：“汉、洋既俱属他国，何不可舍汉而从洋！”他和前岛密等一班人显然已经忘记，没了汉字，日本人可能要重新去“结绳记事”。

三、迎拒“他者”的利害导向与“第一哲学”的缺失

日本实用主义的“他者”哲学，无疑给自身的发展带去了不少便利和灵活，但同时也给日本文化穿上了一件色彩斑斓的“百衲衣”。以至于学术界已将其总结为“日本人的实用哲学”（practical knowledge of Japanese）。风行于德川时代中后期的“古学派”，特别是该学派之集大成者“徂徕学派”，曾经从上述实用方法中抽取出某种类似于实用理性的学说。在朱子学逐渐丧失了被利用价值并转化为不受欢迎的“他者”后，除了“垂加派”和“国学派”的反弹外，徂徕学派对中国思想的入室操戈给儒家造成的杀伤力，并不比前两者更小。荻生徂徕（1666—1728）称：“儒者处焉不能教育弟子以成其才，出焉不能陶铸国家以成其俗。所以不能免于有体无用之诮者，亦其所为道者有差故也。”他认为，儒者之所以大谈理想主义，是因为他们不解“人情好利”的本质：“以利害为心者，凡人之情也”，“大抵义利岂判然二物

哉？避害就利，凡人之心皆耳。凡人之心，即圣人之心也。义之至，利必随之”。这一学说，到了徂徕再传弟子海保青陵（1755—1817）阶段，则尤显极端：“先王之礼乐刑政，美则美矣，而于今无用。不啻闲余之谈，童子玩具也!”甚者，他还从《庄子·养生主》中读出了“皆利我”的命题，即：“人皆有利我之心。”我是人，因此，我本身就是一个“利己”的存在。而了解了自己的实际状态，也就认清了他人的真面目。他发现，人只做“自爱自利”的事，具言之，即“凡人之性爱己者也”“凡人之情，视外物重于吾身者，未尝有也。是人情也”。他对上述现象所做的理论升华，似尤其引人注意，即：“皆利我”之观念与行为，实际上是“理”本身的要求，所谓“合天理者，乃自爱之第一捷径也”，说的就是这一道理。

可是，当一切都以是否“有用”和“有利”为标准去观察和对待周边事物时，将可能会危及一个文化所应有的超越性价值。换言之，一个过分醉心于“实用主义”和“功利主义”的文化，“自我”恐将为“他者”所指挥并且最终也只能剩下“他者”。这种不知“役物而不役于物”的庸俗现象，曾一度爆发于近代日本的发轫期：“那些嫌恶自己过去和它的价值的人，鼓吹全盘接受外国的东西，他们说：‘日本必须再生，以美国为母，法国为父。’来源于当时盛行的社会达尔文主义的学说，建议日本人应该通过异族婚姻吸取高级的血液流入自己的血管。这种建议居然得到像井上和伊藤这样高层政治人物的短暂支持。日本语言的改良，甚至于作废，也被认为是‘进步’的需要。狂热地采用西方办法，使他们攻击日本过去的一切。日本的政府、艺术、文学、哲学都被认为是愚昧无知、野蛮文化的产物。对许多人来说，西方的做法成为不可抗拒的时尚。他们劲头十足地穿上西服，戴上西式帽子，留起头发，戴上手表，撑上伞，学着吃肉……”1890年，《教育敕语》虽暂时“把神道集权主义、儒教伦理思想和教育为国家服务的近代态度，熔于一炉”，可当掀起于“皇国神道”论的“大东亚战争”让日本明显感受到欧美世界的干预时，回到自身价值的所谓“近代超克论”，又迅速飙升为日本的主流话语。这种左右跳荡和略显无根的表演，表明日本的哲学出了问题，而且是“第一哲学”意义上的哲学出了问题。

“第一哲学”，又称“形而上学”。在亚里士多德看来，哲学的制高点是“作为存在的存在”，即普遍存在。能否把握住普遍存在，也就是能否把握那些“其自身就是属于作为存在的东西”。这就是本原和最初的原因，即所谓“四因”（物因、式因、动因、目的因）。当日本学者发现这一在某种程度上相当于道家之“道”和“一”的哲学并不存在于日本时，竭力提升“神道”的普遍价值并抽取其最高意义，便成为思想者们苦思焦虑的大问题。林罗山和山崎暗斋利用朱子学理论框架的“借腹生子”行动，记录了他们所付出的努力和艰辛；本居宣长完全脱却汉地哲学，并试图用三十余年时间从本国原典《古事记》中专求日本“神道”真髓的做法，也显示出非凡的使命感和责任担当意识。可是，当暗斋试图像朱子学提出的“理”那样给神道赋予某种“合理主义”的解释时，却在解释的途中出现了“拐点”。原本，“居敬”和“穷理”固不失为朱子学的精髓，但看似“祖述”朱子学的山崎暗斋在“敬”之前加上一个“无名”后，他的整个叙事便开始朝“非理性”方向脱缰狂奔：“夫敬之一字，乃儒学成始成终之工夫也，其由来也久远。自天地开始以来，代代之圣人传道统之心法，亦不过此敬矣。伏羲之时未有文字，虽无敬名云，亦既于乾坤二卦画上见敬之象，以示无名之敬。到尧而始有敬之名焉。”这段文字，是他解读朱熹《敬斋箴》的一部分。这个“无名”，既是“神道”神秘主义倾向与朱子学“合理主义”的原则不同之处，也使暗斋自鸣得意的“神道”升华离真正的“第一哲学”越来越远。子安宣邦认为，暗斋的所谓“自我”表达出口，正在于所谓“无名之敬”。正因为是“无名”，所以便给“敬”提供了超越“敬”之表象意义的解释上的自由度，于是，不但“意义”可以从中寻出，而且解释者还可以从“意义”的背后寻出“秘意”来。由于对“意义＝秘意”的解释权只能操持于“神道道统”的继承者亦即特权者手里，而“祖述”又无疑使暗斋拥有了这份特权，所以，暗斋的“秘意”解释便凸显了他解释对象的绝对性和神秘性，亦即“独自性”和“封闭性”。正唯如此，暗斋对“敬”的强调，才凸显了他自身的“主体性”，而主体性之核心的“心法”，其要妙则在于如何使解释者取得“心”的“主宰性”。当这一“主体性”或“主宰性”体现于日本时，便形成了所谓“日本人的主体性”，而暗斋所寻出的“日本人的主体性”亦刚好体现在日本“垂加神道”的“秘传”上。“无名之敬→秘意→秘传”系列，体现了暗斋对“敬”的解释的随意性；而这种随意的不可逆性，实存在于充满神秘主义的“神道”所固有的不可“理”喻本质。于是，“祖述”的对象与其说还是朱子学，不如说已成为味道纯正的“神道”了：“伊奘诺尊伊奘侧尊顺阴阳之理，正彝伦之始，嗣之天照大神，以三种神器治海内。夫神者天地之心，人者天地之神物，盖天人唯一，而其道之要，在土金之教而已。土即敬也，土与敬倭训相通，而天地之所以位，阴阳之所以行，人道之所以立，皆出自此。”可是，作为“中空”精神装置的“神道”，事实上是说不明白的。当暗斋实在表达不清要表达的意思时，只好以“既然神秘，那就神秘地继承好了”之类近乎颟顸的结论，不可逆转地回到了神秘主义。有学者分析指出，这显然标志着所谓儒家神道已步入极限的事实，并认为这还给具有同样神道继承态度的本居宣长及其思想发展，开辟了广阔的通道。

以实用哲学来解决当下事务和处理世俗关系，无疑具有鲜明的功效。这也是荻生徂徕何以只把“礼乐刑政”断定为“先王之道”的原因所在。为了证明这一点，他甚至将有价值超越倾向的“人性论”统统视为“无用之辨”：“‘天下之言性也，则故而已矣。’言凡天下之言性者，如告孟老庄，皆不过以故常言之耳。然亦当以人之以为利而欲之者为本焉。若以其以为不利而恶之者为本，则凿矣”，“故孟荀皆无用之辨也”。但是，过于务实的思想和行动，也不啻对耽于世俗牵累而无法求取“天下至道”困境的别种表达。正是在如此缺憾下，日本学界无法不以前赴后继的精神去继续探讨能够诠释一切问题的“道”或“第一哲学”。于是，丸山真男的“原型论”（古层论、执拗低音），也就成为当代人对前近代相关求索行为的可以理解的延伸。这里所谓

"原型"，是指由日本上古"神话"的诸观念和绵延不断的民间传承所累积而成的"型范"，它包括"伦理意识的原型""历史意识的原型"和"政治意识的原型"。其最切近的素材，是去除了儒、佛语法和诸观念以后的《古事记注》《日本书纪》《古语拾遗》《延喜式》《万叶集》等日本古典。为什么要从这些典籍身上"去除儒、佛语法和诸观念"呢？这就涉及丸山把握"原型"时所采用的手法，即"原型复原法"，具体包括（1）儒佛消去法；（2）神道观念精炼法；（3）民间传承提升法。由于"原型论"不乏有为日本思想和文化提取出"可以解答一切问题的方程"——"道"或曰"第一哲学"的理论目的，因此，丸山需要从"第一义"入手，通过"察今知古"的方式，去逆推某种意义上已经是预设的结论。然而，丸山的"原型论"，是以徂徕学为出发点的理论构想，他的文本依据，又多以本居宣长旨在提炼"国学神道"的《古事记注》为核心，于是，"原型论"讲到最后，也只能把日本之道的最原点，用一句似是而非的推测还原为"物"—"器"，而无法成为"作为存在的存在"："在大陆文明到来以前，日本就有了something，并在此基础上接受了外来文化。"这种理论上的困惑，让丸山不得不承认日本的实用哲学存在着某种先天的缺失，尽管他不曾否认这种实用性中具有其他民族文化所不具备的某种优长，即："观念论"，是日本思想传统中的一大弱项。它使日本人对有关规范的理想和作为历史的创造者与计划者之超越神等能够脱离时间制约的绝对者的构想，表现出一定的能力欠缺。这使得日本人的政治行动缺乏规范性制约，在政治手段的使用上，亦显得比较"自由"。于是，反道德和奇袭、谋略等行为受到称赞，而战略上的思考和长远目标的设定能力，却颇显薄弱。然而，在缺失普遍主义观念论的日本人身上，倒也凸显出其他民族，特别是在中国人身上所少有的特点，即脱离观念论的实证主义、以现实为中心的进步观、传统习惯对进化论的开门延纳，以及对空想和理想主义的不自觉排斥等。由于观念论和形而上学对于时间的所谓自由构成和操作观念，即站在时间之外来操作时间，进而干预历史本身的主体观念，在不长于如此思考的日本人身上不易产生，因此，历史认识过程中带有附加和随意色彩的主观主义和价值判断，便很少出现在日本的史书当中。但无论怎样曲为之说，缺失总还是缺失，缺憾也仍是缺憾。

（发表于《哲学研究》2017 年第 6 期）

参考文献：

黑格尔：《精神现象学》上卷，商务印书馆，2011。

萨特：《存在与虚无》，生活·读书·新知三联出版社，1987。

桂島宣弘：《自他認識の思想史：日本ナショナリズムの生成と東アジア》，有誌社，2008。

丸山真男：《丸山真男講義録》，東京大学出版会，1998，第 7 冊第 1 章第 2 節。

子安宣邦：《漢字論：不可避の他者》，岩波書店，2003。

约翰·惠特尼·霍尔：《日本：从史前到现代》，邓懿、周一良译，商务印书馆，1997。

聖徳太子：《憲法十七条》，載《日本思想大系 2·聖徳太子集》，岩波書店，1975。

《日本三代実録》巻第三，載《国史大系》第四巻，経済雑誌社，1897。

村山修一：《神仏習合思潮》第三章，平楽寺書店，1957 年；村山修一：《本地垂迹》第四章，吉川弘文館，1974。

王明兵：《藤原惺窝研究》，东北师范大学博士学位论文，2010。

拙著：《从“脱儒”到“脱亚”：日本近世以来“去中心化”之思想过程》，台大出版中心，2009。

藤原惺窩：《仮名性理》，載《日本思想大系 28·藤原惺窩·林羅山》，1975。

丸山真男：《日本政治思想史研究》，東京大学出版会，1952。

林羅山：《林羅山文集》（下）巻六十六，ぺりかん社，1979。

楠本端山：《日本道学淵源録》序，載《楠本端山全集》，葦書房，1980。
原念斎：《山崎嘉》，載《先哲叢談》卷之三，有朋堂書店，1928。
浅見絅斎：《浅見先生学談》，載近藤啓吾、金本正孝編《浅見絅斎集》，国書刊行会，1989。
津田左右吉：《神道及び国學に於いて》，載《支那思想と日本》，岩波書店，1938。
福泽谕吉：《文明论概略》，北京编译社译，商务印书馆，1997。
海舟全集刊行会編：《陸軍歷史》上卷，載《海舟全集》第六卷，改造社，1928。
倉石武四郎：《漢字の運命》，岩波書店，1952。
荻生徂徠：《弁道》《弁名》《徂徠集・答東玄意問》［抄］，載《日本思想大系36・荻生徂徠》，岩波書店，1973。
海保青陵：《萬屋談》《前識談》《善中談》《老子国字解》，載蔵並省自編《海保青陵全集》，八千代出版株式会社，1976。
竹内好：《近代の超克》，載《近代日本思想史講座7・近代化と伝統》，筑摩書房，1959。
荻生徂徠：《護園六筆》，載《荻生徂徠全集》第一卷，河出書房新社，1973。
亚里士多德：《形而上学》，吴寿彭译，商务印书馆，1997。
子安宣邦：《江戸思想史講義》，岩波書店，1998。
平重道：《近世の神道思想》，載《日本思想大系39・近世神道論・前期国学》解説，岩波書店，1972。
丸山真男：《歴史像と政治観》，載《丸山真男講義録》，東京大学出版会，1998，第4冊第1章第3節。

“化道为术”与日本哲学传统

作为中国文化的本体，“道”应归诸“第一哲学”范畴。由于它看不见摸不着却是决定存在的存在和制约规律的规律，所以道本身乃具有非具象性和终极性特质；又由于道一旦被赋予实际的信息就会变成废话，所以，有欲直求衣食饱暖、人伦日用和吉凶祸福于道者，总不免会空手而归。可自从《易传》“兼三才而两之”被解作“三才，天地之人道”等意义后，人仿佛变成了万物的尺度，生活在可感可知世界中的人们，也都笃信只有人才具有“能近取譬”的证道能力。于是，当通过实际生活所体得的经验之规（术）与形而上思辨得来的抽象之理（道）难以契合甚至发生乖悖时，人们便很难切实体认老庄的“道术不离”“道通为一”和程朱的“理气一元”“理在气先”等观念，更无法理解“无用之用”便是“全体大用”之类的无条件辩证法。不仅如此，道所具有的“超验”属性以及体道者“妙处难与君说”的非常感受，还很容易被经验世界处理成令人费解的玄学和不可思议的空论。在前近代东亚学界，围绕着“道”与“术”这两大基本问题，曾对撞出两种不同的哲学类型和相异的哲学传统，即以中国为代表的“道本术末”理论和以日本为代表的“化道为术”范式，以及两者间所形成的对立和背反。

一、日本对中华哲学的吸纳取舍传统

公元3世纪末百济博士王仁带去的《论语》，曾在日本皇室产生过巨大影响。4世纪的应神天皇自不待言，6—7世纪的圣德太子还把《论语》中的“礼”置于国家治道之首，由他所制定的日本最早的律典《宪法十七条》，特别是第一条开宗明义处的“以和为贵，无忤为宗”，看上去也仿佛是《论语》“礼之用，和为贵”思想的翻版。然而，中国东周以来失去制度凭依因而只能发挥个人修养功能的“礼”，到了日本人手上，却被转换成条规管束意义上的“法”；华人多凭自觉来奉行的礼教，也被日方改造成必须执行的法令。这种把应然转换为必然、将修养变易为法令的文化引进方式，使圣德太子最早派遣的赴华留学生和遣隋遣唐使从隋唐带回日本的，也大多是刚性规定下的“律令制度”而鲜及其他。唯此有学者指出，被后来日本人强调有加的“律令说”，虽然以中国古代法律语词为外衣，但背后体现的却是日本人在效仿大陆法系的历史过程所产生的“法典情结”，而难以囊括中华法系的法历史。由于“律令说”只能用于表述中国古代刑事、行政方面的成文法，因此便不能表述“大经大法”“祖宗之法”和“天下之法”，也难以涵盖整个中华法系的法体系。这意味着，圣德太子用法令来置换道德的做法，已经给日本的学术传统赋予了第一性格，也就是人们常说的“实用哲学”。但是，这似乎并未妨碍他们对精神世界的追求。日本的原始信仰是神道教。圣德太子之所以一度把这一本土宗教更换为佛教，除了对物部氏的权力斗争需要、中印意识形态的相对化处置以及本土务实的制度设计等考量外，那种只把中国政治技术拿来却不要其最高哲学的挑拣做法，也不啻在隐蔽地宣布，他并不认为中国高远艰深且足以取消万物神秘性的“道”可以构成人的宗教信仰，这与他在形式上导入佛教却未尝取消神道教等做法之间，有着内在、本质和必然的关联。值得注意的是，“实用哲学”中其实还潜藏有日本的政治独立性格，这一点，曾露骨地表现在圣德太子遣使隋朝时递交给隋炀帝的国书中："日出处天子致书日没处天子无恙。"

镰仓幕府（1185—1333）中叶，中国"道学"之最高象征朱子学，开始传入日本。单就生活实际而言，该思想体系之所以能在江户时代（1603—1867）初期大行其道，是因为人们在吃斋念佛时已体察到佛教不食人间烟火的反世俗本质并对此难以忍受。于是，人情和政治的双重需求，便催生了藤原惺窝和林罗山之类的"还俗者"。毫无疑问，比起不事生产、终日沉醉于"大梵天"的佛教，朱子学既有志存高远的形而上追求，也不乏家礼、世俗和人伦面向，且朱熹本人亦不止一次地标榜过他的排佛立场，这就使日本人仿佛从朱子学的"理＋气"或"道＋术"思想结构中，找到了人生的平衡和意义。但是，随着幕政集团对治术手段的高度强化和"道统自立"的内力驱动，原本不及佛教玄妙的朱子学宇宙关怀，却被反衬性地放大了，甚至还被解读成与佛老同源的邪说。与此同时，在驱魅主义理路下，主张"一切均可知可解"的朱子哲学，似乎也危及日本人坚信不疑的本土宗教价值：神道教认为，信仰应属于不离人情、不可说明唯此也只能供人皈依和敬畏的神秘存在。这意味着，在排佛利用下热闹一时的朱子学，将同时面临双重挤压：一是来自实用哲学传统和独立意识的日本政治思想的攻击，二是来自神秘主义传统的本土神道教的排斥。前者指责朱子学除了"四民"制度和些许政治技术外，其他漫无边际的胡乱联系思维和终极哲学只能对社会管理构成行政妨碍并造成世俗权力矮化和日本被相对化的恶果；而后者认定，除了可以给日本本土信仰提供无限大思维框架的朱子学理论装置外，具有宗教神秘主义本质的神道教，已经根源性地取消了朱子学"合理主义"转化成宗教信仰的任何可能性，日本语境中的"儒教"之所以只是"儒学教化"的简写，亦此谓也。当两者留给朱子学的生存价值只剩下些许政治技术和曲学阿世的附庸属性时，日本学界便同时朝着两个方向急趋狂奔起来：长于入室操戈的政治实用哲学，先用朱子学之"气"打掉朱子学之"理"，用经验之"术"化超验之"道"，并最终完成了"化道为术"的技术指标；而宗教神秘主义则喜欢"借腹生子"，利用朱子学的天人宇宙论图示来实现神道教时空领域的“天覆地载”和“八纮一宇”。这便于人们理解，形式上把朱子理学论证为德川幕府早期意识形态的惺窝师徒，为什么在频发“吾求之六经足矣”的感慨（惺窝）且反复研磨《大明律》（罗山）的同时，也要不断用“儒道”比附“神道”（惺窝）甚至自创“神道”（罗山）。有关这一给整个江户时代规定了哲学走向的做法，人们还可以通过这两位“朱子学者”的供职对象德川幕府及其将军的行事风格，体会得更加真切：《武家诸法度》称，“法是礼节之本也。以法破理，不以理破法”；而德川家康死后所用之葬法也只是神道式，既不是佛教式，更不是儒教式。

实际上，不光是《武家诸法度》，德川幕府所制定的《禁中并公家诸法度》《诸士法度》和《德川成宪百箇条》等有关道德行为的法度规定，都不过是对《宪法十七条》传统的强化和延伸；而形成于前近代的实用哲学传统，还每每被移用于近代以降的其他文明对象，以至明治天皇所颁布的国民道德指南《教育敕语》，也只是参照了朱子学的政治技术部分，而抛却了它的形上论主张。这一点，在井上哲次郎的御用文章《敕语衍义》及其著作《日本朱子学派之哲学》中，表现得更加刺目。重要的是，这种实用理性的传统偏好，还为西方“技术科学”的长驱直入开辟了通衢。东京大学教授黑住真指出：“近代日本之知识论特征，一般说来具有以下三大印记，即非原理主义、非理想主义、非道德主义。”而且对幕末的日本人来说，所谓科学，指的是“能对应于现实的具有高级精确度和效能的个别应用技术（由 science 翻译而成的‘科学’一词本身，即内含此意）”，而所谓“知识”，就是“专指实用技术而言，而不是被作为人生和世界的根本原理来把握”。然而，日本的宗教传统，使剔除“三大主义”的行动不但没有构成其拥抱神道教的任何妨碍，反而产生了能量不小的助力。“皇国神道论”在幕末明治日本的甚嚣尘上，可谓良有以也。

二、“化道为术”的转换手法与内置逻辑

江户时代是日本实用哲学的集中展示期，这在形式上首先表现为思想界代表人物对道学家形而上哲学“危微精一”之旨的困顿不解。伊藤仁斋（1627—1705）曾记录过他的“心路历程”：“余十六七岁时，读朱子四书，窃以为是训诂之学，非圣门德行之学。然家无他书，语录、或问、近思录、性理大全等书，尊信珍重，熟思体玩，积以岁月，渐得其肯綮。二十七岁时著太极论，二十八九岁时著性善论，后又著心学原论，备述危微精一之旨，自以为深得其底蕴，而发宋儒之所未发。然心窃不安，又求之于阳明、近溪等书，虽有合于心，益不能安。或合或离，或从或违，不知其几回。于是悉废语录注脚，直求之于语孟二书，寤寐以求，跬步以思，从容体验，有以自定醇如也。于是知余前所著诸论，皆与孔孟背驰，而反与佛老相邻。聊书此以劝学者云。”伊藤氏的经历其实是在说，他对朱子学的研习动机，开始时不过是想从中求得训诂技能，而非道德思辨；及其在“心性之学”中逡巡经年，未料直至回归孔孟原典后终于大彻大悟时，这才发现自己入错了门径，觉今是而昨非。其学术目的的起点和终点竟然是一个点，这意味着，对朱子学由不解而否定，已没有悬念地成为仁斋对待道学的必然态度：“盖难知难行高远不可及之说，乃异端邪说；而易知易行平正亲切者，便是尧舜之道，而孔子立教之本原，论语之宗旨也。……学问无厌卑近。忽卑近者，非识道者也。……凡事皆当求诸迩，而不可求于远。求于远，则不中矣。”

江户时代有上述体验者，显然不止于伊藤仁斋一人。曾对程朱理学笃信有加并盛赞“宋儒诸君子皆是贤哲，其学术性行超越于人，汉唐诸儒之所以不可及也”的贝原益轩（1630—1714），到了晚年，也逐渐对朱熹的理论结构和内在逻辑产生了怀疑。当这种怀疑越积越多，且无论如何也无法自我说服时，贝原氏竟一口气发出了“程朱之不可解者凡五”的“天问”：“程朱以阴阳为形而下者，是分道与阴阳为二

也。盖程朱分气与理，理为道，阴阳为器，相对而说。愚窃疑苟以阴阳为形而下，则在天成象者，只指日月星辰而言邪？然则与营养成象之说异，是不可解一也。所谓形而下者，指在地成形者，如山河大地人物，凡有形者，皆是器也。凡有体制者谓之器，阴阳未有形体，不可谓之器，是不可解二也。阴阳在天成象者也，非在地成形者，而谓阴阳亦形而下者，是不可解三也。且《说卦传》所谓立天之道曰阴与阳者，以二气流行为道也。又曰，立地之道曰柔与刚者，以刚柔二物成形而为器也，是亦非指阴阳为器也，是不可解四也。上下二字，以在天在地言则分明，不然，则二字之义难通晓，是不可解五也。先儒此说，愚之所未解也。所以未解者，以与圣人易中所言不同也。然此非敢诽议于先正以欲伸愚说，姑记所疑，以徯君子之是正而已。”带着这些疑问，贝原仿佛从“圣人”身上发现了自我确证的真经和正解，并认定与圣人所异者，才是朱子学的病根所在：“孔门之设教也，以孝弟（悌）忠信为本，以学文力行为学，平易如大路然。虽愚者易知易行，渐而真积力久，而极其趣，则致高大而极精微，是下学而上达也。宋儒之学，以太极无极为致知之先务，以静坐澄心为力行之先务，以支离破碎为文学之先务，是乃高远艰深，细末无用之事，以难知难行无用不急者为先，与圣门之所立教，以孝弟（悌）爱敬文行忠信为先务者有异矣。故其所为教，高深艰险，所以为难学难行而不易入也。后世学焉者，厌苦之而难进者，由此也。”既然朱子学雅尚玄远之道根本就不为圣人所言唯此便不是孔子之道，而孔子之道在现实生活的意义上则更像是实用之术，那么，与其为朱子学所困扰，还不如因应时宜以径求其“术”来得更直接些：“经世之道，为学之术，须娓娓以去其繁衍，反其本实为要务，不要因循于其世运变迁之时俗为可也。孔子生衰周，时论以繁文为君子，以质实为野人。孔子欲从其先进者，盖厌其繁文，而欲反其质实也。孔子时尚为近淳古，然其世运之变替既如此，况后世浇漓之时，益失质实，而日趋繁花乎！……方今世学者之居世，当以质实为本，亦且稍稍顺时宜，苟背戾于时宜者，非居世之道也。”也就在江户思想界“舍道求术”的趋势中，一个更大胆的命题其实已呼之欲出，那就是由荻生徂徕（1666—1728）明确提出的“化道为术”理论。徂徕之所以被称为日本“古学派”之集大成者，是因为这个学派中的山鹿素行、伊藤仁斋和他本人，均主张学术的真谛在古圣先哲，在“古义”“古文辞”。“集大成”云者，不过只说明徂徕学的“返古归真”程度，已超过了学派中的所有人。然而，从前面的梳理中可知，作为一种传统，对抽象世界的逸脱和逃离，似不只是哪一家学派的特有专利，而是日本社会自古形成的整体倾向和知行定势。这也是实用哲学体系常常被日本学界总称为“实学”之所以然。

荻生徂徕无疑蹈袭了古今论者对“道”的非议和不解，并直率地指出了“道难知亦难言，为其大故也”这一宋儒道学所谓“大而无当”的本质。在他看来，人类的最高标准和先王之道，不是朱子学所谓“道”或“理”，而是“礼乐刑政”，是“六经”，是简易明了的民生安顿方法：“道者统名也。举礼乐刑政凡先王所建者，合而命之也。非离礼乐刑政别有所谓道也”，“先王立极，谓礼也。……盖先王制礼，贤者俯而就之，不肖者企而及之，是所谓极也，是凡人所能为者也。不尔，务以凡人所不能为者强之，是使天下之人绝望于善也，岂先王安天下之道哉！故所谓事理当然之极，及变化气质，学为圣人类，皆非先王孔子之教之旧矣”，“孔子之道，先王之道也。先王之道，安天下之道也。孔子平生欲为东周，其教育弟子，使各成其材，将以用之也。及其终不得位，而后修六经以传之。六经即先王之道也，故近世有谓先王孔子其教殊者非也。安天下以修身为本，然必以安天下为心，是所谓仁也。思孟而后，儒家者流立焉。乃以尊师道为务，妄意圣人可学而至矣。已为圣人，则举而措诸天下，天下自然治矣。是老庄内圣外王之说，轻外而归重于内，大非先王孔子之旧也。故儒者处焉不能教育弟子以成其材，出焉不能陶铸国家以成其俗。所以不能免于有体无用之诮者，亦其所为道者有差故也”。不难看出，一个醒目的出发点和终结点，亦几乎贯穿于徂徕学之始终，即《论语》之“礼”才是圣人之道的根本所在。《徂徕集》卷二十八《与都三近书》称：“昔在邃古，吾东方之国，泯泯乎罔知觉。有王仁氏，而后民始识字；有黄备氏，而后经艺始传；有菅原氏，而后文史可诵；有惺窝氏，而后人人言则称天语圣。斯四君子者，虽世尸祝乎学宫可也。”“世尸祝乎学宫”云者，已不啻对“传统”所赋予的最高肯定；而王仁所带来的“识字”教材《论语》，因其简明易知和贴近生活，显然还构成了日本人知行方式的最初启蒙者和奠基者。正是在“礼”的比照下，荻生徂徕不但非难朱子之道“大而空”和“玄而不实”，还进一步指出其轮廓不明、标准不清、以心度物、难以为据等事实和逻辑问题，认为：“理无形，故无准。如理学者流，以中庸为精微之极，其言诚然。然其人若先识先王之道，而后赞叹之谓是中庸也，则可矣。若其人未尝识先王之道，独以己意择中庸之理，而谓是与先王之道不殊，则不可也。又如训道为当行之理，亦以赞叹先王之道也，则可矣。若独以己意求所谓当行之理于事物，而合于先王之道也，则不可矣。是无它也。理无形，故无准。其以为中庸为当行之理者，乃其人所见耳。所见人人殊，人人各以其心谓是中庸也是当行也，若是而已矣。人间北看成南，亦何所准哉？又如天理人欲之说，可谓精微已，然亦无准也。辟如两乡人争地界，苟无官以听之，将何所准哉？”徂徕于是乎直言，所谓朱子之道者，“先王孔子皆无是言，宋儒造之，无用之辨也。要之未免坚白之归耳”。

既然意识到朱子之道乃孔子所不曾言，而且孔子之道才是可知可感、可行可用的社会治术，那么，为什么不把常人能为之“道”与日用务实之“术”直接合并、等量齐观呢？在他的不懈努力下，“先王之道”与“先王之术”、“孔子之道”与“孔子之术”，亦果然被无缝对接和合二而一了：“先王之道，古者谓之道术，礼乐是也。后儒乃讳术字而难言之。殊不知先王之治，使天下之人日迁善而不自知焉，其教亦使学者日开其知月成其德而不自知焉，是所谓术也。乐正崇四术，春秋教以礼乐，冬夏教以诗书，是之谓也。如后世所谓格物穷理，克治持敬，其意非不美矣。只其不学无术，事不师古。欲袭而取之，骤有诸己，可谓强也。”又，“先王四术，诗书礼乐，是三代所以造士也，孔氏所传是已”。为了证明古来道术归一的事实，徂徕还旁征博引，径陈三端如下。其一，先哲就是用“道”喻“术”、以“术”体“道”的：“曰获于上有道，曰交朋友有道，曰生财有大道，皆谓术也。术者，谓由此以行，自然不觉其至也。如民可使由之，有此意。盖先王之道，皆术也，是亦特以其别言之。又如诗书礼乐为四术，亦谓由此以学，自然不觉其成德也。及于后世诈术盛兴而后，道学先生皆讳术字，如荀子有大道术，《汉书》讥霍光不学无术。其时近古，犹未讳术字可见也，如曰要道，亦要术耳”，“不以礼乐而以心，是谓之不学无术焉，不知循先王孔子教人之道故也”。其二，“道”就是“艺”，而“艺”就是“术”，所以，“道艺”并称就等于“道术”一体：“先王之道在外，六艺亦先王之道也。故古以道艺并称，大小之分耳。虽其人有德，然不知先王之道，则不得称有道之士。后世道德之名混矣，学者其审诸”，“礼者，道之名也。先王所制作四教六艺，是居其一。所谓经礼三百，威仪三千，是其物也。六艺，书数为庶人在官者府史胥徒专务，御亦士所职，射虽通乎诸侯，其所谓射，以礼乐行之”。其三，拨乱反正，指出朱子之道从根本上讲无非是“以心证道”的想象中物，较诸先王之道和圣人之道，远且无用，即便皓首穷经，也只是做无用的工夫：“书曰：以礼制心。是先王之妙术。心不待操而自存，心不待治而自正。举天下治心之方，莫以尚焉。后世儒者仅知心之可贵，而不知遵先王之道，妄作种种工夫，求以存其心，谬之大者也。学者思诸！”经由徂徕的工作，不但宋学之“道”被下凡为“术”，从而完成了“化道为术”的任务；而且，徂徕的翻转力度，还使宋儒最为看重的以道为体、以术为用的“体用观”，遭到了空前的颠覆：“先王所以纪纲天下立生民之极者，专存于礼矣。……其或为一事出一言也，必稽诸礼，而知其合于先王之道与否焉。故礼之为言体也，先王之道之体也……天下由是平治，国祚由是灵长。先王之教之术，神矣哉，四术之尽于教也。”

然而，当我们深入观察日本人“化道为术”的内置逻辑时，以下三条伏线无疑需要钩沉和讨论。

首先，日本哲学的最高标准，自启蒙期开始，便一直被措置于

《论语》等原典传入后的“圣人之道”——“礼乐刑政”上。换言之，这条伏线，自始至终都未曾发生过本质性的改变。其间，无论是在圣德太子《宪法十七条》中占据大半的《论语》《五经》甚至《韩非子》成分，还是伊藤仁斋所谓《论语》乃“最上至极宇宙第一书”，抑或贝原益轩的“《论语》孔门之所立教，万世之标准，古今之法则也，不可加损”，甚至是荻生徂徕所云之“夫圣人之教至矣，岂能胜而上之哉！凡圣人所不言者，乃所当不言者已。若有所当言者，则先王孔子既已言之，岂有未发者而待后人乎”等，均不过是对日本最初标准和传统的顺势推进和强化巩固。

然而，这条伏线要求，如欲给一贯古今的正当性赋予不容置疑的自明性，就必须要排除那些可能对日本实用哲学造成妨碍的其他哲学体系。而这也是接下来我们要讨论的第二条伏线，即埋设于日本哲学思想中、用以确证“自身”哲学是否具有正当自明性的知行前提：尽可能地强化其与佛、老“他者”间的哲学差异和对立，并努力从自身哲学中克服并排除这两大“他者”。在圣德太子力倡实用理性的遗韵下，日本系统展开于7—8世纪的仿唐“大化改新”，曾有步骤地导入过中国的律令制度。然而，体现于其律令中特别是《养老令》（718）中对儒、道的取舍倾向，事实上还决定了日后佛教的命运。在唐朝，李氏开国者因以老子为初祖，遂将《老子》列为“大经”，教学时则以河上公本《老子》为准。但《养老令》虽百般模仿《唐令》，却竭力排斥道家，并在《养老令》规定的大学教授课目中，断然划去了《老子》。奈良朝廷与学者的对话，透露出日本如此行动的自身逻辑依据：“问：李耳嘉遁，以示玄虚之理；宣尼危难，而修仁义之教。或以为精，或以为粗，其理云为，仰听所以。对：窃闻眷山林以披黄缁，道德之玄教也，是则柱下之风；入皇朝以青紫，仁义之敦儒也，彼亦司寇之训……窃以玄以独善为宗，无爱敬之心，弃父背君；儒以兼济为本，别尊卑之序，致身尽命。因兹而寻，盐酸可断。”时大学助教下毛野虫麻吕在孔老《异同对策文》中亦谓：“玄涉清虚，契归于独善；儒抱旋折，理资于兼济。”而吉备真备在所著《私教类聚》中竟然直言："仙道不用事！"（即仙道于事无用）凡此种种，似乎都至为明确地表达了老子与政教无关这一日本朝野上下的共识。在如此延伸线上，因佛教来华之初中国人以"连类格义"手法实现道、佛转换的传统早已给学界造成佛、老同脉的第一印象，加之"鹅湖之会"上朱子讥象山为"禅"而象山骂朱子为"道"的学界"笑谈"亦早已广为人知，所以到了江户时代，随着日本人主体价值意识的日益强烈和佛教弊端的不断显现，知识界凡遇到哪家论旨与孔子和先王之道有不合处，便会首先想到如何归谬于佛、老，而佛老一家和佛老并诟，也就自然而然，仿佛顺理成章。伊藤仁斋曾谓："若以理为万物之本原焉，则自流入于老佛之学，与圣人之旨，实天渊矣"，"既归于理，则自不能不陷于虚无"，"二公（朱子、象山）皆不由天下所同然之道德，而专求之于己之心与事物之理，此其所以不能无诡于孔孟也"。贝原益轩亦称："宋儒之说，以无极为太极之本，以无为有之本，以理气分之而为二物，以阴阳为非道，且以阴阳为形而下之器，分别天地之性与气质之性以为二，以性与理为无死生，是皆佛老之遗意，与吾儒先圣之说异矣，学者不可不精详明辨也。"荻生徂徕复严斥曰："后世儒者不知圣人之道……是其所见，根于佛老。故其学主理，主心。""伏羲神农黄帝亦圣人也。其所作为，犹且止于利用厚生之道。……大氐自然而然者。天地之道也；有所营为运用者，人之性也。后儒不察，乃以天理自然为道，岂不老庄之归乎！"在如此归谬下，伊藤仁斋其时尚且回护的孟子，在徂徕眼里也成了老庄一路的人物："言性自老庄始。圣人之道所无也"，"子思孟子盖亦有屈于老庄之言。故言性善以抗之尔"。

然而，接下来的第三条伏线，则明显折射出宗教的世俗化倾向和古已有之的"比肩中国"姿态。藤原惺窝和林罗山阶段的排佛运动和神道复归冲动，无疑是利用朱子学日用人伦哲学的杰作。当本土神道思想在朱子学理论装置的借用下渐居强势而朱子学的排佛功能也大体完成时，理学中的所谓佛老成分，又开始成为日本学界的重点排击对象，这也是后来日本古学派能在相当一段时间里独领风骚的社会原因和思想逻辑。人们注意到，江户思想界中神道色彩最少的徂徕学，居然也能利用“先王之道”的自明正当性为神道正名。如此看似难解的行为，其实已反映出日本欲实现“道统自立”的特殊时代氛围：“先王之道，莫不本诸敬天敬鬼神者焉。是无它，主仁故也。后世儒者尚知务穷理，而先王孔子之道坏矣。穷理之弊，天与鬼神，皆不足畏，而己乃傲然独立于天地间也，是后世儒者通病。岂不天上天下唯我独尊乎！且茫茫宇宙，果何穷极？理岂可穷而尽之乎？其谓我尽知之者，亦妄已。故其所为说，皆阳尊先王孔子而阴已悖之。其意自谓能发古圣人所未发者，而不自知其求胜先王孔子以上之焉。”又：“曰大学之道，曰父之道，曰母之道，曰臣之道，曰子之道，曰神道，皆先王之道，以其别言之。”徂徕说辞的背后，固不排除他本人的私心——其先祖物部氏就是飞鸟时代本土神道教的殊死捍卫者，并且徂徕也曾为昭雪家恨而专门撰写过声讨佛教移植者“苏我”和“丰聪（耳，即圣德太子——引者注）”的《拟家大连檄》，但徂徕的工作显然更多措置于如何给神道信仰赋予日用人伦的“人情”解读上，所谓“主仁”，即此谓也。换言之，对圣德太子充满礼教伦常规则的《宪法十七条》，徂徕还是认可的。不仅如此，徂徕还通过对“先王之道”的比附，有意稀释了神道教的神秘玄虚色彩：其实用哲学助推了本居宣长“种”大于“德”装置下的所谓“日本古道”“古学神道”和“皇国神道”；而“人情论”的视角，还凸显了“皇国神道”在人性最根本处的所谓“主情主义”（物之哀），唯此亦极大地便利了本居宣长对朱子学日本阵地的最后袭取直至彻底驱逐。这种情况，甚至给徂徕学赋予过最大正面意义的丸山真男，亦不能不承认上述“配合”中所隐含的“默契”和这种“默契”给“宣长学”所带来的“飞跃性发展”。这意味着，除了宗教的共通本质外，神道教的基础部分也开始被着上了世俗化的色彩。

三、“化道为术”的实践效果与反思

对“化道为术”传统的不懈坚持，使日本实现了以实用哲学取代原理主义、理想主义和道德主义等佛、老、朱子哲学的学术目的。毋庸讳言，这种实用理论在日本的广泛流行，与“明治维新”的一举成功，有着难以切离的内在关联。据载，与福泽谕吉和加藤弘之同时活动于明治年间的启蒙思想家西周，就曾受到过徂徕学的强烈影响。据说他从徂徕的著作中首次发现了一个与朱子学完全不同的世界，令他倾倒。正是这种倾倒，才使他开始确立“空理于日用无益”和“穷理非学者之务”的治学准则。徂徕学的启迪，还集中体现在他专论政教或曰法教相分的重要著作《百一新论》中：“本邦徂徕尝谓，道者先王之道也。先王之道者，礼乐之谓也。秦以后天下以法治国，故不可不读韩非”，“是颇知教法之别者也”。尤为引人注目的是，在韩非哲学中自然也在徂徕学思想中一贯始终的政治基于人情的“人情观”，在西周的学说体系中也几乎是一贯始终的。福泽谕吉在明治三十一年出版的《时事新报论集》中则称：“在处理赤穗四十七士时，徂徕曾主张，忠为一人而忠，然法乃天下之法。安可为一人之忠而枉天下之法哉！……到底是林家一辈（指林罗山辈朱子学者——引者注）所难以企及者也。”而普通的日本人，在西方功利主义原则涌入日本后，似乎也没有表现出过多的陌生感。开国之初日本对西方武装势力的不战签约，固然不是由双方价值观趋同所致，但西方文明的大量传入并没有引起日本人像中国民众一样的普遍不适和拼命排斥，倒的确是一个值得深思的文化现象。实际上，在中国古今知识界，也一直存在着“实学事功派”与“心性命理派”之间的争执甚至缠斗。属于前一阵营的陈亮、叶适、戴震和整个“浙东学派”，均对超验的哲学思想做出过严厉的质疑和批判，陈亮所谓“功到成处便是有德，事到济处便是有理”以及叶适的“佛老之学”“不可入周孔圣人之道”等主张，均是之谓也。故有学者称：“在宋代，所谓醇儒的主要职责就在于分辨儒学真义和佛道二氏的差别。”清朝的戴震对宋儒哲学的措辞和表达方式的似曾相识，竟一度让日本“斯文会”怀疑他的《孟子字义疏证》有袭用伊藤仁斋的《语孟字义》之嫌，诸如其“宋儒出入于老释，故杂乎老释之言以为言。……呜呼，杂乎老释之言以为言，其祸甚于申韩如是也”

等说法，与伊藤仁斋“先儒用复性复初等语，亦皆出于庄子”“老庄之学与儒者之学，固有生死水火之别，其源实判于此”的高度相似等等，不一而足。到了近代，伴随着西方船坚炮利的威压和几番改革运动的失败，中国知识界不但否定了宋明理学，甚至连孔子也被打倒，理由是，这些传统说教和所谓圣人，其高自标置的“虚构”和连篇空话，非但于事无补，还构成了中国近代化发展的阻碍，这也是甲午战败后中日历史上两国留学人员首次发生逆向派遣的原因。

但是，哲学，尤其是“第一哲学”，毕竟不同于那些只用来解决日用人伦和当下利害问题的实用理性。它所能赋予人类的，是生活的态度和生命的境界，是事理的了悟和心灵的安顿，是超是非的体验和超道德的价值，也是大我式存在和宇宙关怀。从这个意义上讲，道学的过错，并不在于其“发现”了宇宙的终极原理，而在于它没有明确厘清此道与彼道的明确畛域，并总想对世俗生活和人间事务去做只能在少部分人身上发挥作用的规划和指导。与此同时，在“三千年未有之大变局”面前，理学在实用性上的功能阙如，则更容易导致人们对它的误读、无视甚至摒弃。这些都是事实，毋庸讳言。但是今天，笔者以为至少有三个问题需要重新认识和讨论。

首先，程朱理学与周孔圣学，是不同层次的哲学，而不宜等量齐观。有一点不必忌谈，即“道”和“理”所表达的“第一哲学”，只能是人类精神的创造，是思想者根据四方上下（宇）和往古来今（宙）的整体和经验，思考并推导出来的绝对性存在，也是人类才有的思辨能力的最高体现和思想射程的无远弗届。它是对“无限”的表达，而“无限”的空阒无边特征，既不能用数理科学去计算，也无法由宗教迷信来穷尽，而只能交由抽象的哲学思考和缜密的逻辑推理。在这一前提下，“尽其心者，知其性也，知其性则知天矣”应当是体道穷理者不可避免的思想方法，它足以使“专求之于己之心与事物之理”的世俗攻讦，变得意义有限；“迂远而阔于事情”和“难言”，也应该是求道者的知行常态，而所谓《论语》是“最上至极宇宙第一书”云者，倒反而言过其实。这意味着，宋朝的朱子学，已在中华传统语境下发现并捕捉到了“第一哲学”——“道学之理”，从此，被推尊为“圣人之道”或“孔子之道”的实用哲学与“第一哲学”之间，其实已经在原则上划开了界限。或许，道学家此刻的表达，应该是理直气壮地“自谓能发古圣人所未发者”，并宣称“其求胜先王孔子以上之”，而没有必要在“鹅湖之会”的论辩中都彼此闪烁其词，去急迫地辨白自己才是圣人道统的真正继承人。然而，他们没有这样做。结果亦如人们所熟知的那样，是来自佛学法相宗和实学事功派的双向挤压：要么说它还不够哲学，要么讥诮其百无一用。

其次，“形”乃是造成宋明理学有“理”说不出困局的结构性桎梏和障碍。理学家们言必称“形而上者谓之道，形而下者谓之器”，殊不知连接“道”与“器”的纽带“形”，恰恰是使道难以成为道，而器亦难能成为器的“牵制阀”。这导致朱子的观点只能每每自陷矛盾：一方面称“理在气先”，“未有这事，先有这理”，“未有天地之先，毕竟也只是理。有此理，便有此天地；若无此理，便亦无天地，无人无物，都无该载了。有理，便有气流行，发育万物”，“万一山河大地都陷了，毕竟理却只在这里”，可另一方面又说，“天下未有无理之气，亦未有无气之理”。如果说前者是“理一元论”，那么后者则变成了“理气二元论”。这意味着，理学之道之所以无法避免被诘问和批判的命运，是因为其尝试提炼的“第一哲学”，在“形”的牵扯下还缺乏超然的高度和超验的纯度。余英时认为，仅从价值具有超越的源头一点而言，中西文化在开始时似乎并无基本不同。但若从超越源头和人世间之间的关系着眼，则中西文化的差异极有可以注意者在。在西方的对照之下，中国的超越世界与现实世界未尝泾渭分明。中国人基本上不在这两个世界之间划下一道不可逾越的鸿沟。西方哲学上本体界与现象界之分，宗教上天国与人间之分，社会思想上乌托邦与现实之分，在中国传统中虽然也可以找到踪迹，但毕竟不占主导的地位。佛教的“真谛”与“俗谛”截然两分，最后还是被具有中国传统特色的“平常心是道”“担水砍柴无非妙道”的禅宗思想取代了。真谛、俗谛之间隔被打通，圣与凡之间也没了绝对的界限。宋明理学中有理世界和气世界之别，但理气仍是不即不离的，有气便有理，而理无气也无挂搭处。这意味着，“形”不过是中国自古用以黏合天人两界的政治命题——“天人合一”。实际上，几乎从思孟开始，儒家分支的心性命理派就汲汲于对本应分立的世界进行不许分立的人为缝合。结果乃如人们所看到的那样，在“形”的牵制下，不同世界间的此疆彼界不仅难以确立，每个世界所当发挥的应有作用也在彼此混淆中不再分明——当道学家试图将佛老的“道德世界”纳入到儒家的“伦理世界”等努力登峰造极时，上述结果也就越发明显。但是，“伦理世界”永远无法等同于“道德世界”，遑论“超道德世界”；而后者的真正确立，又一定要与前者划开界限并永远保持必要的张力和距离。日本实用哲学对朱子之道的批判，实际上与上帝和凯撒的职能分担在宋明理学中一向含混有关，尽管日本学界在努力将二者进行深度剥离和分立的同时，也在掩盖自身“第一哲学”缺失的尴尬和无奈。

再次，近代思维的独立意识阻断了人类固有的终极思考。对日本来说，技术理性支持下的无边界扩张，给东亚造成过巨大的灾难；而对中国而言，近代的课题不仅是“救亡压倒启蒙”，也是“科学压倒哲学”。利益价值的全球铺张，使疆土由“区域”转为“国家”，身份由“天民”变成“国民”，生存由“群居”走向“孤立”，一切都现实而功利，一切又都暂时而转瞬，这或许是历史发展进程中不可逃避的宿命，亦未可知。然而，当人类普遍完成了近代科技理性对世界的改造和建设任务后，历史终结的担忧和意义缺失的困扰，让人在反省科学主义弊端的同时，乃开始再提原理主义、道德主义和理想主义；而在选择方式上，或皈依宗教，或重拾哲学。从这个意义上讲，宋明理学早年触及的“第一哲学”问题，不但无法规避，而且还需要在新的时代背景下做出更进一步的精练和提升。只是，“第一哲学”之所以是“第一哲学”，是因为它所固有的超然、超验和超功利特质，更因为它是决定存在的存在和制约规律的规律。唯此，人们尽可以在生存竞争的意义上去讥讽“道”乃“无用之用”，但任何时候也不要指望可以从它身上去直求得失启示和利害指南。李泽厚称：“它可以有某种宗教性的社会功能，但不可能有现代的经济政治功能。”哈佛大学教授包弼德也说：“不是儒学在支持经济，而是儒学受益于经济的增长。”值得一提的是，当江户学界还在举国非议宋明理学时，日本有一位硕儒却表现出鲜明的例外。他说：“易自有易之道，不可以常道论之。”这或许表明，日本学界已有人注意到“第一哲学”的非常识性存在特质以及自身思想能力的有限性等终极问题。

（发表于《哲学研究》2018 年第 11 期）

参考文献：

《憲法十七条》，載《日本思想大系 2・聖德太子集》，岩波書店，1974。

井上哲次郎：《日本朱子學派之哲學》，冨山房，1905。

秦涛：《律令体系还是礼法体系?》，《礼法传统与法治中国》2016 年第 4 期。

《隋书・东夷列传》中华书局，1973。

藤原惺窩：《藤原惺窩集》卷上，思文閣出版，1978。

黑住真：《日本新儒教的知识论与近代化》，载《学人》第 1 辑，江苏文艺出版社，1991。

伊藤仁齋：《同志会筆記》，載《日本思想大系 33・伊藤仁齋・伊藤東涯》，岩波書店，1971。

伊藤仁斎：《童子問》，載《日本古典文學大系 97・近世思想家文集》，岩波書店，1966。

貝原益軒：《大疑録》卷之下，載《日本思想大系 34・貝原益軒・室鳩巣》，岩波書店，1970。

原念斎：《先哲叢談》，有朋堂書店，1937。

荻生徂徠：《弁道》《弁名》，載《日本思想大系 36・荻生徂徠》，岩波書店，1973。

朱谦之：《日本的朱子学》，人民出版社，2000。

丸山真男：《日本政治思想史研究》，東京大学出版会，1952。

大久保利謙編：《西周全集》第1卷，宗高書房，1962。

イアン・C・ラックストン（Ian C. Ruxton）：《ア-ネスト・サトウの生涯—その日記と手紙より—》，長岡祥三、関口英勇訳，雄松堂，2003。

黄进兴：《“朱陆异同”：一个哲学诠释》，载田浩（Hoyt Cleveland Tillman）主编《宋代思想史论》，社会科学文献出版社，2003。

戴震：《孟子字义疏证》，中华书局，1961。

伊藤仁斎：《語孟字義》，載《日本思想大系33・伊藤仁斎・伊藤東涯》，岩波書店，1971。

余英时：《从价值系统看中国文化的现代意义》，载《文史传统与文化重建》，生活・读书・新知三联书店，2004。

拙稿：《日本对“他者”的处理模式与“第一哲学”缺失》，《哲学研究》2017年第6期。

李泽厚：《关于“内圣外王之道”》，载《走我自己的路》，中国盲文出版社，2002。

包弼德：《停滞与失败》，《清华大学学报》2006年第2期。

著述目录

专著（部分）

1.《从“脱儒”到“脱亚”：日本近世以来“去中心化”之思想过程》，台大出版中心，2009/2012。
2.《从“请封”到“自封”：日本中世以来“自中心化”之行动过程》，台大出版中心，2016/2017。
3.《从“道理”到“物理”：日本近世以来“化道为术”之格致过程》，台大高研院，2020。
4.《道学的病理》，商务印书馆，2007。
5.《日本近世新法家研究》，中华书局，2003。
6.《天人·人际·身心：中国古代“终极关怀”思想研究》，东北师范大学出版社，1994。

论文（部分）

1.《徂徕学与日本早期近代化的思想启蒙》，《历史研究》2002 年第 5 期。
2.《“仁”在日本近代史观中的非主流地位》，《历史研究》2005 年第 1 期。
3.《“八千天日记”中隐藏的近世日本》，《历史研究》2006 年第 3 期。
4.《朱舜水在日活动新考》，《历史研究》2008 年第 3 期。
5.《关于“武士道”死亡价值观的文化检视》，《历史研究》2009 年第 4 期。

6. 《关于前近代东亚体系中的伦理问题》，《历史研究》2010 年第 6 期。
7. 《丸山真男“原型论”考辨》，《历史研究》2015 年第 1 期。
8. 《从近代化到近代性：日本新旧宪法的思想史解读》，《历史研究》2021 年第 6 期。
9. 《“道统”的自立愿望与朱子学在日本的际遇》，《中国社会科学》2006 年第 3 期。
10. 《日本对外战争的隐秘逻辑（1592—1945）》，《中国社会科学》2013 年第 4 期。
11. “The Hidden Logic of Japan's Foreign Wais: 1592 – 1945”, *Social Sciences in China*, no. 1 (Feb. 2014).
12. 《战后七十年日本历史认识问题解析》，《中国社会科学》2015 年第 9 期。
13. “An Analysis of Japan's Interpretation of History over the Seven Postwar Decades”, *Social Sciences in China*, no. 1 (Feb. 2017).
14. 《德川幕府后期日本财政改革的正当性悖论》，《中国社会科学》2018 年第 1 期。
15. 《丸山真男的学术研究与对日本军国主义的反思》，《中国社会科学》2021 年第 11 期。
16. 《朱舜水“拜官不就”与“明征君”称号》，《中国史研究》2015 年第 2 期。
17. 《日本拆解“宗藩体系”的整体设计与虚实进路》，《近代史研究》2016 年第 6 期。
18. 《异性的双向排斥与需求：婚姻形态嬗变过程新探》，《史学理论研究》1993 年第 1 期。
19. 《关于东亚近世“华夷观”的非对称畸变》，《史学理论研究》2007 年第 3 期。
20. 《“德”与前近代东亚世界的中国站位》，《史学理论研究》2016 年第 2 期。

21.《寻找池田哲学的原点》,《哲学研究》2009 年第 1 期。
22.《法家的发生逻辑与理解方法》,《哲学研究》2009 年第 12 期。
23.《荀子“性恶论”的政体改良指向》,《哲学研究》2012 年第 7 期。
24.《前近代中日学界关于“制心”问题的讨论》,《哲学研究》2016 年第 10 期。
25.《日本对“他者”的处理模式与“第一哲学”缺失》,《哲学研究》2017 年第 6 期。
26.《“化道为术”与日本哲学传统》,《哲学研究》2018 年第 11 期。
27.《徂徕学派与法家的“人情论”》,《日本学刊》2002 年第 5 期。
28.《日本“近代化论”在时空定位上的两难》,《日本学刊》2003 年第 6 期。
29.《历史上东亚的儒学对话及其现代意义》,《日本学刊》2005 年第 2 期。
30.《明治前夜日本社会的体制阵痛》,《日本学刊》2018 年第 6 期。
31.《如何突破“学术第一岛链”》,《抗日战争研究》2016 年第 2 期。
32.《清朝对“非汉世界”的“大中华”表达》,《中国边疆史地研究》2014 年第 4 期。
33.《甲午战后日本的思维惯性》,《中国社会科学报》2014 年 7 月 25 日(《新华文摘》2014 年第 19 期全文转载)。
34.《关于徂徕学“祖型”的再思考》(日文),《思想史研究》2001 年第 1 号。
35.《海保青陵“合理主义”的经路与韩非子》(日文),《思想史研究》2002 年第 2 号。
36.《关于荻生徂徕的“人情论”》(日文),《思想史研究》2002 年第 4 号。
37.《“三教合流”与儒学主旨的淡出:关于道学处境的再思索》,《思想史研究》2005 年第 5 号。
38.《道德“金规则”的事实与想象》,《思想史研究》2006 年第 6 号。
39.《明清鼎革之际东亚“华夷观”的演变》,《思想史研究》2007 年第7号。

40. 《"国际公法"和"朝贡体系"的遭遇与变容》，《思想史研究》2008年第8号。

41. 《东亚的拉丁语》，《思想史研究》2009年第10号。

42. 《海保青陵的思想与法家》（日文），"日本伦理思想史中的中国文化要素"论文集，東京，2000。

43. 《中日两国道德文化的形态比较》，《二十一世纪》2002年6月号。

44. 《日本"圣人观"中孔子地位的两难》，《二十一世纪》2003年10月号。

45. 《探寻德川儒教的真面目》，《二十一世纪》2004年12月号。

46. 《本尼迪克特和贝拉之后》，《二十一世纪》2008年10月号。

47. 《善于突破"学术岛链"》，《人民日报》2018年1月29日。

48. 《"学术戍边"的理论与实践》，《光明日报》2018年1月29日。

49. 《交流视域下亚洲文明的发展》，《光明日报》2020年4月27日。

50. 《迟来而未晚》，《读书》2000年第10期。

51. 《从"脱儒入法"到"脱亚入欧"》，《读书》2001年第3期。

52. 《丸山真男的"原型论"与"日本主义"》，《读书》2002年第10期。

53. 《江户日本与真正的"儒法之争"》，《读书》2003年第7期。

54. 《儒学的宗教化与帝国日本》，《读书》2004年第8期。

55. 《东亚的病理》，《读书》2005年第9期。

56. 《东亚的心胸》，《读书》2008年第8期。

57. 《东亚的乡愁》，《读书》2009年第5期。

58. 《东亚的生态》，《读书》2013年第8期。

59. 《东亚的礼争》，《读书》2015年第6期。

60. 《东亚的表达》，《读书》2016年第8期。

61. 《东亚的殷魂》，《读书》2017年第5期。

62. 《东亚的近代》，《读书》2018年第8期。

63. 《东亚的现场》，《读书》2019年第11期。

64.《两个“八·一五”》,《读书》2006 年第 11 期。
65.《也说“儒家社会主义共和国”》,《读书》2007 年第 8 期。
66.《去“中心化”的“中心化”》,《读书》2009 年第 8 期。
67.《谒余姚》,《读书》2010 年第 12 期。
68.《沉湎于“曾经世界”的东亚史研究》,《读书》2011 年第 9 期。
69.《“壬辰倭乱”与明廷的“朝鲜保全”》,《读书》2012 年第 10 期。
70.《思归的游魂》,《读书》2014 年第 7 期。
71.《抗日不需要神剧:日军家书如是说》,《读书》2021 年第 10 期。
72.《走近朱舜水》,《读书》2022 年第 10 期。
73.《丸山真男的原爆体验与“十五年战争观”》,《读书》2020 年第 8 期。
74.《第三种传统》,《书城》2007 年第 7 期。
75.《殷民入周后的变与不变》,《社会科学战线》1998 年第 5 期。
76.《中国传统“平衡论”的前提假设与反假设》,《社会科学战线》2004 年第 1 期。
77.《两种“实学”的相遇与江户日本的“去中华”由绪》,《社会科学战线》2008 年第 8 期。
78.《日本近世学界对中国经典结构的改变》,《社会科学战线》2010 年第 11 期。
79.《东亚研究的问题点与新思考》,《社会科学战线》2011 年第 3 期。
80.《关于日本“古道”之夏商来源说》,《社会科学战线》2013 年第 9 期。
81.《甲午战前清朝内治环节的阙失与战后中日落差分析》,《社会科学战线》2014 年第 10 期。
82.《明清前东亚封贡体系的演变实态》,《社会科学战线》2018 年第 12 期。
83.《明清时期东亚封贡体系的关系实态》,《社会科学战线》2020 年第 12 期。
84.《“心治”“身治”与“法治”:析法家政治思想中不可解的内在矛

盾》,《史学集刊》1993 年第 2 期。

85.《关于阳明子“龙场悟道”的非学术寓意》,《史学集刊》1994 年第 3 期(《中国哲学史》1994 年第 10 期转载)。

86.《“有”是“有限”,“无”是“无极”:对“有”“无”千古成说的质疑》,《史学集刊》1997 年第 1 期。

87.《〈性自命出〉与法家的“人情论”》,《史学集刊》2002 年第 2 期。

88.《从周代社会结构看“礼”的社会功能》,《东北师大学报(哲学社会科学版)》1986 年第 3 期。

89.《诸子“人兽观”理论与学说分合》,《东北师大学报(哲学社会科学版)》1989 年第 6 期。

90.《关于儒·道·佛三家的理论极限》,《东北师大学报(哲学社会科学版)》1996 年第 3 期。

91.《中国文化现象中的“内平衡”与“外平衡”》,《东北师大学报(哲学社会科学版)》1997 年第 3 期。

92.《韩非子著〈解老〉〈喻老〉时〈五千言〉是否已名为〈老子〉》,《东北师大学报(哲学社会科学版)》1999 年第 2 期。

93.《〈老子〉7、18 章中“焉”“案”“安”字究作何解:兼谈〈郭店楚墓竹简〉的定论意义》,《东北师大学报(哲学社会科学版)》2003 年 4 期。

94.《汉字的变与不变和正统的争与不争》,《东北师大学报(哲学社会科学版)》2020 年第 5 期。

95.《不全与大全:庄子“残疾论”抉微》,《社会科学探索》1997 年第 5 期。

96.《〈郭店楚墓竹简·太一生水〉与〈老子〉的几个问题》,《社会科学》1999 年第 2 期。

97.《周孔“金律”的倾危与“均衡”转化方案》,《历史教学问题》2016 年第 1 期。

98.《“华夷秩序”的东亚构架与自解体内情》,《东北师大学报(哲学社会科学版)》2008 年第 1 期。
99. “What Anti-Japanese Protests Tell Us：Pathology of East Asia & America's Thinly Veiled Designs,” no. 156 (Nov. /Dec. 2007).
100.《关于朱舜水“日本归化”问题的再思考》，载徐兴庆《朱舜水与近世日本儒学的发展》，台大出版中心，2012。
101.《朱舜水及其弟子遗著》，载德川真木监修，徐兴庆主编《日本德川博物馆藏品录Ⅰ：朱舜水文献解释》，上海古籍出版社·日本德川博物馆，2013。
102.《德川光圀的祭祀与思想》，载德川真木监修，徐兴庆主编《日本德川博物馆藏品录Ⅱ：德川光圀文献解释》，上海古籍出版社·日本德川博物馆，2014。
103.《壬辰战争与前近代东亚区域关系》，载德川真木监修，徐兴庆主编《日本德川博物馆藏品录Ⅲ：水户藩内外关系文献释解》，上海古籍出版社·日本德川博物馆，2015。
104.《东亚世界的“落差”与“权力”：从“华夷秩序”到“条约体系”》，《经济社会史评论》2016 年第 2 期。

后　　记

这本小书写得如此轻松，是因为它几乎不需要写。年初伟民兄招呼说，一个遴选委员会和一家出版社要梓行“学术中国文丛”，并且我本人的过往文字也被评委会选入其中。入选是幸运的，也是惶恐的，因为给学界奉献点什么才不至于浪得虚名之类的担心，极容易把“中奖”后瞬间的愉悦切换成纠结和不堪。但是，从东京大学回国快20年了，若说对日本和东亚历史没有一点与以往不同的看法，又显然说不过去。而这，或许才是我敢于贸然允承的唯一说得过去的理由。

《学理日本》，是我给小书起的名字。这看上去颇显狂妄的书名背后，其实是在表达我对日本事务的经年困惑而又不甘于终身困惑的隐衷。对老练或新锐的读者都无法相瞒的是，从无批判赞美到有批判接受，再从有立场指控到全立场白描，这些新旧文字的急缓流向和起伏频谱，实际上已模糊而精准地勾勒出我本人的日本体验过程和学术蝉蜕经纬。

19世纪前在国际上偶有耳闻的日本，如今已成为世界上不可或缺的重要成员之一；而今天充满秩序与祥和的日本，还几乎很难让人把它和70多年前那场惨绝人寰的战争联系在一起。与此相连带，“朝贡体系”下形成于对华模仿的“日本→朝鲜→中国”之差序格局朝“条约体系”下西向模仿的“中国→日本→欧美”之差序格局的翻转，也曾无可争议地构成过70多年前东亚地区的整体生态反应。可当70多年后元气逐渐恢复的庞大中国开始在该地区重新现身时，“突兀感”和“违和感”反而成为区域内甚至东西方世界的计较根源并且愈演愈烈，为什么？

这可能关乎如何理解人是习惯性动物这一命题。就过程而言，习惯通常养成于对某一时势和规矩的抵触、磨合、顺应、依赖直至捍卫等反应顺序中。也正因为如此，它还可以被界说为足以规定人们知行取向的内在心理装置和外在行为规范。前近代和近现代价值遭遇于东亚地区后所形成的两种对立性习惯及后来的集体西化转向，说到底，亦不过是中西两种装置和规范的置换反应和结果。然而，朝贡体系与条约体系甚至东方文明与西方文明的置换形态在该地区一直体现为显隐不定、杂糅并存的实际情况表明，两者的置换过程是不彻底的，也不可能彻底。再度挺立的被否定一方之所以容易成为“修昔底德陷阱”概念操持者的新的诠释目标，是因为诠释者除了把曾有过的世界大战视为唯一能完成时代转换的前提和规律外，几乎很少会想到如何去建构和完成“相互融合”——这一与“单向置换”存在着本质差异的“新文明体系”之大课题。这里所说的新文明体系，可以被表述为“第三种文明”或“第三种传统”；而这种“文明”或“传统”，应该是百余年来形成于中西文明交汇处、以熔铸两种文明优长为特征的观念模式、行为模式和制度模式。它既包含东方的发展论原理，又兼容西方的近代化价值；既能克服自文化中的惰性因素，亦堪抵制异文化中的负面影响。它不需追问纯然的自我，因为自我与外来已无法拆分；也无须苛察体用的畛域，因为体和用原本一体。大概，可以克服各色对立从而能有效规避“修昔底德陷阱”的上述“新体系”或“新传统”，还同样适应于某一区域内各国之间的文明融汇。事实是，我们不但没法在港澳台身上找出绝对的东方与绝对的西方之截然边界，也已经无法在东亚各国的街巷风景与人员举止中，看出哪个更像中国和哪位更像日韩。

感谢编辑部提出的新要求，他们希望每本集子后面要附上作者更多的论著目录。按照学术的经院派属性和首批学术中国文丛的设计要求，需要把那些板起脸来的大块文章罗列在这本文集中。不过，某种行为之所以称得上美，是因为它自然而然，仿佛无须费力。如果有一天还能出版另一种文集，我更想把发表在《读书》等杂志上的“闲谈”和“散论”拿出来跟大家神聊，那样的效果，至少是你也不累，我也不累。

韩东育

2019 年 5 月 22 日晚初草于布拉格

5 月 28 日晨完稿于东京都

学术中国文丛

策　划：黄红丽　　主　编：张　江

文学卷

陈思和：《走在复旦的支路上》

曹顺庆：《中国比较文学话语建构》

吴承学：《近古文章与文体学研究》

王一川：《修辞论美学述略》

张福贵：《走向历史的深处：中国现当代文学学科性与学术逻辑》

陈晓明：《纯文学的困境与拓路》

孙　郁：《新旧文学的话语维度》

王　尧：《如何现实，怎样思想》

袁毓林：《认知科学背景上的汉语语法研究》

程章灿：《走进古典的过程》

历史学卷

桑　兵：《历史研究的碎与通》

阎步克：《爵秩品阶：权势金字塔的结构原理》

朱　英：《近代中国商人与商会》

张国刚：《大唐气象：制度、家庭与社会新论》

李剑鸣:《美国社会和政治史管窥》

霍　巍:《吐蕃与高原丝绸之路》

荣新江:《丝绸之路与中古中国》

韩东育:《学理日本》

黄　洋:《古希腊史散论》

包伟民:《两宋社会与读史心路》

哲学卷

俞吾金:《思想史视域中的马克思哲学》

吴晓明:《马克思哲学与当代中国》

杨　耕:《多维视野中的马克思》

倪梁康:《意识现象学的理会与践行》

杨国荣:《史与思:面向具体的存在》

万俊人:《他山问石:西方伦理学摄义》

孙周兴:《哲思的迷局:从现代哲学到当代艺术》

朱　菁:《认知、意志与行动》

王中江:《道通万有:本源 · 本真 · 本善》

韩水法:《未来之思》